To Ruby and Frank
with our true friendship!

Raymond and Pauline

NORMANDY: THE SEARCH FOR SIDNEY

by
THOMAS J. BATES

NORMANDIE: A LA RECHERCHE DE SIDNEY

traduit par
JEAN BRISSET

AUTHORS / AUTEURS

TOM BATES, born in 1923 in Murree, then British India, now Pakistan, was educated at St. Joseph's College, North Point, Darjeeling, India. During World War II he served in the Burma/Assam fighting in 1943/44 in the Royal Corps of Signals as second-in-command of 48 Light Indian Infantry Brigade Signal Section, 17 Indian Division, XIV Army. He graduated from Edinburgh University, Scotland, in 1949 with a B. Sc.degree in Agriculture; farmed in Tanganyika, now Tanzania; emigrated to Canada in 1955 and to the United States in 1971. He is now an American citizen. In addition to keeping in touch with one granddaughter and two grandsons, he writes books.

TOM BATES est né en 1923 à Murree, Indes anglaises, aujourd'hui Pakistan; il fit ses études au Collège St. Joseph, North Point, Darjeeling, Inde. Au cours de la seconde guerre mondiale, pendant les combats en Birmanie et Assam, il servit dans les Transmissions comme Commandant en second d'une section de la 48ème Brigade d'infanterie indienne, 17ème Division indienne, XIVème Armée. Diplômé de l'Université d'Edinburgh, Ecosse, en 1949, Licence de Science en agriculture; il dirigea des exploitations agricoles au Tanganyika devenu Tanzanie, il émigra au Canada en 1955 puis aux U.S.A. en 1971. Il a maintenant la nationalité américaine. En plus de rester au contact avec une petite-fille et deux petits-garçons, il se consacre à l'écriture.

JEAN BRISSET was born in 1927 in the village of Caligny, near Flers, Normandy. His education disrupted by the Occupation, he left school early to work as an electrician. During the Occupation he played his part in the resistance to the Germans by listening to and passing on BBC news reports and messages. In 1944 he witnessed many of the battles for the liberation of his part of the *bocage*. After the war, in addition to running his own business, he learnt English and devoted himself to the research and writing of *La Charge du Taureau*, translated into *The Charge of the Bull*, an account of the battles of the British 11th Armoured Division in Normandy. He continues to offer generous help to those who seek to retrace the 1944 battles in his homeland.

JEAN BRISSET est né en 1927 à Caligny, près de Flers en Normandie. Ses études furent interrompues par l'occupation, il quitta l'école assez tôt pour travailler comme électricien. Pendant l'occupation il joua son rôle dans la résistance aux Allemands en écoutant et transmettant les nouvelles et les messages diffusés par la BBC. En 1944 il fut le témoin des batailles pour la libération d'une partie du Bocage. Après la guerre, tout en poursuivant son activité professionnelle, il se remit à l'anglais et consacra son temps libre à la recherche et la rédaction de *La Charge du Taureau*, paru en anglais sous le titre de *The Charge of the Bull*.Ce livre relate les combats de la 11ème Division Blindée brittanique en Normandie. Il continue à apporter une aide généreuse à ceux qui reviennt en Normandie pour y retrouver trace des combats de 1944.

ERIC LUMMIS, born in 1920, was educated at Ipswich School and commissioned into his father's regiment, The Suffolk Regiment, in July 1939, from Sandhurst. He landed on D-Day with the 1st Battalion of his Regiment and was wounded shortly afterwards. He subsequently served in the Sudan, Palestine, Greece, Malaya, Cyprus and elsewhere. He had three years with SHAPE near Versailles before retiring to become a Civil Servant in Whitehall specialising in international matters. He died on June 11, 1999, after a brief illness.

ERIC LUMMIS est né en 1920; il fit ses études à Ipswich School et à Sandhurst d'où il fut promu officier dans The Suffolk Regiment, le régiment de son père, en juillet 1939. Il débarqua en Normandie le Jour J avec le 1er Bataillon de son régiment et il fut blessé peu après. Par la suite, il servit au Soudan, en Palestine, Grèce, Malaisie, à Chypre et en d'autres lieux. Il fut affecté au SHAPE près de Versailles avant de prendre sa retraite pour devenir à Whitehall un spécialiste des affaires internationales. Il est décédé le 11 juin 1999 après une brève maladie.

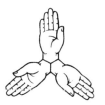

United States of America
BATES BOOKS
Post Office Box 5023
Berkeley, California 94705-0023
Phone/Fax: 510-655-6685
email: certcito@dnai.com
http://www.batesbooks.com

France
BATES BOOKS
80 Rue d'Athis
61100 Flers de l'Orne, Normandy
Phone/Fax: 233 653028

United Kingdom
BATES BOOKS (UK)
Merkland, Kirkmahoe
Dumfries DG1 1SY
Scotland
Phone/Fax: 01387 710274
email: tbates.booksuk@virgin.net

India
BATES BOOKS
#38, Castle Street,
Richmond Town,
Bangalore - 560 025. India
Phone: 5300605 Fax: +91 80 2236735
email: marianne@bgl.vsnl.net.in

For distribution in other countries, refer to:
www.batesbooks.com

Manufactured in India by:
Arc Publications,
#41, Castle Street,
Richmond Town, Bangalore - 560 025.
Phone: 91-80-5300605 / Fax: 91-80-2236735
www.arc-web.com

Title-Page Designs: David de Nazareth

ISBN 0-945992-03-3

9 780945 992035

TABLE OF CONTENTS		TABLE DES MATIERES	

Authors	ii	Auteurs	ii
Dedication	v	Dédicace	v
Introduction	vii	Introduction	vii
In Memoriam	x	In Memoriam	x
A Note of Explanation	xv	Note Explicative	xv

THE SEARCH FOR SIDNEY — A LA RECHERCHE DE SIDNEY

Prelude	1	Prélude	1
Day One	12	Premier Jour	12
Day Two	27	Deuxième Jour	27
Day Three	53	Troisième Jour	53
Day Four	77	Quatrième Jour	77
Day Five	105	Cinquième Jour	105
Epilogue	107	Epilogue	107

THE MADAME LENAULD STORY — L'HISTOIRE DE MADAME LENAULD

Introducing Madame Lenauld	111	Présentation de Madame Lénauld	111
The Vow	113	Le Vœu	113
Impossible!	128	Pas Possible!	128
Epilogue	150	Epilogue	150

1 SUFFOLK AND D-DAY — LE 1ER SUFFOLK ET LE JOUR J

Preface	161	Préface	161
1 Suffolk and D-Day	163	Le 1er Suffolk et le Jour J	163
Epilogue	198	Epilogue	198

MAPS — CARTES

The Battle of Normandy	4	La Bataille de Normandie	4
The Battle of Perrier Ridge	26	La Bataille des Hauteurs de Perrier	26
Battles North & Northeast of Caen	40	Les Batailles au Nord et au Nord-Est de Caen	40
Operation BLUECOAT	54	Opération BLUECOAT	54
HILLMAN & MORRIS – Aerial Photograph	114	HILLMAN et MORRIS – Photographie aérienne	114
SWORD beach	146	La plage SWORD	146
HILLMAN sketch map	184	HILLMAN carte-croquis	184

DEDICATION / DEDICACE

This book is dedicated to the memory of
Captain James Green (1913–1988),
Royal Army Chaplains' Department.
The photograph was taken in February, 1944, on
his posting as Chaplain of the 1st Battalion
The Royal Norfolk Regiment.
He was the soldiers' friend.

Ce livre est dédié à la mémoire du
Capitaine James Green (1913–1988),
Royal Army Chaplains' Department.
La photographie fut prise en février 1944 lors de son
affectation comme Aumônier du 1er Bataillon
The Royal Norfolk Regiment.
Il fut l'ami des soldats.

INTRODUCTION by John Ross Matheson

IT HAS BEEN SAID THAT HISTORY IS SOMETHING that never happened, written by a man who was not there. Much military history is a reconstruction of past events inscribed with the advantage of hindsight and a wealth of information not available to the combatants. It often presents a summation of events, a wrap-up encapsulating the major conclusions. Absent is the noise and tension of battle and the pervasive stench of death. History may tally up the final score but seldom does it communicate to a reader what war was actually like.

OVERLORD, the Allied invasion of Normandy, was the largest amphibious operation in the history of warfare. It proved to be the beginning of the end of World War II. However, the outcome of the battles in June, July and August 1944 was never certain. A proven and resolute German army was brilliantly commanded by experienced generals who tried desperately to drive the invaders back into the sea. The fate of western civilization hung in the balance. For many anxious weeks two results were possible: an Allied victory that would liberate Europe, or an Allied defeat that could have lost the war.

The first part of this book is the account of a search, four decades after the event, for an obscure battle site hidden in the Normandy *bocage*. What was sought was the exact place where Corporal Sidney Bates, almost alone, repulsed a force of fanatical panzer-grenadiers thereby preventing the overrunning and destruction of his unit, the 1st Battalion The Royal Norfolk Regiment. For his courage and self sacrifice – he shortly thereafter died of his wounds – 'Basher' Bates was posthumously awarded his sovereign's highest decoration for valour, the Victoria Cross.

It is worth noting that during World War II no other British or Commonwealth regiment was honoured with as many Victoria Crosses as the Royal Norfolk Regiment; the Sidney Bates VC was one of five!

In this recounting of the pilgrimage, which

INTRODUCTION par John Ross Matheson

ON A DIT QUE L'HISTOIRE, ECRITE PAR QUELQU'UN QUI n'y a pas participé, est quelque chose qui n'a jamais existé. Une grande part de l'histoire militaire est une reconstitution d'événements passés, relatés avec l'avantage du recul et de renseignements abondants dont ne disposent pas les combattants. Elle offre souvent un résumé des événements et un condensé des principaux aboutissements. En sont absents, le bruit et la tension de la bataille et l'odeur pénétrante de la mort. L'histoire peut relever le résultat final, mais elle peut rarement communiquer au lecteur ce qu'est réellement la guerre.

OVERLORD, le débarquement allié en Normandie, fut la plus grande opération amphibie dans l'histoire des guerres. Elle fut sans conteste le commencement de la fin de la Seconde Guerre mondiale. Cependant, l'issue des combats de juin, juillet et août 1944 ne fut jamais assurée. L'armée allemande, résolue et aguerrie, était brillamment commandée par des généraux expérimentés qui tentèrent désespérément de repousser les assaillants à la mer. Le sort de la civilisation de l'ouest resta indécis. Des semaines durant, deux possibilités se présentaient: soit la victoire des Alliés qui libéraient l'Europe, soit leur défaite qui pouvait entrainer la perte de la guerre.

La première partie de ce livre est le récit de la recherche, quatre décennies après l'événement, d'un obscur champ de bataille caché dans le Bocage normand. Il s'agissait de chercher l'endroit exact où le Caporal Sidney Bates, presque à lui seul, repoussa une force composée de panzer-grenadiers fanatiques, évitant ainsi le débordement et l'anéantissement de son Bataillon, le 1er Royal Norfolk Regiment. Pour son courage et son esprit de sacrifice – il décéda peu après de ses blessures – 'Basher' Bates reçut à titre posthume la plus haute distinction accordée par son Souverain pour acte de vaillance, la Victoria Cross.

Il est intéressant de noter que pendant la Seconde Guerre mondiale aucun autre régiment britannique du Commonwealth ne fut honoré par autant de Victoria Crosses que le fut le Royal Norfolk Regiment. La VC de Sidney Bates était l'une des cinq!

Cette narration du pèlerinage, sans grandilo-

is told without rhetoric or hyperbole, memories of the violence, the horrors, and, most strongly, the enduring comradeships come flooding back. A macro view of battle is possible for the staff officer or the historian but for these frontline warriors every recollection is micro. What is burned into the brain is what the eye saw, the ear heard, the nose smelled, and, sometimes, what the tortured body still feels. Time does not erase such memories nor loosen the psychological bondings formed from shared experiences of endurance, fortitude, comedy, remarkable acts of courage and, occasionally, all too human acts of cowardice.

Tom Bates, the author, is now an American citizen who has dedicated the last fourteen years of his life to writing this book. In the forties, he was a young subaltern in the Indian Army who saw some of the fiercest fighting in Burma against the Japanese. He writes with controlled passion and reverence for gallantry. His courageous twenty-three-year-old namesake, Corporal Sidney Bates, would surely treasure the tone of respect and tenderness contained in these pages. As a south London cockney, Sidney would undoubtedly be amused at the activities of men who were his contemporaries but are now quite elderly, and he will be pleased that his self sacrifice for his mates, his battalion and his country will never be forgotten.

In the third part of the book the reader is treated to an unusually detailed account of the 1st Battalion The Suffolk Regiment fighting in its first action since the miraculous escape of the British forces from Dunkirk in 1940. Here is recorded, at fighting level, what battle was like – repeated crises despite most thorough training and planning, setbacks accompanied by costly losses. On D-Day, the 1 Suffolk infantry, the 'queen of battle', at heavy cost because of untoward events that denied them the intended air and naval artillery support, captured HILLMAN, a monstrous underground fort and command centre that constituted the Germans' most formidable obstacle to the Alllied advance in the Second Army sector.

The second part of the book links the other

quence ni hyperbole, rappelle dans un flot de souvenirs, la violence, les horreurs, et, surtout l'indéfectible camaraderie. Une vision générale de la bataille est possible pour l'officier d'Etat Major ou l'historien mais pour ces soldats de première ligne, tout est à échelle réduite. Ce qui est enfoui au fond de la mémoire est ce que les yeux ont vu, ce que les oreilles ont entendu, ce que le nez a senti et parfois, ce que le corps torturé ressent encore. Le temps n'efface pas de tels souvenirs, ni ne distend les liens psychologiques nés d'expériences partagées d'endurance, de bravoure, de comédie, d'actes remarquables de courage et, parfois, d'actes de lâcheté, hélas trop humains.

Tom Bates, l'auteur, maintenant citoyen américain, a consacré quatorze années de sa vie à écrire ce livre. Dans les années quarante, il était sous-lieutenant dans l'armée des Indes qui livra quelques uns des plus féroces combats en Birmanie contre les Japonais. Il écrit avec une passion contrôlée et déférence pour la bravoure. Son courageux homonyme de vingt-trois ans, le Caporal Bates, apprécierait l'expression de respect et de sollicitude contenue dans ces pages. En tant que faubourien du sud de Londres, Sidney aurait sans doute été amusé par les activités d'hommes qui furent ses contemporains mais qui sont maintenant assez âgés, et il serait très content que son sacrifice pour ses camarades, son bataillon et son pays ne soit jamais oublié.

Dans la troisième partie du livre, le lecteur se voit offrir un récit inhabituellement détaillé du combat du 1er Battalion The Suffolk Regiment lors de sa première action depuis l'échappée miraculeuse des forces britanniques de Dunkerque en 1940. Il y est rapporté au niveau du combat, ce que comporte une bataille – de nombreuses situations critiques malgré l'entraînement le plus intense et la conception la plus rigoureuse, des revers accompagnés de pertes coûteuses. Le Jour J, l'infanterie du 1er Suffolk, ' reine de la bataille', avec de lourdes pertes subies à cause d'événements imprévus qui la privèrent de l'appui du bombardement aérien et naval, captura HILLMAN, fort monstrueux et centre de commandement souterrain qui constituait le plus formidable obstacle allemand à l'avance alliée dans le secteur de la 2ème Armée.

La seconde partie du livre relie les deux autres.

two. It is the story of a courageous French woman and the part she and her family and her village played in the D-Day saga. If it had not been for this lady, this book may never have been written. The presentation in English and French is intended by the author as a tribute to her and as a mark of his admiration and affection for her.

Finally, surely the fact that in these pages the two languages march along side by side, neither the one outstripping the other, offers a moral, and a plea, to my sadly troubled bilingual country that, as in times of war, so now, in times of peace, we can and must live and work together in mutual trust under one flag.

John Ross Matheson
Rideau Ferry, Ontario, Canada
1998

C'est l'histoire d'une courageuse Française et du rôle qu'elle a joué avec sa famille, et son village dans la Saga du Jour J. S'il n'y avait pas eu cette dame, ce livre aurait pu n'être jamais écrit. La présentation en anglais et en français est intentionnelle de la part de l'auteur qui lui rend hommage et lui exprime son affectueuse admiration.

Enfin, assurément, du fait que dans ces pages les deux langues cheminent côte-à-côte, sans que l'une devance l'autre, une morale se dégage et un appel s'addresse à mon pays malheureusement agité par le bilinguisme, à savoir qu'en temps de guerre comme maintenant en temps de paix, il nous est possible et impératif de travailler ensemble dans une confiance mutuelle sous un seul et même drapeau.

This photograph, taken in 1977, shows John Matheson in the uniform of a Colonel of the Royal Canadian Artillery. Colonel Matheson served overseas from 1940 to 1944 until invalided home with severe war wounds. As a Captain and Forward Observation Officer with the British Eighth Army, he saw action in Sicily and Italy with units of 231 (Malta) Brigade and the nine battalions of his First Canadian Division. After the war, he sat as a Member in four Parliaments of Canada, and is largely responsible for development of the Canadian Maple Leaf Flag in 1965 and the Order of Canada in 1967. In 1992, he retired from the Ontario Court of Justice in his twenty-fifth year on the bench. In 1996 he served as a monitor of the elections conducted in Bosnia under international auspices. His decorations include OC, KST.J, CD. He holds honorary doctorates of Law from Queen's University in Kingston and the Royal Military College of Canada.

Cette photographie, prise en 1977, représente John Matheson en uniforme de Colonel de la Royal Canadian Artillery. Le Colonel Matheson servit outre-mer de 1940 à 1944, jusqu'au jour où il fut réformé et rapatrié pour cause de graves blessures de guerre. Capitaine et officier d'observation avancée avec la 8ème Armée britannique, il prit part aux combats en Sicile et en Italie avec les unités de la 231ème (Malta) Brigade et les neuf bataillons de sa 1ère Division canadienne. Après la guerre, il siégea au Parlement du Canada durant quatre législatures. Il fut l'un des principaux promoteurs du drapeau canadien à feuille d'érable en 1955 et de l'Ordre du Canada en 1967. En 1992 il prit sa retraite de la Cour de Justice de l'Ontario après y avoir siégé pendant vingt cinq années. En 1995, il servit en Bosnie comme observateur lors des élections qui s'y déroulèrent sous les auspices internationaux. Ses décorations comportent OC, KST.J, CD. Il détient le titre de Docteur "Honoris Causa" de la Queen's University de Kingston et du Royal College of Canada.

IN MEMORIAM

I WILL NEVER FORGET HOW I LEARNT THAT MY friend, Ernie Seaman, had died. I had returned to my house in Berkeley, California, rather late on the night of Thursday, April 11, 1996. From force of habit, I checked the answer machine in my office before going up to bed. The little red light was blinking at me so, without any premonition of disaster, I hit the play-back button – and froze. I ran the message tape back and forth, unwilling to accept what it was saying to me. After several replays, I realised it was Doreen, the wife of Bill Holden of Norwich, Norfolk, who was speaking. Her choked voice was giving me dread news I did not want to hear. I could not phone her immediately for confirmation because it was still very early in the morning in England so I had to wait. Waves of sadness and remorse swept over me. The remorse was worse. I kept rebuking myself for not having finished this book in time so that I could give Ernie his copy, inscribed by myself as he had insisted and as I had promised.

To pass the sad hours before I could call Doreen, I opened the three-ring binder carrying the master computer hardcopy of this book. I dipped into it at random, turning the pages aimessly, refreshing my memory of our pilgrimage to Normandy twelve years before, Ernie, Bill and myself, the three sexuagenarians, as we then were, *les trois anciens soldats*. Although I tried to control my grief, whenever the realization washed over me that I would never see Ernie or hear his voice again I could not stop myself from repeating Lear's cry of anguish – never, never, never, never, never.

Suddenly, almost as if the prompting came from Ernie himself, I remembered the video and audio tapes I had made during our time together in Normandy in 1984. In the midnight quiet of my bedroom I ran the video tape softly so as not to disturb the others in the house, just as I sometimes do with a late-night television programme. I was prepared to indulge my grief but as soon as Ernie and Bill appeared on the

IN MEMORIAM

JAMAIS JE N'OUBLIERAI COMMENT J'APPRIS QUE mon ami, Ernie Seaman, était décédé. J'étais rentré chez moi à Berkeley, en Californie, assez tard dans la soirée du jeudi 11 avril 1996. Par habitude, je consultai le répondeur dans mon bureau avant de me mettre au lit. La petite lampe rouge clignotait et donc, sans le moindre pressentiment de catastrophe, j'appuyai sur le bouton de lecture – et je restai pétrifié. Je remis la cassette au départ du message comme si je refusais d'accepter ce qui m'était dit. Après plusieurs répétitions, je réalisai que c'était Doreen, l'épouse de Bill Holden à Norwich, Norfolk, qui parlait. Sa voix étranglée me donnait la redoutable nouvelle que je ne voulais pas entendre. Je ne pouvais la rappeler immédiatement car il était encore trop tôt ce matin en Angleterre et donc je dus attendre. Des vagues de tristesse et de remords s'abattirent sur moi. Le remords était le pire. Je n'arrêtais pas de me reprocher de n'avoir pas fini ce livre à temps pour pouvoir donner à Ernie son exemplaire dédicacé de ma main comme il me l'avait demandé instamment et comme je le lui avais promis.

Pour passer les tristes heures avant de pouvoir rappeler Doreen, j'ouvris le classeur contenant le manuscrit de ce livre et le parcourus au hasard, tournant les pages sans but, me remettant en mémoire notre pèlerinage en Normandie douze ans auparavant, Ernie, Bill et moi, les trois sexagénaires que nous étions à l'époque, "les trois anciens soldats". J'essayais de dominer mon chagrin mais la conscience que je ne reverrais plus Ernie ni n'entendrais plus sa voix me submergeait au point que je ne pouvais m'arrêter de répéter le cri d'angoisse du Roi Lear: jamais, jamais, jamais, jamais, jamais.

Tout à coup, comme si la suggestion venait d'Ernie lui-même, je me souvins des cassettes audio et vidéo que j'avais enregistrées pendant que nous étions ensemble en Normandie en 1984. Dans le calme de minuit de ma chambre, je passai la bande doucement pour ne gêner personne dans la maison, comme je le fais parfois pour écouter un programme de télévision tardif. J'étais prêt à m'abandonner à mon chagrin mais dès que Ernie et Bill apparurent

screen my mood changed. Just seeing Ernie lifted my spirits. There he was, handsome as a duke with his snow-white hair, his figure trim, his bearing erect, his walk springy as he strode over the rough ground of past battlefields with the proprietorship of a Colonel, or a ploughman, his legs slightly bowed as if he had been riding broad-backed Suffolk Punch farm horses all his life. My video camera watched as Bill, the 'townie', followed him, moving more cautiously as if he was picking his way through a mine field which, when walking through meadows recently grazed by cattle, he was!

Many incidents came back to me which are not mentioned in the book. As happens in any threesome, the two ex-rankers generally allied themselves against me, the ex-officer, but never in malice, always in fun. When I admitted that I had risen no higher in rank than a humble Lieutenant, they feigned surprise saying that as I had lost my way so often driving among the lanes in the Normandy *bocage*, they reckoned I must have been a Major at least!

After a couple of days, when they noticed that I always ordered *sandveech jambon* for the three of us at lunchtime, Ernie politely, but pointedly, expressed his suspicion that my range of spoken French did not seem to be any more extensive than his. He was right of course.

Then there was the other occasion when Bill and I played a practical joke on him. We were ordering our dinner, making our selections from a French-printed menu for the evening meal. Ernie said he was a meat-and-potatoes man so I recommended the *steak tartare*. With a sly wink at me, Bill seconded my selection. When it arrived and Ernie saw a raw egg on a slab of raw meat, for the only time in his life, I'm sure, this man of great courage blanched. Bill and I would not let him send it back to be cooked saying that that would cause a diplomatic incident. So Ernie, once again in the service of his Sovereign, cut it up, manfully swallowed it down, closed his eyes and thought of England. When we offered him a second helping, he hurriedly declined saying that, as far as he was con-

sur l'écran, mon humeur changea. Rien que de voir Ernie me redonna courage. Il était là, beau comme un dieu avec sa chevelure blanc-neige, son apparence soignée, son port droit, sa démarche alerte, marchant sur le terrain accidenté des anciens champs de bataille à la manière d'un colonel, ou d'un laboureur, les jambes légèrement arquées comme si, toute sa vie, il avait monté un cheval trapu des fermes du Suffolk. Ma caméra vidéo guettait Bill, le 'citadin', qui le suivait, se déplaçant plus prudemment, comme s'il marchait avec précaution dans un champ de mines, alors qu'il traversait une prairie où le bétail y avait récemment pâturé.

Nombre d'incidents me revenaient à l'esprit, qui n'ont pas été mentionnés dans le livre. Comme cela arrive fréquemment dans un trio, les deux anciens simples soldats s'allièrent généralement contre moi, l'ex-officier, mais jamais par malice, toujours pour plaisanter. Lorsque je reconnus que je ne m'étais pas élévé plus haut en grade que celui d'humble lieutenant, ils feignirent la surprise disant que j'avais tant de fois perdu mon chemin en conduisant sur les petites routes du Bocage normand qu'ils en avaient déduit que je devais être au moins commandant!

Lorsqu'après quelques jours ils s'aperçurent qu'au repas de midi je commandais toujours pour nous trois un sandwich au jambon, Ernie, poliment mais de manière sarcastique fit part de ses soupçons, disant que l'étendue de mon français ne semblait guère plus vaste que la sienne. Et il avait raison, bien sûr.

Une autre fois ce fut Bill et moi qui lui jouâmes un tour. Nous commandions notre repas du soir, faisant nos choix à partir d'un menu imprimé en français. Ernie dit qu'il était l'homme à viande et pommes de terre aussi, je lui recommandai le steak tartare. Avec un clin d'œil complice, Bill appuya mon choix. Lorsque la commande arriva et que Ernie vit un œuf cru sur une épaisse tranche de viande crue, pour la première fois de sa vie, j'en suis sûr, cet homme de grand courage pâlit. Bill et moi ne voulûmes pas le laisser renvoyer cela en cuisine, disant qu'il en résulterait un incident diplomatique entre la France et la Grande Bretagne. Et donc, encore une fois au service de sa Souveraine, il le découpa, l'avala courageusement, ferma les yeux et pensa à l'Angleterre. Quand nous lui offrîmes une seconde portion, il déclina vivement notre offre; il dit que c'était steak

cerned, that was *steak ta-ta.*

After I had played the videotape, I ran the audio recording I had made of the oral history session the three of us had taken part in on the last evening of our stay in the hotel in Flers. I was the interlocutor and they were the ex-soldiers recording their experiences. The passage I like best on that tape is when, in feigned but believable ignorance, for I had been a private soldier for only one day, and that in India, I ask them how they had slept in their metal Quonset huts; did they wear pyjamas? I can still hear Ernie's rich Norfolk voice go high-pitched in disbelief. "Pyjamas, Tom? We was in the infantry, not in the RAF with the Brylcreem Boys!"

It was that same evening, June 6, 1984, the fortieth anniversary of D-Day, that an American staying at the hotel with his entourage invited us to join him at his table. My two sociable companions, with their own captive Yank in tow, were glad to accept the invitation and we all moved over to the other table. Amid the banter and the partisan jokes and raillery it soon became obvious that the American gentleman was deep in his cups and becoming more and more maudlin with each passing glass of beer. He asked us why we were in Flers. Bill explained that we had been tracing the 1944 battles he and Ernie had fought in and searching for the battlefield on which their mate, Sidney Bates, had fallen in the action that earned him the posthumous award of the Victoria Cross.

"Was he your buddy?" asked our inebriated host.

"Yes, he was," said Bill quietly.

"What rank were you fellows?"

Bill said proudly, "I was a Private, a Brengun carrier driver towing a 6-pounder antitank gun in the 1st Battalion The Royal Norfolk Regiment. Ernie was a Lance Corporal stretcher-bearer in 'B' Company of the same battalion."

Without asking me what I had been, the American, his speech slurred, said, "Well, I was just a chicken-shit Colonel . . ."

Bill started to say, "That's all right, Sir, we won't hold that against you," when, to our embarrassment, the Colonel put his head down on

ta-ta (steak, salut!)

Après avoir visionné la cassette vidéo, j'écoutai l'enregistrement audio que j'avais fait lors de la session d'histoires orales à laquelle nous trois avions pris part le dernier soir de notre séjour dans notre hôtel de Flers. J'étais l'interlocuteur et ils étaient les anciens soldats rapportant leurs aventures. Le passage que je préfère sur cette cassette est celui où, avec une ignorance feinte mais vraisemblable car je n'avais été simple soldat qu'une journée, et c'était aux Indes, je leur demandai comment ils dormaient dans leurs baraques Quonset; portaient-ils un pyjama? J'entends encore Ernie, sa voix chaude du Norfolk portée vers l'aigu par la stupéfaction: « Un pyjama, Tom? Nous étions dans l'infanterie, pas dans la RAF avec les Brylcreem Boys! »

Ce fut ce même soir, 6 juin 1984, quarantième anniversaire du Jour J, qu'un Américain séjournant à l'hôtel avec son entourage nous invita à le rejoindre à sa table. Mes deux sociables compagnons, leur prisonnier Yankee à leur remorque, furent heureux d'accepter l'invitation et nous allâmes tous à l'autre table. A travers les plaisanteries, les moqueries et les railleries partisanes, il devint vite évident que le gentleman américain avait bu un verre de trop et devenait de plus en plus larmoyant à chaque tournée de bière. Il nous demanda pourquoi nous étions à Flers. Bill expliqua que nous avions suivi la trace des combats de 1944 auxquels lui et Ernie avaient pris part et avions recherché le champ de bataille sur lequel leur camarade, Sidney Bates, était tombé au cours du combat qui lui valut l'attribution de la Victoria Cross à titre posthume.

« Il était votre copain? » demanda notre hôte éméché.

« Oui, c'était notre copain, » répondit Bill calmement.

« Quel grade aviez-vous, les gars? »

Bill répondit fièrement, « J'étais simple soldat, conducteur d'une chenillette remorquant un canon antitank de 6 pouces dans le 1er Battalion The Royal Norfolk Regiment. Ernie était Lance-Corporal brancardier dans la Compagnie 'B' du même bataillon. »

Sans me demander ce que j'avais été, l'Américain dit d'une voix pâteuse, « Eh, bien, je n'étais qu'un petit merdeux de Colonel . . . »

Bill commençait à dire, « C'est bon, Sir, nous ne retiendrons pas cela contre vous, » lorsque, à notre grand embarras, le Colonel posa la tête sur la table,

the table and burst into tears, his shoulders heaving with great sobs as he said, "I lost so many men and so many buddies here."

We were stunned into immobility and silence. No one knew what to do or say – except Ernie. Reacting instinctively as the stretcher-bearer of forty years ago, he moved his chair over to the side of the Colonel to bring comfort to a wounded soldier in shock just as he had done so often in the past.

Putting his arm unselfconsciously around the weeping man's shoulders, Ernie assured him, "It's all right, Sir. It's all over. You've nothing to worry about now. I'm sure you did your best."

As the sobs slowly subsided, I left the table deeply moved by what I had seen, relating it to the time when I also had been glad of the sympathy of a fellow human being.

Ernie never lost his sympathy for the misfortunes of others though sometimes it was tempered by mild exasperation. Like the time I told him that one of my cameras, carrying many precious photographs of our Normandy trip, had been stolen right from under my nose in a London museum at which I was doing research for the Sidney Bates book. Ernie immediately offered me his photographs and I have been glad to use many of them but, at the same time he couldn't help reprimanding me with, "Really, Tom, you've got to learn how to look after yourself now. You can't rely on the men looking after their officers all the time!"

By now it was past midnight in California and past eight o'clock in the morning in England. I put in a call and Doreen answered immediately, as if she had been waiting all that time for me to phone. With her voice still strained with sorrow, she confirmed that Ernie had died the previous day. Trying to keep the accusatory tone out of my voice, I asked how they could have let this happen. They knew that since the death of his wife Ernie had been living alone. Wasn't anyone watching over him? Gently, Doreen said it was terribly sudden. Right up to the last, he had been fine except a little tired at times. He had lain down to rest in the afternoon and never got up again. It was a sudden heart attack that

éclata en larmes, les épaules secouées de grands sanglots et dit, « J'ai perdu tant d'hommes et tant de copains ici. »

Nous restâmes abasourdis, immobiles et silencieux. Personne ne savait quoi faire ou quoi dire, excepté Ernie. Réagissant instinctivement comme le brancardier d'il y a quarante ans, il prit sa chaise et alla s'asseoir à côté du Colonel pour réconforter un soldat blessé en état de choc, juste comme il l'avait fait si souvent dans le passé.

Passant son bras naturellement autour de cet homme éploré, Ernie le rassura, « Tout va bien, Sir. Tout est fini. Ne vous mettez pas en peine maintenant. Je suis sûr que vous avez fait de votre mieux. »

Les sanglots s'apaisèrent lentement; je quittai la table, profondément ému par ce que j'avais vu, en référence au temps où je fus heureux, moi aussi, de trouver la compassion d'un être humain.

Ernie ne se départit jamais de sa compassion pour les infortunes des autres, bien que s'y mêlât parfois une légère exaspération. Ce fut le cas lorsque je lui appris que l'un de mes appareils photographiques contenant une quantité de précieuses photos de notre voyage en Normandie avait été volé sous mon nez dans un musée londonien où je faisais des recherches pour le livre de Sidney Bates. Ernie m'offrit immédiatement ses photographies, et j'ai été heureux d'en utiliser un bon nombre, mais en même temps il ne put s'abstenir de me réprimander en ces termes: « Vraiment, Tom, il vous faut apprendre à vous occuper de vous-même. Vous ne pouvez pas tout la temps compter sur les hommes pour prendre soin de leurs officiers! »

Il était maintenant minuit passé en Californie, un peu plus de huit heures du matin en Angleterre. Je composai mon appel et ce fut Doreen qui me répondit immédiatement comme si elle avait attendu mon coup de téléphone. Sa voix encore tendue par la peine, elle me confirma que Ernie était mort la veille. Je fis effort pour ôter de ma voix un air de reproche et je demandai comment on avait pu laisser cela arriver. On savait que depuis la mort de sa femme Ernie vivait seul. Est-ce que personne ne s'occupait donc de lui? Avec douceur Doreen répondit que c'était arrivé de façon épouvantable et soudaine. Jusqu'à la fin il était resté en forme, hormis des périodes de fatigue. Il s'était allongé dans l'après-midi et ne s'était pas relevé. Une attaque cardiaque

ended the life of this great-hearted man.

I asked Doreen how Bill was taking it. She said he was taking it very hard. I expected this. I knew there was a strong bond of friendship between the two old comrades. Because I couldn't speak to Bill – he has lost his voice due to the removal of his larynx – I told Doreen I would write to him first thing in the morning. And so I tried to sleep, bothered by the thought that there was something I wanted to say to Bill that I could not quite bring into focus. You know the feeling?

When I awoke after three or four hours troubled sleep, I knew exactly what I wanted to say in my letter to Bill. I wanted to remind him of Leigh Hunt's famous poem, *Abou Ben Adhem*, because it had a relevance to Ernie. I typed out the whole poem for him but here I will simply give a modern paraphrase of it.

Abou Ben Adhem – *may his tribe increase* – is awakened one night by an Angel of the Lord who is preparing a data base for the Book of Gold. Abou asks her what she is doing. She says she is compiling a list of the names of those who love the Lord. Abou asks, "Well, is my name among them." The angel checks the file and says, "No, I'm afraid not." This brings Abou up short. "Well, then," says he, "put me in the data base of those who love their fellow men." The angel acquiesces and departs. *The next night / It came again with a great wakening light, / And showed the names whom love of God had blessed, / And lo! Ben Adhem's name led all the rest.*

Like Abou Ben Adhem, in the Book of Gold Ernie's name leads all the rest because he loved his fellow men.

subite avait mis fin à la vie de cet homme au grand cœur.

Je demandai à Doreen comment Bill prenait cela. Elle répondit qu'il avait du mal à l'accepter. Je m'y attendais car je savais qu'existait un fort lien d'amitié entre les deux anciens combattants. Ne pouvant parler à Bill qui avait perdu sa voix à la suite de l'ablation du larynx, je dis à Doreen que je lui écrirais dès le lendemain matin. Et donc j'essayai de m'endormir, tracassé à la pensée que je voulais exprimer quelque chose à Bill que je ne parvenais absolument pas à mettre au point. Vous voyez l'état d'âme?

Lorsque je m'éveillai après trois ou quatre heures de sommeil agité, je savais exactement ce que je voulais dire dans ma lettre à Bill. Je voulais lui rappeler le fameux poème de Leigh Hunt, *Abu Ben Adhem*, parcequ'il avait un rapport avec Ernie. Je lui tapai ce poème en entier, mais ici, j'en donnerai simplement une paraphrase moderne.

Abu Ben Adhem – puisse sa tribu croître – est réveillé une nuit par l'Ange du Seigneur qui prépare une base de données pour le Livre d'Or. Abou lui demande ce qu'il fait. Il répond qu'il dresse la liste des noms de ceux qui aiment le Seigneur. Abou demande , « Alors, mon nom figure-t-il parmi eux? » L'Ange vérifie le dossier et dit, « Non, je crains que non. » Cela surprend Abou. « Bon, alors, » dit-il, « mettez-moi parmi ceux qui aiment leur prochain. » L'Ange consent et se retire. La nuit suivante il revint dans une grande lumière et révéla les noms que l'amour de Dieu avait bénis, et voici! le nom de Ben Adhem figurait devant tous les autres.

Comme Abu Ben Adhem, dans le Livre d'Or, le nom de Ernie est devant tous les autres parcequ'il aimait son prochain.

A NOTE OF EXPLANATION

AFTER READING THE PRE-PUBLICATION COPY OF this book, many of my friends from countries as distant from California as Scotland, England, Canada, South Africa and Vermont, have asked me why there is not more in the book about the hero himself, Corporal Sidney Bates, VC. They wonder why I have left him as a 'shadowy figure'. I thought I had anticipated this question by hinting, on page 108, that the 'full account of that brave young Camberwell boy' was to follow in another book. Obviously, my explanation was ambiguous, hence the need for this note.

On page 2, I explain that it is the sharing of his BATES name that impelled me to write about Sidney, a young man whom, I regret, I never met. But there is more to it than just my jumping on the Bates bandwagon. Initially, I hoped that perhaps the study of Sidney's family would lead me to my own, missing father. That has not happened but the Search for Sidney, particularly during the second visit to Normandy in 1984 when I was accompanied by his two former comrades-in-arms, Bill Holden and Ernie Seaman, has taken this book in directions I never anticipated when I started the project.

I first came across Sidney's name in late December, 1981. It took me almost a year to find the surviving members of his family in England. Eventually, on November 6, 1982, I had my first meeting with them. On that memorable occasion, even though it soon became apparent that my father, Thomas Henry, was not hiding in their family tree, I was received with warm affection. They gladly gave me permission to delve into the history of their cockney family though they did warn me that "Garn, Tom, the likes of us don't 'ave hancestors!"

(Perhaps this is a good place to answer another query that has been raised by some of my friends, namely: What is the difference between upper-case, capital 'C' Cockneys, and lower-case, small 'c' cockneys? This comes up on page 45 in the remarks of Maud, Sidney's sister-in-law. The convention I have followed is

NOTE EXPLICATIVE

APRES AVOIR LU L'AVANT-PROJET DE CE LIVRE, nombre de mes amis de contrées aussi éloignées de Californie que l'Ecosse, l'Angleterre, le Canada, l'Afrique du Sud et le Vermont, m'ont demandé pourquoi je ne parlais pas davantage dans le livre, du héros lui-même, le Caporal Sidney Bates, VC. Ils s'étonnent que je l'aie laissé comme une silhouette indistincte dans l'ombre. Je croyais avoir anticipé cette question à la page 108 où je laisse entendre que l'histoire complète de ce jeune et brave garçon suivrait dans un autre livre. Manifestement, mon explication était ambiguë, d'où la necessité de cette note.

A la page 2, j'explique que c'est le partage de son nom, BATES, qui m'incita à écrire sur Sidney, un jeune homme que je regrette de n'avoir jamais rencontré. Mais il y avait plus à faire qu'à m'intéresser seulement au nom des Bates. A l'origine, j'espérais que l'étude de la famille de Sidney me conduirait peut-être à mon propre père disparu. Cela ne s'est pas produit mais la recherche de Sidney, particulièrement au cours du second séjour en Normandie en 1984, en compagnie de ses deux anciens compagnons d'armes, Bill Holden et Ernie Seaman, a conduit ce livre dans des directions que je n'avais jamais envisagées lorsque je débutai le projet.

Je recontrai le nom de Sidney pour la première fois à la fin de décembre 1981. Il me fallut presque une année pour trouver les membres survivants de sa famille en Angleterre. Finalement, notre première recontre eut lieu le 6 novembre 1982. En cette mémorable occasion, même s'il devint bientôt évident que mon père, Thomas Henry, ne se cachait pas dans leur arbre familial, je fus reçus avec une affection chaleureuse. Ils me donnèrent volontiers la permission de fouiller dans l'histoire de leur famille faubourienne, non sans m'avoir averti ainsi: "Attention, Tom, les gens comme nous n'ont pas d'ancêtres!"

(C'est peut-être le bon endroit pour répondre à une autre question soulevée par quelques-uns de mes amis, à savoir: quelle est la différence entre *Cockneys*, C majuscule, et *cockneys*, c minuscule. Ceci apparait à la page 45 dans les remarques de Maud, la belle-sœur de Sidney. La règle que j'ai suivie est que les *cockneys* (c minuscule) sont les gens de la

that small 'c' cockneys are the working class people of London. As they showed during the blitz, they are a special breed. The capital 'C' Cockneys are those 'born within the sound of Bow bells', a breed within a breed, which distinction, even the high-born, if they qualify, are proud to claim.)

Before going to Normandy for the first time in August 1983, I had read how Sidney's battalion had been in almost constant action for the two months from D-Day, June 6, to August 6, the day on which he earned the Victoria Cross. I had also read and re-read the simple, eloquent citation that described his act of valour. But something troubled me. Why had such a battle-hardened infantryman left the relative safety of his slit trench to advance, alone, firing a Bren gun from the hip, across a bullet-swept meadow that was under heavy mortar and artillery bombardment, to break up the attack of a horde of panzer-grenadiers massing to overrun, first his forward section and then his rearward battalion headquarters? I knew it was only by studying the layout of the field of battle that I could explain Sidney's act of supreme self-sacrifice.

I was lucky to find the retired Lt. Colonel Eric Cooper-Key in London. He had been Corporal Bates's Company Commander during the battle and was, in fact, the officer who had recommended him for the posthumous award of the Victoria Cross. Surely, if anyone could take me straight to the field where it had all happened, it would be Eric. But it wasn't as easy as that. Confused in the maze of the *bocage* that he had not revisited since he had been there forty years before and then, as he said dryly, 'under rather distracting circumstances', and misled by the official siting of the battle at Sourdevalle instead of at Pavée, Eric took me to the wrong field! If he had taken me to the right place, I would have gone back to California content to write up the story of Sidney Bates and this book would not have been produced.

I have explained on page 10 that as soon as I began to harbour doubts about the location of Sidney's battlefield, I decided I had to go back to Normandy for a second visit to clear the

classe ouvrière, les faubouriens, de Londres. Comme ils le montrèrent pendant les bombardements, le *blitz*, ils sont d'une race spéciale. Les *Cockneys* (*C* majuscule) sont ceux qui sont nés à portée des Bow bells, une race à l'intérieur d'une race, distinction que même ceux de haute-lignée, s'ils en ont la qualité, sont fiers de réclamer.)

Avant d'aller en Normandie pour la première fois en 1983, j'avais lu que le bataillon de Sidney avait combattu presque constamment pendant deux mois depuis le Jour J, 6 juin, jusqu'au 6 août, jour où Sidney avait gagné la Victoria Cross. J'avais aussi lu et relu la citation simple et éloquente qui décrit son acte de vaillance. Mais quelque chose me troublait. Pourquoi un fantassin aussi endurci avait-il quitté la sécurité relative de sa tranchée et avancé seul, tirant le fusil-mitrailleur à la hanche, dans une prairie balayée par les balles et soumise à un violent bombardement de mortiers lourds et d'artillerie, pour briser l'attaque d'une horde de panzer-grenadiers massés en vue de submerger d'abord sa section avancée, puis son Q.G. de bataillon à l'arrière? Je savais que c'était seulement par l'étude de la configuration du champ où fut livrée la bataille que je pourrais expliquer l'acte de sacrifice suprême de Sidney.

J'eus la chance de trouver le Lieutenant-Colonel en retraite Eric Cooper-Key à Londres. Il avait commandé la compagnie du Caporal Bates pendant la bataille et il était, en fait, l'officier qui l'avait proposé pour l'attribution de la Victoria Cross à titre posthume. Sûrement, si quelqu'un pouvait me conduire tout droit au champ où tout cela s'était produit, c'était Eric. Mais ce ne fut pas aussi facile que cela. Embrouillé dans le labyrinthe du Bocage qu'il n'avait pas revu depuis qu'il y était venu quarante ans plus tôt, et puis, comme il le dit sèchement, "en des circonstances plutôt atroces", et trompé par la localisation officielle de la bataille à Sourdevalle au lieu de Pavée, Eric m'emmena dans un champ qui n'était pas le bon! S'il m'avait mené au bon endroit, je serais rentré en Californie, me contentant d'écrire l'histoire de Sidney Bates et ce livre n'aurait jamais été produit.

J'ai expliqué à la page 10 qu'aussitôt que je commençai à entretenir des doutes sur la localisation du champ de bataille de Sidney, je décidai que je devais effectuer une seconde visite en Normandie

matter up. This time, Eric Cooper-Key could not go with me, but I was lucky to find two of Sidney's former mates to accompany me instead. They had both been in that terrible August 6 battle and, surely, they would be able to take me, without hesitation, to the right field.

By then there was another uncertainty at the back of my mind. How was I, who had been brought up in India in priviledged circumstances due solely to the color of my skin, and who had no firsthand knowledge of the working class people of Britain on whom the nation depended then, and will always depend, for its Private soldiers, to write about one of their heroes? I had been a B.O.R. (British Other Rank, that demeaning term of latent contempt that, I am happy to learn from John Keegan, is no longer used in the British Army), for a nominal one day before being sent off to the Officers' Training School at Bangalore – yes, where the torpedoes come from – eventually to be commissioned into the Royal Corps of Signals – not even an Infantry man, as Bill Holden, the dour Norfolk man, once couldn't resist pointing out – to lead, not British, but Indian troops. It seemed almost an impertinence for me to try. After all, I am not a T. E. Lawrence nor a George MacDonald Fraser whose book, *Quartered Safe Out Here*, sets the standard for the kind of writing I wanted to do.

I could not expect to get the information I sought from Lt. Colonel Cooper-Key, who, a graduate of Sandhurst and a fine, professional soldier, had to maintain a 'mask of command' and a certain distance between himself and the men he led. My only hope of satisfying my need lay with the two ex-soldiers themselves with whom I was going to spend five close days in Normandy. And so, in my mind, the *Search for Sidney* was expanded in June 1984 to take in, not only the search for the exact site of Sidney's last battle, but also, from the firsthand stories and reminiscences of his former comrades, for an understanding of the personality of this most likeable 'true Camberwell boy.'

Then Fate took a hand again. What started as a simple fact-finding mission became a pilgrimage. As we tramped over one 'Norfolk'

pour clarifier cette affaire. Cette fois-ci, Eric Cooper-Key ne put venir avec moi mais j'eus la chance de trouver deux des anciens camarades de Sidney pour m'accompagner. Ils avaient tous deux participé à cette terrible bataille du 6 août et, sûrement, ils pourraient me conduire, sans hésitation, au bon endroit.

C'est alors qu'une autre incertitude germa dans mon esprit. Comment ferai-je, moi qui avais été élevé aux Indes en des circonstances privilégiées dues uniquement à la couleur de ma peau et qui n'avais aucune experience personnelle des gens de la classe ouvrière de Grande-Bretagne dont la nation dépendait alors, et dépendra toujours pour ses simples soldats, pour écrire quelque chose sur l'un de leurs héros? J'avais été B.O.R. (*British Other Rank*, c'est-à-dire d'un rang inférieur à celui d'officier, expression abaissante de mépris latent qui, j'ai été heureux de l'apprendre de John Keegan, n'est plus utilisée dans l'Armée britannique) pendant une seule journée avant d'être envoyé à l'école d'entraînement des officiers à Bangalore – oui, là, d'où viennent les torpilles – pour être finalement breveté dans le Corps Royal des Transmissions pas même fantassin, comme Bill Holden, l'homme du Norfolk ne put s'empêcher une fois de le faire remarquer dédaigneusement – pour commander, non des Britanniques, mais des troupes indiennes. Il me semblait presque inconvenant d'essayer. Après tout, je ne suis ni un T. E. Lawrence, ni un George MacDonald Fraser dont le livre, *Quartered Safe Out Here*, propose le modèle pour le genre d'ouvrage que je voulais réaliser.

Je ne pouvais espérer obtenir l'information recherchée auprès du Lt. Colonel Cooper-Key; passé par Sandhurst et soldat professionnel accompli, il devait conserver un 'masque de commandement' et une certaine distance entre lui et les hommes qu'il commandait. Mon seul espoir de satisfaire mon besoin de savoir reposait sur les deux anciens soldats eux-mêmes avec lesquels j'allais passer cinq jours en Normandie. Et donc, dans mon esprit la recherche de Sidney fut élargie en juin 1984 afin d'y inclure, non seulement la recherche de l'endroit exact de la dernière bataille de Sidney, mais aussi des histoires et souvenirs de ses anciens camarades pour une compréhension de la personnalité de ce fort sympathique et 'vrai garçon de Camberwell'.

C'est alors que le Destin intervint à nouveau. Ce qui avait débuté comme une simple mission de recherche de faits devint un pélerinage. Tandis que

battlefield after another, and visited one British cemetery after another to pay tribute at each grave marked by a Britannia headstone that showed where a Royal Norfolk's man lay, the nature of the book changed. No longer was the emphasis on the dead Sidney Bates but on those who had survived him as represented by my two companions.

The five days I spent with Bill Holden and Ernie Seaman, ex-civilian-soldiers of humble but honorable rank, marked a turning point in my life. It was an honor to be accepted by them as an equal to whom they talked freely about themselves and their former comrades and officers. The first half of this book is presented as a diary of the five days we three old soldiers spent together. In my account, I have tried to capture, from their actual words, often recorded on video and audio tape, their sense of humor, often ribald, their loyalty to the comrades, their admiration for those who showed courage and their compassion for those who did not, their toughness of spirit and their unfailing sense of decency, honor and duty. It was a unique and ennobling experience. I am sure this is what Paul Fussell means when, very generously, he describes this book as a 'noble work'.

Another frequent question asked about this book is: "Why is it written in English and French?" The answer is simple. After I had finished the English drafts, I sent them to Jean Brisset as a courtesy because he is frequently mentioned in them. Jean wrote back to say that reading the printouts brought tears to his eyes! I immediately apologised for any distress I had caused him but he replied that they were tears of emotion, not of pain! He then went on to say that he would like to translate the book into French. Of course, I was delighted and honored. Also, because he had endured the translation I had done of his book, *La Charge du Taureau,* into *The Charge of the Bull,* I felt it only fair to let him have his turn!

Finally, as I come to the end, allow me to pay this last tribute to the many wonderful people I have met in Normandy who, over the years it took to write this book, have become *ma seconde famille* in what is now *ma seconde patrie.*

nous errions d'un champ de bataille 'du Norfolk' sur un autre et que nous visitions un cimetière britannique après l'autre pour rendre hommage à chaque tombe dont la stèle portant l'ecusson Britannia marquait l'endroit où gît un homme du Royal Norfolk, la nature du livre changea. L'accent ne fut plus sur Sidney Bates mort, mais sur ceux qui lui avaient survécu, personnifiés par mes deux compagnons.

Les cinq jours que je passai avec Bill Holden et Ernie Seaman, anciens civils devenus soldats d'un rang humble mais honorable, marquèrent un point décisif dans ma vie. Ce fut un honneur d'être accepté par eux comme un égal auquel ils parlèrent librement d'eux-mêmes, de leurs anciens camarades et officiers. La première moitié de ce livre est présentée comme un journal des cinq jours que nous, les trois anciens soldats, passâmes ensemble. Dans mon récit, j'ai essayé de saisir dans leurs mots réels, souvent enregistrés sur cassette audio et vidéo, leur sens de l'humour, souvent ribaud, leur loyauté envers leurs camarades, leur admiration pour ceux qui firent preuve de courage et leur compassion pour ceux qui n'en eurent pas, leur rigueur de caractère et leur infaillible sens des convenances, de l'honneur et du devoir. Ce fut une expérience unique et ennoblissante. Je suis sûr que c'est ce que Paul Fussel veut dire quand, très généreusement, il décrit ce livre comme une 'noble œuvre'.

Une autre question au sujet de ce livre est fréquemment posée: pourquoi est-il rédigé en anglais et en français? La réponse est simple. Après que j'eus terminé les brouillons en anglais, je les envoyai à Jean Brisset, par politesse car il y est souvent cité. Dans sa réponse, Jean dit que la lecture lui avait amené les larmes aux yeux! Je fis immédiatement des excuses pour toute détresse que je lui avais causée, mais il répondit que c'était des larmes d'émotion, non de douleur! Il en vint à dire qu'il aimerait traduire le livre en français. Bien sûr, je fus enchanté et honoré. Et aussi, puisqu'il avait enduré la traduction que j'avais faite de son livre, *La Charge du Taureau,* en *The Charge of the Bull,* je pensai qu'il n'était que trop juste de lui laisser prendre son tour!

Enfin, pour terminer, permettez-moi de rendre hommage aux nombreuses et merveilleuses personnes que j'ai rencontrées en Normandie et qui, au long des années qu'il m'a fallu pour écrire ce livre, sont devenues ma seconde famille dans ce qui est maintenant ma seconde patrie.

NORMANDY: THE SEARCH FOR SIDNEY

by
THOMAS J. BATES

NORMANDIE: A LA RECHERCHE DE SIDNEY

traduit par
JEAN BRISSET

THREE OLD SOLDIERS

"IT WAS JUST ABOUT NOW, FORTY YEARS AGO, THAT we landed on SWORD beach." This was Ernie Seaman speaking in his slow Norfolk drawl as he, Bill Holden and I sat down to a continental breakfast in a small hotel in Flers, Normandy. The day was Wednesday, 6 June, 1984, and the time was 0845 hours. The three of us had come to Normandy five days before to search for the exact place where their fellow-soldier, Corporal Sidney Bates, VC, had fallen in the battle of Sourdevalle[1] on 6 August, 1944. Corporal Bates had been posthumously awarded the Victoria Cross for stopping, almost single-handedly, a fanatical attempt by overwhelming numbers of panzer-grenadiers of 10 SS Panzer Division to overrun his battalion, the 1st Battalion The Royal Norfolk Regiment.

TROIS ANCIENS SOLDATS

« IL Y A TOUT JUSTE QUARANTE ANS, NOUS débarquions sur la plage de SWORD. » Ainsi s'exprimait Ernie Seaman, lentement, avec l'accent traînant du Norfolk, tandis qu'en compagnie de Bill Holden et de moi-même il prenait son petit déjeuner dans un hôtel de Flers, en Normandie. C'était mercredi, le 6 juin 1984, à 8h 45. Cinq jours plus tôt, nous étions arrivés en Normandie pour retrouver l'endroit exact où leur copain, le Caporal Sidney Bates, vc, était tombé lors de la bataille de Sourdevalle[1], le 6 août 1944. Le Caporal Bates avait reçu la Victoria Cross à titre posthume pour avoir endigué presque tout seul, une attaque fanatique de panzer-grenadiers de la 10ème SS Panzer Division numériquement supérieurs; ils voulaient anéantir son unité, le 1er Bataillon du Royal Norfolk Régiment.

Bill Holden, MBE Tom Bates Ernie Seaman, MM

Ex-Corporal Ernie Seaman, MM, had been one of the two stretcher-bearers of 'B' Company who had risked their lives to carry the mortally wounded 'Basher' Bates in from the battlefield that twilight evening during a lull in the fighting. Try as he might, he couldn't recall who the other stretcher-bearer had been; perhaps it had been Reg Fisher; and, yes, it could have been George Norton who had driven the jeep that took 'Basher' back to the Regimental Aid Post but he couldn't be sure now. He wished he could remember more of the details for me but it had been so long ago and he had brought in so many wounded men in his time, so many . . .

L'ex-Caporal Ernie Seaman, MM, était l'un des deux brancardiers de la Compagnie 'B'. Ceux-ci, au crépuscule de cette soirée, profitant d'une accalmie dans le combat, avaient risqué leur vie pour ramener du champ de bataille 'Basher' Bates, mortellement blessé. Malgré tous ses efforts il ne parvenait pas à se souvenir qui était l'autre brancardier; peut-être était-ce Reg Fisher. Eh oui, ce pouvait être George Norton qui pilotait la jeep qui ramena 'Basher' au Poste de Secours Régimentaire, mais il ne pouvait pas l'affirmer. Il eût souhaité me donner davantage de détails mais il y avait si longtemps que c'était arrivé, et il avait ramassé tant de blessés . . .

Ex-Private Bill Holden had been a member of one of the anti-tank gun crews of 'S' Company. He too had been in that terrible August 6th battle when, driving a Bren-gun carrier, he had towed his 6-pounder into a defensive position and helped the gun crew get ready to pit their puny cannon against the mighty *Panthers* and *Tigers* that prowled all around them.

As for me, as far as I know, I am not related to Sidney Bates, though it is the sharing of his surname that accounts for my interest in the story of the Camberwell boy. I had served as a very young and bewildered subaltern in the Royal Corps of Signals with 48 Indian Infantry Brigade of 17th Light Indian Infantry Division in the Burma/India fighting in 1943/44. Unlike my breakfast companions who, after the war, had returned to their Norfolk homeland, Ernie to Flitcham and Bill to Norwich, I had moved from one country to another until, finally, I had settled down in California.

L'ancien soldat Bill Holden faisait partie des servants de l'un des canons antitank de la Compagnie 'S'. Lui aussi avait pris part à cette terrible bataille du 6 août; au volant de sa chenillette il avait remorqué son canon jusqu'à sa position de défense. Puis il avait aidé les servants à mettre en batterie leur 'petit calibre' pour se mesurer aux puissants *Panthers* et *Tigers* qui rôdaient tout autour d'eux.

Quant à moi, autant que je sache, je ne suis pas apparenté à Sidney Bates, bien que le partage de son nom de famille explique mon intérêt pour l'histoire de ce gars de Camberwell (partie sud de Londres). J'avais servi comme Sous-Lieutenant dans les Transmissions avec la 48ème Brigade d'infanterie de la 17ème Division d'Infanterie Indienne, lors des combats contre les Japonais dans le secteur Birmanie/Inde en 1943/44. Contrairement à mes compagnons de breakfast qui, après la guerre étaient retournés à leur Norfolk natal, Ernie à Flitcham et Bill à Norwich, j'avais déménagé d'un pays à l'autre, jusqu'à ce que, finalement, je m'établisse en Californie.

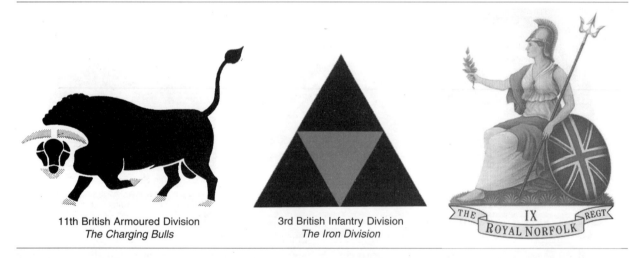

11th British Armoured Division
The Charging Bulls

3rd British Infantry Division
The Iron Division

THE IX ROYAL NORFOLK REGT

Because Sidney's last battle had been fought while under command of 11th Armoured Division, I had arranged for the three of us to be in Flers at the same time that the veterans of that famous division were holding their 40th Anniversary Reunion there. I thought we might meet other soldiers of the Division who had fought in the same battle and who might be able to help us find the battlefield.

Parce que la dernière bataille à laquelle participa Sidney fut livrée sous le commandement de la 11ème Division Blindée, je m'étais arrangé pour que nous soyons tous les trois à Flers en même temps que les vétérans de cette fameuse division qui y célébraient le 40ème Anniversaire des événements de 1944. Je pensais que nous aurions la possibilité de rencontrer des soldats de cette autre division qui avaient pris part au même combat et qu'ils pourraient nous aider à retrouver le champ de bataille.

Flers is a small town of little significance today except to its busy inhabitants, but in the last days of the Normandy campaign, as the Allies closed in on the trapped Germans and drove them to their destruction in the Falaise Pocket, it assumed an importance out of all proportion to its size. Situated about twenty-five miles southeast of Vire on the road to Argentan, it had been given to 11th Armoured as an alternate objective after that British division of the *Charging Bulls* had, to its frustration – for it had held Vire in its mailed fist – been ordered to turn away from that important communications centre so that the Americans could take it.

In August of the previous year, 1983, I had gone to Normandy for the first time with Lieutenant-Colonel Eric Cooper-Key, MBE, MC, who, as the 26-year-old Major in command of 'B' Company of the 1 Royal Norfolk, had recommended the 23-year-old Corporal Bates of 11 Platoon for the Victoria Cross. Eric and I had gone to Normandy to search for the place where Corporal Bates had made his last stand nearly forty years before. After some difficulty, Eric found the battlefield near Sourdevalle where, on 6 August, the Norfolks had joined the Monmouths when, for the purpose of Operation BLUECOAT, the Battalion had been detached from 3rd Infantry Division and placed under command of 11th Armoured Division.

Lieutenant Colonel Eric Cooper-Key, MBE, MC.

Major General 'Pip' Roberts, CB, DSO, MC.

Lieutenant Colonel Hubert Orr, DSO, MC.
Reproduced by kind permission of The South Wales Borderers & Monmouthshire Regimental Museum.

BLUECOAT was the under-publicized British counterpart of the better-known American COBRA offensive that, starting on 25 July, broke through the German lines at St. Lô. This hard-fought American breakthrough paved the way

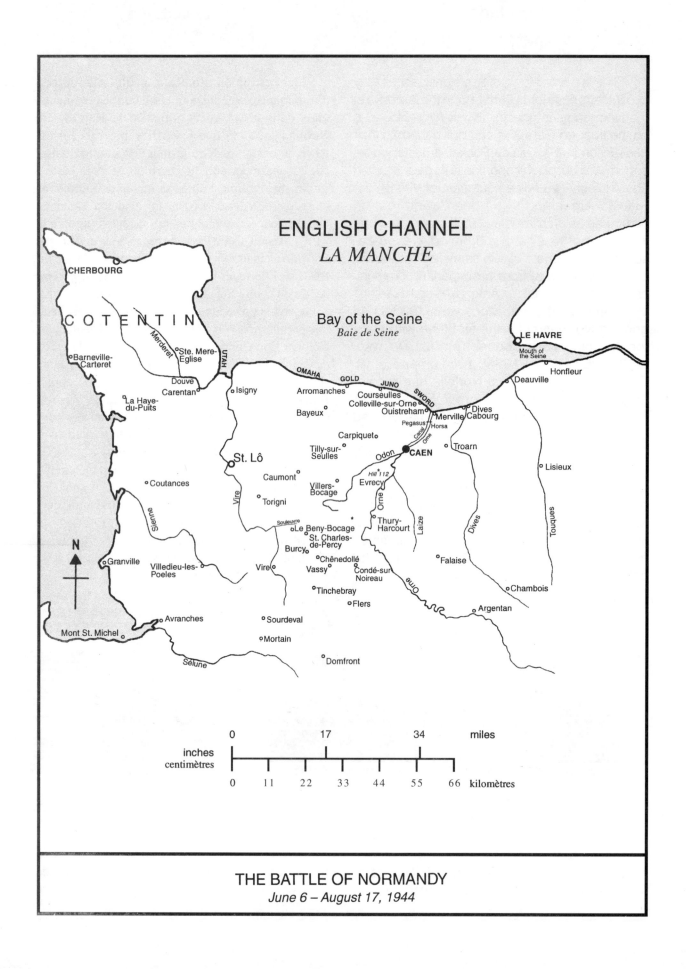

THE BATTLE OF NORMANDY
June 6 – August 17, 1944

for the spectacular breakout of Patton's 3rd U.S. Army, first through the bottleneck of Avranches and then, branching west and east, towards Brest and Paris. But COBRA could not have been sustained and the flamboyant Patton could not have got away with his deep, unopposed sweep if BLUECOAT had not tied down the two formidable SS Panzer Divisions of Hitler's elite II SS Panzer Corps. These two Divisions, the 9th (Hohenstaufen) and the 10th (Frundsberg), were moving west from the area of their recent battles south of Caen in preparation for Hitler's abortive Mortain counter-attack when, alerted by ULTRA[2], Montgomery, using an Americanism for Ike's benefit, gave the order to VIII Corps of 2nd British Army to "step on the gas for Vire."

spectaculaire de la 3ème Armée U.S. de Patton, d'abord au travers du goulet d'Avranches, ensuite, par bifurcation à l'ouest et à l'est, vers Brest et Paris. Mais COBRA n'aurait pu être poursuivi, et le flamboyant Patton n'aurait pu réussir sans opposition ou presque, ce fantastique coup de balai si BLUECOAT n'avait pas cloué sur place les deux formidables divisions du 2ème SS Panzer Corps, l'élite des forces de Hitler. Ces deux divisions, la 9ème (Hohenstaufen) et la 10ème (Frundsberg), firent mouvement vers l'ouest en laissant le secteur de leurs récentes batailles au sud de Caen; ils préparaient ainsi la contre-attaque de Mortain voulue par Hitler et qui avorta. Alerté par ULTRA[2], Montgomery, pour donner l'avantage à Ike, donna l'ordre au 8ème Corps de la 2ème Armée britannique, en utilisant un américanisme: « foncer à plein gaz sur Vire. »

Household Cavalry

2nd Northamptonshire Yeomanry

Fife & Forfar Yeomanry

11th Armoured Division, still licking its wounds from Operation GOODWOOD, started the attack southwards from Caumont on 30 July. Initially their orders were simply to protect the left flank of the Americans while the Guards Armoured Division mounted the main thrust by VIII Corps to cut the Vire—Condé-sur-Noireau road at Vassy. But all that changed suddenly on 31 July when Major-General 'Pip' Roberts, commanding 11th Armoured Division, received an astonishing wireless report from Lt. Dickie Powle's deep-ranging reconnaissance troop of the 2nd Household Cavalry that a bridge over the Souleuvre river, five or six miles behind the German front line, was unguarded and unblown!

La 11ème division blindée qui pansait encore ses blessures de l'opération GOODWOOD, débuta l'attaque vers le sud à partir de Caumont le 30 juillet. Initialement, ses ordres étaient simplement de protéger le flanc gauche des Américains pendant que la Division blindée de la Garde constituait le bélier du 8ème Corps en vue de couper la route Vire–Condé-sur-Noireau à Vassy. Mais tout cela fut subitement modifié le 31 juillet lorsque le Général 'Pip' Roberts reçut un étonnant message radio du Lieutenant 'Dickie' Powle alors en mission de reconnaissance avancée avec son peloton du 2ème Household Cavalry. Celui-ci signalait qu'un pont sur la Souleuvre à plus de 8 km derrière le front allemand n'était ni gardé ni même endommagé! Quelqu'un avait

Someone had left the gate open and, without waiting for permission from Corps, Roberts drove his *Charging Bulls* through it. (See page 100.)

On 2 August, the *Cromwell* tanks of the 2nd Northamptonshire Yeomanry were in the outskirts of Vire but were denied the pleasure of rampaging through that German-held town by Monty's stern order to leave it to be taken by the Americans. On the same day, a few miles to the east, Lieutenant Steel Brownlie's troop of *Sherman* tanks of the 2nd Fife and Forfar Yeomanry cut the Vire—Condé road near Viessoix[3] while, two miles or so farther east, the 23rd Hussars, also equipped with *Shermans*, crashed through Chênedollé as they too made for the same road. The Germans reacted with savage fury to this audacious, two-pronged threat to their supply line and counter-attacked fiercely. The British tanks, very vulnerable when alone at night in the *bocage*, had to withdraw. The 2nd Fife and Forfar Yeomanry went to the mutual protection of the 3rd Monmouths at Pavée, and the 23rd Hussars did the same with the 8th Rifle Brigade at Le Bas Perrier.

laissé une porte ouverte et, sans attendre la permission du Corps d'Armées, Roberts y poussa ses *Charging Bulls*. (Voir page 100.)

Le 2 août, les *Cromwells* du 2ème Northamptonshire Yeomanry étaient dans les faubourgs de Vire mais furent privés du plaisir de se déchaîner dans la ville tenue par les Allemands sur ordre sans appel de Monty, afin qu'elle soit prise par les Américains. Le même jour, quelques kilomètres plus à l'est, le peloton de *Shermans* du 2ème Fife and Forfar Yeomanry commandé par le Lieutenant Steel Brownlie coupait la route Vire—Condé près de Viessoix[3] alors que, trois kilomètres plus à l'est, le 23ème Hussars, également équipé de *Shermans*, se frayait un passage dans Chênedollé en direction de la même route. Les Allemands réagirent avec une furie sauvage à cette audacieuse double menace sur leur ligne de ravitaillement et contre-attaquèrent farouchement. Les tanks britanniques, très vulnérables lorsqu'ils étaient seuls la nuit dans le bocage, durent se retirer. Pour une protection réciproque, le 2ème Fife and Forfar Yeomanry vint avec le 3ème Monmouths à Pavée et le 23ème Hussars fit de même avec le 8ème Rifle Brigade au Bas Perrier.

The Rifle Brigade

23rd Hussars

King's Shropshire Light Infantry

The scene is now set for the Battle of Perrier Ridge. This is a battle that, although virtually ignored by most authors, can make a reasonable claim to being one of the crucial battles of the Normandy

La scène est maintenant prête pour la Bataille des Hauteurs du Perrier. Bien que virtuellement ignorée par la plupart des auteurs, cette bataille peut raisonnablement prétendre avoir été l'une des batailles décisives de la campagne de

campaign. Consider the situation. Perrier Ridge runs parallel to the Vire—Condé road, and a mile or so north of it. According to the map contours, it is about 100 feet higher than the road. This slight height advantage means that it dominates the road from across the intervening valley. Whoever holds Perrier Ridge can stop anything moving along the road to Vire, and beyond Vire, to the St. Lô—Avranches road, the vital, heavily used supply route for the 1st and 3rd U.S. Armies. (See map on page 26.)

Normandie. Voyez la situation. Les Hauteurs du Perrier courent parallèlement à la route Vire—Condé à 1.500 mètres au nord. Selon les courbes de niveau portées sur les cartes, elles s'élèvent d'environ 30 mètres au-dessus de la route. Ce léger avantage en hauteur signifie qu'elles dominent la route par-dessus la vallée qui les sépare. Celui qui tient les Hauteurs du Perrier peut interdire tout mouvement sur la route de Vire, et au-delà de Vire, vers la route St. Lô—Avranches, route vitale et très utilisée pour le ravitaillement des 1ère et 3ème Armées U.S. (Voir la carte page 26.)

Monmouthshire Regiment

Royal Warwickshire Regiment

The King's Own Scottish Borderers

Brooding over the maps in his command bunker 1,000 miles from the battle, Hitler, his ears still ringing from the blast of the abortive bomb plot of 20 July, watched with suspicion as his Generals, either incompetent or, worse, traitorous, allowed his Normandy strategy to fall apart. Once again he would have to intervene directly in the battle to save the day with yet another master stroke. He ordered the mounting of Operation LÜTTICH, the armoured thrust through Mortain that would carry his panzers to Avranches and thus cut off Patton's 3rd Army. But before that he had to clear the Condé—Vire road to the north of this planned attack so that he could supply the forces holding the British 2nd and the American 1st Armies at bay while he dealt with Patton.

As so often in the past, when he wanted a tough job done, Hitler called on his elite II SS Panzer Corps. One of his first moves when the

Méditant sur les cartes dans son bunker à 1.500 kilomètres de la bataille, Hitler, les oreilles encore bourdonnantes du souffle de la bombe du complot avorté du 20 juillet, constatait avec suspicion la façon dont ses Généraux, ou incompétents, ou pire, traîtres, se permettaient de ne pas appliquer sa stratégie en Normandie. Une fois de plus il devrait intervenir directement dans la bataille pour sauver la situation par un nouveau coup de maître. Il donna l'ordre de monter l'opération LÜTTICH, assaut blindé lancé de Mortain qui amènerait ses panzers jusqu'à Avranches, isolant ainsi la 3ème Armée de Patton. Mais avant cela, il fallait dégager la route Condé—Vire au nord de l'attaque projetée de façon qu'il puisse ravitailler les forces qui tentaient de contenir la 2ème Armée britannique et la 1ère Armée américaine pendant qu'il s'occupait de Patton.

Comme si souvent dans le passé, lorsqu'il voulait que soit accomplie une tâche difficile, Hitler fit appel à son corps d'élite, le 2ème SS Panzer Corps. Une de ses

alarm went up in Normandy had been to rush them there from Tarnopol, on the Eastern front, and by the end of June they had fought the British advance in Operation EPSOM to a standstill. Now he sent in its 9th SS Panzer Division to clear them off Perrier Ridge. When, to his surprise, they failed to do so, he sent in the sister division, 10th SS Panzer, to complete the job, with harsh orders that the 'festering abscess' had to be extirpated.

Alerted by ULTRA, Montgomery's countermove was to detach all three infantry battalions from 185 Brigade of 3rd British Division and send them as reinforcements to the hard-pressed battalions of 11th Armoured Division's 159 Infantry Brigade. The 2nd King's Shropshire Light Infantry went to their sister battalion, the 4th, at Les Grands Bonfaits; the 2nd Royal Warwickshire went to reinforce the 8th Rifle Brigade at Le Bas Perrier; the 1st Royal Norfolk were sent to relieve the exhausted 3rd Monmouthshire at Pavée.

Having made the deepest penetration, the 3rd Monmouthshire, on the crest of the western end of Perrier Ridge, were the 'sharp end' of the salient that thrust like a lance into the side of the Germans. They reacted savagely. Again and again 9th SS Panzer attacked the Welshmen. Lieutenant-Colonel Orr, their CO, without being privy to the higher strategy and certainly not privy to ULTRA, reacted like a true soldier. The attacks strengthened his resolve to stand firm for, as he said, "If the Germans are so anxious to have Pavée, then we had better stay here."[4] And stay there they did, cut off for two days until, on 6 August, the 1st Royal Norfolk could fight their way through to relieve them.

The relief was in progress when yet another German attack came in, this time by 10th SS Panzer Division. Those of the 3rd Monmouth who had not yet left stayed on the ridge to be joined by those of the 1st Royal Norfolk who had managed to get through after taking heavy casualties the previous two days while battling south from Le Bény-Bocage

premières mesures quand l'alarme retentit en Normandie avait consisté à ramener ce corps précipitamment de Tarnopol sur le front de l'est pour arrêter la progression britannique lors de l'opération EPSOM fin juin, ce qu'il fit avec succès. Cette fois, il envoya sa 9ème SS Panzer Division déloger les forces britanniques établies sur les hauteurs du Perrier. Quand, à sa grande surprise, elle échoua, il y engagea sa Division sœur, la 10ème SS Panzer, pour terminer le travail selon des ordres à ne pas discuter: liquider cet 'abcès purulent'.

Alerté par ULTRA, la contre-mesure de Montgomery fut de détacher les trois bataillons d'infanterie de la 185ème Brigade de la 3ème Division et de les envoyer en renfort aux bataillons éprouvés de la 159ème Brigade d'infanterie de la 11ème Division. Le 2ème King's Shropshire Light Infantry se joignit à son bataillon frère, le 4ème, aux Grands Bonfaits; le 2ème Royal Warwickshire renforça le 8ème Rifle Brigade au Bas Perrier; le 1er Royal Norfolk fut envoyé pour relever le 3ème Monmouthshire, très éprouvé, à Pavée.

Ayant accompli la pénétration la plus profonde, le 3ème Monmouthshire, établi sur la crête de l'extrémité ouest des Hauteurs du Perrier, était à l'extrême pointe du saillant qui s'enfonçait comme une lance dans le flanc des Allemands. Ils réagirent brutalement. Sans relâche, ils attaquèrent les Gallois. Leur commandant, le Lieutenant-Colonel Orr, sans connaître la stratégie définie en haut lieu, et certainement pas au courant de l'assistance d'ULTRA, réagit en vrai soldat. Les attaques successives renforcèrent sa résolution de s'accrocher à ses positions. « Si les Allemands sont si désireux de reprendre Pavée, » dit-il, « alors il vaut mieux que nous y restions. »[4] Et ils y restèrent, coupés de leurs arrières pendant deux jours, jusqu'à ce que le 6 août, le 1er Royal Norfolk réussisse à forcer un passage pour les relever.

La relève était en cours lorsqu'une nouvelle attaque fut lancée, cette fois par la 10ème SS Panzer Division. Ceux des 3ème Monmouth qui n'étaient pas encore partis restèrent sur la hauteur où ils furent rejoints par ceux des 1er Royal Norfolk qui avaient réussi à l'atteindre après avoir subi de lourdes pertes les deux jours précédents au cours des combats qu'ils eurent à livrer pour avancer du Bény-Bocage

through Le Reculey, La Bistière and Burcy. Together, the excitable Welshmen and the stolid East Anglians, appropriately dubbed the NORMONS, fought and won their part of the Battle of Perrier Ridge.

I had read many accounts of this battle but it was only after I returned to California after my 1983 visit to Normandy with Eric Cooper-Key that I read Major How's book, *Normandy: The British Break-Out*. What I read in that book made me wonder if Eric and I had been to the right battlefield! We had certainly been to the western end of Perrier Ridge – there was no doubt about that – and we had been to Sourdevalle[5], but was that really where the climactic battle of the Sidney Bates story took place? Now another place name intruded, the name of Pavée.

The two places, each just a sprinkling of farm buildings, are about half a mile apart with deep valleys in between. Pavée is on the road out of

vers le sud, par Le Reculey, La Bistière et Burcy. Ensemble, les Gallois, nerveux, et les Angliens de l'est, impassibles, auxquels fut donné le nom approprié de NORMONS, livrèrent et gagnèrent leur part de la Bataille des Hauteurs du Perrier.

J'avais lu de nombreux compte-rendus de cette bataille mais ce fut seulement après mon retour en Californie, suite à mon voyage de 1983 en Normandie avec Eric Cooper-Key que je lus le livre écrit par le Major How, *Normandy, The British Break-Out*. Ce que je lus dans ce livre m'amena à me demander si Eric et moi étions bien allés sur le lieu exact de la bataille! Nous nous étions certainement rendus à l'extrémité ouest des Hauteurs du Perrier, il n'y avait aucun doute à cela, et nous étions allés à Sourdevalle[5], mais était-ce réellement là que s'était déroulée l'histoire de Sidney Bates au plus fort de la bataille? Voilà que s'imposait le nom d'un autre lieu, celui de Pavée.

Les deux endroits, parsemés de quelques bâtiments de ferme, sont distants d'à peine un kilomètre l'un de l'autre et séparés par une vallée.

L'Orne Combattante (Juin 1984)

The late Major Joe How, MC, the Regimental Historian of the 3rd Battalion, The Monmouthshire Regiment, with his hand on the shoulder of Jean Brisset.

Le regretté Major Joe How, MC, historien régimentaire du 3ème Battalion, The Monmouthshire Regiment, parlant, la main à l'épaule de Jean Brisset.

Burcy that leads south to the Chênedollé—Viessoix road, while Sourdevalle is at the end of a dead-end side road that branches off to the east from the Burcy road. Major How had fought with the 3rd Monmouth at Pavée and had been wounded there. About ten years after the war, he had written the Regimental History of the 3rd Monmouth and in that book he had placed the August 1944 battle at Sourdevalle. This was the closest place name that appeared on the campaign maps they had used in 1944, maps that were copied from older, French maps over-crammed with details that confused both sides, the Germans and the British alike. However, while researching his second book, *Normandy: The British Break-Out*, Joe How had met Jean Brisset of Flers, the author of *La Charge du Taureau*, a French-language book about his old Division that has since been translated into the English-language *The Charge of the Bull*. Jean Brisset was not quite 17 years old when the 'Charging Bulls' of 11th Armoured Division liberated his home town in August 1944, and his book, first published in 1975, is a tribute to them and to those gallant French people who helped them win their battles. After extensive research, and with the advantage of being able to interview many of the locals who had actually been caught up in that terrible battle in August 1944, Jean Brisset placed the fighting at Pavée, and, in particular, on what was then known as the Taflet farm. The proofs he presented to Major How were so conclusive that, when the latter wrote his book, *Normandy: The British Break-Out*, first published in 1981, he relocated the battle and placed it at Pavée.

A further indication of how confused everyone was at the time is the fact that the War Diary of the 3rd Monmouth for the days from 4 to 6 August places the Battalion at Le Coisel. They certainly were not there; that place was very definitely held by the Germans!

Mulling over all this in California, it was obvious to me that only another visit to Normandy could clear up the uncertainties. I was still determined to find the actual battlefield because it seemed to me that only by studying the place

Pavée est situé sur la route qui, de Burcy, conduit vers le sud à la route Chênedollé—Viessoix. Sourdevalle est au fond d'un cul-de-sac. On y accède par une petite route greffée sur celle qui monte de Burcy et qui se dirige vers l'est. Le Major How avait combattu avec le 3ème Monmouth à Pavée et y avait été blessé. Environs dix ans après la guerre, il avait écrit l'histoire du 3ème Monmouth et, dans son livre, avait placé la bataille d'août 1944 à Sourdevalle. C'était le nom de lieu le plus proche qui figurait sur les cartes d'opération utilisées en 1944, cartes établies d'après d'anciennes cartes françaises surchargées de détails qui trompèrent aussi bien les Britanniques que les Allemands. Cependant, alors qu'il effectuait des recherches pour son second livre, *Normandy: The British Break-Out*, Joe How avait rencontré Jean Brisset, l'auteur de *La Charge du Taureau*, ouvrage écrit en français sur l'histoire de son ancienne Division. Il a, depuis, été traduit en anglais sous le titre: *The Charge of the Bull*. Jean Brisset n'avait que dix-sept ans quand les *Charging Bulls* de la 11ème Division Blindée libèrent son village en août 1944. Son livre, dont la première édition date de 1975, est un hommage aux soldats de la division et aux vaillants Français qui les aidèrent à gagner leurs batailles. Après des recherches très poussées et avec l'avantage de pouvoir interroger nombre de villageois qui se trouvèrent réellement pris dans cette terrible bataille d'août 1944, Jean Brisset avait placé le combat à Pavée, et, en particulier, sur ce qui était alors connu sous le nom de la ferme Taflet. Les preuves qu'il présenta au Major How furent si convaincantes que, lorsque ce dernier écrivit son livre, *Normandy: The British Break-Out*, en 1981, il relocalisa la bataille en la situant à Pavée.

Une preuve supplémentaire du degré de confusion chez tout le monde à ce moment-là se trouve dans les rapports d'opération du 3ème Monmouth les 4, 5 et 6 août. Ils placent ce Bataillon au Coisel. Il est certain qu'il ne pouvait pas y être: cet endroit était bel et bien tenu par les Allemands!

Après avoir ressassé tout cela en Californie, il m'apparut évident que seule une autre visite en Normandie pourrait lever les incertitudes. J'étais toujours déterminé à trouver l'emplacement exact du champ de bataille, car il me semblait que seule

where Sidney fought and fell could I understand and explain why the young infantryman had acted as he did. Eric Cooper-Key could not return with me in 1984, but, instead, I was fortunate in being able to persuade Ernie Seaman and Bill Holden to accompany me on this second phase of the *Search for Sidney.*

l'étude de l'endroit où Sidney se battit et tomba, pouvait m'amener à comprendre et expliquer pourquoi il avait agi comme il le fit. Eric Cooper-Key ne put revenir avec moi en 1984, mais, à sa place, j'eus la chance de pouvoir persuader Ernie Seaman et Bill Holden de m'accompagner pour le second épisode de la *Recherche de Sidney.*

Regimental badges of the units that fought
in 11th Armoured Division.

NOTES

1. Although the citation for Sidney Bates's Victoria Cross says that the action took place at Sourdevalle, in actual fact the battle was at Pavée.

2, The name given to the 'ultra secret' information obtained by the British after they had broken the supposedly unbreakable enemy cyphers created by the German Enigma encyphering machines.

3. See *The Charge of the Bull*, page 88.

4. See *Normandy: The British Break-Out*, page 189.

5. Another confusion enters the story! The name Sourdevalle means 'above the valley' and, as this part of Normandy is filled with valleys – hence the tongue-in-cheek local description of it as *La Suisse Normande* – the name occurs in many places. The same name, in the form of Sourdeval, is held by a small crossroads village between Vire and Mortain. In August 1944, its strategic position ensured its place in history when it found itself in the path of Hitler's Operation LÜTTICH It is not the Sourdevalle of this story.

NOTES

1. Bien que la citation pour la Victoria Cross de Sidney Bates indiquât que le combat eut lieu à Sourdevalle, c'est en fait à Pavée qu'il se déroula.

2. Nom donné aux informations 'ultra secrètes' obtenues par les Britanniques après qu'ils eurent réussi à pénétrer le soi-disant impénétrable code ennemi établi par Enigma, la machine à coder allemande.

3. Voir *La Charge du Taureau*, page 97.

4. Voir *Normandy: The British Break-Out*, page 189.

5. Une autre confusion entre dans l'histoire! Sourdevalle signifie 'au-dessus de la vallée' et, comme cette partie de la Normandie est bien pourvue de vallées – d'où l'appellation un peu prétentieuse par ses habitants de *Suisse Normande*, –le nom apparaît en plusieurs endroits. Le même nom, écrit Sourdeval, est celui d'un bourg situé à un carrefour important entre Vire et Mortain. En août 1944 sa position stratégique lui assura sa place dans l'histoire car il se trouva sur le passage de l'Opération LÜTTICH montée par Hitler. Ce n'est pas le Sourdevalle de cette histoire-ci.

DAY ONE

BURCY – PAVEE

THE SEARCH FOR SIDNEY STARTED ON SATURDAY, 2 June, 1984. Both Ernie Seaman and Bill Holden had assured me they would have no trouble at all in finding the exact place where 'Basher' Bates had made his last stand. Of all the battles they had been in, how could they ever forget any of the details of that particular battle on 6 August, 1944? (See page 26.)

In order to approach the battlefield from the same direction they had taken in 1944, I chose a roundabout way to get to Burcy from Flers. Eventually, we arrived in the neighbourhood of Forgues, on the reverse slope of Estry Ridge, the place where their Battalion had spent the night of 5 August. Behind them was the sharp, deadly engagement they had fought at La Bistière on 4 August. 'D' Company had lost a platoon in that brief firefight but, despite their losses, the Battalion had to press on for the Monmouths were to the south of them, on the other side of Burcy, cut off by the Germans who swarmed all around, eager for the kill.

PREMIER JOUR

BURCY – PAVEE

LA RECHERCHE DE SIDNEY COMMENÇA LE SAMEDI, 2 juin 1984. Ernie Seaman et Bill Holden m'avaient tous deux assuré qu'ils n'auraient aucune difficulté à retrouver l'endroit exact où 'Basher' Bates avait livré son dernier combat. Parmi toutes les batailles auxquelles ils avaient pris part, comment auraient-ils pu oublier les détails mêmes de cette bataille spéciale du 6 août 1944? (Voir page 26.)

Venant de Flers et allant vers Burcy, je choisis de faire un détour circulaire pour aborder le champ de bataille dans le même sens qu'ils le firent en 1944. Nous arrivâmes donc dans les environs de Forgues sur le versant opposé des hauteurs d'Estry où ils avaient passé la nuit du 5 au 6 août. Derrière eux se trouvait l'engagement violent et meurtrier qu'ils avaient eu à La Bistière le 4 août. La Compagnie 'D' avait perdu un peloton dans ce combat-éclair, mais malgré ses pertes le Bataillon devait faire vite pour atteindre les Monmouths qui se trouvaient plus au sud, de l'autre côté de Burcy, coupés de l'arrière par les Allemands qui accouraient de partout pour participer à la curée.

Jean-François Brisset

Looking south from the top of Estry Ridge near Forgues. (See page 15 for the 'reverse' of part of this picture.)

Vue prise vers le sud depuis le sommet de la hauteur d'Estry près de Forgues. (Voir page 15 l'envers d'une partie de cette photographie.)

When we topped Estry Ridge, I pulled off the road to stop and look down into the valley in which Burcy nestled. For a long time the three of us stood and gazed at the beautiful panorama spread out in front and below us. From the roof tops of the neat little village our eyes followed the rise of the fields up the other side of the valley to the next ridge, Perrier Ridge, our destination. Somewhere on the crest of Perrier Ridge was the battlefield we were looking for, somewhere in amongst those trees and hedges.

Now, for the first time, the two men who had been in the battle began to feel they might have difficulty finding the exact place because so many changes had been made in the forty years since 1944. Roads had been widened, hedges removed, fields enlarged and their shapes altered, new buildings put up, and so on. It all looked so familiar but yet, in many indefinable ways, it was subtly different.

Lorsque nous fûmes au sommet de la Hauteur d'Estry, j'arrêtai sur le bord de la route et regardai la vallée dans laquelle se nichait Burcy. Pendant un long moment nous restâmes tous trois à contempler le merveilleux panorama qui s'offrait en face et au-dessous de nous. Des toits du joli petit village notre regard suivait la pente des champs en remontant l'autre versant de la vallée jusqu'au sommet de la Hauteur du Perrier, notre destination. Quelque part sur cette crête se trouvait le champ de bataille que nous recherchions, quelque part parmi ces arbres et ces haies.

A cet instant, les deux hommes qui avaient pris part à la bataille eurent, pour la première fois le sentiment qu'ils pourraient éprouver des difficultés à retrouver l'endroit exact, à cause des nombreux changements intervenus en quarante ans, depuis 1944. Les routes avaient été élargies, des haies abattues; les champs agrandis avaient des formes différentes; de nouveaux bâtiments avaient été construits. Tout semblait si familier et pourtant, sous certains aspects indéfinissables, tout était subtilement différent.

Burcy church seen from the Presles road with the road to Pavée leading off to the left.

L'église de Burcy prise de la route de Presles avec la route de Pavée partant à gauche.

One thing in particular was very different this June morning in 1984 from that August morning in 1944. This June morning there was no mist, no trace of the early morning mist that, forty years ago, had hidden their movements

Ce matin de juin 1984, une chose en particulier était très différente de ce qu'elle était un certain matin d'août 1944: Ce matin de juin il n'y avait pas de brume, aucune trace de la brume matinale qui, il y a quarante ans, avait dissimulé

as, slowly and quietly, they had followed the hair-pinning road into Burcy at the bottom of the valley. In 1944 the hot, August days were always preceded by thick, early-morning mists that filled the valleys and provided a natural screen behind which they could move without alerting the Germans, and behind which their enemy could stalk and ambush them. Ernie remembered it had been 'B' Company's duty, his and Basher's Company, to lead the advance that Sunday morning in their canvas-skinned 3-ton lorries. He, the infantryman, explained to me, a mere signaller, that the duty Company's job in leading the Battalion in an advance to contact was not an enviable one but this time they were in luck. Before the mist lifted, 'B' Company had got through Burcy without trouble but the rest of the convoy coming slowly down the exposed forward slope of Estry Ridge was revealed to the pitiless German guns and mortars.

By disregarding the correct, textbook procedure and carrying out the relief in broad daylight, instead of under cover of darkness, the Norfolks, and 'A' Company in particular, suffered heavily but there was no alternative. The previous night, while the rest of the Battalion slept, Major Humphrey Wilson, the second in command, and Private Lammas, his driver, had made their perilous way through to the 3rd Monmouths to arrange for their relief the next day. Lt. Colonel Orr, the CO of the Monmouths, told him the situation was desperate. The battered Monmouths were exhausted. Heavy casualties had so reduced their numbers that the next German attack would surely overrun them and push them off the ridge. Major Wilson assured him

les mouvements des Britanniques tandis que, lentement et sans bruit, ils suivaient la route en épingle à cheveux qui descend vers Burcy au fond de la vallée. En 1944 les jours chauds d'août furent toujours précédés d'épaisses brumes matinales qui emplissaient les vallées et formaient un écran naturel derrière lequel ils pouvaient se déplacer sans alerter les Allemands – et derrière lequel l'ennemi pouvait se tenir à l'affût et leur tendre des embuscades. Ernie se souvenait que la Compagnie 'B', la sienne et celle de 'Basher', avait pour mission de mener l'avance ce dimanche matin dans leurs camions bâchés. Lui, le fantassin, m'expliqua, à moi le pauvre radio, que la tâche de la Compagnie qui conduisait l'avance du Bataillon pour l'amener au contact de l'ennemi n'était pas très enviable. Cette fois, cependant, ils eurent de la chance. Avant que la brume se levât, ils avaient traversé Burcy sans encombre, alors que le reste du convoi qui descendait lentement le versant exposé de la Hauteur d'Estry fut repéré et pris à partie sans pitié par les canons et mortiers allemands.

En procédant à une relève en plein jour au lieu de l'effectuer sous le couvert de l'obscurité comme l'indique la procédure du manuel, les Norfolks, et la Compagnie 'A' en particulier, subirent de nombreuses pertes, mais il n'y avait pas d'autre possibilité. La nuit précédente, tandis que le Bataillon dormait, le Major Humphrey Wilson, commandant en second, et le soldat Lammas, son chauffeur-ordonnance, avaient fait une traversée périlleuse jusqu'aux positions des Monmouths pour préparer la relève du lendemain. Le Lt. Colonel Orr, commandant les Monmouths, leur révéla que la situation était désespérée. Pilonnés, les Monmouths étaient épuisés. Les lourdes pertes qu'ils avaient subies avaient éclairci leurs rangs à un point tel que la prochaine attaque allemande ne pourrait être contenue et qu'ils devraient abandonner la hauteur. Le Major Wilson

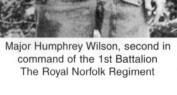

Major Humphrey Wilson, second in command of the 1st Battalion The Royal Norfolk Regiment

that the Norfolks would get through the next morning without fail. It was just as well they did for when the Germans attacked once more the combined NORMONS beat them back. Again, as in so many British battles, it was a 'close-run thing'!

Bill did not say much to us about his experience that morning, but I knew that he had had a rough time. In such cases, carriers were particularly vulnerable. Not only were they noisy to drive, but the dust stirred up by their churning tracks gave their position away.

When I sensed that the other two were ready to tear themselves away from the safety of Estry Ridge, I re-started the engine, released the hand brake and moved off. I heard Ernie ask Bill in a scatological whisper, lowered in deference to my delicate,

lui assura que les Norfolks réussiraient à passer le lendemain sans faute. Ce qui eut lieu en effet. Quand les Allemands lancèrent une nouvelle attaque, elle fut repoussée par la force combinée des NORMONS. De nouveau, comme pour tant de batailles gagnées par les Britanniques, ce fut de justesse.

Bill ne nous dit pas grand-chose de son expérience de ce matin-là, mais je savais qu'il avait passé de mauvais moments. En de telles situations, les chenillettes étaient particulièrement vulnérables. Non seulement elles étaient bruyantes, mais la poussière soulevée par leurs chenilles les rendait facilement repérables.

Quand j'eus le sentiment que mes deux compagnons étaient prêts à s'arracher à la sécurité des hauteurs d'Estry, je remis le moteur en route, desserrai le frein et partis. J'entendis Ernie demander à Bill, dans un murmure scatologique, à voix basse pour ne pas choquer mes oreilles délicates d'officier,

Looking back in a northwesterly direction from a point on the Burcy—Pavée road near La Fauvellière, approximately on a level with *Dump Wood* that is off the picture a few hundred yards to the left (west). Estry Ridge is on the northern horizon, about 2,000 yards away. Burcy, with its church, is in the middle ground. The road hair-pinning into Burcy down the forward slope of Estry Ridge is the road from Forgues. It was along this road, in full view of the German OPs in *Dump Wood*, that the 1st Royal Norfolks had to advance to the relief of the 3rd Monmouths at Pavée on Sunday morning, 6 August, 1944. (See page 12.)

En regardant vers l'arrière en direction du nord-ouest à partir d'un point sur la route Burcy—Pavée situé près de La Fauvelière, à peu près au niveau de *Dump Wood*, qui est à quelques centaines de mètres sur l'extérieur gauche de la photographie (ouest). La Hauteur d'Estry est à l'horizon nord à environ deux kilomètres de là. Burcy et son église sont au centre. La route en épingle à cheveux qui descend le versant de la Hauteur d'Estry pour entrer dans le bourg est celle qui vient de Forgues. C'est sur cette route, en pleine vue des postes d'observation allemands établis dans *Dump Wood*, que le 1er Royal Norfolks dut avancer pour relever le 3ème Monmouths à Pavée, le dimanche matin 6 août 1944. (Voir page 12.)

officer-bred ears, whether he had his toilet paper handy but Bill refused to share the joke. Seated beside me in grim silence, I could sense him reliving the terror of that distant morning as I drove slowly past the sleeping German ghosts.

We went through Burcy and drove over the small stone bridge spanning the Allière stream. Allured by the long, straight road in front of us that climbed up to the crest of the ridge, the two soldiers confidently directed me to drive up it. As they remembered so well, the battlefield was just up there, off on the right-hand side of the road.

Although I knew they were wrong, I said nothing but followed their directions without comment. I did not want to influence their search in any way but I knew that this could not have been the road up which the Battalion went to the relief of the Monmouths because it passed in full view of *Dump Wood* just a few hundred yards to the right. The Germans had hidden a large ammunition dump in that wood and from its cover they had directed an unmerciful 'stonk' on the long convoy of Norfolk lorries, while, in full view, it had snaked its slow way down the forward slope of Estry Ridge into the valley and through Burcy.

Eric Cooper-Key and I had spent hours the previous August casting back and forth, up and down this road, the road from Burcy to Viessoix, trying to find the battlefield. Eventually, Eric had decided that we were not in the right place and we had looked elsewhere.

Exactly the same thing happened again. When the three of us got to the top of the ridge, where the road levels out, we looked around. It was not the right place! Just as Cooper-Key and I had done, the two ex-soldiers cast around, up and down the road, like hunting dogs trying to pick up an old game trail but they couldn't find it. After a while, without explaining where I was taking them, I drove them to the scattering of buildings marked on the map as Sourdevalle. Finally, Eric had confidently placed the

s'il avait du papier de toilette à portée de main, mais Bill refusa de partager la plaisanterie. Assis près de moi, gardant un silence lugubre, je sentais qu'il revivait la terreur de cette lointaine matinée tandis que nous avancions lentement au milieu des fantômes allemands endormis.

Nous traversâmes Burcy et franchîmes le petit pont de pierre qui enjambe l'Allière. Attirés par la longue route droite qui, devant nous, grimpait vers le sommet de la colline, les deux soldats m'indiquèrent sans hésitation de la suivre. Ils se souvenaient si bien que le champ de bataille était là-haut, à droite de la route.

Je savais qu'ils se trompaient mais je suivis leurs instructions sans faire le moindre commentaire. En aucune façon je ne voulais influencer leur recherche, mais je savais que ça ne pouvait pas être la route par laquelle le Bataillon était allé relever les Monmouths, car elle passait en pleine vue de *Dump Wood* situé à quelques centaines de mètres sur la droite. Les Allemands avaient caché un important dépôt de munitions dans ce bois. De son abri, ils avaient dirigé un pilonnage sans merci du long convoi de camions des Norfolks qui serpentait à découvert sur la route descendant de la hauteur d'Estry vers la vallée et Burcy.

Eric Cooper-Key et moi-même avions passé des heures au mois d'août précédent à explorer de long en large et de haut en bas la route de Burcy à Viessoix, pour essayer de retrouver le champ de bataille. Finalement, Eric avait conclu que nous n'étions pas au bon endroit et nous avions cherché ailleurs.

La même chose se produisait de nouveau. Lorsque tous trois nous fûmes arrivés au sommet de la côte, là où la route émerge au niveau des champs, nous regardâmes aux alentours. Ce n'était pas non plus le bon endroit! Exactement comme Cooper-Key et moi-même l'avions fait, les deux anciens soldats fouillèrent les abords de la route, partirent à droite et revinrent à gauche, d'avant en arrière, tels des chiens de chasse essayant de retrouver la trace d'un gibier, mais ils n'y parvinrent pas. Au bout d'un moment, sans leur expliquer où je les emmenais, je les conduisis vers les bâtiments indiqués sur la carte sous le nom de Sourdevalle. C'était là que, finalement, sans hésitation,

battle there and I wanted to see if the other two would show any signs of recognizing the place. It took no time for me to get a strong, negative reaction from Bill Holden. "No, Tom, this is definitely not the place. Let's go back to the main road."

They directed me back to the Burcy—Viessoix road, drawn to it by their recollection that the approach to the battlefield had been exactly like this long, straight road that gradually climbed to the crest of the ridge. But still they couldn't find the place they were looking for. They were disoriented and confused and realized they did not know where they were. Just then a small car passed us, going towards Burcy. It stopped. The driver backed up and spoke to us. Out of the torrent of French I recognized the invitation to *suivez moi* so we 'suivezed' the Citroën back into Burcy, and, led by the Frenchman, entered his house to be presented to his wife, Madame Leparquier. She was the village school teacher of Burcy and spoke English. Monsieur Leparquier was proud of her accomplishment and was sure she could help us. He had seen that we were *trois anciens soldats* and, unasked, had offered to help us. The three of us – "Not so ruddy ancien" as Bill muttered to me – were to meet this same generous and spontaneous kindness many times during our visit to Normandy.

I explained why we were there and, remembering a reference in Jean Brisset's book, *The Charge of the Bull*, to the Taflet farm as the scene of the battle, I asked the family where it was. Another torrent of French smothered us. Slowly and shyly, Madame, speaking much better English than I spoke French, gave us directions. Then, to make sure we would not get lost, she asked her daughter, Corinne, a shy, pretty, teenage girl in the inevitable jeans, to act as our guide. She, too, spoke some English and, if necessary, would be our interpreter. Just as we were leaving, Madame's son, Thierry, a fine, strapping young man, the husband of the other young

Eric avait situé la bataille et je voulais voir si les deux autres manifesteraient des signes montrant qu'ils reconnaissaient l'endroit. En rien de temps, je reçus une forte réaction négative de Bill Holden. « Non, Tom, ce n'est pas du tout l'endroit. Retournons à la route principale. »

Ils me ramenèrent à la route Burcy—Viessoix, attirés vers elle par le souvenir que leur approche du champ de bataille s'était faite sur une route exactement semblable qui grimpait graduellement vers la crête de la colline. Mais encore un fois ils ne purent trouver l'endroit qu'ils cherchaient. Ils paraissaient désorientés, embarrassés et ne savaient plus où ils étaient. C'est alors qu'une petite voiture passa près de nous en direction de Burcy. Elle s'arrêta. Le chauffeur fit marche arrière et se mit à nous parler. Du torrent de français, je reconnus l'invitation « Suivez-moi », et nous suivîmes la Citroën qui nous ramena à Burcy. Puis, sous la conduite du Français, nous entrâmes dans sa maison pour y être présentés à sa femme, Madame Leparquier. Elle était maîtresse d'école à Burcy et parlait anglais. Monsieur Leparquier était fier de ses talents et sûr qu'elle pouvait nous venir en aide. Il s'était rendu compte que nous étions trois anciens soldats, et sans qu'il lui soit demandé, avait offert de nous aider. Tous trois – « pas si vachement anciens que ça » maugréa Bill – allions devoir rencontrer cette même gentillesse, généreuse et spontanée, maintes fois au cours de notre séjour en Normandie.

J'expliquai pourquoi nous étions là et me souvenant que Jean Brisset dans son livre, *La Charge du Taureau*, avait cité la ferme Taflet comme étant la scène de la bataille, je demandai à la famille où c'était. Un autre torrent de français nous submergea. Lentement, timidement, Madame Leparquier, qui parlait beaucoup mieux l'anglais que moi le français, nous indiqua le chemin. Puis, pour être sûre que nous n'allions pas nous perdre, elle demanda à sa fille, Corinne, adolescente timide et mignonne, vêtue de l'inévitable jeans, de nous servir de guide. Elle aussi parlait un peu anglais et, si nécessaire, se ferait notre interprète. Comme nous étions sur le point de partir, le fils de Madame Leparquier, Thierry, beau jeune homme robuste, mari

woman in the house and the father of the 8-month-old baby boy, appeared and insisted on joining our group. The two Normans squeezed into the car with the three Englishmen and we all set off, *à Pavée*!

I drove over the stone bridge again but this time, directed by our guides, I made a sharp left turn instead of going straight up the hill as we had done before. A quick right turn followed (a later look at the map showed that this was at La Denaiserie) and we were now on a minor road that, for a short distance, ran almost parallel to the road the three of us had taken earlier in the morning. (See page 26.) I looked over my right shoulder for *Dump Wood* in order to keep my bearings, but it was out of sight, hidden by a spur of Perrier Ridge. "So this is how they were able to infiltrate past the Germans," I thought to myself. The road we were on started to diverge away from its parallel course to the Burcy—Viessoix road. We came to a crossroads (La Fauvellière) of which the left branch was signposted to Soudevalle. I made to go left, as Eric Cooper-Key and I had done, but Thierry said "*Non!*" and Corinne exclaimed, "Go straight!" so I took the road marked to Chênedollé. As we climbed its long, narrow, straight length I could sense the excitement mounting in the two *anciens soldats*; they realized that, at last, after all the searching, we were on the right track and were approaching the battlefield.

We passed a newly painted, white farm gate that barred a gravelled drive to an impressive house set above the road on the right-hand side. Thierry said, "*Ici ferme Taflet.*" At his insistence, we continued up the road, following it as it sunk between high banks and curved sharply to the right. I noticed a building on the high ground overlooking the sunken road at this curve. I remembered the rough sketch that Pat Bennett, the

de l'autre jeune femme de la maison et père d'un bébé de huit mois, apparut et il insista pour se joindre à notre groupe. Les deux Normands se tassèrent dans la voiture avec les trois anglais et nous partîmes tous, à Pavée!

Je traversai de nouveau le pont de pierre mais cette fois, sous la direction de nos guides, je tournai aussitôt à gauche au lieu d'aller tout droit vers le sommet de la côte comme nous l'avions fait auparavant. Un brusque tournant à droite suivit (un coup d'œil sur la carte montra plus tard que c'était La Denaiserie) et nous fûmes alors sur une petite route qui, sur une courte distance, courait presque parallèlement à celle que nous avions prise plus tôt dans la matinée. (Voir page 26.) Regardant par-dessus mon épaule droite, je cherchai à apercevoir *Dump Wood* afin de conserver mes points de repère, mais il était hors de vue, dissimulé par un éperon des Hauteurs du Perrier. « C'était donc ainsi qu'ils avaient pu s'infiltrer sans être vus des Allemands » pensai-je en moi-même. La route sur laquelle nous roulions commença à s'éloigner de son cours parallèle à celle de Burcy—Viessoix. Nous arrivâmes à un carrefour (La Fauvellière) dont la route de gauche était fléchée par une pancarte indiquant 'Sourdevalle'. Je m'apprêtais à tourner à gauche comme nous l'avions fait, Eric Cooper-Key et moi mais Thierry dit « Non! » et Corinne s'exclama, « Go straight! » Je repris donc la route indiquée Chênedollé. Au fur et à mesure que nous grimpions cette longue portion de route étroite et rectiligne, je pouvais sentir l'excitation gagner les deux anciens soldats: ils réalisaient enfin qu'après tant de recherches, ils étaient sur le bon chemin et approchaient du champ de bataille.

Nous passâmes devant une barrière de ferme fraîchement repeinte en blanc, qui ouvrait sur une allée gravillonnée conduisant à une grande maison bâtie en surplomb de la route sur le côté droit. Thierry dit, « Ici, ferme Taflet. » Sur sa demande, nous continuâmes à monter et la route s'enfonça de plus en plus entre de hauts talus pour tourner brusquement à droite. Je remarquai, de ce virage, un bâtiment sur la hauteur, en surplomb de la route. Je me souvins du

Norfolks' Medical Officer, had sent me to illustrate his account of the battle. It must have been into a nearby open-air road cutting that he moved his wounded after the thatched barn they were first in, near the farmhouse, had been set on fire.

Another curve to the left brought us out into the open and on to the crest of the ridge. Thierry directed us to a nearby farmhouse on the left side of the road (Les Cantuards) and, over a fiery Calvados, the farmer there, M. Gosset, confirmed that, indeed, a terrible battle had taken place in that area forty years ago. While Ernie Seaman wandered off silently on his own to pace among the remnants of an apple orchard that had once sheltered the farmhouse, Bill Holden and I went back to the Taflet house below the ridge, the house behind the white gate. This is the house that was built after the war to replace the building that had been used as Battalion Headquarters and that had been destroyed in the battle. Although that house had crouched behind Perrier Ridge, on its reverse slope, the Germans had it pinpointed and shelled and mortared it with devastating accuracy.

For the next two hours, while Thierry and Corinne visited the farmer at Les Cantuards, the two soldiers roamed separately, each on his own, over the fields, among the orchards and through the hedges, trying to fit what was there now into what they remembered had been there forty years ago. After a while Ernie rejoined Bill and me at the Taflet house and told us, with firm assurance, that 'B' Company headquarters had been in the orchard at Les Cantuards. He had felt it the moment he got out of the car at the farm buildings. He could lead us to the exact spot where he had taken over a Monmouths slit-trench and where he had waited for the call for **stretcher-bearers!** However, what bothered him was that now there were so few trees in the area. As he

Captain P. Bennett, Medical Officer,
1st Bn. Royal Norfolk Regiment

croquis que Pat Bennett, Médecin-Major des Norfolks m'avait fait parvenir pour illustrer son récit de la bataille. Ce devait être dans un chemin encaissé tout proche, en plein air, qu'il fit transporter ses blessés après que le toit de chaume de la grange qu'ils occupaient auparavant près de la maison de la ferme, eût commencé à brûler.

Un virage à gauche nous amena à découvert et bientôt nous fûmes au sommet de la colline. Thierry nous conduisit à une maison toute proche, à gauche de la route (Les Cantuards). Devant un Calvados cuisant, le fermier de l'endroit, M. Gosset, confirma qu'une terrible bataille avait bien eu lieu dans ce secteur quarante ans auparavant. Tandis qu'Ernie Seaman errait seul, silencieusement, parmi les restes d'un plant de pommiers qui abritait la ferme autrefois, Bill Holden et moi revînmes à la maison 'Taflet', en contre-bas, derrière la barrière blanche. C'est la maison construite après la guerre pour remplacer celle qui, utilisée comme Poste de Commandement du Bataillon, avait été détruite lors de la bataille. Bien que cette maison fût tapie en contre-pente derrière la Hauteur du Perrier, elle fut repérée par l'artillerie allemande qui la pilonna d'obus et de bombes de mortier avec une efficacité dévastatrice.

Pendant les deux heures qui suivirent, alors que Thierry et Corinne devisaient avec le fermier des Cantuards, les deux soldats errèrent séparément, chacun de son côté, dans les champs, parmi les plants de pommiers et à travers les haies. Ils essayaient de faire correspondre ce qu'il y avait aujourd'hui sur place avec ce qu'ils se rappelaient y avoir vu il y a quarante ans. Au bout d'un moment, Ernie nous rejoignit, Bill et moi, à la maison Taflet et nous dit avec beaucoup d'assurance que le PC de la Compagnie 'B' était situé dans le plant des Cantuards. Il l'avait senti dès qu'il était sorti de la voiture, près des bâtiments de la ferme. Il pouvait nous conduire à l'endroit exact où il avait pris possession d'une tranchée des Monmouths dans laquelle il avait attendu l'appel **brancardiers!** Cependant, ce qui l'inquiétait c'était de voir si peu d'arbres dans

remembered it, apple trees had taken up all the space between the farm buildings and the road but now there were very few of them.

Bill, too, was having trouble in fitting what he remembered had been there on that August afternoon to what was there now on this June morning. In particular, he was looking for a track that took off on the west side of the road just before the Taflet farm buildings. With the sort of total recall that constantly amazed me, he recounted that there had been a gate across that track and that before 'Tubby' Pratt, his section corporal, had led the anti-tank-gun carriers into the field, he had carefully opened the gate and had, just as carefully, closed it behind them, as if they were on a Sunday outing across a friendly farmer's fields. The gate and the track were no longer there but perhaps that shallow, grassed-over depression was where the old track had been. He wished he could be sure. Nor were the positions of the buildings quite as he remembered them. He could see no trace of the thatched barn in which there had been two enormous barrels of Calvados brandy. He remembered that building very well because he had seen a soldier of the Monmouths take cover in it, squeezing himself between and beneath the wooden casks. He wondered what happened

ce secteur. Autant qu'il s'en souvenait, les pommiers occupaient tout l'espace entre les bâtiments de la ferme et la route et maintenant il n'en restait que quelques uns.

Bill, aussi, éprouvait quelques difficultés à faire coïncider ce qu'il se rappelait avoir vu là un après-midi d'août 1944 avec ce qu'il y avait maintenant en ce matin de juin 1984. Il cherchait en particulier un chemin qui partait de la route vers l'ouest, juste avant les bâtiments de la ferme Taflet. Avec cette capacité de mémorisation sans faille qui n'a cessé de m'étonner, il raconta qu'il y avait une barrière dans ce chemin et qu'avant que 'Tubby' Pratt, son chef de section, eût fait entrer les canons antitanks dans le champ, il avait ouvert la barrière avec précaution et l'avait refermée derrière eux avec autant de soin, comme s'il s'était agi d'une sortie dominicale dans le champ d'un fermier ami. La barrière et le chemin n'existaient plus; peut-être ce creux insignifiant recouvert d'herbe en marquait-il l'emplacement? Il aurait bien aimé en être certain. La position des bâtiments non plus, n'était pas comme il se la rappelait. Il ne retrouvait aucune trace de la grange couverte de chaume dans laquelle il y avait deux énormes barriques de Calvados. Il se souvenait très bien de ce bâtiment parce qu'il avait vu un soldat des Monmouths s'y abriter et se glisser entre les fûts de bois. Il se demandait ce qui advint

. . . the house behind the white gate. This is the house that was built after the war to replace the building that had been used as Battalion Headquarters and that had been destroyed in the battle.

. . . la maison . . . derrière la barrière blanche. C'est la maison qui avait été construite après la guerre pour remplacer celle qui fut utilisée comme Poste de Commandement du Bataillion et qui avait été détruite lors de la bataille.

Roland Leparquier

to the lad when the barn was hit and set alight. He'd never forget him for he was a black man, a most unusual sight in those days.

While I took still photographs and ran some video footage from across the road, I watched the two men as they wandered around in the vicinity of the farmhouse, aimlessly it seemed to me, but they were trying to find conclusive evidence of where Bill's 6-pounder anti-tank gun had been placed. As I rejoined them, I heard Bill say, "All around here took such a terrible pounding from the German shells and mortars, you wonder how so many trees survived." Ernie, with his alert, countryman's eye, quickly pointed out that fully half the trees were young trees that had obviously been planted after the war to replace those shattered during the battle.

Hesitatingly, as if he was not sure how we would take his remarks, Bill mentioned that when he first came into the orchard, he had felt "ever so uncomfortable", almost to the point of nausea. Ernie nodded his understanding and confessed that he had felt the same while wandering around the old 'B' Company area. This reminded me of a similar remark made by Eric Cooper-Key the previous August when we were in the other orchard at the Sourdevalle site. Eric had spoken of feeling a clammy, chill wind blow over him that made him shiver, "as if I were coming down with the 'flu." There had been no wind that day. It had been very hot and still – just like the day of the battle.

The feelings of strange unease were quickly forgotten when we saw an enormous white Charolais bull lying among his harem of cows in a corner of the orchard in which we were rambling as we chatted. Although Ernie, with the authority of his twenty-five years' service on the Queen's estate at Sandringham, assured us that we need not be alarmed, Bill and I noticed that he quickened his pace towards the gate so we beat him to it. Just then the Citroën reappeared. It was M. Leparquier come to reclaim Corinne and Thierry for their midday meal. We went

du gars quand la grange fut touchée et brûla. Il ne l'oublierait jamais car c'était un noir, spectacle des plus inhabituels à cette époque-là.

Pendant que je prenais des photos et des films en vidéo depuis l'autre côté de la route, j'observai les deux hommes qui allaient et venaient à proximité de la maison, sans but me semblait-il. Ils essayaient de trouver une preuve concluante de l'endroit où le canon anti-tank de Bill avait été mis en position. Comme je les rejoignais, j'entendis Bill qui disait, « Tout, ici et alentour, fut soumis à un tel martèlement d'obus et de mortiers allemands qu'on se demande comment tant d'arbres ont pu survivre. » Ernie, de son œil vif de campagnard remarqua que plus de la moitié des arbres étaient, de toute évidence, de jeunes arbres plantés après la guerre pour remplacer ceux qui avaient été déchiquetés pendant la bataille.

Avec hésitation, comme s'il n'était pas sûr de la façon dont nous prendrions ses remarques, Bill mentionna qu'à sa première entrée dans le plant, il s'était senti "mal à l'aise", presque au point d'avoir la nausée. Ernie approuva d'un hochement de tête et avoua qu'il avait ressenti le même malaise pendant qu'il errait autour de l'ancien secteur de la Compagnie 'B'. Cela me remémora une remarque semblable faite par Eric Cooper-Key en août 1983 alors que nous étions dans l'autre plant à Sourdevalle. Eric avait parlé d'une impression de coup de vent glacé et humide, qui le faisait frissonner « comme si j'allais avoir la grippe. » Il n'y avait pourtant pas de vent ce jour-là. Le temps avait été très chaud et calme – tout comme le jour de la bataille.

Les sentiments étranges de malaise furent vite dissipés par l'apparition d'un énorme taureau Charolais au milieu de son harem de vaches dans un coin du plant où nous déambulions en bavardant. Bien qu'Ernie, avec l'autorité que lui donnaient ses vingt-cinq ans passés au service de la propriété de la Reine à Sandringham, nous assurât que nous n'avions rien à craindre, Bill et moi remarquâmes qu'il accélérait les pas vers la barrière. Nous fîmes de même et l'y battîmes. A ce moment-là, réapparut la Citroën. C'était M. Leparquier qui venait reprendre Corinne et Thierry pour le repas de midi. Nous revîmes à Burcy avec

back to Burcy with them and there, at the insistence of Madame, we joined the family at their dinner. Whatever darkness of mood remained with the two Norfolk men was dispelled by the chatter and laughter round the table as, relaxed by several toasts of Calvados, the three of us found we could almost match the fluency which our hosts displayed in English with our well-lubricated French.

eux et là, devant l'insistance de Madame, nous nous joignîmes à eux pour le dîner. Tout ce qui pouvait rester d'idées noires dans l'esprit des deux hommes du Norfolk fut dissipé par le bavardage et les éclats de rire à table. Détendus par plusieurs petits verres de Calvados, nous nous sentions avec notre français bien arrosé en état de concurrencer l'aisance volubile dont nos hôtes faisaient montre en anglais.

Bill Holden

The Leparquier family, with visitors:
Left to right: Tom Bates; Thierry Leparquier; his sister, Corinne; Ernie Seaman; Monsieur Roland Leparquier; his wife, Madame Mireille Leparquier holding her grandson, Julien; Bernadine, Thierry's wife

La famille Leparquier avec ses visiteurs:
De gauche à droite: Tom Bates; Thierry Leparquier; sa sœur, Corinne; Ernie Seaman; Monsieur Roland Leparquier; son épouse, Madame Mireille Leparquier, tenant son petit-fils, Julien; Bernadine, l'épouse de Thierry

After the meal, the three of us went back to Pavée. For a couple of hours, Ernie and Bill guided me round the battlefield. Ernie showed us the well in 'B' Company's area from which the Battalion had drawn its water during the five days they had spent on Perrier Ridge. It was still there, still supplying water. Although each man could describe, from personal experience, only his own small part in the fighting, they both vividly remembered, from what their comrades had told them later and from what they had read

Après le repas, nous retournâmes tous les trois à Pavée. Pendant deux heures, Ernie et Bill me guidèrent sur le champ de bataille. Dans le secteur de la Compagnie 'B', Ernie nous montra le puits dans lequel le Bataillon puisa son eau pendant les cinq jours de bataille. Il était toujours là, toujours en service. Chaque homme ne pouvait décrire, d'après son expérience personnelle, que son petit rôle dans le combat. Malgré cela, à partir de témoignages ultérieurs de leurs camarades et de leurs lectures sur les combats, tous les deux avaient le souvenir très net de ce qui s'était

about the fighting, what had happened in other sectors of the desperate defensive battle the NORMONS had put up against 10th SS Panzer. Now, beginning from where Battalion Headquarters had been at the Taflet farmhouse, Ernie conducted us on a walking tour of the battlefield. I noted that, starting with our backs to the road, we moved in a wide semicircle to the left. I soon lost my bearings and was confused as we clambered through one impenetrable, banked hedge after another, the formidable *bocage*, but Ernie seemed to know where he was going so we followed him without question.

"This must have been 'C' Company's position," he said as we tramped across a slightly wider grass meadow. Bill, the well-trained anti-tank gunner, said something about there being practically no field of fire, echoing what I had read, somewhere, of the plaintive comment made by one of the Norfolk platoon commanders when he took over the slit-trenches vacated by the Monmouths. I could see what they meant though I couldn't help remarking that, compared to the jungle fighting in Burma, it was open country. I wasn't trying to put them down – God knows I had gone through nothing as terrifying as they had experienced here in Normandy – but it did lead me to wonder aloud why they had not been specially trained to fight in the *bocage*. After all, there is plenty of 'bocage' country in England in which they could have trained. In his slow, analytical and fair-minded way, Bill answered that perhaps 'They' had not wanted to tip their hands to the Germans in case the enemy had found out how they were training in England for the fighting on the Continent.

Exercising the time-honoured right of every private soldier to pick apart the plans made by his Generals – after all, doesn't he carry a Field Marshal's baton in his knapsack? – we continued the discussion as Ernie led us through a lightly wooded copse. Suddenly I did a double-take at a faded, crudely painted, wooden notice I saw nailed to the trunk of a tree: CHASSE INTERDITE. I wondered if it was the same

passé dans les autres secteurs de la bataille défensive que les NORMONS avaient menée avec acharnement contre la 10ème SS Panzer. Alors, de la ferme Taflet où fut établi le P.C. du Bataillon, Ernic nous emmena faire à pied le tour du champ de bataille. Je remarquai que, partant le dos tourné à la route nous décrivions un large demi-cercle vers la gauche. Je perdis bientôt mes points de repère et m'embrouillai dans l'escalade de hauts talus, la traversée de haies successives impénétrables – le redoutable Bocage – mais Ernie donnait l'impression de savoir où il allait. Nous le suivîmes sans poser de questions.

« Ceci devait être la position de la Compagnie 'C', » dit-il, lorsque nous traversâmes un pâturage un peu plus grand que les autres. Bill, en servant bien entraîné d'un canon anti-tank, dit que le champ de tir était très limité. Il faisait ainsi écho à des commentaires amers que j'avais lus quelque part et dont l'auteur était un des chefs de peloton des Norfolks lorsqu'il prit possession des tranchées individuelles laissées vacantes par les Monmouths. Je voyais bien ce qu'ils voulaient dire mais je ne pus m'empêcher de remarquer que, comparé au combat dans la jungle de Birmanie, c'était du terrain découvert! Je n'essayais pas de les rabaisser – Dieu sait que je n'étais passé par rien d'aussi terrifiant que ce qu'ils avaient éprouvé ici en Normandie – mais cela m'amenait à me demander tout haut pourquoi ils n'avaient pas été spécialement entraînés au combat dans le Bocage. Après tout, il y avait beaucoup de régions à 'bocage' en Angleterre dans lesquelles 'ON' aurait pu les entraîner. De sa manière réfléchie, analytique et clairvoyante, Bill répondit que peut-être 'ON' n'avait pas voulu donner aux Allemands la chance de découvrir comment on s'entraînait en Angleterre pour combattre sur le Continent.

Usant du droit séculaire de tout simple soldat de critiquer les plans conçus par ses généraux – après tout, ne porte-t-il pas un bâton de Maréchal dans sa musette? – nous poursuivîmes la discussion alors qu'Ernie nous faisait traverser un taillis faiblement boisé. Soudain, j'eus la surprise de voir, clouée sur le tronc d'un arbre, une pancarte en bois portant l'inscription délavée: CHASSE INTERDITE. Je me demandai si c'était la même pancarte que le

notice Lieutenant Colonel Hare had included in his painting of Sidney Bates in the action for which he was awarded the Victoria Cross. And I wondered if the notice had been there at the time of the battle. If it had, the monstrous German *Tiger* and *Panther* tanks had certainly paid no attention to it as they lumbered over the countryside hunting for their prey.

When I looked around I saw that Bill and I had fallen behind Ernie who stood waiting for us at the base of a thick, high-banked hedge. As we hurried up to him, I kicked something metallic underfoot in the tall grass and froze with alarm. Had we stumbled into an old minefield? I called out a warning but Ernie patiently reassured me that it couldn't be a mine-field. For one thing, they had taken the Germans by surprise and got in here before the enemy could prepare the position as a defensive bastion and, for another, our own chaps had not been here long enough to lay our own mines. All the same, I was relieved when he rummaged in the grass and pulled up some pieces of a 2" mortar, the stamped English instructions still legible through the rust of four decades.

Once we had got over that little flap, Ernie's manner changed to one more serious as he told us that there, in the middle of the grassy field on the other side of the banked hedge on which we now stood was where he had picked up Sid Bates.

As it was getting late we had to cut short our battlefield tour that afternoon in order to get back to Flers in time to meet Jean Brisset. The drive back was unusually quiet as the two men silently thought about the crowded events of that busy day. After a while, Bill sighed and said he wished he could be more certain that we had really been to the right place. He was surprised at how much everything had changed. Not that he had any doubts, mind you, but, well, he wasn't **absolutely** sure. Ernie said nothing, his natural good manners making him reluctant to force his convictions on his friend. I understood Bill's feelings and

Lieutenant Colonel Hare avait représentée en peignant Sidney Bates dans l'action qui lui valut de recevoir la Victoria Cross. Et je me demandai également si la pancarte était là au moment de la bataille. Si oui, les monstrueux tanks allemands *Tigers* et *Panthers* qui se déplaçaient lourdement à la recherche de leur proie, ne firent pas cas de l'interdiction.

J'en étais là de mes réflexions lorsque je m'aperçus qu'Ernie avait pris de l'avance sur Bill et moi et qu'il nous attendait au pied d'un talus planté d'une épaisse haie. Nous pressâmes le pas vers lui. Soudain, je donnai du pied dans quelque chose de métallique enfoui dans les hautes herbes. Glacé d'effroi je m'arrêtai immédiatement. Avions-nous mis le pied dans un ancien champ de mines? Je lançai un cri d'alarme à mes compagnons mais Ernie, calmement, m'assura que ce ne pouvait être un champ de mines. D'abord parce qu'ils avaient pris les Allemands par surprise et qu'ils étaient parvenus jusque là avant que l'ennemi puisse transformer la position en bastion défensif, et ensuite, parce que nos gars n'étaient pas restés ici assez longtemps pour poser nos propres mines. Je fus quand même bien soulagé quand, après avoir fouillé l'herbe j'en eus extrait quelques éclats de mortier de 2 pouces sur lesquels étaient imprimées les instructions en anglais encore lisibles malgré la rouille de quatre décennies.

Ce moment d'affolement passé, Ernie reprit une attitude plus sérieuse pour nous dire que là, dans le milieu du champ de l'autre côté de la haie sur laquelle nous étions grimpés, était l'endroit où il avait relevé Sid Bates.

Comme il se faisait tard, il nous fallut interrompre notre tour du champ de bataille pour cette après-midi tout au moins, afin de rentrer à Flers en temps pour y rencontrer Jean Brisset. Le voyage de retour fut inhabituellement calme car les deux hommes réfléchissaient en silence aux nombreux événements survenus au cours de cette journée chargée. Au bout d'un moment, Bill soupira et dit qu'il aimerait bien être plus sûr que nous étions allés à l'endroit exact. Il était surpris de voir que tout avait tellement changé. Non pas qu'il eût quelque doute, vous savez, mais – bon, il n'était pas **absolument** sûr. Ernie, lui, ne dit rien; ses bonnes manières naturelles le retenaient

I respected his honesty in expressing them. In order to ease his dissatisfaction with himself, I reminded him that even Colonel Cooper-Key, who had been in the thick of the battle, had taken me to the wrong place. I ignored some muttered, semi-comical remarks about the commander of 'B' Company never knowing where he was anyway, and started to make further excuses for them. After all, fighting in the *bocage* was like fighting in a maze, wasn't it? And besides – and here I found myself chanting a parody of the well-known First War song of the Mademoiselle from Armentiers – "they hadn't been back for 40 years!" The other two laughed and, quickly picking up the cue, ended the discussion with an "inky, pinky parlez vous."

When we arrived back in Flers, M. Brisset treated us with great kindness. He took us to his home and, while we sampled an excellent wine and chatted with his wife, he produced additional maps for me and, best of all, an aerial photograph taken of that part of Perrier Ridge in 1947, just three years after the battle. He explained that, because of his involvement with the Reunion of 11th Armoured Division, he would not be free to go with us to Pavée until Monday evening, 4 June, two days hence. Could we possibly keep ourselves busy until then? I assured him we could as we had many other 'Norfolk' battlefields to visit. A memorable day ended with the three of us making our way back to the hotel with our ears ringing with advice from Madame Brisset as to where we could purchase the finest Camembert and the best Calvados to take back to England.

d'imposer ses convictions à son ami. Je compris les sentiments de Bill et lui sus gré de les avoir exprimés avec honnêteté. Afin de dissiper son sentiment d'insatisfaction personnelle, je lui rappelai que même le Colonel Cooper-Key, qui avait pourtant été au cœur de la bataille, m'avait emmené à un endroit inexact. Je fis semblant de ne pas les entendre grommeler des remarques à peine comiques sur le commandant de la Compagnie 'B' qui de toutes façons, « ne savait jamais où il était », et je me mis à leur expliquer qu'ils avaient d'autres excuses. Après tout, combattre dans le bocage n'était-ce pas combattre comme dans un labyrinthe? D'ailleurs – et là je me surpris à parodier la célèbre chanson de la Première Guerre, *Mademoiselle from Armentières* – « Ils n'étaient pas revenus depuis 40 ans! » Les deux autres se mirent à rire et, donnant immédiatement la réplique, cessèrent de discuter en s'écriant: « inky, pinky parlez-vous! »

Lorsque nous arrivâmes à Flers, M. Brisset nous reçut avec beaucoup de gentillesse. Il nous invita chez lui et pendant que nous dégustions un excellent vin, et bavardions avec son épouse, il me fournit des cartes supplémentaires, et le plus beau, une photographie aérienne de cette partie des hauteurs du Perrier prise en 1947, trois ans après la bataille. Il expliqua qu'à cause de ses engagements pour la Réunion de la 11ème Division Blindée, il ne pouvait être libre et se rendre avec nous à Pavée avant lundi après-midi, 4 juin, c'est-à-dire dans deux jours. Avions-nous quelque chose à faire pour nous occuper jusque là? Je lui assurai que nous le pouvions car nous avions beaucoup d'autres champs de bataille des Norfolks à visiter. Un jour mémorable se terminait alors que, tous trois, nous prenions le chemin de l'hôtel, les oreilles résonnant de l'avis donné par Madame Brisset sur l'endroit où nous pourrions acheter le Camembert le plus fin et le meilleur Calvados à rapporter en Angleterre.

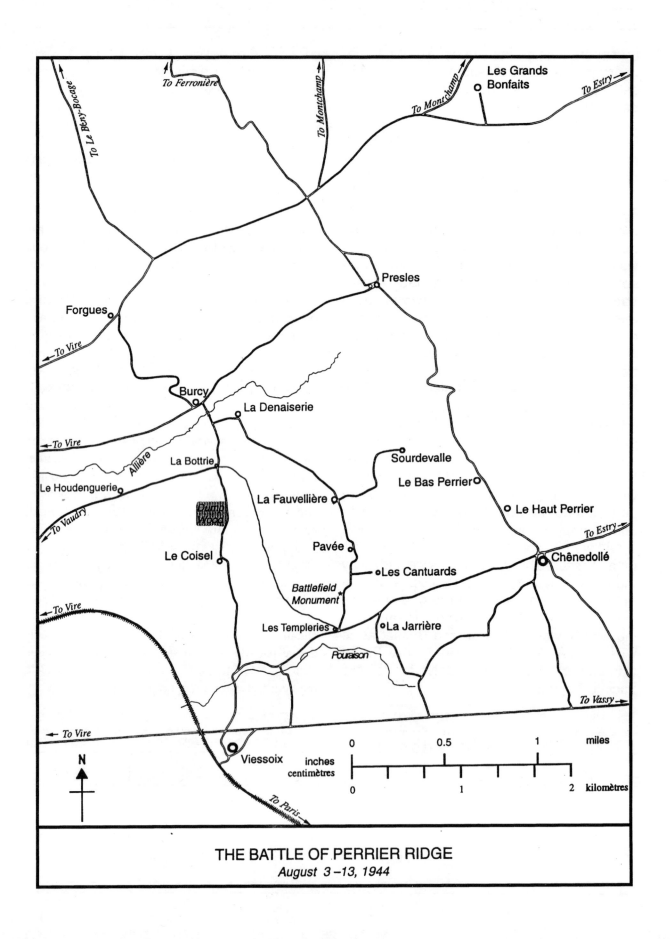

To Ferronière
To Montchamp
To Montchamp
To Estry

Les Grands
Bonfaits

To Le Bény-Bocage

Presles

Forgues

To Vire

Burcy

La Denaiserie

To Vire

Allière

Sourdevalle

La Bottrie

Le Bas Perrier

Le Houdenguerie

La Fauvellière

Le Haut Perrier

To Vaudry

Dumb
Wood

To Estry

Pavée

Le Coisel

Les Cantuards

Chênedollé

To Vire

Battlefield
Monument

La Jarrière

Les Templeries

Pouraison

To Vassy

To Vire

Viessoix

N

inches
centimètres

To Paris

0   0.5   1   miles

0   1   2   kilomètres

THE BATTLE OF PERRIER RIDGE
August 3–13, 1944

DAY TWO

LA BRECHE DE COLLEVILLE
SWORD BEACH – QUEEN RED

THE NEXT DAY, SUNDAY, 3 JUNE, THE THREE OF US set out early to revisit the battlefields where the 1st Royal Norfolks had fought from SWORD beach to Manneville Wood, the last battle they were in before the start of Operation BLUECOAT. In travelling from Flers to the coast to get to the starting point of our odyssey of remembrance, we drove through a lush and beautiful countryside that showed no traces whatsoever of the ravaged Normandy they had left behind when they moved on with the fighting, over the Seine, into Belgium and Holland and, finally, into Germany itself.

When we arrived at the seashore, the tide was out and a wide expanse of beach looked out on an empty, sunlit sea. Again my two companions wondered, as we stood at the tide's edge with the gentle Channel lapping harmlessly at our heels, whether they would be able to pick out the places where they had fought those terrible battles and where so many of their pals had died. How very different conditions were

DEUXIEME JOUR

LA BRECHE DE COLLEVILLE
SWORD BEACH – QUEEN RED

LE LENDEMAIN, DIMANCHE, 3 JUIN, NOUS PARTIMES tôt pour revoir les champs de bataille où les 1er Royal Norfolks avaient combattu depuis SWORD beach jusqu'au Bois de Manneville, dernière bataille dans laquelle ils furent engagés avant le début de l'Opération BLUECOAT. En allant de Flers vers la côte pour nous placer au point de départ de notre odyssée du souvenir, nous traversâmes une région belle et riche qui ne portait plus aucune trace rappelant la Normandie ravagée qu'ils avaient laissée derrière eux lorsqu'ils poursuivirent le combat au-delà de la Seine, en Belgique, en Hollande et, finalement, en Allemagne même.

Lorsque nous arrivâmes au bord de la mer, la marée était basse et une grande étendue de sable nous séparait de l'eau qui étincelait au soleil. Par venus à la limite des eaux, la Manche clapotait avec douceur et innocence à nos pieds. Mes deux compagnons se demandèrent une fois encore s'ils seraient capables de retrouver les endroits où ils avaient livré ces terribles batailles dans lesquelles tant de leurs copains étaient tombés. Comme les

I.W.M. No. B5002

". . . splash up the sand with the water just over the soles of our boots."

« . . . patauger dans le sable recouvert d'eau qui montait par-dessus la semelle de nos chaussures. »

I.W.M. No. B5092

". . . had to wade ashore with the water up to their armpits . . ."

« . . . durent patauger jusqu'à la plage avec de l'eau jusqu'aux aisselles . . . »

to-day from that unforgettable 6 June morning so many years ago. Then, they came out of a sea still rough with the wind-tossed waves of a gale that, providentially, weakened just enough to make the crossing possible but that was still strong enough to convince the Germans they would not come at all. On that morning, the tide, pushed by the gale, was higher up the beach than expected. While this caused the congestion that was to have such serious consequences later in the day, it ensured that the 1st Royal Norfolks of 185 Brigade of 3rd British Infantry Division, arriving five minutes early at 0950 hours in the second, follow-up wave, had a much easier time than 8 Brigade, their forerunners of the assault wave.

As Ernie said, "You know, after all the combined-ops training exercises we did in Scotland, in Inveraray, the only dry landing we ever had was on D-Day! That Navy bloke brought our LCI right in, beached it right on the money, way up on this beach, SWORD beach. That's more than what some of the others did. Many stayed off quite a way. I suppose they were afraid of getting stranded by the tide. Their fellows had to wade ashore with the water up to their armpits, if they were tall enough and didn't step in a shell hole. Our bloke took a chance and all we had to do was to take off our *Mae Wests* and waterproof leggings, get down the side ramps without slipping and splash up the sand with the water just over the soles of our boots. A piece of cake! Best landing exercise we ever did!"

On D-Day, Ernie was a stretcher-bearer in 'A' Company. (He was later transferred to 'B' Company.) Unlike most of the young cross-channel visitors that morning, he had been to Normandy once before. That was in 1940 and, as he remembered with a sly grin, he had quite enjoyed himself then, "except for the bed bugs at Evreux camp," until they had been chased out of France after the Dunkirk disaster, "every man for his-self," all the way to Cherbourg, "just one step ahead of Jerry."

conditions étaient différentes aujourd'hui de celles de cet inoubliable et pourtant si lointain matin du 6 juin. Ils étaient alors sortis d'une mer encore agitée de vagues gonflées par le vent sous l'effet d'une tempête. Celle-ci avait faibli juste assez pour rendre la traversée possible mais elle était encore assez forte pour persuader les Allemands que rien ne se passerait. Ce matin-là, la marée, poussée par le vent monta sur la plage plus haut que prévu. Outre qu'il s'ensuivit un embouteillage qui devait avoir de graves conséquences dans la journée, il en résulta un effet heureux pour les 1er Royal Norfolks de la 185ème Brigade de la 3ème Division d'infanterie britannique. Ils arrivèrent à 9h 50, cinq minutes en avance, avec la seconde vague dont la tâche fut plus facile que celle de la 8ème Brigade qui les précéda comme vague d'assaut.

Comme le disait Ernie, « Vous savez, après tous les exercices d'entraînement aux opérations combinées que nous avions faits à Inveraray, en Ecosse, le seul débarquement 'au sec' que nous ayons jamais fait fut celui du Jour J. Ce gars de la Navy amena notre péniche juste au bon endroit, l'échoua comme sur des œufs, tout en haut de cette plage, SWORD beach. C'est bien mieux que ne le firent les autres. Beaucoup s'arrêtèrent assez loin du rivage. Je suppose qu'ils craignaient d'être ensablés par la marée. Leurs copains durent patauger jusqu'à la plage avec de l'eau jusqu'aux aisselles, s'ils étaient assez grands et s'ils ne disparaissaient pas dans un trou d'obus. Notre gars avait pris des risques; il ne nous restait qu'à enlever nos gilets de sauvetage et nos guêtres imperméables, descendre les rampes sans glisser et patauger dans le sable recouvert d'eau qui montait par-dessus la semelle de nos chaussures. Du gâteau! Le meilleur exercice de débarquement que nous ayons jamais fait. »

Le Jour J, Ernie était brancardier dans la Compagnie 'A'. (Plus tard, il fut transféré à la Compagnie 'B'.) Contrairement à la plupart des jeunes visiteurs qui avaient traversé le Channel ce matin là, il était déjà venu une fois en Normandie. C'était en 1940 et, comme il le rappelait avec un sourire en coin, il s'était bien amusé à l'époque « hormis les punaises dans le lit au camp d'Evreux, » jusqu'à ce qu'ils soient chassés de France après le désastre de Dunkerque, « un chacun pour soi, » en route pour Cherbourg, « avec juste une longueur d'avance sur Jerry. »

Bill had landed on D+4 as a replacement Bren-carrier driver for the anti-tank section of 'SP' Company. He had landed farther along the coast because, by the time he arrived, SWORD beach was under constant enemy shell fire and could not be used.

Bill avait débarqué le Jour J+4 comme chauffeur-remplaçant d'une chenillette dans la section anti-tank de la Compagnie 'SP'. Il avait débarqué plus loin le long de la côte, car lorsqu'il arriva, la plage de SWORD était soumise à un constant bombardement d'artillerie et ne pouvait pas être utilisée.

I.W.M. No. B5703

The landmark chateau is the three-storied building in the distance seen over the shoulder of Bill Millin, Lord Lovat's personal piper, as he prepares to disembark from the LCI. Lord Lovat himself is already in the water. His is the figure seen immediately to the left of Bill Millin's arm.

Le château servant de point de repère est le bâtiment à trois étages aperçu dans le lointain au-dessus de l'épaule gauche de Bill Millin, cornemuseur personnel de Lord Lovat, qui s'apprête à débarquer de la péniche. Lord Lovat lui-même est déjà dans l'eau. C'est le premier immédiatement à gauche du bras de Bill Millin.

Ernie had no difficulty finding exactly where they had landed. He immediately picked out the 'shat-too' that had been one of the two landmarks they had been told to watch for. There it was, still standing back from the beach, its turrets poking up above the clutter of seaside cottages that had sprung up since the war between it and the shore. It looked old, battered, isolated, ignored – and cursed. Later, I learnt it was the Château Lebas. It had been used as the headquarters of the local German Commandant. Now it stood empty and no one would go near it. Ernie glanced to the right to find the water tower that had been given to them as the other landmark but it was no longer there. However,

Ernie n'eut aucune difficulté à trouver où il avait débarqué. Il repéra immédiatement le château qui avait été l'un des deux points de repère qu'on leur avait donnés. Il était toujours là, debout en arrière de la plage, ses tourelles pointant au-dessus de l'amas de villas qui avaient poussé depuis la guerre entre lui et le rivage. L'édifice paraissait vieux, délabré, abandonné, maudit. Plus tard, j'appris que c'etait le château Lebas; il avait servi de Quartier Général (QG) au Commandant allemand local. Et maintenant il était vide et personne ne semblait vouloir s'en approcher. Ernie jeta un coup d'œil vers la droite pour retrouver le château-d'eau qui leur fut donné comme autre point de repère, mais il n'existait plus. Cependant, malgré cela, il était

regardless of that, he was quite sure that this definitely was the place where they had come ashore.

It later turned out that Ernie was out by a few hundred yards. His 'shat-too' is not the building that served as a landmark for the assault craft as they approached the beach. That building was the *Maison de la Mer*, a summer boarding school by the sea for the children of wealthy, absent parents. It is familiar to the millions who have watched the film of the assault of the commandos as the large, out-of-focus house with turrets that appears in the distance over the left shoulder of Bill Millin who, bagpipes held high, prepares to follow his chieftain, Lord Lovat, into the blood-stained, bullet-splashed water lapping the fire-swept beach. The schoolhouse was to the right of Ernie's 'shat-too',

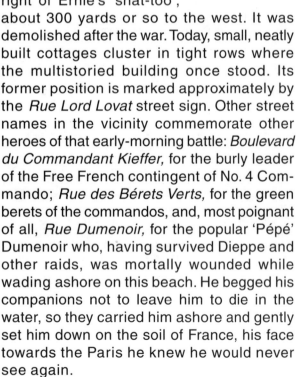

Le sergent René Dumenoir
*Reproduite avec la permission de M. Jean Longuet,
Musée du 4 Commando à Ouistreham*

about 300 yards or so to the west. It was demolished after the war. Today, small, neatly built cottages cluster in tight rows where the multistoried building once stood. Its former position is marked approximately by the *Rue Lord Lovat* street sign. Other street names in the vicinity commemorate other heroes of that early-morning battle: *Boulevard du Commandant Kieffer,* for the burly leader of the Free French contingent of No. 4 Commando; *Rue des Bérets Verts,* for the green berets of the commandos, and, most poignant of all, *Rue Dumenoir,* for the popular 'Pépé' Dumenoir who, having survived Dieppe and other raids, was mortally wounded while wading ashore on this beach. He begged his companions not to leave him to die in the water, so they carried him ashore and gently set him down on the soil of France, his face towards the Paris he knew he would never see again.

tout à fait sûr que c'était bien l'endroit où il avait débarqué.

Il s'avéra plus tard qu'Ernie s'était trompé de quelques centaines de mètres. Son château n'est pas le bâtiment qui servit de point de repère pour les péniches de débarquement qui s'approchaient de la plage. Ce bâtiment était la Maison de la Mer, un pensionnat d'été au bord de la mer pour les enfants de riches parents absents au moment des grandes vacances. Elle est familière aux millions de personnes qui ont vu le film de l'assaut des commandos, cette grande, immanquable bâtisse à tourelles qui apparaît dans le lointain par-dessus l'épaule gauche de Bill Millin qui, sa cornemuse en main, se dispose à suivre son chef de clan, Lord Lovat. L'eau rougie de sang, soulevée en gerbes par les projectiles s'échoue en clapotis sur la plage balayée par le feu ennemi. La maison d'école se trouvait à droite du château d'Ernie, à peu près à 300 mètres à l'ouest. Elle fut démolie après la guerre. Aujourd'hui, de jolies petites villas se rassemblent en rangs serrés là où se dressait autrefois cette construction à plusieurs étages. Son emplacement occupait à peu près l'endroit où se trouve le panneau indiquant la *Rue Lord Lovat*. Dans le voisinage d'autres noms de rues commémorent d'autres héros de cette bataille du petit matin: *Boulevard du Commandant Kieffer,* pour le solide chef du contingent de Français libres du 4 Commando; *Rue des Bérets Verts,* pour les bérets des commandos et, le plus poignant de tout, *Rue Dumenoir,* pour le populaire 'Pépé' Dumenoir qui, ayant survécu à Dieppe et à d'autres raids, fut mortellement blessé alors qu'il venait de prendre pied sur la plage. Il implora ses compagnons de ne pas le laisser mourir dans l'eau, aussi le transportèrent-ils à terre doucement; ils le déposèrent sur le sol de France, le visage tourné vers le Paris qu'il savait ne plus jamais revoir.

The three of us plodded slowly through the deep, clean sand washed by countless tides of the blood that had been spilt there. Ernie said little of this except that, yes, there had been heavy casualties on that beach and many bodies lying around, but, fortunately, not many among the Norfolks. As he made his way in the direction of the landmark chateau, not quite as sprightly as he had been forty years before, he stooped to pick up a few seashells, explaining, selfconsciously, that they were souvenirs for his grandchildren. He had not thought to gather them the last time he was on that beach in 1944!

When we came to the seawall at the top of the beach, we clambered stiffly over it and threaded our way through chattering crowds of happy, suntanned youngsters busy slithering into their wetsuits and assembling their windsurfers, completely indifferent to the strange procession of the two ex-soldiers in their neat blazers and regimental ties followed by a middleaged businessman in his California-casual clothes tracking them with his video camera. Bill Holden, short and square-built, whispered to his taller, goodlooking friend, "Cor, no wonder you lost no time getting up this beach, Ernie," as we eased our way past the beautiful, nubile girls, but Ernie, not rising to the bait for once, just smiled and said nothing for he had his mind on other things.

Tous trois, nous avançâmes lourdement dans le sable propre, lavé par les innombrables marées du sang répandu là. Ernie ne disait pas grand chose de cela, sauf que, oui, il y avait eu de lourdes pertes sur cette plage et de nombreux corps gisaient tout autour, mais heureusement, pas beaucoup de Norfolks. Il partit alors en direction du château, pas tout à fait aussi gaillardement qu'il s'était avancé vers ce point de repère quarante ans plus tôt. En chemin il se baissa pour ramasser quelques coquillages, expliquant, l'air embarrassé, que c'était des souvenirs pour ses petits-enfants. Il n'avait pas songé à en ramasser la dernière fois qu'il était venu sur la plage, en 1944!

Lorsque nous arrivâmes à la digue nous nous hissâmes dessus péniblement et nous nous faufilâmes parmi des foules bruyantes d'heureux adolescents bronzés qui enfilaient avec souplesse leur combinaison mouillée ou assemblaient leur planche à voile. Ils étaient complètement indifférents à l'étrange procession de deux anciens soldats portant blazer impeccable et cravate régimentaire, suivis d'un businessman entre deux âges, négligemment vêtu à la manière californienne et à leur trousse avec sa caméra video. Bill Holden, petit et fort d'épaules, murmura à son ami, plus grand et bel homme, « Ouais, pas étonnant que vous n'ayez pas perdu de temps à monter cette plage, Ernie. » Nous ralentîmes notre marche en passant près de jeunes filles, belles et bonnes à marier, mais Ernie, pour une fois ne mordit pas à l'hameçon; il se contenta de sourire car il avait d'autres choses en tête.

The monument, designed by M. P. Gheleyns, erected on Colleville Plage at the place where Commandant Keiffer's men stormed ashore.

Le monument, conçu par M. P. Gheleyns, érigé à l'endroit de Colleville Plage où les hommes du Commandant Kieffer lancèrent leur assaut.

Madame Suzanne Lénauld

We walked on between the parked cars, the chateau on our left and an unshapely, ivy covered mound on our right. The ivy has since been cleared away to show the remains of a coastal fort built, 'in the style of Vauban', in 1779-80 to protect France from the same invading nation that, in 1944, was to help her recover her liberty and her honour. It's interesting that the same military reasons that persuaded the defenders in the 18th century to expect a landing on this particular beach should, 164 years later, convince their former enemies, now turned allies, that this was the best place on which to make the most crucial of all the D-Day landings.

Nous avançâmes entre les voitures en stationnement, le château à notre gauche et un monticule informe, couvert de lierre , à notre droite. Le lierre a été enlevé depuis lors pour dégager les restes d'un fort côtier bâti dans le style de Vauban en 1779/80 pour protéger la France de l'invasion de la même nation qui en 1944 devait l'aider à recouvrer sa liberté et son honneur. Il est intéressant de noter que les mêmes raisons militaires qui persuadèrent les défenseurs du 18ème siècle d'un possible débarquement sur cette plage particulière, durent convaincre, 164 ans plus tard, leurs anciens ennemis maintenant devenus leurs alliés, que c'était le meilleur endroit pour le plus décisif de tous les débarquements du Jour J.

Madame Suzanne Lénauld

Ernie's 'shat-too' seen from the Boulevard du Commandant Kieffer. The road leads to the *Queen Red* sector of SWORD beach. The monument marks the place where the first British dead on D-Day were buried. The translation of the inscription is:

To the glory of the troops of the King and Queen of England and to the memory of the first allied soldiers who were killed on 6 June 1944. Their bodies were buried here in the FIRST BRITISH GRAVES. On this beach, at day break, on 6 June 1944, the troops of Field Marshal Montgomery and the commandos under Commandant Kieffer were the first to set foot on the soil of France. Fighting with great courage and determination, they suffered heavy casualties but held on and eventually liberated the whole continent. This marble monument has been placed here as a token of the gratitude and heart-felt thanks of the people of Colleville and to honour and immortalize those who, answering their nation's call to duty, left their families and their homes to drive out the German oppressors. So that future generations will remember the deeds of those legendary heros, typified by such a gallant leader, Colleville linked its name with the name of Field Marshal Montgomery. Colleville, 6 June 1945.

Le 'shat-too' d'Ernie vu du Boulevard du Commandant Kieffer. La route même vers le secteur *Queen Red* de la plage SWORD. Le monument marque l'endroit où furent enterrés les premiers morts britanniques du Jour J. L'inscription est la suivante:

A la gloire des troupes de leurs Majestés britanniques LE ROI ET LA REINE et en mémoire des premiers alliés tombés le 6 juin 1944 dont la dépouille sacrée a reposé à cet endroit « FIRST BRITISH GRAVES » Sur cette plage à l'aube du 6 juin 1944 les troupes du Maréchal Montgomery et le Commando français du Capitaine Kieffer mirent les premiers le pied sur la terre de France. Avec un courage et une ténacité admirables au prix de lourds et sanglants sacrifices ils s'accrochèrent au sol et permirent ainsi la libération de tout un continent. Ce marbre a été apposé en hommage de gratitude et de pieuse reconnaissance par la population de Colleville pour glorifier et immortaliser tous ceux qui, répondant à l'espoir sacré de tout un peuple, ont quitté Famille et Patrie pour chasser l'oppresseur allemand. C'est pour rappeler aux générations futures les exploits de ces héros sublimes personnifiés par un chef valeureux que Colleville a voulu unir à son nom celui du Maréchal Montgomery. Colleville, le 6 juin 1945.

On we went till we came to the *Boulevard du Commandant Kieffer*, named after the leader of the Free French troop of No.4 Commando. Their job had been to clear the town of Ouistreham while the rest of the Commando Brigade had pushed on inland to join up with the airborne troops at the bridges over the Caen Canal and River Orne. We stood for a while before the monument raised at that corner to honour those who had been the first to give their lives. Ernie showed us where he had seen the body of a young English soldier gazing at the sky with wide-open eyes as if surprised to find himself there, cut in half below the shoulders by a murderous burst of machine-gun fire. Gesturing to his left, he pointed to where the crumpled commando bodies and shattered bicycles had lain scattered along the boulevard, the road that runs parallel to the beach and gives access to the rear of the houses that line the seashore. The commados had fallen in the attack on the rear of the German strongpoints that had been built in amongst the houses. From those strongpoints the Germans could kill anyone who moved on *Queen Red*, the easternmost sector of SWORD beach. In sacrificing their lives, the commandos had silenced the strongpoints and made it possible for those following the assault wave to land with so few casualties. Quietly, almost as an afterthought, Ernie mentioned that many of the bodies lying on the road had been run over by our own tanks, unable to avoid them as they joined in the attack on the blockhouses. Perhaps the thought was going through his mind that, if it had not been for those poor, mangled bodies and butchered corpses, he, and many of the Norfolks, would never have made it off the beach that morning.

Bill and I could now understand Ernie's preoccupied silence and we said little as we left the beach to the noisy, carefree youngsters.

Nous continuâmes jusqu'au *Boulevard du Commandant Kieffer*, qui fut le chef du contingent des Français Libres du 4 Commando. Leur tâche avait été de nettoyer la ville de Ouistreham pendant que le reste de la Brigade de Commandos avait poussé vers l'intérieur pour rejoindre les troupes aéroportées aux ponts du Canal de Caen et de l'Orne. Nous nous arrêtâmes un moment devant le monument élévé à cet endroit pour honorer ceux qui avaient été les premiers à donner leur vie. Ernie nous montra l'endroit où il avait vu un jeune anglais les yeux grands ouverts regardant fixement vers le ciel comme s'il avait été étonné de se trouver là, coupé en deux sous les épaules par une rafale meurtrière de mitrailleuse. D'un geste de la main il indiqua un endroit sur sa gauche où les corps désarticulés des commandos et les bicyclettes en morceaux gisaient éparpillés le long du boulevard. C'est une voie qui, parallèlement à la plage, donne accès à l'arrière des maisons du front de mer. Les commandos étaient tombés au cours de l'attaque sur les arrières des points fortifiés que les Allemands avaient construits parmi les maisons. De ces points d'appui les Allemands pouvaient tuer tout ce qui bougeait sur *Queen Red*, le secteur le plus à l'est de la plage SWORD. En sacrifiant leur vie, les commandos avaient réduit ces points d'appui au silence et permis à ceux qui suivaient la vague d'assaut de débarquer avec si peu de pertes. Tranquillement, presque comme si cette pensée lui était venue après coup, Ernie mentionna que beaucoup des corps qui gisaient sur la route avaient été écrasés par nos propres tanks, incapables de les éviter lorsqu'ils se joignirent à l'assaut des blockhaus. Peut-être lui venait-il à l'esprit que sans ces pauvres corps mutilés et ces cadavres déchiquetés, lui et bon nombre des Norfolks n'auraient jamais pu sortir vivants de la plage ce matin là.

Bill et moi pouvions maintenant comprendre le silence préoccupé d'Ernie et c'est sans dire grand-chose que nous quittâmes la plage pour la laisser aux jeunes, bruyants et sans-souci.

COLLEVILLE-MONTGOMERY

FROM LA BRECHE DE COLLEVILLE, AS IT IS KNOWN to the locals, but *Queen Red* as it was known to the invaders, we followed in the footsteps of the 1st Royal Norfolks by driving straight up the road to Colleville-Montgomery, the neat, stone-walled village about a mile from the coast that is proud to hyphenate its name with the name of the Victor of El Alamein and the Liberator of Normandy. Although the other two were anxious to drive straight on to Lébisey Wood, I deliberately took them through Colleville-Montgomery to show them something I had found there the previous August when Colonel Cooper-Key and I had passed through the village. This was a street sign, *Rue Bellamy,* naming, as I thought, a street in the village after Lieutenant Colonel Hugh Bellamy, their late Commanding Officer. The two men were glad I had insisted on showing them this relic from D-Day for it pleased them to think that, in addition to honouring the Field Marshal, the village had also honoured 'Claude', their Colonel.

"Claude?" I asked. "I thought his name was Hugh."

"Yes, it was," said Bill, "but his nickname among the men was 'Claude' because we thought he looked like Claude Dampier, the comedian. Mind you, Bellamy was no comedian. He was a tough, stern man, but fair, and a good Commanding Officer."

While we dawdled in the village, the two men and I wondered what the 1st Royal Norfolk had done there on D-Day to deserve this distinction. Bill was not there at the time so he could not help us. Ernie could only remember that,

The mistaken assumption that the *Rue Bellamy* in Colleville-Montgomery had been named after Lt. Colonel Hugh Bellamy,CO of the 1st Battalion The Royal Norfolk Regiment, led to *The Madame Lenauld Story.* (See page 109.)

L'interprétation erronée de la présence du nom de Bellamy sur une plaque de rue de Colleville-Montgomery laissant penser qu'il s'agissait du Lt. Colonel Hugh Bellamy, commandant de 1er Bataillon du Royal Norfolk Régiment, conduisit à *L'Histoire de Madame Lénauld.* (Voir page 109.)

COLLEVILLE-MONTGOMERY

DE LA BRECHE DE COLLEVILLE, AINSI APPELEE PAR les gens du pays alors qu'elle est connue sous le nom de *Queen Red* par les envahisseurs, nous suivîmes en voiture les traces du 1er Royal Norfolk en prenant la route de Colleville-Montgomery. C'est un village coquet, aux murs de pierres, à environ un kilomètre et demi de la côte, fier d'associer son nom à celui du Vainqueur d'El Alamein et Libérateur de la Normandie. Malgré le désir de mes deux compagnons de se rendre directement aux Bois de Lébisey, je les fis passer à dessein par Colleville-Montgomery pour leur faire voir quelque chose que j'y avais découvert au mois d'Août précédent quand le Colonel Cooper-Key et moi-même avions traversé le village. Il s'agissait d'une plaque de rue, *Rue Bellamy,* cette rue ayant reçu le nom du Lt. Colonel Hugh Bellamy, leur regretté Commandant. Les deux hommes étaient contents que j'aie insisté pour leur montrer ce rappel du Jour J, car il leur était agréable de penser qu'en plus d'honorer le Field Marshal, le village avait aussi voulu rendre hommage à 'Claude', leur Colonel.

« Claude? » demandai-je. « Je pensais qu'il portait le nom de Hugh. »

« Oui, c'est exact » dit Bill, « mais ses hommes lui donnèrent le surnom de 'Claude' parce qu'ils lui trouvaient une ressemblance avec le comédien, Claude Dampier. Vous savez, Bellamy n'était pas du tout un comédien. C'était un homme dur et sévère, mais juste, et un bon Commandant. »

Pendant que nous flânions dans le village mes deux compagnons et moi nous demandions ce que le 1er Royal Norfolk avait bien pu faire là le Jour J pour mériter cette distinction. Bill n'était pas là au moment et ne pouvait donc pas nous venir en aide.

after regrouping off the beach, the Battalion had marched up to Colleville as quickly as possible. They had waited there for some time and then they had been sent off, across the fields between the village and St. Aubin d'Arquenay, to by-pass the formidable German command post code-named HILLMAN. They were caught in the wheat fields by HILLMAN'S machine-guns and suffered heavy casualties. It was their baptism of fire.

Many months later I discovered that the Rue Bellamy has borne its name since before 1893! Disappointed at having to relinquish my 'discovery', I am mentioning the incident because it points up the close, ancestral ties between England and Normandy illustrated so often in shared place and personal names. Surely, if the Germans had been at all sensitive to the nuances of history, they would have realized that the English would be driven by atavistic compulsions to land in Normandy in preference to any other part of France. To-day, the Norman connection is further emphasized by the Latin inscription on the frieze of the Bayeux Memorial which stands opposite the British War Cemetery and bears the names of 1,808 men of the

Ernie se souvenait seulement qu'après le regroupement en dehors de la plage, le Bataillon s'était avancé à pied le plus vite possible vers Colleville. Ils y avaient, un certain temps, attendu l'ordre de partir à travers champs entre Colleville et St. Aubin d'Arquenay pour éviter le formidable poste de commandement allemand qui portait le nom de code: HILLMAN. Dans les champs de blé, ils furent pris en enfilade par les mitrailleuses de HILLMAN et subirent de lourdes pertes. Ce fut leur baptême du feu.

Bien des mois plus tard, je découvris que la Rue Bellamy portait déjà son nom en 1893! Déçu de devoir renoncer à ma 'découverte', je mentionne cet incident parce qu'il souligne les liens proches et ancestraux existant entre l'Angleterre et la Normandie si souvent illustrés par le partage de noms de lieux ou de personnes. Sûrement que si les Allemands avaient été un tant soit peu sensibles aux nuances de l'histoire, ils auraient réalisé que les Anglais seraient poussés par atavisme à débarquer en Normandie de préférence à toute autre partie de la France. Aujourd'hui, la relation avec la Normandie est encore plus accentuée par l'inscription latine figurant sur la frise du Mémorial de Bayeux qui se dresse face au Cimetière britannique et porte les noms de 1,808 soldats du

Commonwealth War Graves Commission No. 9297

The Bayeux Memorial with two of the three spires of the Cathedral seen between the pillars.

Le Mémorial de Bayeux avec deux des trois flèches de la Cathédrale visibles entre les piliers.

Commonwealth who fell in the Battle of Normandy and have no known graves.

The inscription reads:

**NOS A GULIELMO VICTI
VICTORIS PATRIAM LIBERAVIMUS**

It has been translated as:

**WE WHO WERE
CONQUERED BY WILLIAM
RETURNED TO LIBERATE
THE CONQUEROR'S NATIVE LAND**

Sidney Bates was among those who returned. He is among those who now lie at rest, across the road, in Bayeux Cemetery.

LEBISEY WOOD

FROM COLLEVILLE-MONTGOMERY WE TOOK THE road south to Caen, the road that gradually climbs the long, northern slope of the ridge at the top of which crouches the dark menace of Lébisey Wood. The wood is still there. It still squats across the road, barring the way to Caen.

When we arrived at the top of the ridge, I turned left along the same road that ran through the wood in 1944. Now it is a busy four-lane highway but the trees on each side are as dense as ever, as Colonel Cooper-Key remarked to me when he and I explored the wood in August 1983. This June morning of 1984, the three of us drove to the end of the wood and parked the car on the verge. By silent agreement, we walked on a few paces to a point from which, looking straight ahead, we could gaze down at the rooftops of Caen in the distance. The same thought, though probably formulated in different ways, was going through our minds: "If only the Norfolks and the other two battalions of 185 Brigade had been allowed to take Lébisey Wood on the run on the afternoon of 6 June,

Commonwealth tombés au cours de la bataille de Normandie et privés de sépulture.

L'inscription est ainsi rédigée:

**NOS A GULIELMO VICTI
VICTORIS PATRIAM LIBERAVIMUS**

Qui se traduit par:

**NOUS QUI FUMES
CONQUIS PAR GUILLAUME
REVINMES POUR LIBERER
LA TERRE NATALE DU CONQUERANT**

Sidney Bates était parmi ceux qui revinrent. Il est maintenant parmi ceux qui reposent de l'autre côté de la route dans le Cimetière de Bayeux.

LE BOIS DE LEBISEY

DE COLLEVILLE-MONTGOMERY NOUS PRIMES LA route de Caen, vers le sud, route qui grimpe graduellement la longue pente nord de la colline au sommet de laquelle, surgit comme une ombre menaçante, le Bois de Lébisey. Le bois est toujours là. Il est toujours solidement planté en travers de la route, barrant le chemin de Caen.

Lorsque nous fûmes parvenus au sommet de la colline, je tournai à gauche pour prendre cette même route qui courait à travers bois en 1944. C'est maintenant une quatre voies très fréquentée mais de chaque côté les arbres sont toujours aussi denses, comme me le fit remarquer le Colonel Cooper-Key lorsque lui et moi explorâmes le bois en août 1983. Ce matin de juin 1984, nous allâmes tous les trois jusqu'à la fin du bois et arrêtâmes la voiture sur le bord de la route. Sans nous être concertés, nous avançâmes de quelques pas vers un endroit d'où, regardant droit devant, nous pouvions apercevoir les toits de Caen dans le lointain. La même pensée, probablement formulée de façon différente, nous traversa l'esprit, « Si seulement les Norfolks et les deux autres bataillons de la 185ème Brigade avaient eu la possibilité de prendre le Bois de Lébisey dans la foulée, cet après-midi du 6 juin, nous aurions très

we could very well have taken the Germans by surprise and pushed them off this ridge that dominates Caen, even if we could not have captured the city itself." But that was not to be and many thousands of lives, including non-combatant civilians, would be lost before the Germans finally conceded possession of the rubble heap that Caen became to the British and Canadians.

To our left, the steel mill chimneys of Colombelles still stood on the horizon, tall, watchful sentinels from which, in our imagination, unseen German observers once again spied on us as we moved across the fields. Ernie and Bill remembered those chimneys very well because for six weeks they were never out of their shadow, or out of their sight.

bien pu prendre les Allemands par surprise et les chasser de cette hauteur qui domine Caen, même si nous n'avions pas pu capturer la ville elle-même. » Mais il ne devait pas en être ainsi et des milliers de vies, y compris celles de nombreux civils, devaient être sacrifiées avant que les Allemands abandonnent aux Britanniques et aux Canadiens le tas de ruines qu'était devenu Caen.

Sur notre gauche, les cheminées des aciéries de Colombelles se dressaient encore à l'horizon, sentinelles hautes, aux aguets, d'où, dans notre imagination, des observateurs allemands invisibles surveillaient sans cesse nos déplacements à travers les champs. Ernie et Bill se souvenaient très bien de ces cheminées dont pendant six semaines ils ne furent ni hors de leur ombre ni hors de leur vue.

The chimneys of the steel mill of the Société Métallurgique at Colombelles were used by the Germans as Observation Posts. Although frequently the targets of massive aerial and artillery bombardments, they were not brought down until the Germans blew them up before conceding the area to the Canadians on July 18, 1944, the start of Operation Goodwood. They were rebuilt after the war. In 1994, the steel mill was sold to the Chinese who dismantled it and re-erected it in China.

Les chemininées des aciéries de la Société Métallurgique de Normandie furent utilisées par les Allemands comme Postes d'Observation. Bien qu'ayant été fréquemment la cible de bombardements massifs de la part de l'aviation et de l'artillerie, elles ne furent abattues que lorsque les Allemands les firent sauter avant de céder le secteur aux Canadiens le 18 juillet 1944, départ de l'Opération Goodwood. Elles furent rebâties après la guerre. En 1994, les installations furent vendues aux Chinois qui les démontèrent pour les remonter en Chine.

As the three of us left the road and trudged across an open beet field to the east side of Lébisey Wood, Ernie told us what had happened to him on the first day of the invasion. His experiences began late in the afternoon when the Norfolks were ordered to bypass HILLMAN, the monstrous German command centre and strongpoint. HILLMAN dominated the direct

Nous quittâmes la route et avançâmes péniblement à travers un champ de betteraves vers l'extrémité est du Bois de Lébisey. Ernie nous raconta ce qui lui était arrivé en ce premier jour du débarquement. Ses aventures débutèrent en fin d'après-midi quand les Norfolks reçurent l'ordre de contourner HILLMAN, l'énorme forteresse et centre de commandement allemand. HILLMAN contrôlait la

route from Colleville-sur-Orne to Caen through Lébisey Wood. It had been assigned to 1 Suffolk of 8 Brigade to capture but proved to be a tougher nut to crack than anticipated. (See page 159.) After dithering around in Colleville for hours, the Norfolks were ordered to bypass HILLMAN. They made off to the south-east to do so. Thinking that the village of St. Aubin d'Arquenay must surely be garrisoned by the Germans – in actual fact it was not – they took a path through the wheat fields between that village and HILLMAN. Suddenly, from half a mile away, HILLMAN'S machine-guns opened up on them and in a trice the raw battalion that, except for the beach landings that morning, had never been under fire before, was blooded with fifty casualties in dead and wounded. Ernie told us that 'A' Company, his company, took most of the casualties with its 8 Platoon being practically wiped out, "all bar six" being wounded or killed. At the same time they also lost three stretcher-bearers, leaving only Ernie unharmed. Working with volunteers, he carried the wounded back to the road where they were later picked up by ambulances.

By that time, the 1st Battalion The King's Own Scottish Borderers of 9 Brigade were in possession of St. Aubin d'Arquenay. Their chaplain came across the fields to the scene of the slaughter to read the burial service while Ernie and his volunteers buried the fatalities 'darkly at dead of night' by the side of the path taken by the ill-fated Company. It was one o'clock in the morning before they were finished. The Padre took the Norfolks men back to K.O.S.B. headquarters and gave each of them a cuppa before sending them on their way to *Norfolk House*. There they rested, preparing for their first set battle of assault the next day.

And that was how, in one historic day, starting at dawn on a pitching, rolling LCI bouncing across the waves of the English Channel, Ernie Seaman became a seasoned veteran.

But, as Ernie remembered, the dead he and his assistant had buried by the path were not to be left undisturbed. A few weeks later it was discovered that a man from 'A' Company was

route directe reliant Colleville-sur-Orne à Caen par Le Bois de Lébisey. Sa capture avait été assignée au 1er Suffolk de la 8ème Brigade mais la coupeà boire allait se révéler plus amère que prévu (Voir page 159.) Après des heures d'hésitation dans Colleville, les Norfolks reçurent l'ordre de contourner HILLMAN. Ils filèrent donc vers le sud-est. Pensant que le village de St. Aubin d'Arquenay devait sûrement être aux mains des Allemands – en fait il ne l'était pas – ils suivirent un sentier à travers les champs de blé entre ce village et HILLMAN. Soudain, à quelques centaines de mètres de là, les mitrailleuses d'HILLMAN ouvrirent le feu. En moins que rien, le Bataillon qui n'avait jamais été sous la mitraille, sauf le matin en débarquant sur la plage, reçut le baptême du feu et perdit cinquante hommes, morts ou blessés. Ernie nous raconta que la Compagnie 'A', sa Compagnie, subit la plupart des pertes, son 8ème Peloton fut pratiquement exterminé, "tous sauf six" furent tués ou blessés. En même temps, ils perdirent aussi trois brancardiers, seul Ernie était sain et sauf. Avec des volontaires, il ramena les blessés sur la route où ils furent recueillis par les ambulances.

A ce moment-là, le 1er Bataillon The King's Own Scottish Borderers de la 9ème Brigade occupait St. Aubin d'Arquenay. Leur aumônier vint à travers champs sur la scène du massacre pour le service funèbre tandis que Ernie et ses volontaires enterraient les morts 'au creux profond de la nuit', sur le bord du sentier que l'infortunée Compagnie avait emprunté. Il était une heure du matin quand ils eurent terminé. L'aumônier ramena les hommes du Norfolk au QG des Ecossais, donna une tasse de thé à chacun puis les remit sur le chemin de *Norfolk House*. Ils s'y reposèrent et préparèrent leur première bataille rangée pour l'assaut du lendemain.

Et c'est ainsi qu'en ce jour historique, débutant à l'aube sur une péniche tangant et roulant, bondissant sur les vagues, Ernie Seaman devint un vétéran aguerri.

Mais, comme le rappelle Ernie, les morts que lui et ses aides avaient enterrés le long du sentier ne devaient pas être laissés en paix. Quelques semaines plus tard, on s'aperçut qu'un homme

missing. They thought he may have been among those killed on that 6 June afternoon so Ernie and some other soldiers had to go back to uncover the dead and make sure the missing man was not among them, "a very unpleasant job."

"Was the man you were looking for among the dead?" I asked.

"No," said Ernie. "We never did find him."

"What do you think happened to him?"

"I don't know," said Ernie, "maybe he deserted. The Norfolks didn't lose many men that way but they say that some units did; the deserters would make their way down to the beaches and eventually find a way to sneak back to England."

There had been two battles for Lébisey Wood but, although the second battle, on 8 July, had ended in victory, it will always be the first battle, on 7 June, that Norfolk survivors will remember even though it had been a bitter defeat. Bill had missed the first battle – he was there for the second – but Ernie had been in both battles. As the three of us walked slowly through the rain-softened, muddy fields in front of the wood, Ernie talked mainly of the first battle.

de la Compagnie 'A' était manquant. On pensa qu'il pouvait être de ceux qui avaient été tués cet après-midi du 6 juin. Ernie, avec quelques autres soldats dut retourner pour ouvrir les tombes et s'assurer que le disparu n'était pas parmi eux, « un travail très déplaisant. »

« Et l'homme que vous cherchiez était-il parmi les morts? » demandai-je.

« Non, il ne fut jamais retrouvé, » répondit Ernie.

« Que pensez-vous qu'il lui soit arrivé? »

« Je ne sais pas, » dit Ernie, « peut-être qu'il déserta. Les Norfolks ne perdirent pas beaucoup d'hommes de cette façon-là mais on dit que d'autres unités subirent de telles situations; les déserteurs redescendaient vers les plages et par la suite trouvaient le moyen de se faufiler vers l'Angleterre. »

Il y eut deux batailles pour le Bois de Lébisey mais, bien que la seconde, le 8 juillet se fût terminée par une victoire, ce sera toujours la première, celle du 7 juin, dont les survivants du Norfolk se souviendront, même si ce fut une amère défaite. Bill manqua la première bataille, il ne participa qu'à la seconde mais Ernie prit part aux deux. Tandis que nous marchions tous trois, lentement, dans les champs boueux ramollis par la pluie, le long des haies, Ernie parlait uniquement de la première bataille.

Looking south across open fields up to Lébisey Wood, about 1,500 yards from the start line for the attack by 1 Royal Norfolks.

Vue au sud, au-delà des champs à découvert jusqu'au Bois de Lébisey, à environ 1.500 mètres de la ligne de départ de l'attaque du 1er Royal Norfolks.

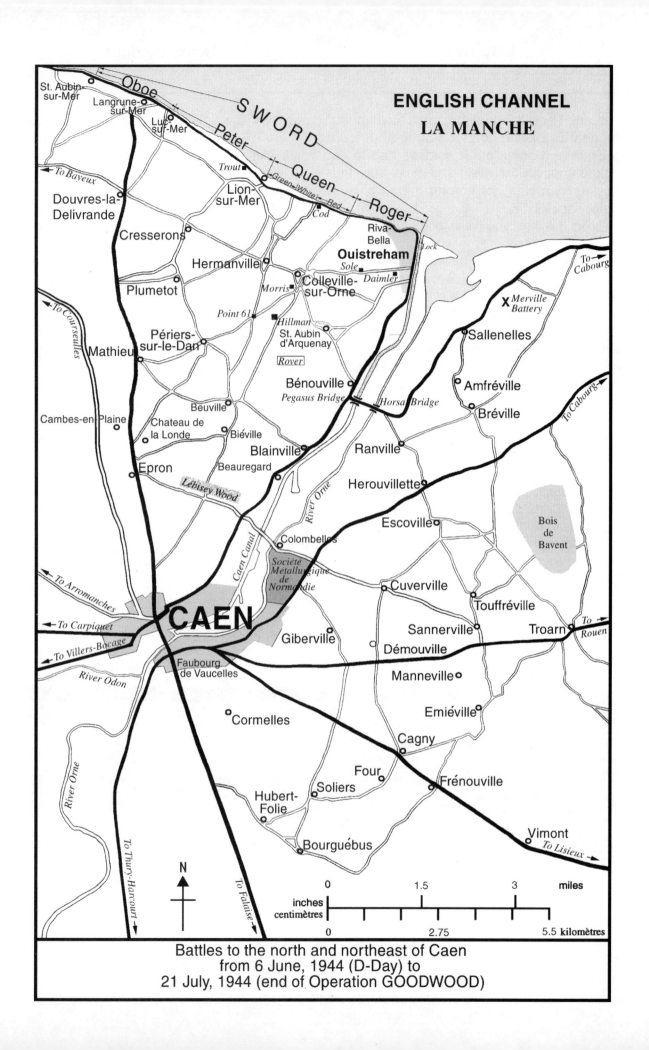

Battles to the north and northeast of Caen
from 6 June, 1944 (D-Day) to
21 July, 1944 (end of Operation GOODWOOD)

In that battle, on 7 June, the Norfolks were sent in late in the afternoon to get the senior battalion of their Brigade, the 2nd Royal Warwicks, out of trouble. The Warwicks had been trapped in a hornet's nest of well-placed, stoutly defended German machine-guns as they tried to push through Lébisey Wood on their way to Caen. They suffered heavily in men and machines, losing nearly all their carriers. They were pinned down, unable to go forward or back out. The Norfolks were sent in to create a diversion so that the Warwicks could withdraw. The East Anglians first formed up in a hidden, shallow valley at the foot of the gently rising slope, just as they had practised on many a training exercise. Then they advanced in extended, open order across the field, wading through the waist-high corn, making straight for Lébisey Wood on the top of the ridge in front of them. They had no cover, not even a smoke screen. They had no fire support, neither from the artillery nor tanks nor fighter-bombers. They had to march up the open slope right into the muzzles of the German machine-guns hidden in the front edge of the Wood; no wavering, just straight to their deaths.

As the three of us stood silently on the fringe of the wood we let our eyes pan slowly across the open slope in front of us. I shuddered to think that, once again, as in the ghastly attrition of the First War, young men had been needlessly massacred, going forward in obedient discipline to offer themselves as sacrifices to someone else's mistake. Hadn't their commanders learnt anything? I remembered what Churchill wrote in *The World Crisis*: *If only the generals had not been content to fight machine-gun bullets with the breasts of gallant men, and think that that was waging war.*

I was surprised at the restraint in the comments made by my companions. All Bill said was, "It was like coming across an open parade ground. The more you look at it, the more you wonder why everybody wasn't hit. They

Au cours de ce combat, le 7 juin, les Norfolks furent envoyés tard dans l'après-midi pour sortir le meilleur Bataillon de leur Brigade, le 2ème Royal Warwicks, d'une situation difficile. En essayant de pousser à travers le Bois de Lébisey en direction de Caen, les Warwicks avaient été piégés dans une sorte de 'nid de frelons' bien situé et fortement défendu par des mitrailleuses allemandes. Ils avaient subi de lourdes pertes en hommes et en matériel et presque tous leurs véhicules de transport avaient été détruits. Ils avaient été cloués au sol sans pouvoir ni avancer ni reculer. Les Norfolks furent envoyés pour faire diversion afin que les Warwicks puissent se retirer. Les East Angliens se mirent d'abord en formation dans une vallée dissimulée, peu profonde, située au pied de la colline, comme ils l'avaient maintes fois pratiqué à l'entraînement. Ensuite, ils s'avancèrent en se déployant dans le champ, entravés par les blés jusqu'à la ceinture. Ils progressèrent tout droit vers le Bois de Lébisey qui se dressait en face d'eux sur la crête. Ils n'avaient aucune protection, pas même un écran de fumée. Ils n'eurent aucun tir d'appui, ni de l'artillerie, ni des tanks, ni des chasseurs-bombardiers. Ils durent grimper la pente en point de mire des mitrailleuses allemandes dissimulées à la lisière du bois; pas question de flancher, tout droit vers la mort.

Nous nous arrêtâmes tous les trois en silence en bordure du bois pour jeter un coup d'œil panoramique sur le versant qui s'offrait à nous. Je frémis d'horreur en pensant qu'une fois encore, comme pendant l'horrible gâchis des combats de la Première Guerre, de jeunes hommes avaient été massacrés inutilement lorsqu'ils s'avançaient, obéissants et disciplinés pour s'offrir en sacrifice par la faute de quelqu'un d'autre. Leurs chefs n'avaient-ils donc rien appris? Je me souvins de ce qu'avait écrit Churchill dans *La Crise Mondiale: Si seulement les généraux ne s'étaient pas contentés d'opposer aux balles de mitrailleuses les poitrines des vaillants soldats, et de penser que cela c'était faire la guerre.*

Je fus surpris de la retenue dont firent preuve mes deux compagnons dans leurs commentaires. Bill se contenta de dire, « C'était comme une parade sur une place d'armes. Plus on y pense, plus on se demande comment ils n'y sont pas

didn't stand an earthly."

All Ernie said was, "No, we didn't have much cover, nothing but the buttercups!"

As the two men walked slowly along the edge of the wood I trailed them with my video camera, stopping and filming when they stopped to poke in the undergrowth at the remains of a German slit-trench or focussing while Ernie, the countryman, pointed out where shrapnel had scarred the tree trunks. I listened as the two of them reminisced about their pals and laughed when Ernie told how Sergeant-Major 'Topper' Brown had stood up in the middle of the open field and shouted derisively, "Bloody Jerries never could shoot straight!" – and got away with it!

Bill and I listened quietly while Ernie told us what he had seen five weeks later when the second battle of Lébisey Wood had been won and the Germans had fled. "When we got up here, there was a big, communal grave of Germans, a bulldozed grave, and if there was one German laying in it there were 200. They were just thrown in, one on top of another. I'll always remember that." I can still hear the disgust and horror in his voice that fellow human beings, even though they were the enemy, should be treated like slaughtered, diseased cattle.

Ernie also remembered that he had the job of bringing in the decomposed bodies of the Norfolks who had died in the first battle on 7 June. Their pals were horrified that they had been left unburied all that time but, what was worse, their bodies had been booby-trapped. His anger at the desecration of the dead had faded but his memory of the atrocity had remained. It was then he decided that, in future, he would carry a loaded German Luger in his battledress blouse. He acknowledged that most of the time the Germans had respected the Red Cross and had allowed the stretcher-bearers to work unmolested, but, as this incident showed, there were some among the enemy who could not be trusted. Regardless of the fact that it was against the Rules

tous restés. »

Ernie ajouta seulement, « Non, nous n'avions guère de protection, à part celle des boutons d'or! »

Tandis que les deux hommes marchaient lentement à l'orée du bois, je les suivais avec ma caméra vidéo. Je m'arrêtais pour les filmer lorsqu'ils s'arrêtaient pour examiner dans le sous-bois les restes d'un trou individuel allemand, ou je faisais un gros plan sur Ernie, homme de la terre, qui relevait sur le tronc des arbres les cicatrices laissées par la mitraille. Je les écoutais se raconter des souvenirs de leurs copains et rire lorsqu' Ernie rappela l'aventure du Sergeant-Major 'Topper' Brown qui se dressa dans le milieu du champ pour crier d'un ton moqueur, « Les sacrés jerries n'ont jamais su tirer juste! » – et s'en tirer sain et sauf!

Bill et moi écoutâmes calmement Ernie nous dire ce qu'il vit cinq semaines plus tard quand la seconde bataille des Bois de Lébisey fut gagnée et que les Allemands eurent fui. « Lorsque nous parvînmes ici il y avait une grande fosse commune remplie d'Allemands et s'il n'y en avait pas 200 il n'y en avait pas un. Ils avaient tout juste été balancés dedans, les uns sur les autres. Je m'en souviendrai toujours. » J'entends encore sa voix pleine de dégoût et d'horreur pour dire que des êtres humains, fussent-ils des pires ennemis, ne devaient pas être traités comme du bétail contagieux qu'on abat.

Ernie rappela aussi qu'il avait eu la tâche de ramasser les cadavres décomposés des Norfolks qui étaient tombés dans les premiers combats du 7 juin. Leurs copains furent horrifiés de voir qu'ils avaient été laissés sans sépulture si longtemps et pis encore, que les corps avaient été piégés. Sa colère de voir la profanation des morts s'était estompée mais le souvenir de l'atrocité commise lui était resté. C'est alors qu'il prit la décision, dans l'avenir, de porter un Luger allemand chargé dans sa tenue de combat. Il reconnaissait que la plupart du temps les Allemands avaient respecté la Croix-Rouge et avaient permis aux brancardiers de travailler en paix, mais comme le démontrait cet incident, il y avait chez l'ennemi des éléments auxquels on ne pouvait faire confiance. Sans se soucier du fait que c'était aller contre les Lois de

of War and put him in mortal peril if, while working under the aegis of the Red Cross, he was caught with a concealed weapon on his person, he decided he had to protect himself. It seemed so out of character to hear this gentle-mannered man say that, if he had been attacked, he would have taken at least one of them with him – but I'm sure he would have done so.

Time was passing and the day was getting on but the two men seemed to want to linger so I did not hurry them. Again and again, as they walked slowly across the front of the wood, they would stop and gaze down the slope. What were they looking for? Sometimes their eyes would rise to the far distance where, just below the uneven horizon, the assault beaches lay. Were they looking out to sea for the flash of the 15" and 16" guns of *Warspite* and *Ramillies*, *Rodney* and *Roberts*? Sometimes their eyes would drop to search the near distance as if they were intrigued to see their old positions from the viewpoint of the German defenders at the top of the wooded ridge. What were they looking for? Did they see the untidy rolls of barbed wire that had been hurriedly strung out by the Germans with booby-trap trip wires hidden at the base of the unripe corn? Did they see the ugly gashes torn in the smooth green carpet at their feet where mines had blown up and where mortar bombs and grenades and shells had exploded? Or did they see the lonely silhouettes of upturned rifles, bayonets fixed and thrust into the soft soil, each with a helmet on the butt end, sad markers of the dead or warning markers of the place where a wounded man lay, helpless and unseen, in the thick corn, praying to be carried out of the way of the churning tracks of marauding tanks.

Almost absentmindedly, Ernie told us how, for the second battle on 8 July, "They sent us forward under a creeping barrage. We were coming up nice and steady but then we started coming too quick. We got in front of the barrage so we had to stop and let it pass over us

la Guerre et que cela le mettait en péril mortel si, travaillant sous l'égide de la Croix-Rouge, il était pris avec une arme dissimulée sur lui, il décida qu'il devait se protéger. Cela semblait si loin du personnage, d'entendre cet homme aux bonnes manières dire que s'il avait été attaqué, il en aurait emmené au moins un avec lui! – et je suis sûr qu'il l'aurait fait.

Le temps passait et le jour avançait mais comme les deux hommes semblaient vouloir s'attarder je ne les pressai pas. Maintes fois, en marchant à la lisière du bois ils s'arrêtèrent et regardèrent fixement le bas de la pente. Que cherchaient-ils? Quelquefois leur regard se portait au loin, au-dessous de l'horizon accidenté où se trouvaient les plages. Guettaient-ils, sorti de la mer, l'éclair des canons de 15 et 16 pouces du *Warspite* et du *Ramillies*, du *Rodney* et du *Roberts*? Parfois leurs yeux revenaient fouiller le terrain proche d'eux, comme s'ils cherchaient à voir leurs anciennes positions comme les voyaient les défenseurs allemands du sommet de la colline boisée. Que cherchaient-ils donc? A voir les réseaux de fil de fer barbelé disposés à la hâte, pêle-mêle, par les Allemands, avec des pièges constitués par des fils tendus au pied du blé en herbe? A voir des déchirures provoquées dans la verdure par les mines qui avaient sauté ou par les bombes de mortiers, les grenades et les obus qui avaient explosé? Ou bien, voyaient-ils les silhouettes solitaires de fusils plantés baïonnette fichée dans le sol mou et casque posé sur la crosse pour indiquer lamentablement l'endroit d'un mort ou avertir qu'un blessé y gît abandonné dans l'épaisseur des blés, suppliant qu'on le dégage du passage des tanks en maraude et qu'on lui évite d'être broyé par leurs chenilles?

D'un air presque absent, Ernie nous raconta comment, pour la seconde bataille, le 8 juillet, « Ils nous firent avancer derrière un barrage roulant. Nous progressions bien et de façon régulière lorsqu'à un moment nous commençâmes à aller trop vite. Nous étions parvenus devant le barrage, il nous fallut nous arrêter pour le laisser passer

again. We didn't care much for that. Yes, we had a few casualties from our own guns but not as many as I would have expected, not with all the shells that were coming over. And I reckon the reason we didn't have too many casualties from the German machine-guns, at least not at the start of the climb up the slope, is because they were firing on fixed lines and the bullets went over our heads."

The two men pointed out the clumps of trees down in the valley in front of us, in the direction of Beauregard farm. That had been no-man's-land. For a month, patrols from both sides had regularly stalked each other there, running what they called the 'milk run'. Farther in the distance, on the other side of the valley, among some red-roofed farm buildings on the crest of the ridge, near Bellevue Farm, was where the slit trenches and dugouts of Battalion Headquarters had been placed. The area had been called *Norfolk House* with the same sardonic humour that had prompted their fathers in the First World War to give the names of grand mansions and palaces to their mud hovels. And their forefathers of the 9th Regiment of Foot, the forerunners of the Royal Norfolk Regiment, had probably done the same in the Crimean War and their forefathers in the Peninsular War under Wellington. The Regiment went back a long, long way!

My thoughts were interrupted by Bill who was saying that the one danger they dreaded most was snipers. Shelling and mortaring, even the atrocious *Moaning Minnies*, were one thing but the thought of being silently picked out for sudden execution by an unseen assassin was something else. For perhaps the only time, I was able to compare my experiences in Burma to their experiences here in Normandy for in the jungles also, snipers were the menace we feared most of all. But in every other respect it was a tamer war that I had fought in and, as I stood with them in front of Lébisey Wood, I was thankful that I had not been put to

par-dessus nous encore une fois. Nous n'y prêtions pas trop attention. Oui, nous eûmes quelques blessés dus à notre artillerie mais pas autant que je m'y attendais avec tous ces obus qui nous tombaient dessus. Et je pense que la raison pour laquelle nous n'eûmes pas trop de pertes causées par les mitrailleuses allemandes, au moins au début de l'ascension de la pente, c'est qu'elles tiraient sur des lignes fixes, si bien que les balles passaient au-dessus de nos têtes. »

Les deux hommes repérèrent le bouquet d'arbres, en bas, dans la vallée en face de nous, en direction de la ferme de Beauregard. C'était là qu'était le 'no-man's-land'. Pendant un mois, les patrouilles des deux côtés s'y épièrent régulièrement; elles faisaient, selon leur expression, 'la tournée du laitier.' Plus loin, de l'autre côté de la vallée, parmi quelques bâtiments de ferme aux toits de tuiles, sur le sommet de la hauteur proche de la Ferme de Bellevue, c'était là que se trouvaient les tranchées individuelles et les abris du PC du Bataillon. Le secteur avait été appelé *Norfolk House* avec le même humour sardonique qui avait poussé leurs pères, dans la Première Guerre, à donner les noms d'hôtels particuliers et de palais magnifiques à leurs taudis de boue. Et leurs ancêtres du 9ème Régiment d'infanterie, prédécesseur du Royal Norfolk Regiment, avaient probablement fait de même pendant la Guerre de Crimée, et aussi leurs ancêtres dans la Guerre d'Espagne sous Wellington. Le Régiment venait de loin, de si loin!

Mes pensées furent interrompues par Bill disant que le danger qu'ils craignaient le plus, venait des tireurs isolés. Les bombardements par obus ou bombes de mortiers, même les 'orgues de Staline' au bruit atroce, étaient une chose, mais la pensée de pouvoir être silencieusement choisi pour se faire descendre par un assassin invisible, alors là, c'était autre chose. Ce fut peut-être la seule fois où je pus comparer mes expériences en Birmanie avec les leurs ici en Normandie, car dans la jungle aussi les tireurs étaient la menace que nous redoutions plus que tout. Mais à bien des égards, la guerre d'approche dans laquelle je fus engagé était fort différente et, alors que je me tenais en compagnie de mes deux amis devant le Bois de Lébisey , j'étais reconnaissant de n'avoir pas eu à subir la même

the same test as those who had fought here.

"Of course, not every stray bullet was a sniper but it seemed so, just as not every German tank was a *Tiger*. You soon learnt to keep your head down, to take whatever cover you could find, to use camouflage, not to make sudden moves because they attracted attention but, if you had to get across open ground, to do so fast, in zig zags and doubled up as small as you could make yourself."

Bill was repeating a well-remembered lesson. He caught my half-smile and, knowing what was going through my mind, he went on, "Yes, I know what you're thinking, Tom, but in those days I wasn't as wide as I'm tall! I could really move then, I'll tell you, or I wouldn't be here to-day. But, I dare say, we must have looked ever so funny, all doubled up, trying to get our shoulders over our ears and everything into our helmets. The cockneys amongst us – and, as you know, we had quite a few of them in the Battalion – called it 'Doing the Norfolk Crouch', a sort of take-off on 'Doing the Lambeth Walk'. It may even have been 'Basher' himself who started that. That's the sort of thing he would say, isn't it, Ernie? He was a quiet sort of bloke – don't remember all that much about him – but every so often he would come out with something that would make you laugh. A real cockney."

I let the remark go unchallenged but I could almost hear Maud, the wife of Bert, Sid's younger brother, correct the Norfolk man, politely but firmly, as she had corrected me when I referred to their Sid and to them as 'cockneys'. They weren't really Cockneys, she said, because they 'adn't – **hadn't** – been born within the sound of Bow Bells. They were 'Londoners' or, better still, 'South Londoners'. They were 'true Camberwell', the Camberwell of pre-war days, mind you, not the Camberwell of today. I had accepted the correction silently but I

épreuve que ceux qui combattirent ici.

« Bien sûr, toutes les balles perdues n'étaient pas celles d'un sniper, mais on le pensait, pas plus que tous les tanks allemands n'étaient des *Tigers*. Vous appreniez vite à baisser la tête, à vous abriter derrière tout ce que vous trouviez, à utiliser le camouflage, à ne pas faire de mouvements brusques parce qu'ils attirent l'attention, par contre, si vous deviez traverser un terrain à découvert il fallait le faire vite, en zig-zag, plié en deux, aussi petit que vous pouviez vous faire. »

Bill venait de répéter une leçon bien mémorisée. Il surprit mon demi-sourire et, sachant ce qui me passait par l'esprit il poursuivit, « Oui, je sais ce que vous pensez, Tom, mais à cette époque-là, je n'étais pas aussi large que haut! Je pouvais vraiment me remuer, je vous assure, sinon je ne serais pas là aujourd'hui. Mais je peux bien le dire, nous devions avoir l'air extrêmement drôle, tous pliés en deux, la tête dans les épaules, essayant de tout loger dans nos casques. Les 'cockneys' qui étaient parmi nous, et, comme vous le savez, ils étaient un bon nombre dans le Bataillon, appelaient ça 'faire le gros dos à la Norfolk' par allusion dérisoire à 'faire la Parade Royale de Lambeth.' Il se pourrait même que ce soit 'Basher' lui-même qui ait inventé cela. C'est bien le genre de chose qu'il pouvait sortir, n'est-ce pas, Ernie? C'était une espèce de type calme, je ne me rappelle pas beaucoup de lui, sauf que de temps en temps, il vous amenait quelque chose qui vous faisait bien rigoler. Un vrai faubourien! »

Je laissai passer la remarque sans la relever, mais je pouvais presque entendre Maud, la femme de Bert, le plus jeune frère de Sid, reprendre l'homme du Norfolk, poliment mais fermement, comme elle m'avait repris lorsque je traitai leur Sid et eux-mêmes de 'faubouriens'. Ils n'étaient vraiment pas des faubouriens, dit-elle, car ils n'étaient pas nés à portée des Bow Bells. Ils étaient 'Londoniens' et mieux encore 'Sud Londoniens'. Ils étaient de 'vrais Camberwell', le Camberwell d'avant-guerre, vous savez, pas le Camberwell d'aujourd'hui. J'avais accepté silencieusement la remarque mais je notai que Maud avait

noticed that Maud had used the same expression that Gladys, Sidney's mother, had selected for the epitaph on the headstone of her son's grave. She had immortalized him as 'a true Camberwell boy'.

The memory of their perky, quick-witted cockney mates had relaxed the two Norfolk men and I was glad to see the tension lift from their faces as they finally turned to leave Lébisey Wood. But still they lingered. They walked slowly along the whole front of the wood again, making occasional forays into the undergrowth to poke around in the grass and among the old stumps.

"Careful, Bill, there may still be some old bombs in among that stuff," or, "Watch you don't fall into that old slit trench; you may find a Jerry in it!"

They found some old beer bottles and wondered if they dated back to those days. They probably did!

employé la même expression que Gladys, la mère de Sidney, avait choisie pour l'épitaphe de la pierre tombale sur la tombe de son fils. Elle l'avait immortalisé comme 'un vrai gars de Camberwell'.

Le souvenir de leurs copains faubouriens avait relaxé les deux gars du Norfolk et je fus content de voir à leur visage que la tension diminuait lorsqu'ils firent demi-tour pour quitter définitivement le Bois de Lébisey. Mais néanmoins ils s'attardaient. Ils marchaient de nouveau lentement tout le long du bois et de temps en temps rentraient dans le sous-bois pour fouiner dans l'herbe et parmi les vieilles souches.

« Prenez garde, Bill, il pourrait encore y avoir de vieilles bombes dans tout ce fouillis, » ou, « Attention de ne pas choir dans cette tranchée et y trouver un Jerry! »

Ils trouvèrent quelques vieilles bouteilles à bière et se demandèrent si elles dataient de ce temps-là. Peut-être que oui!

'They walked slowly along the whole front of the wood again, making occasional forays into the undergrowth to poke around in the grass and among the old stumps.'

'Ils marchaient de nouveau lentement tout le long du bois et de temps en temps rentraient dans le sous-bois pour fouiner dans l'herbe et parmi les vieilles souches.'

Ernie took particular care to point out that the trees, when you looked at them closely, still bore evidence of the savagery that had swept over them forty years ago. When the fighting left Lébisey Wood after five weeks of shelling and mortaring and bombing, the trees looked ghastly. They had been brutally pollarded and left as bare stumps with only jagged splinters to show where branches had been wrenched off. But the sturdy Norman trunks had survived, lacerated by shrapnel, deeply wounded and scarred but still alive. Today the wood is dense again with the close-packed growth that comes from an eagerly taken second chance of life.

I came to understand Ernie's close interest in the trees. I'm sure it went beyond a countryman's keen eye for country details. I think he was subconsciously looking for evidence in the tranquil fields and woods around us that the nightmare he had gone through in this very place had been real.

The last thing Ernie did before we left Lébisey Wood was to pick off some pieces of bark and twigs to take away as mementoes of the place where he had had one of his most terrible battle experiences.

MANNEVILLE WOOD

WHAT LEBISEY WOOD MEANT TO ERNIE SEAMAN, Manneville Wood meant to Bill Holden. At Manneville Wood Bill's anti-tank section had the job of protecting the battalion against the threat of German panzers crashing through from the east to attack the left flank of the 'Charge of the Armoured Brigades' in Operation GOODWOOD. Mounted on 18 July, 1944, almost the entire armoured strength of the British Army in Normandy, consisting of 11th Armoured, Guards Armoured and 7th Armoured Divisions, was thrown into the battle in a controversial feint, so

Ernie fit remarquer avec un soin particulier qu'en regardant les arbres de près, ils portaient encore les traces de la sauvagerie qui s'était abattue sur eux il y a quarante ans. Quand le combat prit fin dans le Bois de Lébisey après cinq semaines de pilonnage par les obus, mortiers et bombes, les arbres avaient un aspect effrayant. Ils avaient été brutalement étêtés, transformés en moignons dénudés, avec des échardes déchiquetées à l'emplacement des branches arrachées. Mais les solides troncs normands avaient survécu, lacérés par les éclats, profondément blessés mais cicatrisés et toujours en vie. Aujourd'hui le bois est redevenu dense avec une croissance très serrée provenant sans doute d'une seconde chance de vie.

J'en arrivai à comprendre le grand intérêt d'Ernie pour les arbres. Je suis sûr que cela ne venait pas seulement de sa passion d'homme de la terre pour regarder les détails de la campagne. Je pense qu'inconsciemment il cherchait dans le calme des bois et des champs qui nous entouraient, la preuve que le cauchemar qu'il avait enduré à cet endroit avait bien existé.

La dernière chose que fit Ernie avant de quitter le Bois de Lébisey fut de ramasser quelques morceaux d'écorce et des brindilles pour rapporter des souvenirs de l'endroit où il avait vécu l'une de ses plus terribles expériences de la bataille.

LE BOIS DE MANNEVILLE

LE BOIS DE MANNEVILLE ETAIT POUR BILL HOLDEN ce que le Bois de Lébisey était pour Ernie Seaman. Au Bois de Manneville la section anti-tank de Bill avait reçu pour mission de protéger le bataillon contre le danger d'une poussée des blindés allemands venant de l'est pour attaquer le flanc gauche de la 'Charge des Brigades Blindées' dans l'Opération GOODWOOD. Le 18 juillet, l'ensemble ou presque, des forces blindées de l'Armée Britannique en Normandie formé de la 11ème Blindée, les Guards et la 7ème Blindée, fut lancé dans la bataille qui ne devait être qu'une feinte discutable, c'est ce qui fut dit plus tard, destinée a tromper les Allemands en leur

they said later, to trick the Germans into believing that this was the long-awaited breakout from the invasion lodgement area while the Americans, further over to the west, made the actual breakout.

As we drove away from Lébisey Wood, Bill told us what he remembered about that day. The details were recounted in short, disjointed sentences. He could remember a long, high, stone wall surrounding an estate; behind the wall, elaborate stables for thoroughbred racing horses; paddocks enclosed by white-railed fences; a sunken track; a break in the wall in which they concealed their 6-pounder anti-tank gun, ranging it out over wide, open, flat fields at a dense wood from which the German *Tigers* and *Panthers* might lumber out at any moment. As he recalled the fragmented, nightmarish details, I thought we would be very lucky to find the exact place where he had unlimbered his 6-pounder but I was determined to try. It meant a lot to Bill to be able to take the word back to 'Tubby' Pratt, his old section commander, and to the other lads of 'SP' Company, that he had found their old battle stations.

But first we had to get over to the other side of the twin waterways of the Caen Canal and River Orne so I opened up the road map to see how to get there. I noted, with surprise and regret, that, whereas the first post-war French road maps had marked the lift-bridge over the Caen Canal as *Pegasus Bridge*, the current map identifies it only as a *Pont Levant*. Were memories being deliberately allowed to fade? Would there soon be a generation of Frenchmen who did not know the story of how the Pegasus-emblazoned troops of Britain's 6th Airborne Division had crash-landed their gliders within a stone's throw of the bridge to capture it, intact, early on the morning of 6 June 1944?

The mention of 'Tubby' Pratt's name reminded us that in a few days' time, on 6 June, 'Tubby' would be leading a small group of ex-Norfolk soldiers to meet the Queen at the grave of Sidney Bates, VC, in Bayeux Cemetery when Her Majesty and Prince Philip attended a memorial service

faisant croire qu'il s'agissait de la percée, longtemps attendue, hors de la tête de pont, alors que les Américains, beaucoup plus à l'ouest, étaient sur le point de lancer la véritable offensive.

Nous venions de quitter le Bois de Lébisey quand Bill nous raconta ce qu'il se souvenait de ce jour-là. Les détails furent donnés en phrases courtes, presque décousues. Il se souvenait d'un haut mur de pierre, entourant une propriété; derrière le mur, des écuries bien tenues pour des chevaux pur sang, des paddocks clôturés de barres blanches, un chemin creux, un trou dans le mur dans lequel ils camouflèrent leur canon anti-tank, pointé au-delà des grands champs bien dégagés, sur un bois dense duquel les *Tigers* et les *Panthers* allemands pouvaient surgir à tout moment. Pendant qu'il donnait ces détails fragmentaires, cauchemardesques, je pensai que nous serions chanceux si nous retrouvions l'endroit exact où il avait mis sa pièce en batterie mais j'étais bien décidé à essayer. Il importait beaucoup à Bill de pouvoir rapporter à 'Tubby' Pratt, son ancien chef de section, et aux autres copains de la Compagnie 'SP', la nouvelle qu'il avait retrouvé l'endroit où ils avaient pris position.

Mais d'abord il nous fallait passer de l'autre côté de la double-barrière formée par le Canal de Caen et l'Orne. Pour voir comment y parvenir, j'ouvris la carte routière. Avec surprise et regret je constatai que les premières cartes routières françaises d'après-guerre appelaient le pont mobile sur le Canal de Caen *Pegasus Bridge*, alors que celles en usage maintenant le nommaient *Pont Levant.* Les souvenirs étaient-ils donc délibérément livrés à l'oubli? Y aurait-il bientôt une génération de Français qui ne saurait pas comment des soldats britanniques de la 6ème Division Aéroportée portant l'emblème de Pégase, le cheval ailé, avaient réussi à poser leurs planeurs à moins d'un jet de pierre du pont qu'ils devaient capturer intact avant l'aube du 6 juin 1944?

La mention du nom de 'Tubby' Pratt nous rappela que dans quelques jours, le 6 juin, 'Tubby' serait à la tête d'un petit groupe d'anciens du Norfolk pour rencontrer la Reine sur la tombe de Sidney Bates, VC, au cimetière de Bayeux où Sa Majesté et le Prince Philip assisteraient à un service funèbre. Comme nous descendions vers

there. As we drove down to Pegasus Bridge, a flight of helicopters thumped overhead and Ernie, with an insider's knowledge gained from many years in the Queen's service at Sandringham, said they were probably rehearsing the route for the D-Day anniversary run. "It wouldn't do for them to lose their way," he said, "because the Queen hated flying in those nasty, noisy, flapping things."

Pegasus Bridge greeted us by standing on its head while a fussy little tug passed under it, probably going up to Caen to help bring *Britannia*, the royal yacht, down the canal to the open sea.

Just as in 1944, we did not 'dilly and dally' in crossing Pegasus Bridge though this time we were not sped on our way by German shells. We stopped on the 'mesopotamic strip' between the two waterways and, leaning over the railings of the River Orne bridge, we silently paid our respects to Lt. Fox and his men who had taken this bridge, then a swing-bridge, undamaged, at the same time that the more famous lift-bridge over the Caen Canal was captured, also intact, by Major Howard

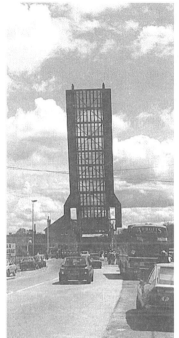
Pegasus Bridge

Pegasus Bridge un groupe d'hélicoptères passa à grand bruit au-dessus de nos têtes. Ernie, homme au courant par sa connaissance acquise au service de la Reine à Sandringham pendant de nombreuses années, dit qu'ils étaient en train de reconnaître le parcours pour l'Anniversaire du Jour-J. « Ce serait dommage qu'ils se perdent, » dit-il, « car La Reine a horreur de voler dans ces foutus machins si bruyants. »

Pegasus Bridge nous accueillit debout, dressé sur son pivot, pour laisser passer un petit remorqueur se rendant probablement à Caen pour convoyer le yacht royal *Britannia* jusqu'à la haute mer.

Tout comme en 1944, nous ne lambinâmes point pour traverser Pegasus Bridge bien que, cette fois, nous n'étions pas pressés par les obus allemands. Nous nous arrêtâmes sur la 'bande mésopotamienne' entre les deux cours d'eau. Penchés sur le parapet du pont qui enjambe l'Orne, nous rendîmes un hommage silencieux au Lieutenant Fox et à ses hommes; ils avaient pris ce pont, qui était alors un pont tournant, intact, au même moment où le pont levant, plus connu, sur le canal de Caen fut capturé intact lui aussi, par le Major

Horsa Bridge

Horsa Bridge

Soon after midnight on 5/6 June 1944 a Horsa glider flown by S. Sgts. R. A. Howard and F. W. Baacke, Glider Pilot Regiment, landed north west of this bridge with a platoon of Oxf. & Bucks Light Infantry led by Lt. D. Fox and Royal Engineers under Lt. J. Pence. They captured the bridge. A second platoon under Lt. H. J. Sweeney landed near by piloted by S. Sgts. S. Pearson and L. Guthrie and reinforced them.

Horsa Bridge

Très tôt le matin du Jour J, un planeur HORSA piloté par R. Howard et F. Baacke du Régiment des Pilotes de Planeurs, atterrit près de ce point, avec des soldats du 52 Régiment d'Infanterie sous le commandement du Lt. Fox, et avec des sapeurs du Génie Royal sous les ordres du Lt. Pence. Ils saisirent le pont. Un deuxième peloton avec le Lt. Sweeney suivit dans un planeur piloté par S. Pearson et L. Guthrie et les renforça.

and his men. After all, we reflected, with the deep insight usually attributed to Field Marshals and amateur war historians, this plain, little, unglamourous bridge was just as important, strategically, as the more photogenic Pegasus Bridge but Pegasus got all the publicity. No one stopped to consider that the one bridge was useless without the other.

From the two bridges I took my two friends in the general direction of Manneville Wood, passing signposts with names like Touffreville, Troarn, Sannerville and so on, all familiar GOODWOOD names. Suddenly we picked up signposts to Manneville and followed them closely like competitors in a motor rally. We crested a bridge over a busy four-lane highway and there it was, the high, brown-stone wall from Bill's nightmare, stretching, it seemed, for miles and miles. Bill couldn't believe we had found the place so easily, but we had! There was the evidence of the shrapnel-scarred walls, only partially plastered over, and a quick courtesy call at the estate office established that this was indeed the place. Although the ownership had changed hands – it was now owned by an oil tycoon from the Middle East – the manager knew the history

Howard et ses soldats. Après tout, nous nous disions, avec la profonde perspicacité habituellement attribuée aux Field Marshals et aux historiens amateurs, que ce petit pont, sans attrait ni prestige fut, stratégiquement tout aussi important que le plus photogénique Pegasus Bridge qui reçut toute la publicité. Personne ne pensa que l'un était inutile sans l'autre.

A partir des deux ponts, j'emmenai mes deux amis dans la direction du Bois de Manneville, apercevant en chemin des pancartes indiquant Touffreville, Troarn, Sannerville, etc., tous noms familiers de l'Opération GOODWOOD. Soudain, nous vîmes les pancartes indiquant Manneville. Nous les suivîmes scrupuleusement, comme les concurrents d'un rallye. Nous gravîmes un pont qui escalade une route à quatre voies très fréquentée et d'en-haut, nous vîmes le haut mur de pierres brunes, le mur des cauchemars de Bill, là, devant nous, semblant s'étendre sur des kilomètres et des kilomètres. Bill n'arrivait pas à croire que nous avions retrouvé l'endroit si facilement, et pourtant, nous y étions! Des trous en partie rebouchés dans le mur témoignaient des dégâts causés par les éclats. Une brève visite de politesse au bureau du haras établit qu'il s'agissait bel et bien de l'endroit. Sans doute la propriété avait-elle changé de mains – elle appartenait maintenant à un magnat moyen-oriental du petrole.

. . . an overturned *Tiger* tank flipped on its back like a beetle by the fearsome bombardment that preceded Operation GOODWOOD.

. . . un tank *Tiger* sens dessus dessous, retourné comme un scarabée par l'effrayant bombardement qui précéda l'Opération GOODWOOD.

I.W.M. No. B8032

of the estate and its involvement in the battles of those far-off days. He showed us faded photographs of shattered German guns and an overturned *Tiger* tank flipped on its back like a beetle by the fearsome bombardment that preceded Operation GOODWOOD. The two men remembered that tank very well so we knew we were in the right place.

Everything that Bill had mentioned was there – the stables, the paddocks, the clumps of trees (though many trees had been removed), and, finally, the wall with the repaired breach plainly visible. We followed the wall to a nearby gate, passed through and gazed out across the fields to the Bois de Bavent, the lair of the *Tigers* and *Panthers*. Today, Bill felt safe behind a wide, impassable four-lane stream of non-stop traffic on its way to and from Paris and Caen that flowed between us and the Bois de Bavent but, in 1944, he had felt very vulnerable and exposed as he waited, with nothing between himself and the woods, to pit his puny 6-pounder

Le directeur en connaissait l'histoire et son implication dans les batailles de ces jours si lointains. Il nous montra des photos jaunies de canons allemands détruits et d'un tank *Tiger* sens dessus dessous, retourné comme un scarabée par l'effrayant bombardement qui précéda l'Opération GOODWOOD. Les deux hommes se souvenaient fort bien de ce tank, ainsi, nous étions certains d'être au bon endroit.

Tout ce dont Bill avait parlé était là – les écuries, les paddocks, les bouquets d'arbres (bien que beaucoup aient été abattus), et, finalement, le mur dont la trouée réparée était toujours parfaitement visible. Nous suivîmes le mur jusqu'à un portail proche que nous franchîmes. Notre regard se porta à l'autre bout des champs sur le Bois de Bavent, tanière des *Tigers* et des *Panthers*. Aujourd'hui, Bill se sentait en sécurité derrière un large torrent de circulation, infranchissable et ininterrompu. Ce flot de véhicules allant et venant entre Paris et Caen, s'écoulait entre nous et le Bois de Bavent mais, en 1944, Bill s'était senti très vulnérable et très exposé, avec rien entre lui et les bois, attendant avec son

Ernie Seaman lost in contemplation of the stables at the Manneville stud farm for thoroughbred horses.

Ernie Seaman en profond recueillement devant les écuries de chevaux pur-sang au Haras de Manneville.

against the monster German tanks. He knew that, even with the new, top-secret *sabot* armour-piercing shells, he would have to hit the enemy tank in the side at close range to do any damage. If he didn't knock it out with the first shot he wouldn't get a second chance before the German tank turned its gun on him. Luckily, on that occasion, he was not put to the test.

canon dérisoire de se mesurer aux monstrueux tanks allemands. Il savait que, même avec les nouveaux obus perforants 'top-secret' *sabot* à charge creuse, il devrait toucher le tank ennemi dans le flanc et de près pour lui causer quelque dommage. Si le premier tir ne le mettait pas hors de combat, le tank allemand pointerait son canon vers lui avant qu'il ait une seconde chance. Heureusement, l'occasion ne se présenta pas.

Bill pointed out the trace of the sunken track down which the water had coursed and swamped them when the rains came on 20 July, the third day of the battle. Monty had been glad to seize this excuse to call off the tanks and claim a victory. But victory or no, it was small comfort to the Norfolks who, for the next five days, had to endure the heaviest shelling they had yet experienced while burrowing for cover in flooded dugouts and crumbling slit-trenches.

Ernie and Bill remembered the relief they had felt when, at last, they had been pulled out of Manneville Wood and sent back to rest at Cazelle, a part of the village of Mathieu. For the first time since D-Day they had had a shower and a change of clothes and, most memorable of all, freshly baked bread. They remembered the rest-camp at Cazelle with mixed feelings. On one side there was an air-strip that attracted the attention of long-range German guns firing from the Le Havre area and on the other side were units of 51st (Highland) Division. What with the shelling and the bagpipes, their 'rest' was intermittent and, as Bill wryly remarked, it was difficult to say which was harder to take. But, all the same, it was a welcome change and they made the most of it, not knowing that their next, most severe battle ordeal was only a week away.

On the way back to our billets in Flers, the two men were quiet most of the way. After a day filled with so many mixed memories, I could understand their silence. Then Bill reflected aloud that perhaps the losses had not all been in vain; at least they had made the world safe for Arab oil millionaires!

Bill indiqua le tracé des chemins creux transformés en ruisseaux et en marécages par les pluies diluviennes qui s'abattirent à partir du 20 juillet, le troisème jour de la bataille. Monty avait été heureux de saisir ce prétexte pour rappeler les tanks et crier victoire. Mais victoire ou non, ce fut un bien piètre réconfort pour les Norfolks qui, pendant les cinq jours qui suivirent, eurent à endurer le plus intense bombardement qu'ils aient jamais subi, enterrés dans des abris inondés ou des tranchées éboulées.

Ernie et Bill se souvenaient du soulagement qu'ils avaient éprouvé lorsqu'enfin ils furent retirés du Bois de Manneville et envoyés au repos à Cazelle, nom donné à une partie du village de Mathieu. Pour la première fois depuis le Jour J ils purent prendre une douche, changer de vêtements et, fait mémorable entre tous, recevoir du pain frais. Ils parlèrent du camp de repos à Cazelle avec des sentiments mitigés. D'un côté il y avait un terrain d'aviation qui attirait l'attention des canons allemands à longue portée tirant du secteur du Havre et de l'autre côté se trouvaient des unités de la 51ème (Highland) Division. Ce qui fit qu'avec le bombardement et les cornemuses, leur repos fut intermittent. Bill ajouta avec une grimace, qu'il était difficile de dire lequel fut le plus difficile à supporter. Mais tout de même, ce changement fut le bienvenu et ils en profitèrent au mieux, sans savoir que leur prochaine bataille qui devait être leur plus dure épreuve allait débuter dans une semaine.

Sur le chemin du retour vers nos quartiers à Flers, les deux hommes ne dirent pas grand-chose. Après une journée remplie de tant de souvenirs mélangés, je pouvais comprendre leur silence. Puis Bill émit à haute voix sa pensée: « Peut-être toutes ces pertes n'avaient pas été entièrement inutiles. Au moins elles avaient servi à rendre la sécurité au monde pour le plus grand bien des ploutocrates arabes du pétrole! »

Pipe Major James McGregor tutoring pipers of the 5/7th Battalion The Gordon Highlanders, 153 Brigade, 51st (Highland) Division.

Le Pipe Major James McGregor faisant répéter les cornemuseurs du 5/7ème Bataillon The Gordon Highlanders, 153ème Brigade, 51ème (Highland) Division.

I.W.M. No. B7975

DAY THREE

SOURDEVALLE

THE HIGH POINT OF THE THIRD DAY'S ACTIVITIES was to be the meeting with Jean Brisset at the Pavée site. M. Brisset was convinced that the battle of Sourdevalle had actually taken place at Pavée and he would be bringing his proofs with him. However, due to his commitments to the 11th Armoured Division's Reunion celebrations, he would not be able to get to Pavée until half past four in the afternoon. How were the three of us to fill in the time for the rest of the day?

Bill mentioned that he had promised 'Chalky' White, one of his ex-Norfolk cockney mates, that he would try to find the place where Sergeant Herbert 'Tug' Wilson of 'D' Company had been killed. That had happened on 4 August at La Bistière. The previous year, when Colonel Cooper-Key and I had been re-tracing the footsteps of the 1st Norfolks as they fought their way south to the relief of the 3rd Monmouths, we had stopped at La Bistière. It was here that 'D' Company had suffered heavy casualties from a hidden, hull-down German tank. I was sure I could take Ernie and Bill straight to the place where this had happened but before doing so I suggested that we should first visit the field picked out for me by Eric Cooper-Key the previous August as the site of the battle of Sourdevalle. I did not tell them that I had already taken them there once before, on the morning of the first day of our pilgrimage, the morning when we were adopted by M. Leparquier and his family.

The road from Flers to Burcy was well worn by now. We went through the quiet little village again, crossed the Allière stream and drove to Sourdevalle from the crossroads at La Fauvellière. I drove them to the top of the rise, past an apple orchard on the right and then past a collection of farm buildings. I stopped and we all got out. It did not take the other two long to decide that this was certainly not where the battle had taken place. They were both positive about that with a certainty that was quite final. Well, as far as I was concerned, that settled that.

TROISIEME JOUR

SOURDEVALLE

LE POINT FORT DES ACTIVITES DE CE TROISIEME JOUR devait être la rencontre avec Jean Brisset sur le site de Pavée. M. Brisset était convaincu que la bataille de Sourdevalle avait en fait eu lieu à Pavée, et il en apporterait les preuves avec lui. Mais à cause de ses engagements dans les cérémonies en l'honneur de la 11ème Division Blindée, il ne pourrait pas être à Pavée avant quatre heures de l'après-midi. Comment allions-nous employer le reste du temps de cette journée?

Bill mentionna qu'il avait promis à 'Chalky' White, un copain cockney ancien du Norfolk, d'essayer de retrouver l'endroit où le Sergent Herbert 'Tug' Wilson, de la Compagnie 'D', avait été tué. Cela s'était passé le 4 août à La Bistière. Le Colonel Cooper-Key et moi avions refait, l'année précédente, le chemin suivi par le 1er Norfolk qui se frayait un passage vers le sud pour relever le 3ème Monmouthshire. Nous nous étions arrêtés à La Bistière, là où la Compagnie 'D' avait subi de lourdes pertes infligées par un char allemand bien camouflé. J'étais sûr de pouvoir emmener Bill et Ernie, sans hésitation à l'endroit où cela s'était produit, mais avant cela, je suggérai d'aller voir le champ que le Colonel Cooper-Key m'avait désigné au mois d'août précédent, comme étant l'endroit où se déroula la bataille de Sourdevalle. Je ne leur dis pas que je les avais déjà emmenés là-bas une fois, le matin du premier jour de notre pèlerinage, le matin où nous fûmes adoptés par M. Leparquier et sa famille.

La route de Flers à Burcy nous était devenue familière. Nous traversâmes de nouveau le petit village tranquille, franchîmes l'Allière et montâmes vers Sourdevalle par La Fauvellière. Je les conduisis jusqu'en haut de la côte, un peu au-delà d'un plant de pommiers sur la droite et au-delà d'un groupe de bâtiments de ferme. J'arrêtai la voiture et nous mîmes pied à terre. Il ne fallut pas beaucoup de temps aux deux autres pour s'apercevoir que ce n'était pas du tout là que la bataille s'était déroulée. Tous deux étaient affirmatifs à ce sujet et leur certitude était sans appel. Eh bien, en ce qui me concernait, c'était réglé.

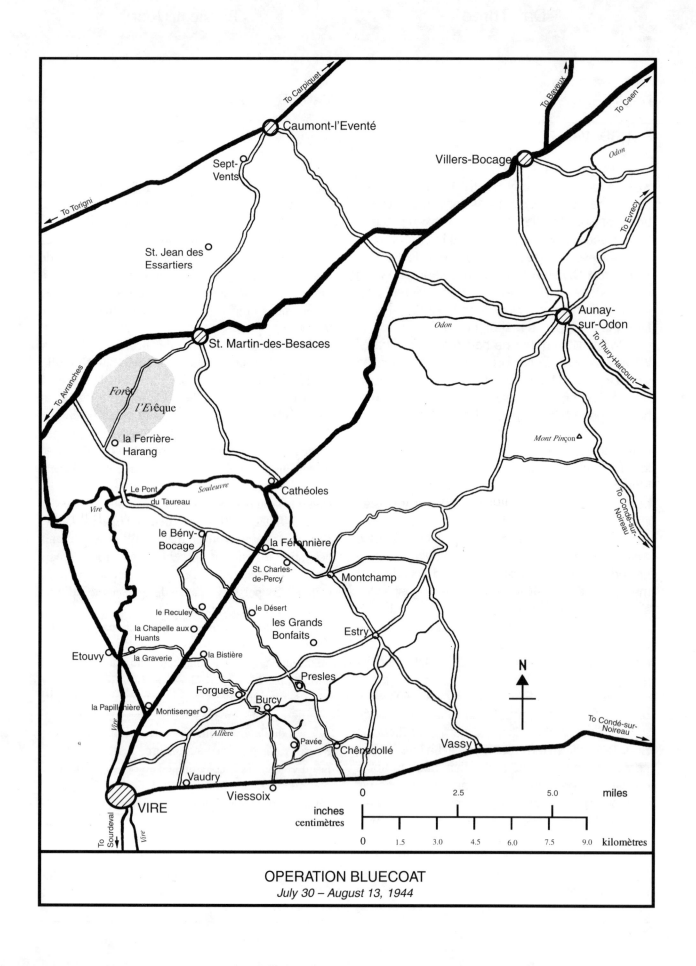

OPERATION BLUECOAT
July 30 – August 13, 1944

Roland Leparquier

The crossroads at La Fauvellière. (In 1944, the road to Le Coisel did not exist.)

Le carrefour de La Fauvellière. (En 1944, la route vers Le Coisel n'existait pas.)

As I drove away from Burcy along the quiet country lanes on the way to La Bistière, Bill suddenly asked me if we had not been to the Sourdevalle site before; there seemed to be something vaguely familiar about the place. It was then I had to confess to my subterfuge on the first day. Bill was silent for a while as he weighed the reasons for my deviousness and then he said, "You're a cunning old bugger, aren't you, Tom."

I could only reply, "Oh! I don't know, Bill; not so old!"

LA BISTIERE

THE SEARCH FOR THE PLACE AT LA BISTIERE WHERE 'D' Company had suffered so heavily on 4 August, 1944 proved to be as frustrating as the search for the Sourdevalle battlefield. La Bistière itself is just a few buildings where a minor country road crosses the main, arrow-straight Caen—Vire road. There was no place near it that fitted Bill's description of the battlefield. As he remembered it, the central feature of that battleground had been a stone farm house that stood at the side of a hedge-bound lane. He had towed their 6-pounder anti-tank gun along a sunken path from Le Reculey, where the

Tandis que nous nous éloignions de Burcy par les petites routes qui nous conduisaient à La Bistière, Bill me demanda brusquement si nous ne nous étions pas déjà rendus à Sourdevalle; cet endroit lui semblait avoir quelque chose de vaguement familier. C'est alors que je dus confesser le subterfuge employé le premier jour. Bill resta silencieux pendant un instant, comme s'il pesait les raisons de mes 'détours', puis il dit, « Vous êtes un vieux bougre malin, Tom. »

Je ne pus répondre que, « Oh! je ne sais pas, Bill; pas si vieux que ça! »

LA BISTIERE

LA RECHERCHE DE L'ENDROIT OU LA COMPAGNIE 'D' avait subi de si lourdes pertes le 4 août 1944 à La Bistière se révéla aussi décevante que celle du champ de bataille de Sourdevalle. La Bistière elle-même comporte seulement quelques bâtiments à l'endroit où la route Caen—Vire, droite comme une flèche, est traversée par une petite route de campagne. Mais là, rien ne ressemblait à la description que Bill donnait du champ de bataille. Il se souvenait d'un élément caractéristique principal, une maison de ferme en pierre située au bord d'un chemin bordé de haies. Il avait remorqué son canon antitank le long d'un chemin creux depuis Le Reculey, où le

Battalion had spent the previous night, to this lane. From the place where the path met the lane he could see the gable end of the farmhouse a little distance to his left. He had towed the gun along the lane to the farmhouse. At the farmhouse, a gate opened into a field, hedge-enclosed like all the others, but rather larger than most of the adjoining fields. It formed the curving crest of a ridge that gradually sloped down in front of them. The four of them, Lance-Corporal 'Tubby' Pratt, their section leader, 'Chalky' White, 'Bogie' Howes and himself, the Bren carrier driver, had manoeuvered their gun into position in the hedge at the right-hand corner of this field with the lane at their backs.

And, yes, there was one other thing Bill remembered. Farther along the lane, near where it ran into the main road and well past the house, an abandoned *Cromwell* tank squatted at an awkward angle atop a thick, banked hedge. It had been knocked out by a shot to its soft under-belly just as it reared up to climb the bank and smash its way through the hedge.

As the three of us set out to find a place that fitted this description, Ernie remarked dryly that he didn't suppose the tank was still there!

For what seemed like hours, we wandered around the area in the hot, broiling sun looking for an isolated farmhouse, near an open field, on some high ground, but we couldn't find it. Time was passing and we had to get back to Burcy to meet M. Brisset but still we searched. Bill had promised his old section comrades that he would find the place and he did not want to disappoint them. Like an armoured car on

Bataillon avait passé la nuit précédente, jusqu'à ce chemin. De l'endroit où ces deux voies se croisaient il pouvait apercevoir le pignon de la maison à peu de distance sur la gauche. Il avait pris le sentier pour amener le canon jusqu'à la maison. Près d'elle, une barrière ouvrait sur un champ, bordé de haies comme tous les autres mais plus grand que ceux d'alentour; ce champ formait la croupe d'une petite colline dont la pente descendait doucement devant eux. Tous les quatre, le Caporal 'Tubby' Pratt, chef de leur section, 'Chalky' White, 'Bogie' Howes et lui-même, chauffeur de la chenillette, avaient mis leur canon en batterie dans la haie à l'angle droit formé par le champ et le chemin qui se trouvait alors derrière eux.

Et, oui, il y avait encore autre chose dont Bill se souvenait. Plus loin dans le chemin, près de l'endroit où il débouchait sur la route principale, bien au-delà de la maison, un tank *Cromwell* abandonné se tenait en équilibre instable sur le talus d'une haie. Il avait été touché par en-dessous, dans la partie la moins épaisse de son blindage qu'il présenta lorsqu'il se dressa pour franchir l'obstacle et se frayer un passage à travers la haie.

Alors que nous nous mettions tous les trois à la recherche d'un lieu correspondant à cette description, Ernie remarqua ironiquement qu'il supposait que le tank n'était sans doute plus là!

Pendant ce qui nous parut des heures, sous un soleil cuisant, nous parcourûmes le secteur à la recherche d'une maison de ferme isolée, près d'un grand champ, sur une hauteur quelconque, mais ne pûmes la trouver. Le temps s'écoulait et nous allions devoir retourner à Burcy pour y rencontrer M. Brisset. Malgré cela, nous continuions à chercher, Bill avait promis aux anciens de sa section qu'il découvrirait l'endroit et il ne voulait pas les décevoir.

Bren-gun carrier towing a 6-pounder anti-tank gun.

Chenillette remorquant un canon antitank de 6 livres.

reconnaissance, we swanned around, up one lane and down another, looking for the key features but without success. I even drove all the way to La Graverie and Etouvy though I knew it was unlikely that the battlefield had been in that area because the German HQ had been there.

Back we went to the Caen—Vire road. Looking for a way to turn the car round in the direction of Vire and restraining myself from making a swooping, California U-turn across the busy highway, I steered into a narrow lane about a mile or so north of La Bistière. As soon as I did so I realized that I had been in this very same lane the previous August when Eric Cooper-Key suggested that we go along it to see if we could find La Chapelle. According to his memory, reinforced by reference to the Battalion History, that place came after Le Reculey and before La Bistière in the sequence of battles they had fought in early August 1944. Le Reculey – La Chapelle – La Bistière – Burcy – Sourdevalle. Those place names, each representing a battle experience, were strung, one after another, like burning beads on the thread of his memory.

Comme l'aurait fait une voiture blindée en reconnaissance, nous inspectâmes les environs, montant un chemin, en descendant un autre, cherchant les éléments décisifs, mais sans succès. Nous allâmes même jusqu'à La Graverie et Etouvy bien qu'à mon avis il était improbable que le champ de bataille se trouvât dans ce secteur, étant donné que le QG allemand y était installé.

Nous revînmes à la route Caen—Vire. Je cherchais un moyen de faire demi-tour pour me diriger sur Vire; je me retins de manoeuvrer rapidement, à la californienne, sur cette grande route très passagère; j'engageai donc la voiture dans un chemin étroit situé à environ 1,5 kilomètre au nord de La Bistière. Je m'aperçus que j'avais déjà emprunté ce chemin au mois d'août précédent, à la demande d'Eric Cooper-Key, pour voir si nous pourrions trouver La Chapelle. Selon ses souvenirs, renforcés par la référence à l'Histoire du Bataillon, cet endroit venait après Le Reculey et avant La Bistière dans la séquence de batailles qu'ils avaient livrées au début d'août 1944: Le Reculey – La Chapelle – La Bistière – Sourdevalle. Ces noms de lieu dont chacun représentait une bataille, étaient enfilés, l'un après l'autre, comme des perles ardentes sur le fil de sa mémoire.

'From the place where the path met the lane [La Chapelle aux Huants] he could see the gable end of the farmhouse a little distance to his left.'

'De l'endroit où ces deux voies se croisaient [La Chapelle aux Huants] il pouvait apercevoir le pignon de la maison à peu de distance sur la gauche.'

Just as Eric Cooper-Key and I had found the signpost in August 1983, I found it again in June 1984. It was a little way along the lane, not far from the main Caen—Vire road and just past a lone, stone farm house: La Chapelle aux Huants. Such an impressive name for such an obscure place. As soon as Bill saw the farmhouse and the open, crowned field near it he recognized the battlefield. At last we had found it. Many of the hedges had been removed but he had no doubt that this was the field in which Lance-Sergeant Wilson's 18 Platoon of 'D' Company had suffered such heavy casualties.

Tout comme Eric Cooper-Key et moi-même l'avions fait en août 1983, je redécouvris la pancarte en juin 1984. Elle était là, à quelque distance, le long du chemin, pas très loin de la route Caen—Vire, un peu après une maison de ferme construite en pierres, isolée: La Chapelle aux Huants, un nom si impressionnant pour un lieu si obscur. Aussitôt que Bill vit la maison et le grand champ à côté, il reconnut le champ de bataille. Enfin nous l'avions retrouvé. Nombre de haies avaient été supprimées mais il n'avait aucun doute que c'était bien le champ dans lequel le 18ème peloton du Sergent Wilson de la Compagnie 'D' avait subi de si lourdes pertes.

'. . . he had no doubt that this was the field in which Lance-Sergeant Wilson's 18 Platoon of 'D' Company had suffered such heavy casualties.'

'. . . il n'avait aucun doute que c'était bien le champ dans lequel le 18ème peloton du Sergent Wilson de la Compagnie 'D' avait subi de si lourdes pertes.'

Standing on the side of the lane where a wire fence had replaced the old hedge, and looking across the open field, Bill told us what had taken place there on 4 August, 1944.

Debout au bord du chemin dont l'ancienne haie avait été remplacée par une clôture de barbelés, le regard dirigé vers le grand champ, Bill nous raconta ce qui s'était passé là, le 4 août 1944.

"We had been ordered to move forward in support of 'D' Company who were leading the attack that morning, but we had to wait for our section leader, Sergeant Bertie Burling, to join us. Bert had been ordered by 'Dolly' Gray, our Platoon Officer, to get Corporal 'Cherry' Goward and his 6-pounder anti-tank gun out of a very sticky situation. 'Cherry' had barely got his gun into position there," – and Bill gestured in the direction of the field behind the house and to the rear of where we were standing – "when a well-concealed *Tiger* tank fired an 88mm shell which exploded a few feet from his gun. The *Tiger* must have been in a hull-down position somewhere near the main road. This was probably its first, warm-up shot of the day and that is why it missed. After that, however, every time 'Cherry' and his lads tried to move their gun they came under accurate fire.

"Seeing what was happening, Bert led 'Cherry' and his gun crew in a mad rush to get the gun away. They had just reached it when the *Tiger* slammed home another shot. Everyone except 'Cherry' was hit. They were all badly wounded. A young lad named Green lost a leg from the thigh down. Bert himself was wounded and I can remember him walking down the sunken track to where we were waiting and calling out to us 'Hello lads, I've got a blighty.' He had a field dressing round his head and the blood had run down his face and on to his battledress blouse. The blood round his eyes had nearly dried and he was limping heavily. While we searched for his small pack and his walking stick among all the gear in the carrier he told us what had happened. Finally, he collected his belongings, told us to take care, said good-bye with a big grin, and left us.

"We never saw him again. Later we learnt that dear old Bert was dead. He had drowned. The hospital ship on which he was being evacuated was either torpedoed or hit a mine in the English Channel.

"Jack 'Tubby' Pratt took command of our gun team as soon as Bert left. 'Tubby' had been our second-in-command. He was a Lance-Corporal when he took charge and when the war

« Nous avions reçu l'ordre d'avancer pour appuyer la Compagnie 'D' qui conduisait l'attaque ce matin-là, mais il nous fallut attendre que notre chef de section, le Sergent Bertie Burling, nous ait rejoints. Bert avait été envoyé par 'Dolly' Gray, notre officier de peloton, pour sortir le Caporal 'Cherry' Goward et son canon antitank d'une très mauvaise situation. 'Cherry' avait à peine mis son canon en position là-bas, » – et Bill fit un geste en direction du champ situé au-delà de la maison, vers l'arrière de l'endroit où nous nous trouvions – « quand un tank *Tiger*, bien camouflé, tira un obus de 88mm qui explosa à quelques mètres du canon. Le *Tiger* devait être à demi-enterré quelque part près de la grande route. C'était probablement son premier tir, son tir d'échauffement de ce jour et c'est pour cela qu'il manqua sa cible. Cependant, après cela, chaque fois que 'Cherry' et ses gars essayaient de bouger leur canon, ils étaient pris sous un feu précis.

« Voyant ce qui se passait, Bert emmena 'Cherry' et les servants dans une course folle pour dégager le canon. Ils l'avaient à peine atteint que le *Tiger* décochait un nouveau tir. Tous, excepté 'Cherry', furent atteints et grièvement blessés. Un jeune gars nommé Green eut la jambe sectionnée à hauteur de la cuisse. Bert lui-même fut blessé et je le vois encore descendre le chemin creux où nous l'attendions; il nous criait au passage, « Eh, les gars, je suis bon pour être rapatrié! » Il avait un pansement autour de la tête et le sang coulait sur sa figure et son blouson. Le sang avait presque séché autour de ses yeux et il boitait énormément.. Pendant que nous cherchions son sac et sa canne dans l'équipement qui encombrait notre véhicule, il nous raconta ce qui s'était produit. Finalement, il rassembla ses affaires, nous recommanda de faire gaffe, nous dit adieu avec un large sourire, et nous quitta.

« Nous ne devions plus le revoir. Plus tard, nous apprîmes que ce cher vieux Bert était mort noyé. Le navire-hôpital sur lequel il fut évacué fut torpillé ou toucha une mine et coula en Manche.

« Jack 'Tubby' Pratt prit le commandement de l'équipage de notre canon aussitôt après le départ de Bert. 'Tubby' avait déjà été notre commandant en second. Il était caporal quand il prit ce poste et à

ended on 8 May, 1945, almost a year later, he was still a Lance-Corporal. He was a fine section leader, a good NCO and a very steady man in action. Nothing I know of ever frightened him. He was a wonderful friend to us all. Although another sergeant was sent to us to replace Bert Burling, he proved to be a bit of a broken reed. He was never there when he was most needed so, in effect, 'Tubby' ran the gun team. An anti-tank gun team is a self-contained unit, like a 3" Mortar section or a Bren-gun carrier section. One, or sometimes, two guns were attached to a Company and although we came under direct command of the Company we were still very much on our own. This meant that the NCO in charge of a gun crew had to take on much more responsibility than usual. He had to do it all, including the

Lance-Corporal Jack 'Tubby' Pratt

feeding of the men, the supply of ammunition, positioning the gun and directing its fire, and also, as far as possible, looking out for the safety of his men. 'Tubby' did all this as a Lance-Corporal, acting, unpaid, but he never complained."

Bill paused in his account of the battle to reminisce about some of the other NCOs and men he had known and admired. There had been Sergeants George Seaman and Ernie Newman (known as 'Von' for his Teutonic square head and Prussian hair style) and Bert Burling and private soldiers like 'Ham' Hambling, 'Spud' Taylor, 'Chips' Read – there were many others but these were some of the men he remembered from his own Platoon.

"Of course, not all NCOs were as good as the ones I have mentioned. I remember two senior NCOs of the Anti-Tank Section who left the men of their gun teams at the height of one of the worst actions we were ever in. They turned up three days later. This was 'overlooked'."

la fin de la guerre, le 8 mai 1945, près d'un an plus tard, il était toujours Caporal. Il fut un excellent chef de section, un bon sous-officier et un homme très sûr en combat. Il ne céda jamais à la panique. Il fut pour nous tous un merveilleux ami. L'autre Sergent qui nous fut envoyé pour remplacer Bert Burling se révéla être une 'planche pourrie'. Il n'était jamais là quand nous avions le plus besoin de lui, aussi, c'est 'Tubby' qui, en réalité, mena l'équipe. L'équipe d'un canon antitank forme une unité autonome, comme une section de mortiers ou de chenillettes. Un, ou parfois deux canons étaient attachés à une Compagnie mais bien que nous fussions placés sous le commandement direct de la Compagnie, nous demeurions cependant très indépendants. Cela signifiait que le sous-officier chargé de l'équipage d'un canon devait prendre beaucoup plus de responsabilités que d'autres. Il devait pourvoir à tout, à la nourriture de ses hommes, à l'approvisionnement en munitions, déterminer la position du canon, en diriger le tir, et autant que possible, veiller à la sécurité de ses hommes. 'Tubby' accomplit tout cela comme caporal faisant fonction de sous-officier sans en avoir la paye, mais jamais il ne formula de réclamation. »

Bill fit une pause dans le récit de la bataille pour évoquer le souvenir de quelques uns des sous-officiers et des hommes qu'il avait connus et admirés. Il y avait les sergents George Seaman et Ernie Newman (qu'on appelait 'Von' à cause de sa tête carrée teutonne et de sa coupe de cheveux à la prussienne) et Bert Burling et de simples soldats comme 'Ham' Hambling, 'Spud' Taylor, 'Chips' Read – il y en avait beaucoup d'autres mais ceux-ci étaient de ceux dont il se souvenait pour avoir fait partie de son peloton.

« Bien sûr, tous les sous-officiers n'étaient pas aussi bons que ceux que j'ai mentionnés. Je me souviens de deux sous-officiers de la section antitank qui abandonnèrent les hommes d'équipe de leur canon au plus fort de l'une des batailles dans laquelle nous ayons jamais été engagés. Ils réapparurent trois jours après. Cela fut passé sous silence. »

| Sergeant Bertie Burling | Sergeant Ernie 'Von' Newman | Lieutenant 'Dolly' Gray | Sergeant Herbert 'Tug' Wilson | Sergeant George Seaman |

| Private 'Cherry' Goward | Private 'Chips' Read | Private Green | Private 'Ham' Hambling | Private 'Spud' Taylor |

The unusual bitterness left Bill's voice as he went back to his description of the battle.

"With 'Tubby' now in command, we moved forward down the concealed path to this road, except that, at the time, it was just a track. We were told that we had to support 'D' Company that had suffered heavy casualties from an enemy armoured car that was running up and down the main road machine-gunning everything in sight. We moved across the meadow behind us, there, and started to drive down a slight slope. It was then I noticed on the other side of the meadow, about sixty yards from us, a *Cromwell* tank that had been knocked out. It had obviously turned off the road to go into the field. As it crawled up the bank and hedgerow and was at the highest point of its climb it had received a direct hit in the belly. Now it squatted there at an awkward angle, seeming to be balanced on the bank.

Le voix de Bill perdit son amertume inhabituelle quand il reprit sa description de la bataille.

« Avec 'Tubby' maintenant au commandement, nous descendions l'allée bien abritée qui menait à la route; à l'époque, c'était à peine un chemin. Nous avions reçu l'ordre d'appuyer la Compagnie 'D', victime de lourdes pertes infligées par un blindé allemand qui montait et descendait la grande route en mitraillant tout ce qu'il voyait. Nous traversâmes le pré qui est derrière nous, là-bas, et commençâmes à descendre une légère pente. C'est alors que je remarquai de l'autre côté du champ, à une cinquantaine de mètres de nous, un tank *Cromwell* qui avait été détruit. Il avait manifestement quitté la route pour entrer dans le champ. Quand il grimpa le talus et la haie et fut parvenu au point le plus haut de son escalade, il fut frappé en plein ventre. Il s'était affalé là, dans un angle impossible, en équilibre sur le talus.

"We drove on a little farther and ahead of us, lying in our path, was a body with a gas cape over it. The bank and hedge gave us cover so 'Tubby' and I climbed out of the carrier to move the body to one side so that we could drive on. 'Tubby' lifted the cape and I immediately recognized my old friend, Sergeant Herbert 'Tug' Wilson. I could not see a mark on him. No blood or anything like that. For all the world he looked like he was asleep. All that day he lay there with no cover from the heavy machine-gun fire, shelling and mortaring. He was never hit again. His luck came too late!

"As we picked him up, all I could think of was, 'What do I say to his family?' I knew them all very well. He was a few years older than myself. He was a regular soldier like one of his younger brothers. We had spent three ten-day leaves together and I had got to know him very well. He was the eldest of eight children, three girls and five boys. All the boys were boxers and three of them had boxed professionally. 'Tug' was a gentle and kindly man with a lovely sense of humour. He was quite different from what you expect a boxer to be."

Bill fell silent for a few moments and Ernie and I remained silent also. He gave a half-laugh and said, "You know, it's strange, isn't it. Even though we were right in the middle of a battle I can remember quite clearly thinking I would get through all right, without being hit. Of course, 'Tug' probably thought the same thing."

Bill continued with his story. Although time was passing we let him talk. We listened to him attentively while the three of us stood in the hot sun on the quiet battlefield .

"We had moved a little farther down the hedgerow when someone stopped us and told us to wait. The Jerry armoured car had not been seen for some time but there was still a murderous small arms fire from many machine-guns raking the corner where we were. A 17-pounder *Sherman* tank modified as a self-propelled gun was a few yards behind us. It must have been seen because we were soon heavily shelled and mortared. 'D' Company

« Nous avançâmes un peu plus loin et devant nous, gisait en plein milieu de notre passage un corps recouvert d'une cape. A l'abri du talus et de la haie, 'Tubby' et moi sautâmes de la chenillette pour mettre le corps sur le bord du chemin afin de pouvoir continuer notre route. 'Tubby' souleva la cape et je reconnus immédiatement mon vieil ami, le Sergent Herbert 'Tug' Wilson. Je ne pus relever aucune trace de blessure sur lui, pas de sang, rien du tout. Tout le monde aurait dit qu'il dormait. Toute la journée il resta là, sans rien pour l'abriter du mitraillage, des obus, des bombes de mortier. Et pourtant il ne fut pas touché à nouveau. La chance lui était venue trop tard!

« Pendant que nous dégagions le corps, ma seule pensée fut: que vais-je dire à sa famille? Je les connaissais tous très bien. Il avait quelques années de plus que moi. Il s'était engagé comme l'un de ses plus jeunes frères. Nous avions passé trois permissions de dix jours ensemble et nous nous connaissions très bien. Il était l'aîné de huit enfants, trois filles et cinq garçons. Tous les garçons étaient des boxeurs et trois d'entre eux étaient passés professionnels. 'Tug' était un homme charmant et gentil, agréable pour son humour, très différent de ce que l'on pouvait s'attendre à trouver chez un boxeur. »

Bill garda le silence quelques instants, Ernie et moi fîmes de même. Puis, en s'efforçant de rire, il ajouta: « Vous savez, comme c'est étrange. Même au cœur de la bataille, je me souviens m'être dit que je m'en tirerais. Bien sûr, 'Tug' pensait probablement la même chose. »

Bill continua son histoire. Malgré le temps qui passait nous le laissions parler. Nous l'écoutions attentivement dans le chaud soleil qui baignait le champ de bataille, aujourd'hui si paisible.

« Nous étions descendus un peu plus bas en suivant la haie lorsque quelqu'un nous donna l'ordre d'attendre. On n'avait pas vu le blindé allemand depuis un moment mais il y avait encore de dangereux tirs d'armes automatiques qui ratissaient le coin où nous étions. Un tank *Sherman* transformé en canon de 17 livres auto-propulsé était en position à quelques mètres derrière nous. Il devait avoir été repéré car nous fûmes bientôt arrosés d'obus et de mortiers. La Compagnie 'D' avait toujours des

was still in trouble trying to cross the main road. A Tiger tank was dug in with its 88mm gun just a few inches above the ground. It was causing havoc from its position only 300 yards away down the long, straight road.

"We began to dig slit-trenches to get cover from the heavy shelling. The ground was like rock. We had been digging for a few minutes when 'Tubby' had to grab a lad from 'D' Company who had started to rave. He was in a bad way. Three of us dragged him to the hedgerow and held him. He was shaking violently, crying and shouting, and we had a job to hold him. 'Tubby' slapped him very hard, twice, across the face and he stopped the crying and shouting. He was still shaking badly when we handed him over to a stretcher-bearer. We stopped for a moment before we went back to our digging. I know what we were all thinking: 'I hope to goodness that doesn't happen to me!'

"We had resumed our digging, still under the barrage, when suddenly 'Tubby' let out a shriek. I turned round to see him running out into the open towards the centre of the field. I thought to myself, 'Good God, has he gone doolally * also?' But that wasn't why 'Tubby' had left his slit-trench. He had seen two old women and an old man stumbling across the field straight into the hail of fire. They were obviously terrified and had panicked. 'Tubby' chased after them, shouting at the top of his voice and waving his arms just as if he were turning bullocks on his father's farm back in Norfolk. He managed to turn them around and got them back into the farm house. There is no doubt that he saved their lives. If they had not gone back they would have been cut down for sure.

"Later in the afternoon we heard the cry for stretcher-bearers and saw them running down the concealed cart track between the hedge we were in and its companion parallel hedge a few yards away. As wounded men staggered past us, we picked up the news that a bunched-up section

difficultés pour traverser la grande route. Un tank Tiger enterré, son canon de 88mm dépassant seulement de quelques dizaines de centimètres au-dessus du sol, en position à moins de 300 mètres, causait des dégâts à tout ce qui s'aventurait sur la longue route droite.

« Nous commençâmes à creuser des tranchées individuelles pour nous mettre à l'abri des tirs nourris de l'artillerie. La terre était dure comme du caillou. Il n'y avait que quelques minutes que nous creusions lorsque 'Tubby' dut se saisir d'un gars de la Compagnie 'D' qui délirait. Il était mal en point. A trois, nous le traînâmes au pied de la haie et l'y retînmes. Il tremblait de tous ses membres, pleurait et criait et ce ne fut pas rien de le tenir. 'Tubby' lui administra deux claques qui mirent fin à ses cris et à ses pleurs. Mais il tremblait toujours lorsqu'il fut remis au brancardier. Nous nous arrêtâmes un moment avant de recommencer à creuser. Je sais ce que nous pensions tous: 'J'espère que cela ne m'arrivera pas!'

« Nous avions repris notre tâche, toujours sous le barrage d'artillerie, quand soudain, 'Tubby' se mit à crier. Je me détournai et le vis courir, sans souci du danger, vers le centre du champ. Je pensai en moi-même, 'Bon Dieu, est-il devenu doolally * aussi?' Mais ce n'était pas là la raison pour laquelle il avait quitté sa tranchée. Il avait aperçu deux femmes et un vieillard qui traversaient le champ et trébuchaient sous le déluge de feu. Il était évident qu'ils étaient terrifiés et qu'ils avaient paniqué. 'Tubby' courut après eux, cria à tue-tête et agita les bras comme il l'aurait fait pour faire rebrousser chemin à des boeufs sur la ferme de son père dans le Norfolk. Il réussit à leur faire faire demi-tour et à les faire rentrer à la maison. Sans aucun doute, il leur sauva la vie. A coup sûr, s'ils n'étaient pas rentrés, ils auraient été fauchés.

« Un peu plus tard dans l'après-midi, nous entendîmes l'appel aux brancardiers . Nous les vîmes descendre en courant le chemin charretier camouflé entre la haie dans laquelle nous étions et celle, parallèle, située à quelques mètres de là. Des blessés chancelants qui passaient près de nous, nous apprirent qu'une section de la Compagnie

---

* A corruption of 'Deolali', a town near Bombay, India, where there was a military mental hospital to which soldiers who had 'gone round the bend' were sent.

* Altération de 'Deolali', ville proche de Bombay, en Inde, où il y eut un hôpital psychiatrique dans lequel on envoyait les soldats auxquels la bataille avait fait 'perdre la boule'.

of 'D' Company had been caught by the Tiger tank as they crossed the main road. An HE shell from the Tiger had burst among them. 'Tubby' went to help a lad called Cropley who had, at one time, trained with us as an anti-tank gunner. He had a very bad wound in the calf of his leg. I went on a bit further, almost to the main road, and found a young fellow who was seriously wounded. The heel of one foot had been shot off, he had shrapnel wounds in both legs, one arm was stripped bare from the elbow to the wrist, exposing the bone and he had two holes in his cheeks, near the lips, where a pea-sized piece of shrapnel had gone through. I remember at the time being surprised at how little blood there was and at how calm he was. He had difficulty speaking. He looked at his arm once or twice and casually said that it was 'a bit of a mess'. I used all the field dressings we had and got a shell dressing from one of the stretcher-bearers and did the best I could for the lad. He remained quite steady. He didn't shake or show any emotion when I left him with a stretcher-bearer. I remember thinking that he had a lot more bloody guts than me."

THE LONGEST NIGHT

BILL FELL SILENT FOR A MOMENT AND ERNIE AND I, thinking he had cleared his memory, made to turn away to leave the field when he continued to speak, so we stayed to listen to the rest of his story.

"As it got dark, 'D' Company, which had been pinned down, was ordered to withdraw back in the direction of Battalion headquarters. 'Tubby' asked the Company Commander what he wanted us to do. He told 'Tubby' to take our gun out of the meadow and pull it back to the farm house and to wait there for orders from our Platoon Officer. We did this, getting the gun back to the farm house without trouble, and took up a position about ten feet from the gable end of the house.

"Although a normal gun crew was six men we very seldom, throughout the entire war, had a full crew. Now there were only four of us

'D' qui traversait, groupée la grande route avait été prise sous le feu d'un Tiger. Un fusant avait explosé au milieu d'eux. 'Tubby' porta secours à un gars nommé Cropley qui, à une époque, avait suivi avec nous l'entraînement de canonnier anti-tank. Il avait une vilaine blessure dans le mollet. Je me rendis un peu plus loin, presque jusqu'à la grande route et j'y trouvai un jeune copain qui paraissait sérieusement touché. Un de ses talons avait été emporté, il avait des éclats dans les deux jambes, un bras déchiqueté laissait voir l'os depuis le coude jusqu'au poignet; en plus il avait deux trous dans les joues, près des lèvres, traversées par un éclat de la grosseur d'un petit pois. Je me souviens qu'à ce moment-là je fus surpris de voir qu'il saignait si peu et aussi qu'il gardait son calme. Il avait du mal à parler. Il regarda son bras une fois ou deux et dit d'un air détaché que c'était 'un beau gâchis'. J'utilisai tous mes pansements individuels et en obtins d'autres des brancardiers. Je fis de mon mieux pour ce gars. Il resta tout à fait conscient. Il ne tremblait pas et ne fit preuve d'aucune émotion lorsque je le confiai à un brancardier. Je me souviens d'avoir pensé qu'il avait beaucoup plus de cran que moi. »

LA NUIT LA PLUS LONGUE

BILL RESTA SILENCIEUX PENDANT UN MOMENT ET Ernie et moi, pensant qu'il avait épuisé tous ses souvenirs, amorcions un demi-tour pour quitter le champ lorsqu'il se remit à parler, alors nous restâmes pour écouter la suite de son histoire.

« Quant la nuit fut tombée, la Compagnie 'D', qui avait été clouée au sol, reçut l'ordre de se retirer en direction du QG de la Compagnie. 'Tubby' demanda au Commandant de Compagnie ce qu'il attendait de nous. Il répondit à 'Tubby' de sortir son canon du pré, de le ramener près de la maison et d'y attendre les ordres du chef de peloton. Nous réussîmes à remonter le canon jusqu'à la ferme sans trop de difficultés et à le mettre en position à trois mètres du pignon de la maison.

« Bien qu'un équipage de canon antitank fût normalement de six hommes, nous fûmes rarement, tout pendant la guerre, au complet. Pour le moment,

and 'Tubby' decided that he and 'Boogie' would take the first watch and 'Chalky' and I the second. We started digging a slit trench in the dark while 'Tubby' said he would go off to see if he could find some other fellows of the Battalion nearby with whom we could share the guard duties that night. It would make it a lot easier for us all because by that time we were very, very tired. It was a quiet night and whenever we stopped digging we could hear every sound around us in the dark.

nous étions seulement quatre et 'Tubby' décida que lui et 'Boogie' prendraient le premier tour de garde, 'Chalky' et moi, le second. Nous commençâmes à creuser notre trou individuel dans le noir et 'Tubby' déclara qu'il partait voir s'il pouvait trouver dans les environs quelques autres membres du Bataillon avec lesquels nous pourrions partager la garde de la nuit. Cela aurait arrangé tout le monde car, à ce moment là, nous étions tous très, très fatigués. La nuit était calme et à chaque fois que nous nous arrêtions de creuser, nous pouvions percevoir tous les bruits autour de nous.

Private 'Boogie' Howes

Private 'Bill' Holden

Private 'Chalky' White

"'Tubby' was gone a long time. When he returned, an hour and a quarter later, he was really angry and this was unusual for him. He told us he had gone back at least a quarter of a mile before he had been challenged by a sentry. He had had a lucky escape. The sentry, a lad named Bradstreet, a friend of 'Tubby', was just about to squeeze the trigger of his rifle when he recognized 'Tubby's voice. Bradstreet said he was the most advanced post of the Battalion and that he had been told there was no one in front of him except the enemy. 'Tubby' continued to look for the Platoon Officer but when he found him he was told that there were no orders for us to withdraw so here we had to stay, stuck way out in no-man's-land.

"We gave 'Tubby' full marks for returning to us. Many a man would just have left us out here on our own, saying he couldn't find us in the dark but 'Tubby' came back to us. No wonder he was angry. We had no orders to withdraw and although we had obviously been forgotten by the rest of the Battalion, we had to stay where we were until ordered to move.

« 'Tubby' fut absent un long moment. Quand il revint, une heure un quart plus tard, il était vraiment en colère, ce qui était inhabituel chez lui. Il nous raconta qu'il avait parcouru au moins cinq cents mètres avant d'entendre les sommations d'une sentinelle. Il avait eu beaucoup de chance. La sentinelle, un gars nommé Bradstreet, ami de 'Tubby', était sur le point d'appuyer sur la gâchette de son fusil lorsqu'il reconnut sa voix. Bradstreet lui apprit qu'il occuppait le poste de garde le plus avancé du Bataillon et qu'on lui avait dit qu'il n'y avait personne devant lui sinon l'ennemi. 'Tubby' continua à chercher le chef de peloton. Quand il le trouva, il s'entendit dire qu'il n'y avait pour nous aucun ordre de repli. Nous devions donc rester plantés là où nous étions, en avant-garde dans *le no-man's-land.*

« Nous exprimâmes notre satisfaction à 'Tubby' de le voir revenu avec nous. Beaucoup d'autres nous auraient abandonnés à notre sort prétextant qu'il leur était impossible de nous retrouver dans le noir, mais 'Tubby' lui, nous avait rejoints. Pas étonnant qu'il était furieux, nous n'avions aucun ordre de repli, et bien qu'à l'évidence nous avions été oubliés par le reste du Bataillon, nous devions rester sur place jusqu'à ce que nous recevions l'ordre d'en bouger.

"It was not a comfortable feeling being all alone in the dark, half a mile in front of our Battalion, but there was nothing we could do about it. 'Chalky', ever the cheerful cockney, pointed out that for our protection we had one 6-pounder anti-tank gun with a large amount of AP and HE ammunition, one Bren gun with a box of fully loaded magazines, one 2" mortar with smoke and HE bombs, one PIAT with 12 bombs, two boxes of 36 grenades, one box of 65 grenades, two Sten guns with about 500 rounds of 9mm ammunition, two rifles with 1,000 rounds of .303 ammunition, one Very light pistol and one German Spandau with plenty of ammunition for it. Not a bad arsenal. Now all we needed was about eight more men to use it!

"While 'Tubby' and 'Boogie' lay down to sleep, 'Chalky' and I stayed awake, sitting on the legs of the gun on each side of the breech. We had positioned it so that its field of fire was through the 10-foot-wide farm gate. We had been sitting quietly for about twenty minutes – but it seemed a lot longer – when we both heard the sound at the same time. It was an engine starting up. We listened intently and guessed that it was the engine of the *Cromwell* tank that had been knocked out and was straddling the hedge about 100 yards away. In a whisper we asked each other what was going on and decided to wake 'Tubby'. At first he couldn't hear a thing and jeered at 'Chalky' for his touch of the frights. 'Chalky' insisted and when 'Tubby' came over to where we were he too heard it: an engine ticking over steadily. He and 'Chalky' decided to have a look-see and went off in the dark. When they came back they told 'Boogie' and me that it was the *Cromwell* tank with its engine running. They had crept all round it in the dark and saw nobody and they were sure there was no one in the tank. We never did find out who had started the engine. Was it one of our tank-recovery crews or was it a German crew? We don't know. The engine kept ticking away all the rest of the night until it ran out of petrol.

"I had barely settled down after the excitement with the ghost engine when I had the feeling that somebody was watching me. You know

« Le sentiment de se trouver tout seul, dans le noir, près d'un kilomètre en avant du Bataillon n'était pas très rassurant mais nous n'y pouvions rien. 'Chalky', faubourien toujours de bonne humeur, remarqua que pour assurer notre protection nous avions un canon antitank avec une grande quantité d'obus percutants et fusants, une mitrailleuse avec une caisse de chargeurs, un mortier avec des bombes fumigènes et explosives, un PIAT avec 12 projectiles, 3 caisses de grenades, deux Stens avec 500 cartouches, deux fusils avec 1.000 cartouches, un pistolet lance-fusée, et une Spandau avec plein de munitions. Un arsenal non négligeable. Seulement, il ne nous manquait que huit hommes pour l'utiliser!

« Tandis que 'Tubby' et 'Boogie' s'allongeaient pour dormir, 'Chalky' et moi restâmes en éveil, assis sur les bras du canon de chaque côté de la culasse. Nous l'avions positionné de façon à pouvoir tirer à travers la barrière de la ferme. Nous étions assis tranquillement depuis vingt minutes – mais cela nous sembla beaucoup plus long – lorsque tous deux en même temps, nous entendîmes un bruit. Nous écoutâmes intensément et reconnûmes le moteur du *Cromwell* qui avait été touché et était resté à cheval sur la haie à environ 100 mètres de là. A voix basse, nous nous demandâmes ce qui se passait et décidâmes de réveiller 'Tubby'. D'abord il n'entendit rien puis se moqua des frayeurs de 'Chalky'. Celui-ci insista et quand 'Tubby' se déplaça à l'endroit où nous étions, il perçut aussi le bruit régulier d'un moteur tournant au ralenti. Lui et 'Chalky' décidèrent d'aller voir et disparurent dans la nuit. Quand ils revinrent, ils racontèrent à 'Boogie' et à moi que c'était bien le moteur du tank *Cromwell* qui tournait. Ils avaient rampé tout autour dans le noir mais n'avaient vu personne et ils étaient sûrs qu'il n'y avait personne à l'intérieur. Nous ne sûmes jamais qui avait bien pu démarrer le moteur. Etait-ce une de nos équipes de récupération de tanks ou bien un équipage allemand? Nous ne le savons pas. Le moteur continua à tourner au ralenti tout le reste de la nuit jusqu'à épuisement du carburant.

« J'avais à peine retrouvé mon calme après l'émotion provoquée par le moteur-fantôme que j'eus l'impression que quelqu'un m'épiait. Vous

the feeling of eyes on the back of your neck. The goose pimples were coming up and the hairs on the back of my head were starting to stand to attention. I turned round very, very slowly and there, standing on a low bank where the others were sleeping, was a small figure dressed in white from head to toe, watching me. I was sure I was looking at a ghost. Suddenly the figure hurried across the gravel drive, pushed open the back door of the farm house and disappeared inside. I then realized it was one of the little old ladies 'Tubby' had saved that afternoon. The old dear had probably gone to the outhouse in her nightdress. All I could think was, 'Please, grandma, don't show a light, old love, or else it will be like a fireworks display in your garden.' Thank heavens she didn't light a candle. That would have brought down a barrage on us from both sides!

"After a while I settled down again but that wasn't the last of the excitement for that night. 'Chalky' and I had been sitting quietly for what seemed like ages and ages and I was just getting ready to wake the other two to take their turn when I heard footsteps on the gravel in front of the house. 'Chalky' heard them at the same time and silently pointed to the front of the house to indicate the direction from which they came. I nodded in agreement without saying a word. As he slowly cocked his Sten I did the same with the Bren and gently rested it on the steel gun shield, sighting it on the corner of the house round which I expected the enemy patrol to appear. The footsteps came on slowly, crunch, crunch, crunch. Whoever they were, the patrol was probably as frightened as I was. I could feel the goose pimples coming back and my hair was standing up again. The footsteps stopped and then came on again. I held my breath, ready to open fire. At that range I couldn't miss whoever showed himself. Then, just as the tension became unbearable a large, white cow poked its head round the corner!"

Ernie and I let out a gasp of relief that must have sounded almost as loud as the gasp that Bill and 'Chalky' let out forty years before. We could now readily understand

savez ce qu'on éprouve quand on se sont regardé par derrière. Je sentis venir la chair de poule et mes cheveux se dresser sur ma tête. Je me retournai très, très lentement et là bas, debout sur un petit talus près duquel les autres dormaient, se tenait une mince silhouette drapée de blanc des pieds à la tête. J'étais convaincu que c'était un fantôme. Soudain, la silhouette traversa rapidement l'allée gravillonnée, poussa la porte arrière de la maison et disparut à l'intérieur. Alors, je compris qu'il s'agissait de l'une des petites vieilles que 'Tubby' avait sauvées cet après-midi. La bonne vieille était sûrement sortie en chemise de nuit pour aller aux cabinets. Je n'eus qu'une pensée: 'Je vous en prie, grand-mère, n'allumez surtout pas de lumière, sinon, ma chère, ce sera un feu d'artifice dans votre jardin.' Grâce au ciel, elle n'alluma pas de chandelle. Cela eût déclenché sur nous un barrage d'artillerie des deux camps!

« En peu de temps je retrouvai mon calme mais ce ne devait pas être la dernière émotion de cette nuit-là. 'Chalky' et moi étions assis tranquillement depuis un moment qui, nous sembla-t-il, dura des siècles; je m'apprêtais à réveiller les deux autres pour qu'ils prennent leur tour de garde, lorsque j'entendis des pas sur le gravier devant la maison. 'Chalky' les entendit en même temps que moi et se tourna vers le devant de la maison pour indiquer la direction d'où ils provenaient. J'approuvai d'un signe de tête sans dire un mot. Tandis qu'il armait lentement sa Sten je fis de même avec la Bren et la posai doucement sur l'écran de protection du canon, pointée sur le coin de la maison, là où je m'attendais à voir apparaître la patrouille ennemie. Les pas se rapprochaient lentement, crac, crac, crac. Quels qu'ils soient, les membres de la patrouille étaient probablement aussi effrayés que moi. J'avais de nouveau la chair de poule et de nouveau je sentais mes cheveux se dresser sur ma tête. Les pas s'arrêtèrent et reprirent. Je retenais mon souffle, prêt à ouvrir le feu. A cette distance je ne pouvais manquer ce qui se présenterait. Alors, juste au moment où la tension était devenue insupportable une grosse vache blanche montra la tête au coin de la maison! »

Ernie et moi laissâmes échapper un soupir de soulagement qui devait retentir aussi fort que celui que Bill et 'Chalky' laissèrent échapper quarante ans plus tôt. Nous étions vraiment à même de nous rendre compte des

why he would always remember that night as his *Longest Night*.

Time was running short and we were anxious to get away but we had to be patient with an old man who came out of the farm house to confirm to us in a gruff patois that I had difficulty in understanding that, yes, this was where a battle had been fought in *août quarante quatre*. He couldn't have been one of the 'bullocks' 'Tubby' turned back, but my French was not good enough to ask him if he knew about the incident.

Before hurrying away for our interview with M. Brisset at Pavée, I ran some video tape of the scenes. When 'Tubby' Pratt saw them later he recognized the farm house instantly. There was no doubt that we had been in the right place. All we had to straighten out for the record was that the La Bistière action had really taken place at La Chapelle aux Huants, just as the battle of Sourdevalle had really taken place at Pavée.

While I drove as fast as I safely could along the narrow country lanes between La Bistière and Burcy, following the same route taken by the 1st Royal Norfolks on 5 August, 1944, Bill, his memories sharpened by the detailed recall of the events of the action at La Chapelle, mused aloud. He wondered what his thoughts would have been during his longest night if he had known just what he was going to get into two days later, during the Battle of Perrier Ridge. It's just as well, he told us solemnly, that it is not given to us mortals to read the future.

raisons pour lesquelles il se souviendrait à jamais de cette nuit comme de *La Nuit la Plus Longue*.

Il ne nous restait plus beaucoup de temps et nous étions pressés de partir, mais nous dûmes faire preuve de patience car un vieil homme qui sortit de la maison nous confirma dans un patois que j'eus des difficultés à comprendre que, oui, il y avait eu ici une bataille en août quarante quatre. Il ne pouvait pas être l'un des 'bœufs' que 'Tubby' avait fait rebrousser chemin, mais mon français n'était pas assez bon pour lui demander s'il avait eu connaissance de l'incident.

Avant de quitter l'endroit pour rencontrer M. Brisset à Pavée, j'en pris quelques films vidéo. Quand, plus tard, 'Tubby' Pratt les vit, il reconnut instantanément la maison de la ferme. Il n'y avait aucun doute, nous étions allés au bon endroit. Tout ce qu'il convenait de rectifier pour les archives c'était que l'action de La Bistière s'était réellement déroulée à La Chapelle aux Huants, comme la bataille de Sourdevalle avait eu lieu à Pavée.

Tandis que je conduisais aussi vite que la sécurité le permettait sur les étroites routes de campagne entre La Bistière et Burcy, je pris l'itinéraire que le 1er Royal Norfolk avait utilisé le 5 août 1944, Bill dont les souvenirs s'étaient aiguisés au récit détaillé des événements de l'action à La Chapelle, se mit à réfléchir tout haut. Il se demanda ce qu'auraient été ses pensées durant sa nuit la plus longue s'il avait su ce qui l'attendait deux jours plus tard, pendant la Bataille de Perrier. C'est aussi bien, nous déclara-t-il solennellement, qu'il ne nous soit pas donné à nous autres, mortels, de connaître l'avenir.

The house at La Chapelle aux Huants that was the home of the two elderly ladies and the elderly gentleman. Lance-Corporal Pratt placed the 6-pounder anti-tank gun between the gable end of the house and the well .

La maison de La Chapelle aux Huants où habitaient les deux vieilles dames et le vieux monsieur. Le caporal Pratt plaça son canon anti-tank entre le pignon de la maison et le puits.

PAVEE

FORTUNATELY, MONSIEUR BRISSET HAD NOT BEEN waiting long when we arrived back at the familiar crossroads at La Fauvellière, just to the south of Burcy. He had Monsieur Lucien Maupas, the Town Clerk of Burcy, with him who, very kindly, gave me copies of property maps of the area. These would be invaluable to me in drawing the maps I would need to illustrate the story of the battle and Sidney Bates's part in it. Our small convoy of cars lost no time in making its way to Pavée where we de-bussed at the white gate entrance to the new 'Taflet'[1] farm house.

The English party was introduced to Monsieur Raymond Chatel, a retired farm worker whose alert eye, brisk gait and firm, rough handshake belied his eighty years. Jean Brisset explained that, as a young man in his forties, Monsieur Chatel had been right here when the battle was fought.

As the old man told his story in a gruff patois, M. Brisset translated for us. He had been at the farm when the Monmouths arrived. He had helped dig a slit-trench there, in that orchard, at the side of the house. The slit-trench had been used by the Colonel of the Monmouths and another officer. This whole place was an inferno of mortar bombs and shells. He was never so terrified in his life. He did not know how he survived. So many were killed all around him. Soon everything was on fire, trucks, carriers, tanks, the farm house, the barns, a storage building in which there were two large casks of Calvados – "my, how that had burnt; it had a thatched roof . . ."

Bill Holden, in his rich, broad Norfolk accent, made broader still by his excitement, interrupted the old man and said to M. Brisset, "Yes, I also saw that happen. I was here. Ask him if he remembers seeing a black man, a Monmouth soldier, go into the thatched shed or come out of it when it was hit and set on fire."

I delighted in listening to the strangely musical trio as the bird-like M. Brisset, in his precise English, translated from one patois to the

PAVEE

HEUREUSEMENT, MONSIEUR BRISSET N'ATTENDAIT pas depuis longtemps lorsque nous revînmes au carrefour maintenant familier de la Fauvellière, au sud de Burcy. Il avait avec lui, le secrétaire de Mairie de Burcy, Monsieur Lucien Maupas qui, très aimablement, me remit des copies du cadastre du secteur. Elles allaient être d'une grande utilité pour dresser les cartes dont j'allais avoir besoin pour illustrer l'histoire de la bataille et la part qu'y prit Sidney Bates. Sans perdre de temps, notre petit convoi de voitures se dirigea vers Pavée où nous quittâmes nos véhicules près de la barrière blanche qui donne accès à la nouvelle maison de la 'ferme Taflet'.[1]

Le groupe anglais fut présenté à Monsieur Raymond Chatel, ouvrier agricole à la retraite, dont le regard vif, la démarche alerte et rapide et la poignée de main énergique démentaient les quatre-vingts ans. Jean Brisset expliqua qu'à la quarantaine, Monsieur Chatel se trouvait exactement à cet endroit au moment de la bataille.

Au fur et à mesure que le vieil homme racontait son histoire en patoisant, M. Brisset nous la traduisait. Il était à la ferme lorsque les Monmouths arrivèrent. Il avait aidé à creuser une tranchée individuelle dans ce plant-là, en côté de la maison. La tranchée fut occupée par le Colonel des Monmouths et un autre officier. L'endroit devint un enfer, à cause des bombes de mortiers et des obus. Il n'eut jamais aussi peur de sa vie. Il ne savait pas comment il avait pu en réchapper. Tant d'hommes furent tués tout autour de lui. Tout fut rapidement incendié, camions, chenillettes, tanks, l'habitation, les bâtiments, la cave dans laquelle se trouvaient deux grands fûts de Calvados – « mon vieux, comme ça brûlait, les toitures étaient en chaume … »

Bill Holden, parlant avec son fort accent du Norfolk, accentué encore par l'émotion, interrompit le vieil homme en disant à M. Brisset, « Oui, j'ai été témoin de tout ce qui s'est passé. J'étais là aussi. Demandez-lui s'il se souvient avoir vu un noir, soldat du Monmouthshire, entrer dans le bâtiment couvert en paille ou en sortir quand il fut touché et incendié. »

J'avais plaisir à écouter la musique de cet étrange trio: rapide comme un oiseau, M. Brisset, dans son anglais précis, traduisait d'un patois à

other, from the Norman to the Norfolk and back again, though a translation was hardly necessary; the old man's impatient shrug said it all. "Non," he could not remember such a thing. "A black man! Believe me, I had other things to look out for at that time!"

Bill accepted the rebuff goodnaturedly for now he had received further confirmation that this indeed was the right place.

I broke the silence by asking, in my schoolboy-accented French that not even many years in French-speaking Canada had matured, "*Où est le Champ des Morts?*" I had read of the Field of the Dead in Jean Brisset's book and knew it must be close by. The old man picked up my question and pointed at a long, sloping field immediately across the road from the farmhouse. As he gestured towards the top of the field where stood some large trees of comfortable shade, M. Brisset translated his remarks. At the high end of the field they had buried seventy-six British soldiers, yes, seventy-six young men. Later, soon after the fighting had moved on, the bodies were taken to nearby British cemeteries for permanent burial. The German bodies had been buried in the swampy ground at the lower end of the field. He did not remember how many there were: many more. It was not till fifteen years later that the German remains were removed. Now there were no bodies left in the field but it would never be ploughed up again.

l' autre, du normand en norfolk et inversement, encore qu'une traduction fût à peine nécessaire, car le haussement d'épaules impatient du vieil homme résumait tout. « Non, il ne se souvenait pas de cela. Un noir! Croyez-moi, j'avais autre chose à guetter à ce moment-là! »

Bill accepta d'autant mieux la dénégation qu'il venait de recevoir une nouvelle fois la confirmation qu'il se trouvait bien au bon endroit de la bataille.

Je rompis le silence en demandant dans mon français scolaire que de nombreuses années passées au Canada de langue française n'avaient même pas amélioré, « Où est le Champ des Morts? » Jean Brisset en avait fait mention dans son livre et je savais qu'il devait être dans les environs. Le vieil homme saisit ma question et désigna un grand champ en pente, situé juste en face de la maison de l'autre côté de la route. Tandis qu'il indiquait la partie haute du champ, là où se dressaient trois grands arbres, M. Brisset traduisait ses remarques. Tout en haut du champ, ils avaient enterré soixante-seize soldats anglais, oui, soixante-seize jeunes hommes. Peu de temps après la bataille, les corps furent transférés dans des cimetières militaires des environs pour une sépulture définitive. Les cadavres allemands furent enterrés dans la partie marécageuse au bas du champ. Il ne se souvenait pas combien il y en avait, certainement beaucoup plus. C'est seulement près de quinze ans plus tard que leurs restes furent enlevés. Aucun corps ne restait maintenant dans le champ jamais labouré depuis.

The Field of the Dead seen from the 'Taflet' farmhouse at Pavée. The road to the field in which Sidney Bates made his last stand leads off to the right.

Le Champ des Morts vu de la maison de la ferme 'Taflet' à Pavée. A droite, la route mène au champ dans lequel Sidney Bates livra son dernier combat.

Sidney had fallen on 6 August but it was not till two days later that he had succumbed to his wounds. At the time, the 1st Royal Norfolks were still heavily engaged with the enemy. On 11 August they were relieved by the Irish Guards and taken out of the line, leaving their dead behind them at Pavée, in the Champ des Morts.[2]

The Irish Guards

The old Norman, who considered himself a sort of battlefield tour guide, was in conversation with M. Brisset again. I heard myself referred to as the frère of Sidney Bates but I let the mistake pass; I could correct that later. In the meanwhile, Bill and Ernie were being described as friends of Sidney Bates, the English soldier who had been awarded La Croix Victoire for his bravery here. The old man nodded his understanding and, through M. Brisset, assured us that he would take us to the same field to which he had taken the two Englishmen who had come back after the war to find the place where Sidney Bates had fallen. He remembered that one of them was an artist who had done some sketches of the scene.

I didn't say anything but I knew who the two Englishmen were. They were both officers of the Royal Norfolk Regiment. The artist was Lieutenant Colonel Gerald Hare. His companion was Major Hubert Holden. Colonel Hare had not been in the Normandy fighting; he had served in Burma. Major Holden had been in command of 'D' Company during the battle here at Pavée. His Company had been in reserve at Battalion headquarters at the Taflet farmhouse .

In 1958, when the two officers had trouble finding the exact place, it was M. Chatel who had guided them to the battlefield. At that time he ran a small store and estaminet in Burcy but now, in 1984, he had retired. It is interesting to note that, in 1958, just fourteen years after the battle, Major Holden had the same difficulty in finding the battlefield that Lieutenant Colonel Cooper-Key had in 1983 and that Bill Holden and Ernie Seaman had in 1984.

Sidney était tombé le 6 août mais il ne succomba que deux jours plus tard à ses blessures. A ce moment-là, le 1er Royal Norfolk était encore aux prises avec l'ennemi. Le 11 août ils furent relevés par les Irish Guards; retirés du front, ils laissèrent leurs morts derrière eux à Pavée, dans le Champ des Morts.[2]

Le vieux Normand, qui se considérait comme une sorte de guide pour la visite du champ de bataille, conversait maintenant avec M. Brisset. Je m'entendis donné comme frère de Sidney Bates mais je laissai passer cette erreur que je pourrais corriger plus tard. Puis Bill et Ernie furent présentés comme des amis de Sidney Bates, le soldat anglais qui avait reçu la Croix de la Victoire pour sa bravoure ici même. Hochant de la tête pour montrer qu'il avait compris, le vieil homme, par l'intermédiaire de M. Brisset nous assura qu'il pouvait nous emmener dans le même champ où il avait emmené les deux Anglais qui étaient revenus après la guerre pour retrouver l'endroit où Sidney Bates était tombé. Il se souvenait que l'un des deux était un artiste et qu'il avait fait quelques croquis de l'endroit.

Je ne dis rien, mais je savais qui étaient les deux Anglais. Ils étaient tous les deux des officiers du Royal Norfolk Régiment. L'artiste était le Lieutenant Colonel Hare. Son compagnon était le Major Hubert Holden. Le Colonel Hare n'avait pas combattu en Normandie; il avait servi en Birmanie. Le Major Holden, lui, commandait la Compagnie 'D', ici, pendant la bataille de Pavée. Sa Compagnie était en réserve près du QG du Bataillon à la ferme Taflet.

En 1958, alors que les deux officiers avaient des difficultés pour trouver l'endroit exact, ce fut M. Chatel qui les guida sur le champ de bataille. A cette époque, il possédait un café-épicerie dans Burcy, mais maintenant, en 1984, il était en retraite. Il est intéressant de noter qu'en 1958, tout juste quatorze ans après la bataille, le Major Holden avait eu les mêmes difficultés à trouver le champ de bataille que le Lieutenant Colonel Cooper-Key en 1983 et que Bill et Ernie en 1984.

The picture showing Corporal Bates in the action for which he was posthumously awarded the Victoria Cross, and which forms the cover illustration for this book, is one of a series of paintings done by Colonel Hare to depict the five deeds of valour for which members of the Royal Norfolk Regiment were awarded the Victoria Cross in World War II. In that conflict, no other Regiment in the British or Commonwealth armies was honoured with as many Victoria Crosses. The picture is considered to be one of the finest painted by Colonel Hare. Except for the fact that the area was swathed in billows of smoke from burning buildings, crops, hay ricks, trucks and other equipment, it is a very accurate representation of what happened. In particular, it captures the solitary bravery and self-sacrifice of Sidney Bates as he advances, alone, to meet and rout the enemy.

"Shall we now proceed?" asked M. Brisset in his well-enunciated English. Bill said, "Yes, let's go," Ernie and M. Chatel were silent but I, hanging in there with my seldom-used French, tossed off a jaunty "Allez vous on" only to realize, too late, when M. Chatel fixed me with a stare, that I had not got it quite right!

In deference to the old man, our group walked slowly up the sunken lane towards the battlefield but he outpaced us impatiently. Just then a roll of thunder startled us. Were the guns opening up again? No, it was just a passing storm but, nevertheless, we scurried for cover from the shrapnel rain drops into a nearby half-completed house. The house stands on the right-hand side of the sunken lane at the point where it emerges from between its banks and comes out into the open fields that pattern the gently rounded crest of the ridge. Although the house had been badly damaged in the battle, its sturdy Norman walls had survived and they now supported a new roof and upper story.

While the rest of us ran into the house, Ernie stayed behind to help M. Chatel quicken his walk into a shuffle as the old man scornfully waved off the offer of my umbrella. The rain rattled

La peinture représentant le Caporal Bates dans l'action qui lui valut, à titre posthume l'attribution de la Victoria Cross et qui illustre la couverture de ce livre, est l'une de celles qui furent faites par le Lt. Colonel Hare pour dépeindre sur la toile les actes de bravoure pour lesquels cinq membres du Royal Norfolk Régiment reçurent la Victoria Cross au cours de la seconde guerre mondiale. Dans ce conflit, aucun autre régiment des armées britanniques ou du Commonwealth ne fut honoré par autant de Victoria Crosses. La peinture du Colonel Hare est considérée comme l'une de ses plus belles. Mis à part le fait que le secteur est chargé de colonnes de fumée montant des bâtiments incendiés, des récoltes, meules de foin, camions et autre matériel en feu, c'est une représentation très précise de ce qui s'y est passé. En particulier, il saisit bien la bravoure solitaire et l'abnégation de Sidney Bates qui avance, seul, à la rencontre de l'ennemi et le met en déroute.

« Y allons-nous maintenant? » demanda M. Brisset dans son anglais bien articulé. Bill répondit, « Oui, allons-y. » Ernie et M. Chatel demeurèrent silencieux, mais intervenant à mon tour, désinvolte, je lançai, dans mon français trop peu souvent utilisé, un prétentieux « Allez vous on »; je réalisai aussitôt, mais trop tard, par le regard que me lança M. Chatel que je n'avais pas dit tout à fait ce qui convenait!

Par déférence pour le vieil homme, notre groupe montait lentement la petite route en direction du champ de bataille mais, impatient, il marchait plus vite que nous. Juste à ce moment-là, un roulement de tonnerre nous fit sursauter: les canons ouvraient-ils encore le feu? Non, ce n'était qu'un orage passager, mais, cependant, nous courûmes nous mettre à l'abri des éclats qui tombaient sous la forme de grosses gouttes de pluie, dans une maison en restauration toute proche. La maison est située sur le côté droit de la petite route juste à l'endroit où elle émerge de ses talus pour se mettre à niveau avec les champs qui façonnent la crête légèrement arrondie de la colline. Bien que la maison eût été très endommagée lors de la bataille, ses robustes murs normands avaient résisté et supportaient maintenant une toiture neuve et un étage supérieur.

Tandis que nous courions nous mettre à l'abri dans la maison, Ernie était resté en arrière pour aider M. Chatel à accélérer le pas; d'un grand geste du bras, il repoussa dédaigneusement l'offre de mon

down. M. Maupas unrolled his maps and he and M. Brisset compared them with the aerial photograph M. Brisset had given me some days before. Still the rain came down.

I shook out my umbrella and Bill asked me if that was how we went into battle in Burma! I conceded that that was not a bad idea and reminded Bill of the famous photograph of his illustrious leader, the Field Marshal, in his untidy, turtleneck sweater and crumpled, baggy pants, carrying an umbrella as he talked to Mr.Churchill at 21st Army Group HQ.

The house, rebuilt after the war, near which Captain Bennett moved his wounded after the barn used as the Regimental Aid Post at Battalion headquarters burnt down during the battle.

La maison, rebâtie après la guerre, près de laquelle le Capitaine Bennett transféra ses blessés après que la grange utilisée comme Poste de Secours Régimentaire au QG du Bataillon eût été incendiée au cours de la bataille.

"That was just after GOODWOOD while you fellows were still at Manneville Wood," I said.

"Cor, I remember that."

"What, Monty's umbrella?"

"No, the rain!"

We waited and waited and, as suddenly as it had started, the rain stopped. Ernie and Raymond Chatel, the two countrymen, had sensed that the storm was over before the last drops had fallen and were out of the house and on the road before the rest of us had gathered ourselves together. The rain had laundered the countryside clean. The air was sweet and all the colours were fresh and clear. It was a lovely evening.

I.W.M. No. B7767

Prime Minister Churchill and General Montgomery at 21st Army Group Headquarters in July 1944. (General Montgomery was promoted to Field Marshal on 1 September, 1944.)

Le Premier Ministre Churchill et le Général Montgomery au QG du 21ème Groupe d'Armées en juillet 1944. (Le Général Montgomery fut promu Field Maréchal le 1er septembre 1944.)

Our group walked silently along the road and as we passed the Les Cantuards farm buildings on the left Ernie dropped back to ask M. Brisset to ask Raymond Chatel whether there were not more

parapluie. La pluie tombait avec fracas. M. Maupas déroula ses cartes et avec M. Brisset les compara avec les photos aériennes que celui-ci m'avait données quelques jours plus tôt. La pluie continuait. Je secouai mon parapluie et Bill me demanda si c'était comme cela que nous partions à la bataille en Birmanie! Je lui concédai que ce n'était pas une si mauvaise idée et lui rappelai la fameuse photo de son illustre chef, le Maréchal, vieux pull-over à col roulé et pantalons fripés, parapluie à la main et parlant ainsi à M. Churchill au QG du 21ème Groupe d'Armées.

« C'était juste après GOODWOOD, » dis-je, « alors que vous, les gars, vous étiez encore au Bois de Manneville. »

«Bien sûr, je m'en souviens.»

« Quoi! Du parapluie de Monty? »

« Non, de la pluie! »

Nous attendîmes encore et encore et, aussi soudainement qu'elle avait débuté, la pluie cessa. Ernie et Raymond Chatel, les deux paysans, avaient senti que l'orage était terminé avant que les dernières gouttes soient tombées; ils étaient déjà hors de la maison et sur la route avant que le reste du groupe ait eu le temps de se rassembler. La pluie avait complètement nettoyé le paysage. L'air était doux, les couleurs fraîches et pures. C'était une belle soirée.

Notre groupe avança silencieusement sur la route et lorsque nous fûmes à la hauteur des bâtiments de la ferme des Cantuards, sur notre gauche, Ernie ralentit pour prier M. Brisset de demander à M. Chatel s'il y avait davantage

trees in the area in 1944. The old man nodded vigorously and M. Brisset translated that the area had been full of trees forty years ago. It had been a large apple orchard. The trees had come right down to the road they were now walking on, though at that time the road had been just a track. Satisfied that his memory had been confirmed, Ernie trudged on with the rest of us.

The road levelled off and then started to incline down. We were now on the very crest of the ridge. I stopped to get my bearings while the others walked on. I was at the highest point of the western end of Perrier Ridge. To the left of the track, to the east, the country was thickly wooded. It must have been from amongst those trees that the German *Tiger* tank had pounded Eric Cooper-Key's 'B' Company headquarters at point blank range. Eric had told me about this the previous August. He was still indignant that he had lost all his kit, including a highly prized swastika-decorated German officer's cap, when his carrier was set on fire by a direct hit from the tank.

To the north, behind me, Burcy sheltered in the valley and I knew that, if I were to shift my vantage point, I would be able to pick out an occasional roof top or the church steeple but, for the most part, the trees blocked the view. Battalion Headquarters at the Taflet farm at Pavée, between me and Burcy, was completely hidden as it crouched in the dead ground on the reverse slope of the ridge. In the clear evening light I could easily pick out the outline of fields on Estry Ridge three miles away on the northern horizon.

To the west, the right-hand side of the road was butted by long, narrow, hedge-bound fields that ran at right angles to the track. Clumps of trees obscured a long view but I knew that, behind the trees, the ground continued in easy slopes all the way to Le Coisel on the Burcy—Viessoix road. It was from that direction, 'from out of the setting sun' as Lieutenant Colonel Humphrey Wilson put it in his Battalion History, that the main German tank attack came in on the positions held by the remnants of the 'C' Companies of both the 1st Royal Norfolks and the 3rd Monmouths, the legendary NORMONS.

d'arbres sur ce secteur en 1944. Le vieil homme opina vigoureusement du chef et M. Brisset nous traduisit que cet endroit, il y a quarante ans était couvert d'arbres. C'était un très grand plant de pommiers. Ces arbres arrivaient jusqu'à la route sur laquelle nous étions, mais à cette époque la route n'était guère plus qu'un chemin. Satisfait de voir confirmer ses souvenirs, Ernie rejoignit notre groupe.

La route qui était devenue plate allait bientôt commencer à redescendre. Nous étions alors au sommet de la colline. Je m'arrêtai pour m'orienter tandis que les autres continuaient à avancer. Je me trouvais au point le plus haut de l'extrémité ouest de la Hauteur du Perrier. Sur la gauche de la route, vers l'est, la campagne était abondamment boisée. Ce devait être de cet endroit, dissimulé parmi les arbres, que le *Tiger* allemand avait pilonné à bout portant le QG de la Compagnie 'B' d'Eric Cooper-Key. Eric m'avait raconté cela en août dernier. Il s'indignait encore d'avoir perdu tout son paquetage, y compris une casquette d'officier allemand décorée d'une croix gammée à laquelle il attachait un grand prix, dans l'incendie de sa chenillette mise en feu par un coup direct du tank.

Derrière moi, vers le nord, Burcy s'abritait dans la vallée et je savais qu'en m'écartant un peu de la position avantageuse sur laquelle je me trouvais, je pourrais apercevoir un toit de maison ou le clocher mais, presque partout, les arbres barraient la vue. Le QG du Bataillon à la ferme Taflet à Pavée, entre moi et Burcy, était caché par l'angle mort formé par une cuvette sur l'autre versant de la colline. Dans la lumière transparente du soir, je distinguais facilement le contour des champs sur la hauteur d'Estry à cinq kilomètres de là, vers l'horizon nord.

Vers l'ouest, le côté droit de la route était bordé de champs étroits tout en longueur, entourés de haies perpendiculaires à la route. Des bouquets d'arbres empêchaient de voir au loin mais je savais que derrière les arbres, le terrain vallonné se poursuivait jusqu'au Coisel sur la route Burcy–Viessoix. C'était de cette direction, "de là où se couche le soleil" comme l'a écrit le Lieutenant Colonel Humphrey Wilson dans l'histoire du Bataillon, que vint l'attaque principale des tanks allemands sur les positions tenues par les restes des Compagnies 'C' du 1er Royal Norfolk et du 3ème Monmouthshire, les légendaires NORMONS.

How the attack of the Tigers on 'C' Company was repulsed is another story of great courage but I did not have time to reflect on it. I turned south and hurried along the narrow road to catch up with the others. They had stopped just beyond a bend and were gathered in a small group on the grass verge on the right-hand side of the road. Beyond a shallow, overgrown ditch and a dilapidated barbed-wire fence was the long, narrow field to which Ernie had led Bill and me on the day of our first visit. This was the field in which Sidney Bates had fallen. Ernie had led us to it by going across country from the west, climbing through one hedge after another and over the meadows in between, whereas the old man had taken us by the direct, southern route to exactly the same field. It seemed to me to be pretty good corroborative evidence that this was, indeed, the field in which Sidney 'Basher' Bates, VC, had made his last stand.

Comment l'attaque des Tigers sur la Compagnie 'C' fut-elle repoussée est une autre histoire de grand courage mais je n'avais pas le temps de méditer là-dessus. Je fis face au sud et me hâtai sur la route étroite pour rattraper les autres. Ils venaient de s'arrêter au-delà d'un tournant et se tenaient groupés sur l'herbe de la berme à droite de la route. Au-delà du fossé peu profond, recouvert par la végétation, derrière une clôture en fil de ronce délabrée, se trouvait le champ tout en longueur où Ernie nous avait conduits, Bill et moi, le jour de notre première visite. C'était le champ dans lequel Sidney Bates était tombé. Ernie nous y avait conduits par l'ouest en traversant une succession de haies et de prairies, alors que le vieil homme nous avait amenés exactement au même champ par la route sud, directe. Cela me semblait être une preuve corroborante que c'était bien là, le champ dans lequel Sidney 'Basher' Bates, VC, avait livré son dernier combat.

| Ernie Seaman | Raymond Chatel | Lucien Maupas | Jean Brisset |

Ernie explained to M. Brisset that he was one of the two stretcher-bearers who, that evening, at dusk, had picked Sidney up in the middle of the field and had carried him to the track they were now standing on. Here he was placed on a jeep and taken back to the Regimental Aid Post at Pavée. M. Brisset translated this for the rugged Norman farm worker. The old man listened intently and then, in an unexpected gesture, clasped Ernie's two work-hardened hands in his own rough hands and muttered, "Bon, bon!" He then turned to leave.

There was not much more to say after that. The old man had forged another link with his past and the three visiting Englishmen had

Ernie expliqua à M. Brisset qu'il était l'un des deux brancardiers qui, ce soir-là, à la tombée de la nuit, avaient ramassé Sidney dans le milieu du champ et l'avaient transporté jusqu'à la route sur laquelle nous nous tenions maintenant. Là, il fut placé sur une Jeep et emmené au Poste de Secours du Régiment à Pavée. M. Brisset traduisit cela à l'ouvrier agricole, Normand bourru. Le vieil homme écouta avec beaucoup d'attention et puis, d'un geste inattendu, de ses mains rudes et calleuses étreignit celles d'Ernie, endurcies elles aussi par le travail de la terre et grommela « Bon, bon! » Puis il se retourna et se disposa à partir.

Il n'y avait plus grand chose à ajouter après cela. Le vieil homme s'était forgé un autre lien avec son passé et les trois visiteurs anglais avaient accompli ce

accomplished what we had come to Normandy to do. Slowly we dispersed with heartfelt thanks for the help the others had given us. Jean offered to lead us back to Flers by a short cut – if I could keep up with him! I accepted the challenge and had little time to review the events of the day as I tried to keep his white jack-rabbit of a car in sight as it bounded along the empty country lanes.

At Flers we made our farewells and returned to the hotel. At last there was no doubt in our minds that we had found the actual field in which Sidney Bates had fallen.

To complete my notes, I wanted to make a video tape of the area, so later that evening I suggested to the other two that the three of us should go back to Pavée the next morning. I wanted Ernie to re-enact, as far as he could remember, his movements and actions on that Sunday evening of August 1944, from the time he left his slit-trench at 'B' Company headquarters to the time he picked up Sidney Bates and brought him to the jeep track. There was a vague, unspoken thought in my mind that perhaps, by reliving the events of that terrible evening, Ernie would, by a sort of self-induced hypnotic regression, be able to pull more details of what had happened out of his subconscious memory.

With a mock groan at the thought of yet another dawn stand-to, Bill suggested that we turn in early though I suspected that the real cause of their weariness was more psychological than physical. It was not till later that I learnt just how close to the truth my suspicions had been.

qu'ils étaient venus faire en Normandie. Lentement, nous nous séparâmes avec des remerciements du fond du cœur pour l'aide qui nous avait été apportée. Jean offrit de nous guider vers Flers par un raccourci – si toutefois nous pouvions le suivre! J'acceptai le défi et j'eus peu de temps pour revoir les événements du jour, car il me fallut essayer de garder en vue la voiture blanche qui bondissait comme un lapin sur les routes désertes de campagne.

A Flers, nous fîmes nos adieux et nous rentrâmes à l'hôtel. Enfin, il ne subsistait aucun doute dans nos esprits; nous avions trouvé le véritable champ dans lequel Sidney Bates était tombé.

Pour compléter mes notes, je voulais faire un enregistrement vidéo du secteur, aussi, un peu plus tard dans la soirée, je suggérai à mes deux compagnons de retourner tous les trois à Pavée le lendemain matin. Je voulais qu'Ernie refît ses déplacements et ses gestes de ce dimanche soir d'août 1944, à partir du moment où il quitta sa tranchée individuelle près du QG de la Compagnie 'B', jusqu'à l'instant où il ramassa Sidney Bates pour le ramener à la Jeep. Il y avait dans mon esprit la pensée vague, sous-entendue, que peut-être, par une sorte de retour en arrière hypnotique auto-provoqué, Ernie pourrait extraire de sa mémoire subconsciente, plus de détails sur ce qui s'était passé.

Avec un grognement à l'idée d'un autre réveil matinal, Bill suggéra que nous allions au lit de bonne heure, mais je soupçonnai que la cause réelle de leur lassitude était plus psychologique que physique. Ce n'est que plus tard que j'appris combien mes soupçons étaient proches de la vérité.

NOTES

1. In 1958, when Lieutenant Colonel Hare and Major Holden revisited the battlefield (see page 71), the farm was owned by M. Motard. In 1984 it was owned by Mme. Bachelot and farmed by M. Deville-Gérard.

2. In 1984 I assumed that Sidney had died at Pavée and had been buried in the Champ des Morts but later, in 1988, I discovered that he had actually died in a rear Field Hospital at St. Jean-des-Essartiers, about 3 miles southwest of Caumont. His body was moved to Bayeux Cemetery in September 1945.

NOTES

1. En 1958, quand le Lieutenant Colonel Hare et le Major Holden revinrent sur le champ de bataille (voir page 71), la ferme était la propriété de M. Motard. En 1984 elle appartenait à Mme. Bachelot et était exploitée par M. Deville-Gérard.

2. En 1984 je pensais que Sidney était mort à Pavée et avait été enterré dans le Champ des Morts mais plus tard, en 1988, je découvris qu'en fait, il mourut dans un hôpital de campagne situé en arrière du front à St. Jean-des-Essartiers, à environ 5 kilomètres au sud-ouest de Caumont. Son corps fut transféré au Cimetière de Bayeux en septembre 1945.

DAY FOUR

FLERS

I DID NOT REALIZE JUST HOW PSYCHOLOGICALLY harrowing the previous day's experiences had been for Ernie and Bill until, later in the day, they told me about their dawn patrol through the streets of Flers. Unable to settle the emotions that had been stirred up by their repeated visits to Perrier Ridge, each had discovered, separately, in the early hours of the morning, that the other, also, could not sleep. So, without saying a word to anyone, they had washed and shaved and dressed themselves in their uniforms and quietly let themselves out of the hotel to walk round the sleeping town. They had paced the silent streets together, instinctively keeping in soldierly step with one another as they marched up to and around the traffic circle. Normally this was the throbbing heart of the little bustling town but at this silent, early hour it was quite empty.

QUATRIEME JOUR

FLERS

JE NE ME RENDIS COMPTE A QUEL POINT LES rencontres de la journée précédente avaient été poignantes pour Ernie et Bill qu'un peu plus tard ce jour-là, lorsqu'ils m'eurent raconté leur patrouille matinale dans les rues de Flers. Incapable d'apaiser les émotions soulevées par leurs visites répétées sur les Hauteurs de Perrier, chacun avait découvert séparément que l'autre, aussi, ne pouvait dormir. Aussi, sans rien dire, chacun avait fait sa toilette et s'était habillé; ils s'étaient glissés hors de l'hôtel pour faire un tour dans la ville endormie. Ils avaient arpenté ensemble les rues silencieuses, d'un même pas, comme des soldats, pour arriver au rond-point. Normalement, c'était le cœur palpitant de cette petite ville active mais à cette heure silencieuse du matin, il était complètement vide.

The *Place du Général de Gaulle* as it is today, "the throbbing heart of the little bustling town . . ."

La Place du Général de Gaulle telle qu'elle est aujourd'hui, "le cœur palpitant de cette petite ville active . . ."

J. L. Surgeul, Flers

From there they had marched down the hill to the deserted marketplace and then back to the hotel. The sense of security and peace given off by the slumbering town, now so calm and assured of the endless continuation of its days after the devastation it had endured in 1944, soothed the nerves of the two men. When, all

De là, ils avaient descendu la rue vers la place du marché déserte, puis ils étaient revenus à l'hôtel. Le sentiment de sécurité et de paix qui se dégageait de la ville assoupie, maintenant si calme et si assurée de la poursuite sans fin de ses jours après la dévastation qu'elle avait subie en 1944, avait calmé les nerfs des deux hommes. Je ne me doutai de rien jusqu'au

unsuspecting, I came down to have breakfast with them at the usual hour, they gave me no sign that the previous evening they had dreaded

moment où je descendis prendre le petit déjeuner avec eux à l'heure habituelle. Ils ne laissèrent rien percer de leur appréhension de la veille au soir que

The centre of Flers (today's Place du Général de Gaulle) as it was in August 1944 when it was liberated by the Sherman tanks of the 3rd Royal Tank Regiment of 11th Armoured Division.

Le centre de Flers (aujourd'hui Place du Général de Gaulle) tel qu'il était en août 1944 lorsque il fut libéré par les tanks Sherman du 3ème Royal Tank Regiment, 11ème Division Blindée britannique.

I.W.M. No. B9330

the thought of having to return to Pavée once again. However, now that their nerves were settled and their appetites assuaged they were ready to go back once more into the breach.

l'idée de retourner encore une fois à Pavée leur avait inspirée. Cependant, maintenant que leurs nerfs étaient tombés et leur appétit assagi, ils étaient prêts à remonter de nouveau sur la brèche.

PAVEE

AND SO, ON TUESDAY, 5 JUNE, 1984, THE FOURTH day of our pilgrimage, the three of us went back to the Pavée battlefield for the third and last time. By now Ernie had lost his self-consciousness in front of the camera and was as polished a video performer as any professional TV actor. He took over and conducted the walkabout with competent assurance while I, camera to eye, stumbled after him across the rough meadows and Bill picked his way carefully through the 'mine-fields' left by the browsing cattle.

After leaving the car at the entrance to the Taflet farm, we entered what had been the Les Cantuards orchard by a wide farm gate at the right-angled bend in the sunken lane. As he swung the gate open to let the cameraman and his companion through Ernie said, "Now, if this was my gate, I'd have it all painted up, like at Sandringham." I caught the inflection of proprietorship as Ernie opened his gate and invited us into his field to share the personal drama and terrors he had experienced there.

PAVEE

ET AINSI, LE MARDI 5 JUIN 1984, QUATRIEME JOUR DE notre pèlerinage, nous revînmes tous trois sur le champ de bataille de Pavée pour la troisième et dernière fois. A ce moment, Ernie avait perdu toute gêne en face de la caméra et se révélait aussi à l'aise en vidéo que n'importe quel acteur professionnel de la Télévision. Il prit l'initiative et mena la promenade avec compétence et assurance, tandis que moi, l'œil à la caméra, je le suivais en trébuchant à travers les prés et que Bill choisissait soigneusement son chemin dans les 'champs de mines' laissés par le bétail qui y avait brouté.

Après avoir laissé la voiture à l'entrée de la ferme Taflet, nous entrâmes dans ce qui avait été le plant des Cantuards par une large barrière de ferme située dans le virage à angle droit que formait la petite route. En ouvrant la barrière pour laisser passer le caméraman et son compagnon, Ernie dit, « Eh bien! si c'était ma barrière, je la ferais repeindre, comme à Sandringham. » Le ton trahissait un instinct de propriété. Ernie ouvrait sa barrière et nous invitait à entrer dans son champ pour partager le drame et les terreurs qu'il y avait éprouvés.

Again, as on the first day, we walked past the well that had supplied water for the wounded at Captain Bennett's RAP directly across the intervening sunken lane. Ernie dropped a stone down it and we heard it splash. We went on past the few surviving trees of what had once been a dense orchard to the farm track just beyond which Ernie had commandeered an empty Monmouths slit-trench. He chuckled at the memory. "Just like a cuckoo taking another bird's nest."

Something else caught his eye and triggered his memory. "That little old shed was here though it's now got a new top on it."

We had to negotiate a number of electric fences that partitioned off the area into grazing paddocks. The electrified wires presented no fears to Ernie who knew how to deal with them but Bill, the townsman, was more cautious. As he remarked, "It would be a hell of a way to go if, after getting through the battle here, I was electrocuted in the same place forty years later." I remembered a similar remark made by Eric Cooper-Key the previous August when, scrambling under an innocuous-looking strand of wire, the Colonel had touched it and been zapped. Electric fences are no respecters of rank!

When we arrived at the farm track linking the Les Cantuards farm buildings to the metalled road that goes back to the Taflet farmhouse and to Burcy, Ernie first pointed out the general direction of his slit-trench with his left hand.

"As soon as we got in this area they started shelling us. It went on for hours and hours, continuously. Everything was going up at the same time all over the place. I ran across there and dived into a trench and within minutes a fellow from the Mons, he came and jumped in on my back. I let out a shriek as though I'd been hit and I believe that really frightened him more than the shelling!"

He laughed at the memory of that incident but then, as another memory came back to him, his face clouded over. "I also remember one of our chaps getting a direct hit with a shell right

Encore une fois, comme le premier jour, nous passâmes près du puits qui avait fourni l'eau pour les blessés du Poste de Secours du Capitaine Bennett et qui se trouvait de l'autre côté du chemin creux. Ernie y laissa tomber une pierre et nous entendîmes son 'flac' à la surface de l'eau. Nous passâmes près des quelques arbres qui avaient survécu à ce qui avait été autrefois un plant de pommiers très dense et suivîmes la charrière au-delà de laquelle Ernie s'était approprié la tranchée individuelle que les Monmouths avaient laissée vide. Ce souvenir le fit rire dans sa barbe: « Comme un coucou s'empare du nid d'un autre oiseau! »

Quelque chose d'autre retint son œil et réveilla sa mémoire. « Ce vieux petit hangar était là sauf qu'on lui a refait un toit neuf. »

Nous dûmes franchir un certain nombre de clôtures électriques qui partageaient le secteur en pâturages. Les clôtures électriques n'engendraient aucune crainte pour Ernie qui savait comment s'en arranger, mais Bill, le citadin, était plus prudent. Il fit cette remarque: « Ce serait une drôle de façon de partir si, après avoir traversé toute la bataille ici je me faisais électrocuter au même endroit quarante ans plus tard! » Je me rappelai une remarque similaire d'Eric Cooper-Key en août précédent lorsqu'en passant à quatre pattes sous un fil de fer à l'air innocent, le Colonel y avait touché et avait reçu une décharge. Les clôtures électriques ne sont pas respectueuses des grades!

Quand nous arrivâmes à la charrière qui relie les bâtiments de la ferme des Cantuards à la route empierrée qui revient vers la ferme Taflet puis vers Burcy, Ernie, de la main gauche indiqua la direction de sa tranchée.

« A notre arrivée dans ce secteur, ils commencèrent à nous balancer des obus. Cela dura des heures et des heures sans discontinuer. Tout explosait en même temps autour de nous. Je courus de l'autre côté, là-bas, et plongeai dans une tranchée. Après quelques minutes, un gars du 3ème Mons arriva et me sauta sur le dos. Je poussai un cri comme si j'avais été touché et je crois réellement que ça l'effraya plus que le bombardement! »

Il rit au souvenir de cet incident mais bientôt un autre souvenir lui revint en mémoire et l'expression de son visage s'assombrit. « Je me rappelle aussi d'un de nos gars qui eut la poitrine traversée par un

through the chest as he sat in his trench here. The shell didn't go off but it killed him of course."

Ernie then turned to his right and walked along the path, carefully explaining to me that, although this may not have been the exact route he took to get to the field where Sidney Bates lay, it was near enough to it. The three of us walked along slowly. I kept close to the other two so that I could stay within microphone range of what they were saying. It was a strange procession for the inhabitants of Les Cantuards to see crossing their fields early on a bright, June morning but they recognized *les trois anciens soldats* from some days earlier and did not intrude on us. I noticed this well-mannered consideration many times during our visit to Normandy. As soon as the farmers, generally so dour and jealous of their lands, realized who we were they never raised any objections to our wandering all over their fields. They gladly gave their liberators the 'freedom of the fields' in return for the blood their comrades had spilt there.

As on the invasion beach at Colleville-Montgomery or, for that matter, on every morning during our search, the two ex-Norfolk soldiers were smartly turned out. Their black blazers were well brushed, Britannia crests a-glitter, their tricoloured regimental ties carefully centred on spotless, white collars, their grey flannel trousers exactly creased – did they still sleep with them under their mattresses, I wondered – and their shoes polished to a gleam as if they had never walked through a muddy field in their lives. Their training as Young Soldiers had served them well and the lessons they had learnt then had obviously stayed with them all their lives.

Something must have triggered Ernie's memory again for suddenly he stopped and said, "When the American *Thunderbolts* came over, this is where we set off those yellow smoke canisters, here on this level ground."

Ingenuously, for I knew the reason very well, I asked him why they had set off smoke signals. Did they not realize that the Americans had given up communicating in that way a long time

obus alors qu'il était assis dans sa tranchée, là. L'obus n'explosa pas mais il fut tué quand même. »

Puis Ernie tourna vers la droite et avança le long de la charrière, prenant soin de m'expliquer que, même si ce n'était pas le chemin qu'il avait pris pour atteindre le champ dans lequel gisait Sidney Bates, ce n'en était pas loin. Nous avancions lentement; je me maintenais assez près de mes deux compagnons pour que mon microphone puisse capter tout ce qu'ils disaient en marchant. C'était une étrange procession que les habitants des Cantuards voyaient traverser leurs champs de bonne heure ce beau matin de juin, mais ils reconnurent "les trois anciens soldats" déjà entrevus quelques jours plus tôt et ne cherchèrent pas à intervenir. J'avais remarqué cette attitude de déférence bien des fois au cours de notre visite en Normandie. Dès que les fermiers, généralement si âpres et si jaloux de leurs terres, réalisaient qui nous étions, ils n'émettaient aucune objection à nous voir errer à travers leurs champs. Ils donnaient volontiers à leurs libérateurs le titre de "Citoyens d'honneur de leurs champs" en retour du sang versé là par leurs camarades.

Sur la plage de débarquement de Colleville-Montgomery ou, à vrai dire, comme chaque matin pendant nos recherches, les deux anciens soldats du Norfolk étaient vêtus correctement. Ils se présentaient en blazers noirs bien brossés, portaient l'écusson Britannia étincelant, la cravate aux trois couleurs du régiment soigneusement centrée et sans tache, la chemise à col blanc, le pantalon de flanelle grise au pli impeccable – le mettaient-ils encore sous le matelas lorsqu'ils dormaient, je me le demande – et des chaussures bien cirées comme s'ils n'avaient jamais de leur vie, marché dans les champs boueux. Leur entraînement de Jeunes Soldats les avait bien servis et il était clair que les leçons apprises alors, furent retenues toute leur vie.

Quelque chose devait avoir de nouveau provoqué la mémoire d'Ernie car il s'arrêta brusquement et dit, « Quand les *Thunderbolts* américains arrivèrent c'est à cet endroit, là où le terrain est plat que nous avons déclenché nos fumigènes jaunes. »

D'un air ingénu, car je connaissais fort bien la raison, je lui demandai pourquoi ils s'étaient servis de la fumée comme signal. N'avaient-ils pas compris que les Américains avaient depuis longtemps

ago and that, at that time, they actually spoke the same language as he did?

"Why?", said Ernie, his voice rising with indignation at the memory of the attack, "to tell them to, er, FLY OFF!, that's why."

"That was very polite of you, Ernie," said Bill.

abandonné ce système de communication et qu'à ce moment-là, ils parlaient vraiment la même langue qu'eux?

« Pourquoi? » répondit Ernie, sa voix enflant d'indignation au souvenir de l'attaque, « pour leur dire, heu, 'Fichez le camp!', voilà pourquoi. »

« C'était très poli de votre part, Ernie, » remarqua Bill.

The P47s (*Thunderbolts*) were from 81st Fighter Squadron, 50th Fighter Group, 9th US Tactical Air Force operating from Carentan. The following remarks are taken from this unit's War Diary: *It was noted that British troops were using white panels to mark their vehicles. This caused some confusion since the French people were using any kind of white cloth to identify themselves as friendly ... There is reason to believe that the Germans made some use of this white sheet over a hay wagon in their desperate efforts at withdrawal.*

Les P47 (*Thunderbolts*) appartenaient au 81er Escadron de chasseurs, 50ème Groupe de chasse, 9ème U.S. Tactical Air Force qui opérait de Carentan. Les remarques suivantes sont extraites des rapports de cette unité: *On avait remarqué que les troupes britanniques utilisaient des panneaux blancs pour signaler leurs véhicules. Cela provoquait quelque confusion puisque les civils français utilisaient toutes sortes d'étoffe blanche pour se faire reconnaître ... Il y a des raisons de croire que les Allemands firent quelque usage de ces draps blancs sur des charrettes à foin dans leur tentative désespérée de se retirer.*

"Well, we didn't exactly say, FLY off," conceded Ernie. "Whether they knew we were English troops or thought we were Germans, I don't know, but they kept coming in. Their bombs dropped all over the place, 500 pounders, I reckon, all through here. Not heavy bombs. They were only fighter bombers. Just two of them. They didn't know we were so far in or perhaps they thought the Germans had taken this place. It didn't do our morale a lot of good, I'll tell you!"

"I should think not," I said. "Did they hit you? Did you have any casualties?"

"No, they didn't hit us. Your Americans never could hit anything, could they, Bill? Not like our 'Tiffies' [*Typhoons*] ..."

« Bien, 'Fichez le camp' n'est pas exactement le terme qui fut employé » concéda Ernie. « Ou bien ils savaient que nous étions anglais ou ils pensaient que nous étions allemands, je ne sais pas, mais ils continuèrent leur intervention. Leurs bombes dégringolaient tout autour de nous, des 250 kilos, partout là. Pas des grosses bombes. C'était seulement des chasseurs-bombardiers. Ils étaient deux. Ils ne savaient pas que nous étions si avancés ou ils croyaient peut-être que les Allemands avaient repris la position. Ça ne faisait guère de bien à notre moral, je vous le dis! »

« Je ne pense pas, » dis-je. « Vous ont-ils touchés, avez-vous eu des pertes? »

« Non, ils ne nous ont pas atteints. Vos Américains n'atteignaient jamais leur cible, pas vrai, Bill. C'est pas comme nos 'Tiffies' [*Typhoons*] ... »

Ernie was using mock chauvinism to laugh off what had been a very nasty experience. Bill also remembered the afternoon attack of the *Thunderbolts* but, as he was at Battalion Headquarters, 200 yards or so back from where Ernie was, he was lucky not to have been as closely involved in the bombing.

We trudged on until we reached the Burcy road. Ernie stopped and looked to his right, towards where the Taflet farmhouse and Battalion Headquarters had been. "From here I could see everything blazing away around Battalion Headquarters. Everything was going up, 3-ton troop carriers, ammunition . . . Everything was going up in smoke. That's where we lost all the Battalion records. It was really frightening – and hot!"

Suddenly Ernie chuckled with delight as yet another memory came back to him. "I shall always remember writing home to my mother the next day and hoping she would read between the lines. I wrote, 'It's August Bank Holiday and it's one of the hottest I've ever known, in more ways than one!' It got past the censor! She did read between the lines so she knew I was in the thick of it somewhere."

Ernie then looked down the road to his left and across to the narrow field on the opposite side. "I think this is just about as far as the jeep driver came. If he had gone any farther along this road," and he gestured to his left, to the south, "he would have run into the Germans. Here he would be just out of their sight though they were still shelling and mortaring this area and there were a lot of machine-gun bullets flying around. And smoke! The place was covered in smoke! You could hardly see where you were going. And choking! You could hardly breathe!"

Ernie paused for a moment. "This is where my mate and me must have brought 'Basher'." He paused again, trying to throw his mind back all those years. Then he shook his head and said, apologetically, "I wish I could remember who the other stretcher-bearer was, Tom, but I can't. Ever since you first spoke to me about 'Basher', and I think that was nearly two years ago, wasn't it, I've tried to remember who the other bloke was but it just will not come back."

Ernie utilisait un semblant de chauvinisme pour tourner en plaisanterie ce qui avait été une sale aventure. Bill se souvenait aussi de l'attaque des *Thunderbolts* dans l'après-midi, mais comme il était au QG du Bataillon, environ deux cents mètres en arrière de l'endroit où se trouvait Ernie, il eut la chance de ne pas être pris d'aussi près dans le bombardement.

Nous continuâmes à marcher jusqu'à la route de Burcy. Ernie s'arrêta alors pour regarder à sa droite, vers l'endroit où se trouvaient la maison de la ferme Taflet et le QG du Bataillon. « D'ici, je pouvais voir tout flamber autour du QG. Tout explosait, les camions de transport de troupes, de munitions … Tout sautait en faisant une fumée! C'est là que nous avons perdu les archives du Bataillon. Vraiment, c'était effrayant – et ça chauffait! »

Soudain, Ernie gloussa de plaisir; un autre souvenir lui revenait. « Je me vois encore, écrivant à ma mère le lendemain, avec l'espoir qu'elle lirait entre les lignes: 'C'est le jour férié d'août et c'est un des plus chauds que j'aie jamais connu.' Ça passa à travers la censure! Elle lut vraiment entre les lignes, ainsi elle sut que j'étais en plein dedans quelque part. »

Puis Ernie regarda la route à sa gauche, le petit champ étroit était de l'autre côté. « Je crois que c'est à peu près jusque là que vint le chauffeur de la jeep. S'il était allé plus loin sur cette route », d'un geste, il indiqua sa gauche vers le sud, « il se serait trouvé au milieu des Allemands. Tandis que là, il était hors de leur vue, bien que leurs obus et bombes de mortier continuaient à pleuvoir sur ce secteur et que des quantités de balles de mitrailleuses volaient tout autour. Et la fumée! L'endroit était couvert de fumée! On voyait à peine où on allait! Et suffocant! On pouvait à peine respirer! »

Ernie fit une pause. « C'est là que mon copain et moi, nous avons dû ramener 'Basher'. » Il fit une nouvelle pause, essayant de projeter son esprit des années en arrière, puis il secoua la tête et dit, comme pour s'excuser, « Je voudrais bien pouvoir me rappeler qui était l'autre brancardier, Tom, mais je n'y arrive pas. Sans cesse, depuis que vous m'avez parlé la première fois de 'Basher', et je crois que c'était il y a presque deux ans, n'est-ce pas, j'ai essayé de me souvenir qui était l'autre gars, mais ça ne me revient pas. »

I murmured something reassuring but Ernie continued to pursue the subject. "You say the jeep driver was Norton, George Norton?"

"Yes," I said, "it was Mrs. Norton, his wife, who told me that. I put advertisements in the Harrogate papers . . ."

Bill interrupted. "We were in Harrogate during our training: in 1942 I think it was."

"Yes, that's why I put the notice in the papers there, two papers. Both ran it, which was good of them. I did it on a hunch. One of Sidney's pals, I think it was George Woodhouse, mentioned that Sidney used to 'date', as they now say, a girl named Ivy when you fellows were in Harrogate and I hoped that Ivy might see the notices and contact me. A pretty wild shot, I know, but there is so little known about Sidney, I'll try anything. Anyway, Ivy didn't come forward but Mrs. Norton did. She wrote to me in California and told me that it was her husband who took Sidney back to the Regimental Aid Post. Unfortunately, her husband died in 1963 . . ."

"Well," said Ernie, "if he took 'Basher' to the Regimental Aid Post he must have been the jeep driver. We wouldn't have carried him back all that way on a stretcher if we could put him on a jeep. Take too long. Norton must have brought his jeep right up here, as far as he could go but, to be honest, Tom, I just can't remember him. If his wife says so, it must have been Norton. She wouldn't make up a thing like that, would she, but I can't remember neither his name nor his face. You see, at that time I had only been with 'B' Company a few weeks."

"The Regimental Association in Norwich confirmed the name. But don't worry about it, Ernie," I reassured him, "maybe it will come back to you one of these days."

Coming to the aid of his distressed friend, Bill took his mind off the subject by asking him what he would say to a wounded man when he picked him up.

"I'd say, 'My, you're lucky! That's a nice clean wound. Nothing to worry about there. They'll have you fixed up in no time. A piece of cake!' Something like that, even if he was hit bad and you knew he'd never make it."

Je murmurai quelque chose de rassurant mais Ernie poursuivit son sujet. « Vous dites que le chauffeur de la jeep s'appelait Norton, George Norton? »

« Oui, » dis-je. « C'est Madame Norton, sa femme, qui me l'a dit. J'ai fait paraître un avis de recherche dans les journaux de Harrogate . . . »

Bill m'interrompit. « Nous étions à Harrogate pendant l'entraînement: je crois que c'était en 1942. »

« Oui, c'est pourquoi je fis paraître l'annonce, là, dans les deux journaux. Tous deux la passèrent, ce qui était bien de leur part. J'ai fait cela par intuition. Un des copains de Sidney, je crois que c'était George Woodhouse, mentionna que Sidney fréquentait une fille nommée Ivy quand vous, les gars, étiez à Harrogate et j'espérais que Ivy allait voir les annonces et me contacter. Un coup de chance, je le sais, mais on connait si peu de choses sur Sidney, il faut tout essayer. Mais si Ivy ne s'est pas manifestée, Mme. Norton l'a fait. Elle m'a écrit en Californie pour me dire que c'était son mari qui avait ramené Sidney au Poste de Secours. Malheureusement, son mari est mort depuis 1963 . . . »

« Bon, » dit Ernie, « s'il amena 'Basher' au Poste de Secours c'est lui qui conduisait la jeep. Nous ne l'aurions pas transporté sur un brancard tout ce chemin si nous avions pu le mettre sur une jeep. Cela aurait pris trop de temps. Norton dut amener sa jeep jusque là, aussi loin que cela lui était possible mais, à vrai dire, Tom, je ne me souviens pas de lui. Si sa femme le dit, ça devait être Norton. Elle n'aurait pas inventé une chose comme ça, n'est-ce pas, mais je ne me souviens ni de son nom ni de sa tête. Vous savez, à cette époque ça faisait seulement quelques semaines que j'appartenais à la Compagnie 'B'. »

« L'Association des Anciens du Régiment à Norwich a confirmé son nom, alors ne vous en faites pas pour ça, Ernie, » dis-je pour le rassurer, « peut-être que ça vous reviendra un de ces jours. »

Venant à l'aide de son ami désolé, Bill abandonna le sujet et lui demanda ce qu'il pouvait bien raconter à un blessé qu'il ramassait.

« Je lui disais, 'Mon gars, t'es verni! Ça, c'est une blessure bien propre. T'as pas besoin de t'en faire, va. Ils vont t'arranger ça en rien de temps. Du gâteau!' Quelque chose dans ce goût-là, même s'il était gravement touché et qu'on savait qu'il n'allait pas s'en tirer. »

"Can you remember what you said to Sidney?" I asked.

"No, I can't remember what I said to 'Basher'. I wonder if he was even conscious. He was very badly wounded, you know, a throat wound, I think it was, and in the abdomen also, I believe, but I may have heard about that later . . ."

Neither Bill nor I pressed the point. How could we expect Ernie to remember every wounded man he had brought in. There had been so many of them, not only here at Pavée, but in the battles before and after, not only in Normandy but also in Holland and Germany, right up to the very end. It never stopped. It seemed as if every day there were wounded boys to rescue, frightened boys to reassure and dying boys to hold and comfort as they died. At the time he was no more than a boy himself. It was just as well that he did not remember everything.

I could see that my questions had distressed Ernie so, to give him time to compose himself, I dropped back to run some video tape of the panoramic scene. Bill stayed with Ernie, talking quietly. I stayed out of earshot. This was a private moment between them and I did not want to intrude. I sensed that Bill, in his kindly, unobtrusive way was chatting with his friend with studied casualness to calm the tensions my questions had raised.

Though he didn't say much I knew that Bill had a strong affection and admiration for the former stretcher-bearer and while I busied myself with the camera I remembered how, on a previous meeting in Norwich, he had told me the details of the action for which Ernie had been awarded the Military Medal. Ernie, of course, had been reluctant to discuss it with me. All he would do was to give me a copy of the citation. It reads as follows:

During an attack on 16 October 1944, the Battalion was suffering heavy casualties. L/Cpl. Seaman was in charge of stretcher-bearers and throughout showed quite outstanding coolness and personal courage.

On one occasion, while attending to a casualty, he came under direct machine-gun fire. His own equipment was torn by bullets in

« Vous souvenez-vous de ce que vous avez dit à Sidney? » demandai-je.

« Non, je ne m'en souviens pas. Je me demande même s'il était conscient. Il était très grièvement blessé, vous savez, une blessure à la gorge, je pense que c'était ça, et une à l'abdomen aussi, je crois, mais il se peut que je l'aie su après . . . »

Ni Bill ni moi n'insistâmes sur ce point. Comment pouvions-nous nous attendre à ce que Ernie se souvienne de chaque blessé qu'il avait ramené. Il y en avait eu tant, non seulement ici, à Pavée, mais dans les batailles avant et après, pas seulement en Normandie mais aussi en Hollande et en Allemagne, jusqu'à la fin. Ça n'arrêtait jamais. Il semblait que chaque jour il y eût des blessés à secourir, des garçons effrayés à rassurer, des agonisants à soutenir et à réconforter pendant qu'ils mouraient. A cette époque, il n'était guère plus qu'un jeune homme lui-même. C'était aussi bien qu'il ne se souvienne de rien.

Je me rendis compte que mes questions avaient affecté Ernie. Pour lui donner le temps de se rasséréner, je fis quelques pas en arrière pour enregistrer en vidéo un panoramique de la scène. Bill, debout près d'Ernie parlait tranquillement. De l'endroit où j'étais je ne pouvais les entendre. C'était un moment d'intimité entre eux, et je ne voulais pas le troubler. Je sentais que Bill, à sa façon aimable et discrète bavardait avec son ami avec une insouciance calculée pour calmer la tension que mes questions avaient fait naître.

Bien qu'il n'en parlât pas beaucoup, je savais que Bill avait beaucoup d'affection et d'admiration pour l'ancien brancardier et tandis que je m'affairais avec la camera, je me souvins comment, lors d'une précédente réunion à Norwich, il m'avait donné les détails de l'action pour laquelle Ernie avait reçu la Médaille Militaire. Ernie, bien sûr, avait été réticent pour en parler avec moi. Tout ce qu'il accepta fut de me donner copie de sa citation. En voici le texte:

Au cours d'une attaque le 16 octobre 1944, le Bataillon subit de lourdes pertes. Le Caporal Seaman était responsable des brancardiers et d'un bout à l'autre de l'action fit preuve de sang-froid exceptionnel et de courage personnel.

Au moment où il soignait un blessé, il fut pris sous un tir de mitrailleuses, son équipement fut percé par les balles en deux endroits, mais il poursuivit

two places but he continued working in the open and then called up the other stretcher-bearer and carried off the casualty. Throughout this time he was under heavy enemy mortar fire.

Later in the day an officer was sniped in the next-door company area. There was only one stretcher-bearer left in that Company and L/Cpl. Seaman at once answered the call. He worked on a very nasty wound while under fire and while sniping was continuing.

He placed the officer on a stretcher and with the other man carried him off in full view of the enemy and under indirect fire to the advanced Regimental Aid Post.

His devotion to duty, personal courage and extreme coolness was of an outstanding nature throughout the battle. The confidence in this N.C.O. who has worked unceasingly since D-Day, is a fine tribute to his personal conduct and his services to his Battalion and Company are beyond praise.

There was a slight tinge of bitterness in his voice as Bill told me that all the men knew that Ernie had earned the Military Medal several times over before the action for which he eventually received it. He had been doing the same thing, day after day, risking his life to bring in wounded soldiers when no one else would attempt it, but this time, because the wounded soldier happened to be an officer, a Major in command of one of the Companies, he had been 'rewarded.'

I had been at a loss for something to say. After a while I asked whether the officer had survived.

"Oh! yes, he survived," said Bill. "Though he had been terribly wounded and his army career was over, they fixed him up. Eventually

I.W.M. No. B12789

Lance Corporal Ernie Seaman being decorated with the Military Medal by Field Marshal Montgomery.

Le caporal Ernie Seaman est décoré de la Médaille Militaire par le Feld-Maréchal Montgomery.

son travail à découvert, puis il fit venir l'autre brancardier et emmena le blessé. Tout ce temps, il subit un violent tir de mortiers ennemis.

Plus tard ce même jour, un officier fut atteint par un tireur embusqué dans le secteur d'une compagnie voisine. Il ne restait qu'un brancardier dans cette Compagnie et le Caporal Seaman répondit aussitôt à l'appel. Il soigna une très mauvaise blessure sous le feu, alors que le tireur continuait.

Il plaça l'officier sur le brancard et avec l'autre brancardier, il le transporta au Poste de Secours avancé, en pleine vue et sous le feu de l'ennemi.

Son sens du devoir, son courage et son extrême sang-froid témoignent d'une nature hors-ligne. La confiance en ce sous-officier qui a servi sans cesse depuis le Jour J est un bel hommage à sa conduite personnelle. Son dévouement à son Bataillon et à sa Compagnie sont au-delà de tout éloge.

Il y avait un léger soupçon d'amertume dans la voix de Bill lorsqu'il me dit que tous les hommes savaient qu'Ernie avait mérité la Médaille Militaire plusieurs fois déjà avant l'action pour laquelle elle lui fut accordée. Il avait accompli la même chose, jour après jour, risquant sa vie pour ramener des blessés quand personne d'autre ne voulait essayer d'y aller, mais cette fois, parce que le blessé était officier, un Commandant de l'une des Compagnies, il avait été "récompensé."

Je restai un instant sans trop savoir quoi dire. Après un moment, je demandai si l'officier s'en était sorti.

« Oh! oui, il s'en est tiré » dit Bill. « Ses blessures étaient terribles mais ils le remirent sur pied; sa carrière militaire était terminée. Par la suite il s'est

he married and had children and lived in Norfolk."

Bill had continued to speak. "You know, I was one of the lucky ones. Many better men than me didn't make it but I got through the war without being killed or wounded. Oh! a few scrapes and scratches, but nothing serious. There were times when I thought I was going to be killed and I was bloody frightened, I'll tell you, but I wasn't waiting all the time for it to happen, if you know what I mean. On the other hand, Ernie has told me – and I don't suppose he has told many people this – that for the last few months of the war, while we were in Germany, he was convinced that he was going to be killed. He just knew it was going to happen. It was like a premonition. By that time he was the only stretcher-bearer left in the Battalion who had been on the beach on D-Day. All his mates, and their replacements, had been killed or wounded. Every day the odds got shorter. It was only a question of time before it happened to him. That's what he thought. He was sure of it. Can you imagine the mental strain! It must have been unbearable and yet he never once showed it. He never once shirked his job. Now that's real courage for you!"

Even while Bill was speaking my mind had turned to a passage I remembered in Lord Moran's book, *The Anatomy of Courage*: *Courage is will power, whereof no man has an unlimited stock: and when in war it is used up, he is finished. A man's courage is his capital and he is always spending.* How very true! He might have added that, until the demand is made, a man does not know the state of his account or whether there is anything still in it to meet the new demand. And when his capital of courage is all spent, what then? If he is fortunate, no further call is made on the account and he is spared the secret, personal shame and self-reproach in later years of remembering that, at the end, he was unable to rise yet once more to the occasion.

I clicked off my camera and rejoined the two men just as Ernie turned to take one more look in the direction of the Les Cantuards buildings. "I knew this was the place as soon as I walked in here on that first day. If I was as sure of

marié, il a eu des enfants; il habitait dans le Norfolk. »

Bill continua de parler. « Vous savez, j'ai été un de ceux qui ont eu de la veine. Beaucoup de gars meilleurs que moi y sont restés, mais je suis passé à travers sans être tué ni blessé. Oh! quelques éraflures, quelques écorchures, mais rien de sérieux. Il y eut des moments où j'ai bien cru que j'allais y passer et j'avais drôlement la trouille, je vous le dis, mais je ne restais pas tout le temps à attendre que ça arrive, si vous voyez ce que je veux dire. D'autre part, Ernie m'a dit – et je suppose qu'il ne l'a pas raconté à beaucoup de gens – que dans les tout derniers mois de la guerre, en Allemagne, il était convaincu qu'il allait y passer. Il savait que ça allait lui arriver. C'était comme un pressentiment. A cette époque-là, il était le seul brancardier du Bataillon débarqué le Jour J à être encore vivant. Tous ses copains, tous ceux qui les avaient remplacés avaient été tués ou blessés. Chaque jour ses chances s'amenuisaient. Ce n'était plus qu'une question de temps pour que ça lui arrive. Il en était sûr. Pouvez-vous imaginer la pression morale? Ça devait être insupportable et cependant il ne le fit jamais voir. Pas une fois il ne se déroba à sa tâche. Alors ça, c'est vraiment du courage! »

Pendant que Bill parlait, mon esprit s'était porté vers un passage du livre de Lord Moran, médecin personnel de Churchill, dont je me souvenais, *L'Anatomie du Courage: Le courage est le pouvoir de la volonté dont aucun homme ne possède un stock illimité. Si au cours de la guerre ce stock est épuisé, l'homme est fini. Le courage de l'homme est son capital et il le dépense sans cesse.* Comme c'est vrai! Il aurait pu ajouter que, jusqu'à ce que la demande en soit faite, un homme ne connait ni l'état de son compte, ni s'il lui reste assez pour faire face à une nouvelle demande. Et quand son capital de courage est entièrement dépensé, que se passe-t-il ? S'il est chanceux, aucun autre appel n'est fait sur son compte et lui seront épargnés dans les années suivantes le remords secret et la honte personnelle du souvenir de son incapacité finale à affronter une telle situation une fois de plus.

Je verrouillai ma caméra et rejoignis les deux hommes juste comme Ernie se retournait pour jeter un regard en direction des bâtiments des Cantuards. « J'ai su que c'était le bon endroit dès que j'eus mis le pied ici le premier jour. Si j'étais aussi

winning the pools this week as I am of that I'd be all right!"

The three of us crossed into the stubble field on the other side of the road, the west side. Still trying to pin his memories down with meticulous accuracy, Ernie muttered that the field seemed larger than he remembered it. He didn't think it had been quite so wide. Bill, who had studied and memorized the 1947 aerial photograph given to me by M. Brisset, backed up his friend's memory by stating that, at the time of the battle, in 1944, this wide field had actually been two narrow fields with a hedge separating them.

Later, when I examined the aerial photograph and matched it up with what is on the ground today, I saw that Bill was exactly right. We must remember that immediately after the war, while cleaning up the devastation that the battles had left behind, many farmers in Normandy took the opportunity to enlarge their ancestral fields by removing shell-shattered hedges and trees so that they could more easily till the enlarged fields with the mechanical equipment that was then becoming available.

While we were talking, we had been walking parallel to the road but a good hundred paces or so in from it. We came to a thick, banked hedge – it has since been removed – and made our way awkwardly through it into yet another close, narrow field with another high-banked hedge facing us less than fifty yards away. The ground sloped down and away from us. We were now on the forward slope of Perrier Ridge, the ridge that had been entrusted to the NORMONS to hold at all costs. By common, unspoken agreement the three of us stopped. It was a beautiful, tranquil place. The fresh-scented morning air, the warm sun and the soothing country sounds must have presented such a contrast to my companions compared to what it had been like on the day of the battle, forty years before. Facing directly south, we could see for miles across the intervening valley to the forward slope of the next, German-held ridge. The familiar, patchwork-quilt pattern of small, hedge-enclosed fields continued on the distant slope. The Vire—Vassy road ran across

sûr de gagner à la loterie cette semaine ça serait épatant! »

Tous les trois, nous entrâmes dans le champ qui était de l'autre côté de la route, à l'ouest. Essayant encore de rassembler ses souvenirs avec une précision méticuleuse, Ernie grommela que le champ lui semblait plus grand qu'il ne s'en souvenait. Il ne croyait pas qu'il était aussi large. Bill qui avait étudié et mémorisé la photo aérienne de 1947 qui m'avait été remise par M. Brisset appuya la remarque de son ami en expliquant qu'au moment de la bataille, en 1944, à la place de ce grand champ, il en existait deux petits séparés par une haie.

Plus tard, lorsque j'examinai la photo aérienne et fis la comparaison avec ce qui existe aujourd'hui, je vis que Bill avait absolument raison. Nous devons nous rappeler qu'immédiatement après la guerre, pour effacer les ravages que les batailles avaient laissés derrière elles, beaucoup de fermiers normands saisirent l'occasion d'agrandir leurs champs ancestraux en faisant disparaître les arbres et les haies mutilés par les obus. Ainsi purent-ils plus facilement cultiver leurs champs avec l'équipement mécanisé dont on commençait à disposer.

En parlant, nous avions avancé d'environ une centaine de pas, parallèlement à la route. Nous arrivâmes à une haie épaisse, plantée sur un talus qui a depuis été nivelé. Nous la traversâmes tant bien que mal pour nous trouver dans un autre petit champ, bordé d'une autre haie sur un talus, à moins de cinquante mètres de nous. Le terrain descendait en pente légère devant nous. Nous étions maintenant sur le versant de la Hauteur de Perrier, la colline qui avait été confiée aux NORMONS avec l'ordre de la tenir à tout prix. D'un commun accord tacite, nous nous arrêtâmes tous les trois. L'endroit était magnifique et tranquille. L'air matinal chargé de senteurs fraîches, de soleil chaud, et les bruits apaisants de la campagne devaient offrir à mes deux compagnons un grand contraste au regard de ce que c'était le jour de la bataille, quarante ans plus tôt. Au-delà de la vallée, nous pouvions voir, à plusieurs kilomètres au sud, le versant de la colline tenu alors par les Allemands. Le tableau familier, damier de petits champs enclos de haies, s'étendait jusque sur la pente lointaine. La route de Vire à Vassy le

it. Its path was easy to pick out for it had been drawn with Roman disregard for contours in a long, arrow-straight line across the slope from right, the direction of Vire, to left, the direction of Vassy. Even as we gazed, the movement of tiny toy cars and trucks along the road caught our attention and prompted me to explain to the two soldiers why they had had to hold Perrier Ridge, and why the Germans, despite their depleted resources, had thrown in the might of both their formidable 9 and 10 SS Panzer Divisions to try to drive them off.

traversait. Son tracé était facile à suivre car il avait était dessiné comme le faisaient les Romains, sans faire de détours, droit comme un trait de flèche le long du versant, de la droite en direction de Vire, vers la gauche en direction de Vassy. Dans le paysage que nous contemplions, circulaient des voitures et des camions, tels de minuscules jouets. Ils attirèrent notre attention et m'incitèrent à expliquer aux deux soldats, mes compagnons, pourquoi ils avaient dû tenir la Hauteur de Perrier et pourquoi les Allemands, en dépit de l'épuisement de leurs forces avaient engagé la puissance de leurs deux formidables 9ème et 10ème SS Panzer Divisions pour essayer de les en déloger.

Looking south from the front trenches of the Pavée battlefield on the top of the western end of Perrier Ridge. The 'toy car' marks the position of the Vire–Vassy road just over a mile away. Vire is to the right, Vassy to the left.

Vue vers le sud à partir des positions avancées du champ de bataille de Pavée situées au sommet de l'extrémité ouest de la Hauteur du Perrier. La "voiture-jouet" marque la position de la route Vire–Vassy à environ deux kilomètres de là. Vire est vers la droite, Vassy vers la gauche.

Diffidently, for I hesitated to presume to expound to the two veterans what the battle had been about when they had actually fought in it while all I had done was read about it, I explained the strategic situation as it had been in the early days of August 1944. From here, on the top of the western end of Perrier Ridge, 11th Armoured Division could deny the use of the distant Vire—Vassy road to the Germans. This threat to their

Avec hésitation, car je n'osais prétendre faire aux deux vétérans un exposé sur ce qu'avait été la bataille dans ce secteur alors qu'ils y avaient eux-mêmes pris part et que j'en avais tout appris dans les livres, j'expliquai la situation stratégique telle qu'elle se présentait dans les premiers jours d'août 1944. De cet endroit, au sommet de l'extrémité ouest de la Hauteur du Perrier, la 11ème Division Blindée pouvait interdire aux Allemands l'utilisation de la

communications made them act with savage fury. II SS Panzer Corps brought round strong elements of its 10 SS Panzer Division to help out their embattled companion division, 9 SS Panzer. As the German history of their redoubtable II SS Panzer Corps shows, their orders were to eliminate this 'festering abscess' in their side even though the Perrier Ridge position was held by 'elite enemy troops.' The adversaries on the battlefield itself probably did not understand the special strategic importance of the road to Vire at that time but back at 21st Army Group Headquarters Montgomery certainly did.

Day by day and hour by hour, the massive banks of electronic vacuum tubes at Bletchley Park in Buckinghamshire, just north of London, were decyphering German Enigma-encoded messages into British ULTRA decrypts that gave all the details of Hitler's last, desperate plan to win the battle of Normandy by a sudden, concentrated armoured counter-attack through Mortain against the over-extended and over-audacious Americans.

"You mean Monty knew all along what the German plans were?" asked Bill.

"Yes, that's right," I said. "Sometimes he had the translated German orders in his hands before the German commanders did."

"Cor!," said Bill, "and all the time we thought it was God who was telling him!"

We laughed at the old joke about Monty's special relationship with the Almighty. Then Bill said sombrely, "I don't know about us being 'elite enemy troops'. All I know is that, by the time Jerry had finished with us here, we didn't feel like a threat to anyone. We were very thankful, I'll tell you, when they pulled us out and sent the Irish Guards in to relieve us. You know, that was one of the few times 'Claude', the CO, came round and told the lads they had done well. He didn't give praise lightly, expected you to do your job without a lot of back-slapping, but this time he made a point of it so you can tell what a fight it was."

route Vire—Vassy. Ce danger qui pesait sur leurs voies de communication les fit réagir vigoureusement. Le 2ème SS Panzer Corps y amena d'importants éléments de sa 10ème SS Panzer Division pour secourir leurs comparses de la 9ème SS Panzer Division déjà en ligne dans ce secteur. Comme le montre l'histoire du redoutable 2ème Corps SS Panzer écrite par les Allemands, ils avaient l'ordre de crever l'abcès en leur flanc même si la position du Perrier était tenue par des 'troupes d'élite ennemies.' A ce moment-là, les adversaires présents sur le champ de bataille ne se rendaient pas compte de l'importance stratégique de la route vers Vire, mais à l'arrière, dans son QG du 21ème Groupe d'Armées, Montgomery la connaissait certainement.

Jour après jour, heure par heure, une énorme quantité de tubes électroniques, à Bletchley Park dans le Buckinghamshire au nord de Londres déchiffraient des messages allemands codés par leur machine Enigma; par l'intermédiaire du service britannique ULTRA, on obtenait tous les détails des derniers plans désespérés de Hitler pour gagner la bataille de Normandie en lançant une contre-attaque de blindés, massive, brutale, à partir de Mortain contre les Américains, audacieux mais très étirés.

« Vous voulez dire que Monty fut toujours au courant des plans allemands? » demanda Bill.

« Oui, c'est exact » dis-je. « Quelquefois, il avait en mains les ordres allemands traduits avant que les généraux allemands ne les eûssent. »

« Sûr, » dit Bill, « et tout le temps nous pensions que c'était Dieu qui le renseignait! »

La vieille plaisanterie sur les relations spéciales de Monty avec le Tout-Puissant nous fit bien rire. Ensuite, Bill ajouta sérieusement « Je ne sais pas si nous étions les 'troupes d'élite ennemies.' Tout ce que je sais c'est que, lorsque Jerry en eut marre de nous, nous ne nous sentions un danger pour personne. Nous fûmes très reconnaissants, je vous le dis, quand ils nous retirèrent et qu'ils envoyèrent les Irish Guards pour nous relever. Vous savez, ce fut une des rares fois où 'Claude', le commandant, vint dans le coin pour dire aux gars qu'ils avaient bien fait leur travail. Il n'avait pas l'habitude de décerner des louanges à la légère, il comptait bien qu'on fasse le boulot sans nous passer la main dans le dos. Mais cette fois, il s'en fit un devoir, c'est vous dire que le combat avait été rude. »

Ernie, silent and thoughtful again, nodded grimly and led us through one more hedge – it has since been dug out – into the next field. This field was a meadow carpeted with soft, silver-green, knee-high grass that shimmered as the morning breeze touched it and whispered secrets to us as we waded through it.

"This is where we picked up Basher, out there in the middle of this field."

It was the same field that M. Chatel and we had looked at from the road the previous evening.

As I looked across at the hedge that confronted us less than 100 yards away, I could see that the ground beyond the hedge dropped away more steeply than the field in which we stood. The wording of the citation that described Sidney's action went through my mind. By now I knew the simple, eloquent words by heart. The hedge in front of us was *the position which the enemy had, by this time, pinpointed with their heavy and accurate artillery and mortar programme.* The hedge which the three of us had just scrambled through was *the alternative position whence he [Sidney] appreciated he could better counter the enemy thrust. As the enemy wedge grew still deeper* in the area occupied by the section [Sidney's section] *about 50 to 60 Germans, supported by machine-guns and mortars* assembled in the steeper, dead ground beyond the opposite hedge. Sidney and his small, depleted section of five or six men were all that stood between the Germans and Battalion headquarters. The citation did not mention how, at that moment, little 'Tojo' Tomlin, the wounded 18-year-old section Bren-gunner from Bethnal Green, whom Sidney was holding up as they made for cover, was killed outright in his arms by a bullet through the head. *Seeing that the situation was becoming desperate, Corporal*

I.W.M. No. B11861
Lieutenant Colonel R. H. Bellamy being decorated with the Distinguished Service Order by Field Marshal Montgomery.

Ernie, de nouveau silencieux et pensif approuva fermement d'un signe de la tête, et nous conduisit à travers une nouvelle haie – disparue depuis – dans un autre champ. C'était une prairie dont l'herbe tendre, d'un vert argenté, nous arrivait au genou, ondulait sous la caresse de la brise matinale et nous murmurait des secrets.

« C'est ici que nous avons ramassé Basher, là dans le milieu du champ. »

C'était le même champ que Monsieur Chatel nous avait fait voir de la route la veille au soir.

Mon regard se porta sur la haie à moins de cent mètres en face de nous; par-delà, je pus voir que la pente du terrain était plus accentuée que celle du champ où nous étions. Le texte de la citation qui décrivait l'action de Sidney me revint à l'esprit. J'en connaissais à présent par cœur les mots simples et éloquents. La haie en face de nous était *la position que l'ennemi avait repérée pour les tirs violents et précis de ses mortiers et de son artillerie.* La haie que nous venions juste de franchir était *la position alternative d'où il [Sidney] jugea qu'il pouvait mieux contrer l'assaut de l'ennemi. Alors que la pénétration ennemie devenait de plus en plus profonde* dans le secteur occupé par la section [la section de Sidney], *environ 50 à 60 Allemands, appuyés par des mitrailleuses et des mortiers*, s'assemblaient dans le repli de terrain en contre-bas de la haie d'en face. Sidney, avec sa section réduite à cinq ou six hommes était tout ce qui restait entre les Allemands et le QG du Bataillon. La citation ne mentionnait pas comment, à ce moment-là, le petit 'Tojo' Tomlin, 18 ans, de Bethnal Green, mitrailleur de la section qui venait d'être blessé, soutenu par Sidney qui tentait de le mettre à l'abri, fut tué dans ses bras par une balle en pleine tête. *Voyant que la situation devenait désespérée, le*

Bates then seized a light machine-gun ['Tojo''s Bren gun] and charged the enemy, moving forward through a hail of bullets and splinters and firing the gun from the hip.

"Surely," I sighed, "there must be at least one eyewitness who survived. " The others listened quietly as, once again, I told them of my frustration at not being able to find even one eyewitness to the action. (Since writing this, one eyewitness has been found. He is ex-Private Bill Ward of Dorking, Surrey, who was in Corporal Bates's section from D-Day.) I told them that Major Cooper-Key, Sidney's Company Commander, had sent in the names of five eyewitnesses when he put in the recommendation that Corporal Bates be awarded the Victoria Cross even though Army Regulations called for only three witnesses. Was this, I wondered, because it was well known that the Field Marshal, who would have to approve the recommendation before it was forwarded to the King, arbitrarily set his own, even more stringent standards? In this case the primary witness had been Sergeant Smith, the platoon sergeant of 11 Platoon, Sidney's platoon. Colonel Cooper-Key remembered him as "one of the coolest men in battle I ever knew."

"'Smodger' Smith, yes, I remember him," said Bill. "He was a quiet man, a regular soldier, dour, very moody but knew his stuff. He got the Military Medal here, didn't he?"

"Yes, that's right, he did," I said, "and, as you know, he later took a field commission . . ."

Ernie interrupted. "He was Lieutenant Smith when he was killed at Kervenheim, in Holland. Hit by tracers. A terrible death. Burnt right through his body. I can hear him screaming now . . ."

We were silent for a moment and then I continued. "Even though five witnesses had signed, the papers were sent back to Major Cooper-Key with a request for one more witness. I suppose

Private John 'Tojo' Tomlin
11 Platoon, 'B' Company,
1 Royal Norfolk Regiment

Caporal Bates saisit alors un fusil-mitrailleur [le Bren gun de 'Tojo'] et chargea l'ennemi, en avançant sous une pluie de balles et d'éclats, et en tirant, l'arme à la hanche.

« Sûrement, » soupirai-je, « il doit bien y avoir au moins un témoin qui a survécu. Les deux autres m'écoutèrent tranquillement leur répéter ma frustration de n'avoir pu retrouver au moins un témoin de l'action. (Depuis, un témoin a été retrouvé. Il s'agit du soldat Bill Ward de Dorking dans le Surrey, qui faisait partie de la section de Bates depuis le Jour J) Je leur racontai que le Major Cooper-Key, Commandant de la Compagnie de Sidney, avait fourni les noms de cinq témoins lorsqu'il déposa la recommandation pour que le Caporal Bates recût la Victoria Cross alors même que le règlement militaire ne demande seulement que trois témoignages. Etait-ce parce qu'il était bien connu, me demandai-je, que le Maréchal qui devrait approuver la recommandation avant sa remise au Roi, appliquait arbitrairement ses propres règles, encore plus rigoureuses? En ce cas le premier cité était le Sergent Smith, commandant le 11ème Peloton, celui de Sidney. Le Colonel Cooper-Key se souvenait de lui comme "un homme impassible dans la bataille, tel que je n'en ai jamais vu."

« 'Smodger' Smith, oui, je m'en souviens » dit Bill. « C'était un homme tranquille, soldat de métier, austère, très versatile mais qui connaissait son affaire. Il gagna la Médaille Militaire ici, n'est-ce pas? »

« Oui, c'est exact, » dis-je, « et vous le savez certainement, il fut promu officier . . . »

Ernie m'interrompit. « Smith était devenu Lieutenant quand il fut tué à Kervenheim en Hollande. Atteint par des balles traçantes. Une mort terrible. Le corps brûlé de l'intérieur. Je l'entends encore crier . . . »

Après un instant de silence, je poursuivis: « Bien que cinq témoins eussent signé la demande, le dossier fut retourné au Major Cooper-Key avec une requête pour un témoin supplémentaire. Je

this was because none of the witnesses was an officer. Well, Major Cooper-Key was determined that Corporal Bates should get the award and he managed to find another witness and sent the recommendation back again. It was accepted on the second submission."

"I never heard that before," said Bill. "That was a decent thing for him to do. Some other officers might not have gone to all the trouble, especially at that time when we were in constant action for many more days."

"Oh no!," said Ernie, "Major Cooper-Key was a good officer. He looked after his men. Mind you," and Ernie chuckled at the memory, "we used to joke about him because he was always so particular about his appearance, even on the battlefield. He was always having his batman trim his hair. The stuff would be flying all around us and the two of them would be sitting in the bottom of a trench, Cunningham, his batman, clipping away with the scissors."

Bill laughed at the memory and reminded Ernie of the time the men had shared some captured German loot among themselves. On behalf of the Major, they had awarded Cunningham the perfumed hair oil found in a German officer's dugout.

I went on to recount how, for the last year and a half, I had tried to find the original recommendation papers that Major Cooper-Key had sent in. I reasoned that if I could find those papers I would learn the names of the other five witnesses in addition to the late Lieutenant Smith. I could then make enquiries to see if any

I.W.M. No. B11875

Lieutenant George Smith being decorated with the Military Medal by Field Marshal Montgomery. He was awarded the Military Medal for his bravery in the battle of Pavée while a Sergeant in command of No. 11 Platoon of 'B' Company 1st Royal Norfolk Regiment.

Le Lieutenant George Smith décoré de la Médaille Militaire par le Maréchal Montgomery. La Médaille Militaire lui fut attribuée pour sa bravoure à la bataille de Pavée où, en tant que Sergent, il commandait le 11ème Peloton de la Compagnie 'B' du 1er Royal Norfolk Regiment.

suppose que c'était parce qu'aucun des témoins n'était officier. Alors, le Major Cooper-Key, bien décidé à ce que le Caporal Bates obtînt sa décoration, s'arrangea pour trouver un sixième témoin et renvoya la recommandation. Elle fut, cette fois, acceptée. »

« Je n'avais jamais entendu parler de cela avant, » dit Bill. « Il était normal qu'il le fit. D'autres officiers auraient très bien pu ne pas se donner toute cette peine, surtout à ce moment-là d'un combat mené sans répit depuis de nombreux jours. »

« Oh! Non » dit Ernie, « Major Cooper-Key était un bon officier. Il prenait soin de ses hommes, je vous assure. » Ernie esquissa un sourire pour ajouter: « On racontait des blagues à son sujet parce qu'il était toujours très méticuleux dans sa présentation, même sur le champ de bataille. Son ordonnance était toujours en train de lui couper les cheveux. Tout aurait pu voler en éclats autour de nous, on aurait quand même vu nos deux hommes assis dans le fond d'une tranchée, Cunningham, son ordonnance, les ciseaux à la main. »

Bill rit à l'évocation de ce souvenir et rappela à Ernie le temps où les hommes s'étaient partagé un butin pris aux Allemands. A l'intention du Major, ils avaient attribué à Cunningham un flacon de brillantine découvert dans l'abri d'un officier allemand.

Je repris mon récit pour expliquer comment, depuis un an et demi, j'avais essayé de retrouver l'original du dossier de recommandation que le Major Cooper-Key avait transmis. Je me disais que si je pouvais retrouver ce dossier, je connaîtrais le nom des cinq témoins autres que feu le Lieutenant Smith. En ce cas je pouvais entreprendre des recherches pour voir si l'un d'eux était

of them were still alive. However, I had had no success and, much as I hated to, I now had to admit that the papers were lost, probably destroyed, though how anyone could destroy documents of such interest . . .

Bill said, "'Mousy' Mason may have been a witness. I know he was in 'B' Company and I know he was in this battle."

"I don't think he can help," I said. "I believe he was in 12 Platoon and they were way over to the left of Sidney's position and could not have seen him in action. No, it would have to be someone who was in 11 Platoon or it may have been someone in the left forward section of 'C' Company. 'C' Company was immediately to the right of Sidney Bates's section though there was a wide gap between them as all the Companies were short of men. They were very thin on the ground. The 'thin red line' all over again! And, as you know, soon after Sidney's action, 'C' Company was in the thick of it when the main attack of the German *Tigers* came in from the west, from the direction of Le Coisel."

I was sure I had it right. The previous August, Eric Cooper-Key had described the disposition of 'B' Company in detail and I was sure that, although he had been mistaken in his identification of the battle field, his memory of how he fought his part of the battle was unassailable: 12 Platoon under Sergeant Tim Parker, MM, on the left, 11 Platoon under Sergeant G. A. Smith on the right and 10 Platoon in reserve with himself back at 'B' Company headquarters.

Almost talking to myself, I went on. "There is one last person who may be able to help me if I can find him. He is Company Sergeant Major Terry Adams. Colonel Cooper-Key remembers that CSM Adams was with him back at 'B' Company headquarters during the battle. If CSM Adams has a good memory he may be able to give me some names. But I haven't been able to find him. They say he was last heard of in the Cambridge area but that is as far as I've been able to trace him."

"Yes, we've been trying to get in touch with Terry Adams but without any luck so far," said Bill. "It's funny how some fellows disappear completely.

encore vivant. Mais, je n'ai pas réussi et à mon grand regret j'ai dû admettre que le dossier avait été égaré, probablement détruit, encore qu'on peut se demander comment quelqu'un a pu détruire des documents d'un si grand intérêt . . .

Bill dit: « 'Mousy' Mason a pu être l'un des témoins. Je sais qu'il était dans la Compagnie 'B' et qu'il a participé à la bataille. »

« Je ne pense pas qu'il puisse être utile », dis-je. « Je crois qu'il était du 12ème Peloton, loin à gauche de la position de Sidney sans possibilité de le voir agir. Non, ça devait être quelqu'un du 11ème Peloton ou peut-être quelqu'un de la section avancée de la Compagnie 'C'. Cette Compagnie était établie immédiatement à la droite de la section de Sidney Bates, encore qu'il y avait un grand vide entre eux car toutes les compagnies manquaient d'hommes. Ils étaient clairsemés sur le terrain. Et comme vous le savez peu de temps après l'intervention de Sidney, la Compagnie 'C' fut au plus fort de la bataille lorsque la principale attaque des *Tigers* allemands fut lancée de l'ouest, à partir du Coisel. »

J'étais sûr d'avoir bien compris. Au mois d'août précédent, Eric Cooper-Key avait décrit la disposition de la Compagnie 'B' en détail et je suis sûr que même s'il s'était trompé dans la localisation du champ de bataille, son souvenir de la façon dont il effectua sa part dans la bataille était inattaquable: le 12ème Peloton du Sergent Tim Parker, MM, sur la gauche, le 11ème Peloton du Sergent G. A. Smith sur la droite et le 10ème Peloton en réserve avec lui, derrière, au QG de la Compagnie 'B'.

Comme si je me parlais à moi-même, je poursuivis: « Il y a une dernière personne qui peut m'aider si je peux la retrouver. C'est le Sergent-Major de Compagnie Adams. Le Colonel Cooper-Key se souvient qu'il était avec lui à l'arrière au QG de la Compagnie 'B' pendant la bataille. Si le Sergent-Major Adams a une bonne mémoire, il peut peut-être me donner des noms. Mais je n'ai pas pu le trouver. On dit que la dernière fois qu'on a eu de ses nouvelles, il était dans la région de Cambridge mais c'est bien trop vague pour pouvoir mettre la main dessus. »

« Oui, nous avons essayé de reprendre contact avec Terry Adams mais sans succès jusque là, » dit Bill. « C'est curieux comme certains gars disparaissent

I wish we could help. We've put the word out among the lads."

While I was video-taping the scene, my microphone picked up Ernie's comments, spoken softly as if he were talking to himself – or to those who were no longer there.

"You want to hold on to all these ridges. Once you start giving them away you've half lost the battle, haven't you. It's the high ground what you've got to hold, especially in this country."

Was he reassuring those who had died here, and on other ridges and hills, like Hill 112 and Mont Pinçon, that they had not been sacrificed senselessly?

"Jerry had to come up the hill. We were stuck on the top. He wanted it and we had to hold it. From here he would be able to see everything, wouldn't he?"

"We were in the same position here as they had been in *Lerbeesee* except that we hadn't got established . . ."

Bill interjected to remind Ernie that at Lébisey Wood they had had no cover when going into the attack whereas here the Germans had a hedge every 100 yards or so.

"Well, that's true. It was easier for Jerry. But Basher really did a job on them. There were dead Germans all over this field. And I know there were dead Germans on the other side of that hedge because I picked them up myself the day after."

Ernie gazed around and again, as at Lébisey Wood, he pointed out the trees that were survivors of the battle that had raged here.

"I always had visions of this little field in my mind, ever since I left. I only hope Sidney's family is as pleased as I am that we found it."

I assured Ernie that the family, especially Bert, Sid's younger brother, would, indeed, be very pleased and grateful that he had taken the trouble to go back to Normandy and help me with the search.

I looked around for one last time. "It's hard to believe it all happened here, in this field. It's so beautiful, so peaceful . . ."

"Yes," said Ernie, "it's a long time ago but I'm really glad we found it."

complètement. J'aimerais que nous puissions vous aider. Nous avons fait passer la consigne aux copains. »

Tandis que je filmais la scène, mon microphone enregistrait les commentaires qu'Ernie exprimait d'une voix feutrée, comme s'il s'était parlé à lui-même – ou à ceux qui n'étaient plus là.

« Il faut vous accrocher à toutes ces hauteurs. Une fois que vous commencez à céder du terrain, vous avez déjà perdu la moitié de la bataille.Ce sont les hauteurs que vous devez tenir, surtout dans cette contrée. »

Essayait-il de rassurer ceux qui avaient péri là et sur les autres hauteurs ou les autres collines, comme la Côte 112 ou le Mont Pinçon, en leur disant qu'ils n'avaient pas été sacrifiés stupidement?

« Jerry devait s'emparer de la colline. Nous, nous étions collés au sommet. Il la voulait et nous, nous devions nous y maintenir. De là, il aurait pu tout voir, tout observer, n'est-ce pas? »

« Nous étions dans la même position ici qu'ils étaient, eux, à 'Lerbeesee' avec cette différence que nos positions à nous n'existaient pas . . . »

Bill intervint pour rappeler à Ernie qu'au Bois de Lébisey, ils n'avaient aucune couverture pour aller à l'attaque alors qu'ici les Allemands avaient une haie tout les cent mètres ou presque.

« Bon, c'est d'accord. C'était plus facile pour Jerry. Mais 'Basher' en fit un réel massacre. Il y avait des cadavres allemands partout dans le champ. Et je sais qu'il y en avait aussi de l'autre côté de cette haie car c'est moi-même qui les ai ramassés le lendemain. »

Ernie jeta un regard tout autour de lui. Comme il l'avait fait au Bois de Lébisey, il désigna les arbres qui avaient survécu à la terrible bataille qui s'était déroulée ici.

« Je n'avais plus autre chose en tête, dès lors que j'eus quitté, que de retrouver ce petit champ. J'espère au moins que la famille de Sidney est aussi contente que moi de l'avoir retrouvé. »

J'affirmai à Ernie que la famille, surtout Bert, le plus jeune frère de Sid, serait très contente et reconnaissante qu'il ait pris la peine de revenir en Normandie pour m'aider dans mes recherches.

Je regardai les alentours une dernière fois. « Il est difficile de penser que tout ça s'est passé ici, dans ce champ. C'est si beau, si paisible . . . »

« Oui, » dit Ernie, « il y a longtemps, mais je suis réellement très content que nous l'ayons trouvé. »

With that, the three of us silently walked the length of the hedgerow to the road and left the field. The search for Sidney was over in Normandy but the search for further information about the Camberwell boy would continue in England and in Scotland and even in far-distant Canada.

Là-dessus, tous trois, silencieusement, nous partîmes vers la route, marchant le long de la haie sur la gauche du champ. La recherche de Sidney était terminée mais la quête d'autres renseignements sur le garçon de Camberwell allait continuer en Angleterre, en Ecosse et même au lointain Canada.

The field in which Corporal Sidney 'Basher' Bates of the 1st Battalion The Royal Norfolk Regiment made his solitary last stand on 6 August, 1944, for which act of valour and self-sacrifice he was posthumously awarded the Victoria Cross.

Summer grasses . . . all that is left of the dreams of soldiers. [Basho, 17th century Japanese poet]

Le champ dans lequel le Caporal Sidney 'Basher' Bates du 1er Battalion The Royal Norfolk Regiment livra, seul, son dernier combat, le 6 août 1944. Pour cet acte de bravoure et de sacrifice de soi, il reçut la Victoria Cross à titre posthume.

Herbes de l'été . . . tout ce qui reste des rêves de soldats. [Basho, poète Japonais du 17ème siècle]

CHENEDOLLE

NOW THAT WE HAD COMPLETED OUR MISSION AT Pavée we had the rest of the day to fill in. What should we do? I suggested that we should visit the Souleuvre Bridge that, just a few days before, had been renamed the *Bridge of Bulls* in honour of the Charging Bulls of 11th Armoured Division. I reminded them that Major General 'Pip' Roberts, the Commander of this Division, had said that the two crucial incidents in Operation BLUECOAT were, firstly, the lucky capture, intact, of the Souleuvre Bridge and, secondly, the audacious, short-range penetration through the German lines that resulted in seizing and holding Perrier Ridge. Not only did the British breakout of Operation BLUECOAT ensure that the Americans could succeed with their Operation COBRA, but it also ensured that, when Hitler suddenly turned his Mortain armoured counter-attack on them – Operation LÜTTICH – it would be contained and defeated. The other two readily agreed with my suggestion but, in addition, Bill mentioned that, while in the vicinity, he would like to visit the British cemetery at St. Charles de Percy. He had promised 'Chalky' White that he would try to find 'Tug' Wilson's grave there.

And so it was agreed. But before leaving Perrier Ridge, on an impulse, I said I would like to see Chênedollé. It was not far from where we were. The name featured in the German accounts of the battle for it had been the headquarters of one of the units of 10 SS Panzer Division, probably the very unit that sent the panzer-grenadiers into the attack against the NorMons. The other two allowed me my whim on condition that I, *The Pathfinder*, guaranteed not to get them lost among the country lanes! So off we went, leaving Pavée and Perrier Ridge behind us with all their harrowing and heroic memories.

From Pavée we drove south down the 'jeep track' straight towards the Germans. We were now a patrol in enemy territory. Stealing a glance at them, I saw the other two were looking to left and right with kestrel intentness as we crossed the Pouraison stream. On 11 August, their replace-

CHENEDOLLE

MAINTENANT QUE NOUS AVIONS ACCOMPLI NOTRE mission à Pavée, il nous fallait nous occuper le reste de la journée. Que faire? Je suggérai d'aller voir le pont sur la Souleuvre qui, quelques jours auparavant, venait d'être nommé *Le Pont du Taureau*, en honneur des Charging Bulls de la 11ème Division Blindée Britannique. Je leur rappelai que le Général 'Pip' Roberts, commandant de cette Division, avait dit que les deux facteurs décisifs de l'Opération BLUECOAT étaient d'abord la capture du pont, intact, par chance puis, ensuite l'audacieuse pénétration des lignes allemandes qui permit de saisir et de tenir les Hauteurs du Perrier. Non seulement la percée britannique dans l'Opération BLUECOAT assura le succès de l'Opération COBRA, lancée par les Américains, mais elle assura aussi que, lorsque Hitler lança sa contre-attaque de blindés à Mortain contre les Américains – l'Opération LÜTTICH – elle fut contenue et défaite. Mes deux compagnons acceptèrent volontiers ma suggestion, mais, en plus, Bill mentionna que, puisqu'ils étaient dans le secteur, il aimerait aller au Cimetière Militaire Britannique de St. Charles de Percy. Il avait promis à 'Chalky' White qu'il essaierait d'y trouver la tombe de 'Tug' Wilson.

Ainsi nous nous étions mis d'accord, mais avant de quitter la Hauteur du Perrier, sur une impulsion, je déclarai que j'aimerais voir Chênedollé. Ce n'était pas loin de l'endroit où nous étions. Le nom figura dans les compte-rendus allemands de la bataille car ce fut le QG de l'une des unités de la 10ème SS Panzer Division, probablement celle qui envoya ses panzer-grenadiers à l'attaque des NorMons. Cette fantaisie me fut accordée à condition que *l'Eclaireur* garantisse de ne pas les perdre dans les petites routes de campagne! Nous voilà donc partis, laissant derrière nous Pavée et la Hauteur du Perrier avec leurs poignants et héroïques souvenirs.

De Pavée, nous partîmes vers le sud, le 'chemin de la jeep' tout droit vers les Allemands. Nous étions maintenant une patrouille en territoire ennemi. En les surveillant du coin de l'œil, je vis que mes deux passagers regardaient à gauche et à droite, avec l'acuité d'un faucon, lorsque nous franchîmes

ment, the Irish Guards, had fought a sharp engagement here with the retreating enemy. When we arrived at the tee-junction we picked up the sign to the left, to Chênedollé, and, before we realized it, had driven through the village. Chênedollé was, literally, just a few houses scattered around a crossroads. We didn't see a soul. Not even a dog barked. There were no signs of the Germans, none! They had left forty years ago and the villagers had, as in most of Normandy, cleansed away every scrap of evidence that they had ever infested their village. Now they were content to be back in the centuries-old tranquility of their Norman countryside and life style.

Having seen the harmless, sleeping village, the latent menace of its name was exorcised completely from our imaginations and we drove on, untroubled, to our next destination.

le ruisseau Pouraison. Le 11 août, leurs remplaçants des Irish Guards avaient eu ici un très sérieux engagement avec l'ennemi en retraite. Arrivés au carrefour la direction de Chênedollé nous était indiquée à gauche. Avant de nous en apercevoir nous étions dans le village. Chênedollé c'était seulement quelques maisons disséminées autour d'un carrefour. Nous ne vîmes pas une âme. Pas même un chien qui aboie. Il n'y avait pas trace des Allemands, aucune. Ils étaient partis il y a quarante ans et les villageois avaient, comme partout en Normandie, effacé toute trace de leur passage et de leurs méfaits. Maintenant ils étaient contents d'être revenus à la tranquillité séculaire de leur campagne normande et à leur style de vie.

Ayant vu l'inoffensif village endormi, la menace latente que représentait son nom fut complètement exorcisée de nos imaginations et nous partîmes, tranquilles, vers notre prochaine destination.

Chênedollé . . . just a few houses around a crossroads.

Chênedollé . . . juste quelques maisons autour d'un carrefour.

THE BRIDGE OF BULLS

LE PONT DU TAUREAU

THE DRIVE NORTH TO THE SOULEUVRE RIVER through a changing countryside was a pleasant interlude as the three of us chatted together easily. The flow of reminiscences from the two Norfolk men was endless and I wished I could have taped all their conversations. I was amazed at their powers of total recall until I realized that, like the storytellers of old, before the invention of writing, their way of preserving the 'tribal' memories of what they had gone through together was to repeat the tales

LE TRAJET AU NORD, EN DIRECTION DE LA SOULEUVRE à travers un paysage changeant fut un interlude agréable pendant lequel nous bavardâmes à loisir. Le flot de souvenirs des deux hommes du Norfolk était intarissable et j'aurais aimé pouvoir enregistrer toute leur conversation. Je fus émerveillé par la puissance de leur mémoire jusqu'à ce que je réalise que, tels les conteurs de jadis, avant l'invention de l'écriture, leur façon de conserver les 'mémoires tribales' de l'expérience commune, était de répéter les récits encore et encore. C'était

over and over again. It was as if they mistrusted the written word and only trusted the word of mouth. This rich flood of anecdote cried out to be recorded as oral history before it was all lost.

Most of the anecdotes were amusing, generally relating to some act of comedy or buffoonery and often told against themselves. Some of the stories were obviously favourites which they never tired of hearing again and again. One of their favourites, and I too came to delight in it, was the story of how Bill Holden and 'Tubby' Pratt, his section commander, had wandered around one night in their Bren-gun carrier while following a faint country track in the dark. They soon realized they were lost. They did not know whether they were in their own or enemy territory. They crept along without lights, wishing there was some way they could muffle the sound of their tracks, hoping they would pick up a landmark they could recognize before they were picked up by a German patrol. Suddenly they saw a sharp-cornered object in front of them on the track. They stopped just in time before they hit it. A narrow escape! What was it? Was it some sort of mine? They couldn't drive past it in the narrow lane so they got out and approached it gingerly, half expecting a burst of machine-gun fire to cut them down as they walked into an ambush. When they got close to the object they realized, first with a sense of enormous relief at their escape from death, and then with a sense of delight at their incredible good luck, that they had found a whole, unopened, 14-pack container of rations! It had dropped off some passing RASC lorry. Quickly they heaved it on to the back of their carrier with the rest of their gear and, reassured by this sign from on high that their luck was in, clattered on in the darkness until they found themselves safely back with their mates in their own lines.

It was an unwritten law that you always shared any loot with your pals and the whisper about their lucky find soon went round the section. But the whisper was a little too loud for, just as they were breaking open the box and sharing out the contents, a senior NCO, suspicious of the excitement in the dark around the

comme s'ils se méfiaient de l'écrit et faisaient confiance à la parole. Ce riche flot d'anecdotes appelait à être enregistré avant qu'il soit entièrement perdu.

La plupart des anecdotes étaient amusantes, généralement liées à une situation comique ou bouffonne, racontée pour se moquer de soi. Quelques unes de ces histoires étaient favorites et ils ne se fatiguaient pas de les écouter encore et toujours. L'une d'elles, et j'en vins aussi à m'en régaler, était l'histoire de Bill Holden et 'Tubby' Pratt, son chef de section, qui errèrent une nuit avec leur chenillette en suivant un chemin à peine visible dans l'obscurité. Ils comprirent bientôt qu'ils s'étaient perdus. Ils ne savaient plus s'ils étaient en territoire ennemi ou sur le leur. Ils se faufilèrent sans lumière, souhaitant trouver un moyen d'étouffer le bruit de leurs chenilles, espérant trouver un point de repère reconnaissable avant qu'ils soient épinglés par une patrouille allemande. Soudain, ils entrevirent un objet aux formes angulaires devant eux sur le chemin. Ils s'arrêtèrent juste à temps pour ne pas le toucher. De justesse! Qu'est-ce que ça pouvait bien être? Etait-ce une mine? Ils ne pouvaient pas passer à côté, le chemin était trop étroit, alors ils descendirent de leur véhicule et s'approchèrent avec précaution, s'attendant presque à être fauchés par une rafale de mitrailleuse s'il s'agissait d'une embuscade. Parvenus près de l'objet, ils éprouvèrent d'abord l'énorme soulagement d'avoir échappé à la mort, ensuite le plaisir d'avoir une chance incroyable en trouvant une caisse entière de rations, pas encore ouverte! Elle avait dû tomber d'un camion de ravitaillement. Elle fut rapidement hissée à l'arrière du véhicule avec le reste de leur harnachement. Rassurés par ce signe venu d'en-haut, ils s'estimèrent en période de chance et continuèrent à rouler avec fracas jusqu'à ce qu'ils se retrouvent sans encombre, dans leurs lignes avec leurs copains.

C'était une règle non écrite de partager un butin avec les copains. Le bruit de leur chanceuse découverte fit bientôt le tour de la section. Mais le bruit fut un peu trop fort car, juste comme ils ouvraient la boîte pour en distribuer le contenu, un sous-officier trouvant louche cette excitation nocturne autour du véhicule, vint se rendre compte de

carrier, came to investigate. He immediately took in what was happening. One of the men hurriedly explained that they had not stolen the box of rations: 'Tubby' Pratt had found it on the track. Nevertheless, said the sergeant, they knew very well that the find should be returned, unopened, to the Quartermaster. A quick-witted conspirator, probably a cockney, suggested that perhaps the sergeant would like to share in their good fortune. Well, that changed things! So they handed over the choice items in the ration kit to the NCO and divided up what remained among themselves, bitter at having to pay him off but still delighted with their find.

It wasn't till the next morning, when 'Tubby' was checking out the gear on the carrier, that the terrible truth struck him. Last night, while Bill and he were bouncing around in the dark, they had gone a full circle and the ration box they had found on the track was one that had fallen off their own carrier! They had bribed the sergeant with their own rations!

I wondered how many of the stories were apocryphal and how many were true. It didn't matter, of course, that the line between imaginative legend and actual incident was indistinct. The stories, getting better and better with each telling, served to enrich the tribal lore in just the same way that their East Anglian Viking ancestors had boasted of their deeds of daring and cunning and their forefathers, the frenzied Iceni of Queen Boadicea, of how they had defeated the Romans. Why, Queen Boudica herself – to give her her technically correct name – was said to be the model for Britannia on their regimental badge. And there was a legend to account for that also.

While listening to them talk, I realized that the other way in which their tribal memories were preserved was by the use of nicknames. Everyone, it seemed, had a nickname. Often the nickname was remembered when the real name

I. W. M. No. B6478
Unloading 14-day ration boxes.
Déchargement des boîtes de rations pour 14 jours.

ce qui se passait. Il ne mit pas longtemps à comprendre. L'un des hommes se hâta de lui expliquer que la boîte de rations n'avait pas été volée. 'Tubby' Pratt l'avait trouvée en chemin. Cependant, dit le sergent, vous savez très bien que la découverte doit être retournée, non ouverte, au Quartier-maître. Un conspirateur à l'esprit vif, probablement un faubourien, suggéra que, peut-être, le sergent aimerait partager leur bonne fortune. Alors ça, ça changeait les choses! Et donc ils donnèrent le choix des rations au sous-officier et se partagèrent entre eux ce qui restait, un peu amers d'avoir dû l'acheter mais quand même enchantés de leur prise.

Ce ne fut que le lendemain, lorsque 'Tubby' vérifia le contenu de la chenillette, que la terrible vérité lui apparut. La veille, tandis que Bill et lui cahotaient dans l'obscurité, ils avaient décrit un cercle complet et la boîte de rations qu'ils avaient trouvée sur le chemin était tombée de leur propre véhicule! Ils avaient acheté le sergent avec leurs propres rations!

Je me demandais combien de leurs histoires étaient apocryphes et combien étaient vraies. Il n'était pas important, bien sûr que la ligne de séparation entre la légende et le réel soit confuse. Les histoires s'améliorant à chaque récit, servaient à enrichir la culture tribale de la même façon que leurs ancêtres Vikings East Angliens s'étaient vantés de leurs exploits en ruse et en audace, et leurs ancêtres, comme les bouillants Iceni de la Reine Boadicea, de la façon dont ils avaient défait les Romains. C'est pourquoi la Reine Boudica elle-même – pour lui donner son nom techniquement correct – fut dite avoir servi de modèle pour la Britannia figurant sur leur badge régimentaire. Et il y avait une légende pour justifier de cela aussi.

Tandis que je les écoutais parler, je réalisai que l'autre moyen de conserver leur mémoire tribale était l'usage des surnoms. Chacun, semblait-il, avait un surnom. Souvent on se souvenait du surnom alors que le vrai nom était oublié. Quel était, par exemple,

was forgotten. What, for instance, was 'Tojo' Tomlin's real name? They could not remember but, although they had forgotten his real name, if, indeed, they had ever known it, through his nickname they would never forget him. Nicknames bestowed a sort of immortality on even the most ordinary fellows. As we drove north, passing out of the gently undulating *bocage* into the steep-sided, forest-covered ravines of the *Suisse Normande*, of which the Souleuvre Gorges are typical, the idea formed in my mind to compile a sort of dictionary or glossary of nicknames used in the British Armed Forces. I thought it would be one way of capturing the elusive 'common' soldiers' point of view and as I listened to the flow of reminiscences of my two companions the project took shape in my mind.

It was some time before we found the famous Souleuvre Bridge in among the ravines and gorges. No wonder the Germans forgot about it: it was so small and undistinguished. It lay on the road that formed the boundary between the two German armies, the Seventh Army to the west and Panzer Group West to the east. (The name of Panzer Group West was changed to Fifth Panzer Army on 6 August, 1944.) Each local German commander thought it was the responsibility of the other commander to defend or destroy the bridge and so neither did anything about it. It was a classic example of the oversights and confusions that can occur on boundary lines between formations and the case will probably be used as an illustration in military textbooks for centuries to come! Also, it was no handicap to Montgomery that ULTRA told him exactly where the German formations were and where the demarkation line was between their Armies. The need to maintain the utmost secrecy about ULTRA so that the German High Command never realized that their most secret codes had been broken meshed in nicely with Monty's flair for displaying the fact that God Himself had put the aces up his sleeve which he played with such *élan* and military genius!

The two soldiers listened patiently to my discourse. I explained to them that it was only because the secrecy wraps had been taken off

le vrai nom de 'Tojo' Tomlin? Ils ne s'en souvenaient pas, mais, même s'ils l'avaient oublié et, en admettant qu'ils l'aient jamais connu, grâce à son surnom ils ne l'oublieraient jamais. Les surnoms conféraient une sorte d'immortalité même aux hommes les plus ordinaires. Ainsi pendant que nous roulions vers le nord, passant du Bocage qui ondule doucement aux pentes abruptes et boisées de la *Suisse Normande*, dont les gorges de la Souleuvre sont un exemple typique, l'idée germa dans mon esprit de compiler une sorte de dictionnaire, de glossaire, des surnoms utilisés dans les Forces Armées Britanniques. Je pensais qu'il y avait là un moyen de saisir le point de vue, difficile à comprendre du soldat 'moyen' et c'est en écoutant le flot de réminiscences de mes deux compagnons que le projet prit forme dans mon esprit.

Il nous fallut du temps pour découvrir ce fameux pont sur la Souleuvre parmi les ravins et les gorges. Pas étonnant que les Allemands l'avaient oublié: il était si petit, et sans intérêt. Il se trouvait sur la route qui formait la frontière entre les deux armées allemandes, la 7ème Armée à l'ouest et la Panzer Group Ouest à l'est. (Le nom de Panzer Group Ouest fut changé en celui de 5ème Panzer Armée le 6 août 1944.) Chaque commandant local allemand pensait qu'il était de la responsabilité de l'autre commandant de défendre ou de détruire ce pont si bien que rien ne fut fait par personne. Ce fut un exemple classique des omissions et des confusions qui peuvent survenir à propos des frontières entre formations et le cas sera probablement utilisé pour illustrer les manuels militaires dans les siècles à venir. De plus, ce n'était pas une mauvaise chose pour Montgomery qu'ULTRA le renseigne exactement sur l'endroit où se trouvaient les formations allemandes et où se situait la frontière entre les armées ennemies. Le besoin de maintenir le plus grand secret à propos d'ULTRA, pour que le Haut-Commandement allemand ne s'aperçoive pas que ses codes les plus sophistiqués avaient été déchiffrés, fut grandement facilité par la réputation du 'flair' de Monty qui tendait à accréditer le fait que Dieu lui-même avait mis les atouts dans sa manche et que c'était à cause de cela qu'il les jouait avec tant d'élan et de génie militaire!

Les deux soldats écoutèrent patiemment mon discours. Je leur expliquai que c'était seulement parce que les voiles du secret avaient été levés, que

that we could now understand fully the small but vital part they had played in the grand strategic design. Unfortunately, those who died never knew.

"Monty was a cunning old fox, wasn't he," said Bill.

"Oh! I don't know, Bill," I said, "he was younger then than we three are to-day!"

As we drove and chatted, we would have overlooked the little plain stone bridge over the Souleuvre except that the newly fastened bronze plaque commemorating the *Charging Bulls* caught our attention. Deep in a ravine, over a rushing stream, the bridge could have held up 11th Armoured Division for weeks if it had been defended or destroyed. Its capture, intact, by Lieutenant Powle and his reconnaissance troop of the 2nd Household Cavalry was, in its way, as important a feat of arms as the capture of *Pegasus* and *Horsa* bridges had been a few weeks earlier at the start of the Crusade in Europe.

Having reccied the site, stamped across the bridge and discussed where Bill would have sited his anti-tank guns if he had been the German commander, we three amateur tacticians solemnly agreed that Major General 'Pip' Roberts had done the right thing in plunging ahead and risking all to secure the bridge. It was a turning point in the campaign and more people should know about it.

nous pouvions maintenant pleinement comprendre le petit, mais vital rôle qu'ils avaient joué dans le grand dessein stratégique. Malheureusement, ceux qui périrent ne le surent pas.

« Monty était rusé comme un vieux renard, pas vrai? » dit Bill.

« Oh, je ne sais pas, Bill » répondis-je, « il était alors plus jeune que nous aujourd'hui! »

Et voilà qu'en bavardant tout en roulant nous aurions pu manquer le petit pont de pierre qui enjambe la Souleuvre si notre attention n'avait été attirée par les plaques de bronze récemment posées pour commémorer les *Charging Bulls*. Ce pont, sur une petite rivière bondissante au fond d'un ravin aurait pu, s'il avait été défendu ou détruit, arrêter pendant des semaines la 11ème Division Blindée. Sa capture, intact, par le Lieutenant Powle et son peloton de reconnaissance du 2ème Household Cavalry, fut, dans son genre, un fait d'armes aussi important que la prise des ponts *Pegasus* et *Horsa* le furent quelques semaines plus tôt au début de la Croisade en Europe.

Ayant reconnu le site, traversé le pont et discuté de l'endroit où Bill, s'il avait été le commandant allemand, aurait positionné son canon anti-tank, nous, les trois tacticiens amateurs, décrétâmes solennellement que le Général 'Pip' Roberts avait pris la bonne décision en fonçant vers l'avant avec tous les risques pour s'assurer la possession du pont. Ce fut le tournant décisif dans la campagne et beaucoup plus de gens devraient le savoir.

The famous *Bridge of Bulls* over the Souleuvre stream, looking north on Highway D56, between le Bény-Bocage and St. Lô.

Le fameux *Pont du Taureau* sur la rivière la Souleuvre vu vers le nord sur la D56 entre le Bény-Bocage et St. Lô.

ST. CHARLES DE PERCY

THE SCENE CHANGED AGAIN AS WE DROVE UP OUT of the narrow Souleuvre valley and into the open country on our way to the British War Cemetery at St. Charles de Percy. We found the little grave-yard without difficulty, one of several conse-crated plots of foreign soil in Normandy that are 'forever England.' The slender, white head-stones, each inscribed with a soldier's name, his regimental number, the day on which he died, his age and, often, a brief, sad message of grief or resignation from those who loved him – like 'shrapnel in the heart' – are arranged in straight, orderly ranks across the lawns. The top of every headstone is engraved with the man's regimental badge so that visitors can easily find where their former comrades lie. Bill had a list of all the Norfolk soldiers of the 1st Battalion who are buried in the cemetery and, in addition to 'Tug' Wilson's grave, he searched them out by their Britannia badges and stopped at each for a brief moment. Ernie and I went back to the car after a short while because, as we admit-ted to one another, we could only stay among the headstones for so long before the sadness overwhelmed us. We waited for Bill until he had completed his mission of remembrance and tribute and then we left.

ST. CHARLES DE PERCY

LE PAYSAGE CHANGEA DE NOUVEAU QUAND NOUS sortîmes de l'étroite vallée de la Souleuvre pour circuler en pleine campagne vers le Cimetière Militaire Britannique à St. Charles de Percy. Nous trouvâmes facilement le petit cimetière, une des parcelles consacrées à l'étranger, en terre normande, devenues anglaises pour toujours. Les fines stèles blanches, portant un nom de soldat, son matricule, le jour de son décès, son âge, et souvent, un bref mais triste message de douleur ou de résignation de la part de ceux qui l'aimaient – comme 'un éclat dans le cœur' – disposées en rangs bien alignés sur les pelouses. En partie haute de chaque stèle est gravée l'insigne du régiment auquel appartenait le soldat pour que les visiteurs puissent facilement trouver l'endroit où gît leur camarade. Bill avait la liste de tous les hommes du 1er Bataillon du Royal Norfolk enterrés dans le cimetière et, en plus de la tombe de 'Tug' Wil-son, il rechercha celles qui portaient le badge Britannia et devant lesquelles il s'arrêta pour se recueillir un instant. Ernie et moi avions regagné la voiture car nous n'avions pu rester plus longtemps au milieu des tombes, submergés par la tristesse. Nous attendîmes que Bill ait achevé sa mission de souvenir et d'hommage et puis nous partîmes.

The British War Cemetery at St. Charles de Percy.

Le Cimetière militaire britannique à St. Charles de Percy.

We took our time on the long drive back to Flers, looking out on a countryside that had become so familiar to us. We talked easily of this and that and I found myself broaching the subject of endurance and fortitude, of courage and cowardice. The two men found it difficult to talk about the subject, it was such a personal matter, but they both agreed that what was probably the strongest influence on them to stick it out was the feeling that they must not let their mates down. Calm, courageous leadership was important, of course, as was good example and the unquestioning reflexes that came from training and discipline but what transcended all else was the feeling that you must support your pals and that you, in turn, could rely on them to support you. Yes, there had been acts of cowardice. These things happened in even the best regiments. Bill remembered watching a frightened young boy shoot a finger off one hand.

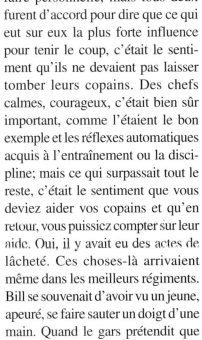

Padre Jim Green

When the lad claimed that it had been taken off by a piece of shrapnel, the Company Sergeant Major, suspicious of the explanation, asked Bill if he had witnessed the self-mutilation. Bill denied that he had so the young fellow was spared the disgrace and stigma of being evacuated with an SIW (Self Inflicted Wound) tag.

I was struck by the compassion shown by the two men for the weaknesses of others and also for their outspoken admiration for those who conquered their fears. There was one subaltern in particular whom they remembered and talked about with admiration. "You could see that he was frightened though he tried not to show it," said Bill, "but he never once shirked his job. I thought a lot of that fellow and I know the other blokes did too." No man can ask for higher praise than that.

And then they talked about Captain Jim Green, their beloved Padre, to whom this book

Nous prîmes notre temps le long du chemin qui nous ramenait à Flers, le regard porté sur cette campagne devenue familière. Nous bavardions calmement de ceci et de cela et je me mis à aborder le sujet d'endurance et de force morale, de courage et de lâcheté. Pour les deux hommes, le sujet semblait difficile à traiter, car c'était une affaire personnelle, mais tous deux furent d'accord pour dire que ce qui eut sur eux la plus forte influence pour tenir le coup, c'était le sentiment qu'ils ne devaient pas laisser tomber leurs copains. Des chefs calmes, courageux, c'était bien sûr important, comme l'étaient le bon exemple et les réflexes automatiques acquis à l'entraînement ou la discipline; mais ce qui surpassait tout le reste, c'était le sentiment que vous deviez aider vos copains et qu'en retour, vous puissiez compter sur leur aide. Oui, il y avait eu des actes de lâcheté. Ces choses-là arrivaient même dans les meilleurs régiments. Bill se souvenait d'avoir vu un jeune, apeuré, se faire sauter un doigt d'une main. Quand le gars prétendit que son doigt avait été sectionné par un éclat d'obus, le Sergent-Major de Compagnie, soupçonneux, demanda à Bill s'il avait été témoin de la mutilation. Bill nia et ainsi le jeune garçon échappa à la disgrâce d'une évacuation avec l'étiquette portant la mention infâmante SIW (Self Inflicted Wound – Blessure Volontaire).

J'étais frappé par la compassion des deux hommes au sujet des faiblesses des autres, également par leur franche admiration à l'égard de ceux qui dominaient leur peur. Il y avait un sous-lieutenant dont ils se souvenaient en particulier et dont ils disaient. « On voyait bien qu'il avait la trouille et pourtant il essayait de ne pas le faire voir, mais pas une fois, jamais, il ne se déroba à sa tâche. J'avais de l'estime pour ce garçon et je sais que les types en avaient aussi. » Personne ne peut demander meilleur compliment.

Ensuite, ils parlèrent du Capitaine Jim Green, leur Padre bien-aimé, a qui ce livre est dédié. Avec

is dedicated. The awe was still in his voice as Bill said, "I don't think I ever saw him take cover, did you, Ernie? The stuff would be flying all around us and suddenly, there he'd be, chatting with you, calm as anything, asking if you'd like to say a few words with him, never pushing religion at you but, somehow, you were glad he was there. He was a remarkable man."

Some time later, when talking about Padre Green to Lieutenant Colonel Humphrey Wilson who had been second-in-command of the 1st Royal Norfolk in 1944 (see page 14), he said to me, "Yes, he was a remarkable person, worth at least a Company of men wherever he turned up."

Royal Army Chaplains' Department

More than fifty-three years later, when chatting to Pat Bennett, the Medical Officer of the battalion (see page 19), also much admired by the men, he recalled Padre Green vividly. "I never knew anyone like him. Absolutely fearless! Total disregard for his own safety. You know what I mean? He was with me a lot of the time, doing the record-keeping at the casualty clearing centre, freeing me to do my work. Whenever I needed him, he was always there, absolutely imperturbable, puffing on his pipe, unflappable. He gave off an aura of such calm assurance in his destiny, in his fate, in God's will for him – you know what I mean? – that he set an example to everyone around him. Without any bravado, he was an inspiration, an inspiration!".

une même expression de respect, Bill déclara, « Je ne crois pas l'avoir jamais vu se mettre à l'abri, pas vrai Ernie? Tout aurait pu voler en éclats autour de nous et tout-à-coup, il était là, bavardant naturellement prêt à nous écouter, sans pousser à la religion; de toute manière, on était content qu'il soit là. C'était un homme remarquable. »

Quelque temps après, en parlant du Padre Green au Lieutenant Colonel Humphrey Wilson qui fut le commandant en second du 1er Royal Norfolk en 1944 (voir page 14), il me dit, « Oui, c'était une personne remarquable. Il valait au moins une Compagnie d'hommes là où il se montrait. »

Plus de cinquante trois ans plus tard, je bavardai avec Pat Bennett, le Médecin-Major du bataillon (voir page 19), lui aussi très admiré de ses hommes; il se souvenait très précisément du Padre Green. « Je n'ai jamais vu quelqu'un comme lui. Absolument sans peur! Complètement indifférent à sa propre sécurité. Vous voyez ce que je veux dire? Il se trouva maintes fois avec moi, à tenir les registres d'évacuation des blessés pour me libérer afin que je fasse mon travail. Quand j'avais besoin de lui, il était toujours là, imperturbable, tirant sur sa pipe, flegmatique. Il dégageait une telle aura de paisible assurance en sa destinée, en la volonté de Dieu sur lui – vous voyez ce que je veux dire? – qu'il était un exemple pour son entourage. Sans aucune bravade, il nous inspirait! »

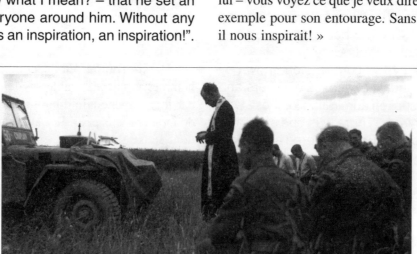

I.W.M. No. B6854

DAY FIVE

FLERS

THE NEXT DAY, WEDNESDAY, 6 JUNE, 1984, THE fortieth anniversary of D-Day, we made an easy day of it in Flers. To the north of us the invasion beaches were overrun by crowds. Helicopters shuttled back and forth from Caen to Bayeux, taking the Queen and the Duke of Edinburgh to attend the commemorative service at the British War Cemetery. There she stopped at the grave of Corporal Sidney Bates, VC, to pay her respects to the young soldier and to exchange a few words with some of her Norfolk neighbours who had gathered round the grave and who had been comrades of the Camberwell boy. We watched on television and picked out 'Tubby' Pratt who led the delegation.

The three of us did some light shopping, loading up to the quota with Camembert and Calvados. As we wandered among the stalls of the weekly flea market held in the shadow of the church of Saint Germain, the contrast between the busy scene this midweek afternoon and the empty town of their dawn patrol of the previous morning must have struck the two ex-soldiers. They laughed when I allowed myself to be talked into buying a *béret basque,* but resisted the blandishments of the pretty young stall-keeper when she tried to induce them to do the same. Relaxed and friendly, they wandered among the town folk, distinctive in their neat veterans' uniforms, chatting freely to the Normans in their Norfolk brogue, genial ambassadors of goodwill.

CINQUIEME JOUR

FLERS

LE LENDEMAIN, MERCREDI, 6 JUIN 1984, QUARANTIEME anniversaire du Jour J, fut pour nous un jour calme. Les plages de débarquement étaient submergées par les foules. Les hélicoptères faisaient la navette entre Caen et Bayeux, emmenant la Reine et le Duc d'Edinbourg assister au service commémoratif au Cimetière Militaire britannique. Là-bas, elle s'arrêta devant la tombe du Caporal Sidney Bates, VC, pour rendre hommage au jeune soldat et échanger quelques mots avec certains de ses voisins du Norfolk rassemblés autour de la tombe, tous camarades du gars de Camberwell. A la télévision nous aperçûmes 'Tubby' Pratt qui conduisait la délégation.

Tous trois, nous fîmes quelques courses pour acheter le maximum autorisé de Camembert et de Calvados. En traînant parmi les étals du marché hebdomadaire qui se tenait à l'ombre de l'église St. Germain, les deux anciens soldats dûrent être frappés par le contraste entre l'agitation de cette matinée de milieu de semaine et le spectacle de la ville déserte lors de leur patrouille matinale de la veille. Ils se mirent à rire lorsque je me laissai persuader d'acheter un béret basque mais, eux, résistèrent aux arguments flatteurs de la jolie vendeuse qui essayait de les convaincre de faire de même. Détendus et prêts à sympathiser, ils errèrent dans la foule qui les remarquait à leur uniforme impeccable de vétéran. Sans complexe, ils s'adressaient aux Normands avec leur accent du Norfolk, en ambassadeurs cordiaux de bonne volonté.

Coat of Arms of the Town of Flers

Armoiries de la Ville de Flers

That evening they joined me in my hotel room for a recorded oral-history session. This gave me further insights into how 'soldiers of the line', the 'poor bloody infantry', had reacted to the hardships and dangers of battle in the *bocage*. My only regret was that it had been impossible to record everything they had told me during the few, crowded days we had wandered over the battlefields together, searching, not only for Sidney, but also for something of ourselves.

Ce soir-là, ils me rejoignirent dans ma chambre d'hôtel pour une séance d'enregistrement d'histoires racontées. Cela me donna d'autres aperçus de la façon dont les 'soldats de première ligne', les pauvres diables de fantassins, avaient réagi aux épreuves et aux dangers de la bataille dans le Bocage. Mon seul regret était de n'avoir pu enregistrer tout ce qu'ils m'avaient raconté pendant les quelques jours, très occupés il est vrai, durant lesquels nous avions parcouru ensemble les champs de bataille, à la recherche, non seulement de Sidney, mais aussi de quelque chose de nous-mêmes.

J. L. Surgeul, Flers

. . . the stalls of the weekly flea market held in the shadow of the church of Saint Germain . . .

. . . les étals du marché hebdomadaire qui se tenait à l'ombre de l'église Saint Germain . . .

EPILOGUE

I HAVE COME TO THE END OF MY ACCOUNT OF THE Search for Sidney in Normandy. It was successful; Bill Holden, Ernie Seaman and I, *les trois anciens soldats*, found the exact field in which Sidney made his last stand.

On 6 June, 1986, thanks to the initiative of Bill Holden and the Old Comrades Association of the Royal Norfolk Regiment, a simple monument was raised on the battlefield to mark the place. The inscriptions, in English and French, under reproductions of the Britannia badge of the Royal Norfolk Regiment and the Victoria Cross, read as follows:

ON AUGUST 6TH 1944
DURING THE BATTLE OF PERRIER RIDGE
IN THE FIELD BEHIND THIS MONUMENT

CORPORAL SIDNEY BATES
AGED 23 YEARS, OF B COMPANY

1ST BATTALION
THE ROYAL NORFOLK REGIMENT

FELL MORTALLY WOUNDED IN AN ACTION
AGAINST 10TH SS PANZER DIVISION
FOR WHICH HE WAS AWARDED THE

VICTORIA CROSS

EPILOGUE

J'EN SUIS ARRIVE A LA FIN DE MON RECIT DE LA Recherche de Sidney en Normandie. Ce fut un succès; Bill Holden, Ernie Seaman et moi avions trouvé le champ dans lequel Sidney livra son dernier combat.

Le 6 juin 1986, grâce à l'initiative de Bill Holden et de l'Association des Anciens Combattants du Royal Norfolk Regiment, un monument simple fut élevé sur le champ de bataille pour marquer l'endroit. Les inscriptions, en anglais et en français, sous les reproductions de l'emblême Britannia du Royal Norfolk Regiment et de la Victoria Cross, sont ainsi libellées:

LE 6 AOÛT 1944
AU COURS DES COMBATS POUR LES HAUTEURS DU PERRIER
DANS LE CHAMP DERRIÈRE CE MONUMENT

LE CAPORAL SIDNEY BATES
AGÉ DE 23 ANS, DE LA COMPAGNIE B

DU 1ER BATAILLON
ROYAL NORFOLK REGIMENT

TOMBA, BLESSÉ MORTELLEMENT
SON COMPORTEMENT FACE A LA 10ÈME SS PANZER DIVISION
LUI VALUT L'ATTRIBUTION DE LA

VICTORIA CROSS

Now I must finish writing the full account of that brave young Camberwell boy. Not all the information I would like to have is in yet, but I cannot wait much longer for, as Samuel Johnson constantly reminded himself: *The night cometh when no man can work.* Soon all the players will have left the darkening stage and then who will remain to tell the story?

Il faut que j'écrive maintenant l'histoire complète de ce brave jeune garçon de Camberwell. Je n'ai pas encore tous les renseignements que j'aimerais avoir mais je ne puis attendre plus longtemps car, ainsi que se le répétait constamment Samuel Johnson, *"La nuit vient lorsqu'aucun homme ne peut plus travailler."* Bientôt, tous les acteurs auront quitté la scène crépusculaire, alors, qui restera pour raconter l'histoire?

Corporal Sidney Bates, VC, a true Camberwell boy.

Le Caporal Sidney Bates, VC, un vrai garçon de Camberwell.

THE MADAME LENAULD STORY

by
THOMAS J. BATES

L'HISTOIRE DE MADAME LENAULD

traduit par
JEAN BRISSET

INTRODUCING MADAME LENAULD

IN APRIL 1984, WHILE MAKING ARRANGEMENTS TO meet him in Normandy in June of that year, I wrote to M. Brisset in great excitement about my 'discovery' of the Rue Bellamy in Colleville-Montgomery. I asked him to help me find someone there who could tell me why the Colonel of the 1st Royal Norfolks had had his name given to a street in that little Norman village. Hugh Bellamy and his untried battalion had marched through the village on the way to their first battle after their comparatively harmless landing on SWORD beach at La Breche Colleville. Surely, something memorable in which the Norfolks had taken part must have happened in Colleville on that June morning to warrant the naming of a street in the village after Lieutenant Colonel Bellamy. The Normans do not do these things lightly but they do have a strong sense of history – and of gratitude. That was why, as early as 30 September, 1944, at the urging of their Mayor, Alphonse Lenauld, the villagers had formally petitioned for permission to add the name *Montgomery* to the name of their village, despite the fact that more than three-fifths of their hamlet had been destroyed by the soldiers led by General Montgomery. Before memories faded, they wanted to express, for all time, their gratitude to the Commander-in-Chief of their liberators, and also, incidentally, to highlight their claim to being the first village of France to be set free!

There must, therefore, be a good reason for this other, less well-known commemoration of another D-Day name. However, none of the accounts I had read, not even the Battalion History of the 1st Royal Norfolk Regiment, said anything about it. Had I stumbled on to a new story that all other writers before me had missed and that only I was now privileged to add to the D-Day saga? It was a delicious thought for a novice historian!

M. Brisset made enquiries and very soon wrote back with the name and address of a Madame Suzanne Lenauld of Colleville-Montgomery. I could

PRESENTATION DE MADAME LENAULD

EN AVRIL 1984, JE PREPARAIS MON VOYAGE EN Normandie pour y rencontrer M. Brisset en Juin de la même année. Je lui écrivis pour lui annoncer avec enthousiasme ma 'découverte' d'une Rue Bellamy à Colleville-Montgomery et pour lui demander s'il pouvait m'aider à trouver quelqu'un qui me dise pourquoi le Colonel Commandant le 1er Royal Norfolk Régiment avait donné son nom à une rue de ce petit village normand. Hugh Bellamy, avec son bataillon, avait traversé le village pour aller livrer sa première bataille après avoir débarqué presque sans pertes sur la plage de SWORD à la Brèche de Colleville. Assurément, une action mémorable à laquelle les Norfolks avaient pris part s'était déroulée ce matin-là à Colleville, et avait valu à une rue du village de porter le nom du Lt. Colonel Bellamy. Les Normands ne font pas ces choses-là à la légère, ils ont un sens très fort de l'histoire et de la gratitude. C'est d'ailleurs la raison pour laquelle, dès le 30 septembre 1944, à la demande pressante de leur Maire, Alphonse Lénauld, les habitants de la commune avaient signé une pétition pour demander l'autorisation d'ajouter le nom de *Montgomery* à celui de leur village, malgré la destruction des trois cinquièmes de leurs maisons par les soldats placés sous les ordres du Général Montgomery. Avant que les souvenirs s'estompent, ils voulaient exprimer, pour toujours, leur gratitude au Commandant-en-Chef de leurs libérateurs. Ils voulaient aussi, du même coup, clamer bien haut leur droit d'être reconnu premier village de France libéré.

Il devait donc y avoir une bonne raison pour qu'un autre nom du Jour J, moins bien connu, ait été célébré. Et cependant, aucun des récits que j'avais lus, pas même l'Histoire du Bataillon du 1er Royal Norfolk Regiment n'en faisait mention. Etais-je tombé sur une histoire nouvelle que tous les autres écrivains avaient laissé échapper et que moi seul avais aujourd'hui le privilège d'ajouter à la saga du Jour J? C'était une délicieuse pensée pour un historien novice!

M. Brisset prit ses renseignements et me renvoya le nom et l'adresse de Madame Suzanne Lénauld de Colleville-Montgomery. Je ne pouvais pas avoir de

not have made a better contact. She was the daughter-in-law of the very same Alphonse Lenauld who had been the last Mayor of the old Colleville-sur-Orne. *Quelle chance!* Immediately, a two-language correspondence started to flow between us, in English from California to Normandy and back in French from Normandy to California.

It did not take Madame Lenauld long to find out that the Rue Bellamy has borne its name since before 1893! *Alors*, it had nothing whatever to do with Lieutenant Colonel Hugh Bellamy and the 1st Royal Norfolk of 1944. *Quel dommage!* However, as I translated Madame's letters, my disappointment at having to relinquish one 'discovery' was more than offset by the other stories she told me, stories that, as far as I know, have never been recorded before, although they bear on the events of D-Day. In particular, I found two of her stories very moving, though for different reasons, and I offered to do what I could to help her resolve the issues raised by them.

The stories I now want to tell are titled, first, LE VOEU – THE VOW, and second, PAS POSSIBLE! which translates literally into a tame IMPOSSIBLE but which, when uttered by Madame with tight lips, angry eyes and a firm shake of the head can only mean ABSOLUTELY IMPOSSIBLE – COMPLETELY OUT OF THE QUESTION!

meilleur contact. Elle était la belle-fille du même Alphonse Lénauld qui avait été le dernier Maire de Colleville-sur-Orne. Quelle chance! Immédiatement, un flot de correspondance en deux langues commença à s'écouler entre nous, en anglais de la Californie vers la Normandie et en français de la Normandie vers la Californie.

Il ne fallut pas longtemps à Madame Lénauld pour découvrir que la Rue Bellamy portait déjà son nom en 1893! Alors, il n'y avait aucun rapport avec le Lieutenant Colonel Hugh Bellamy et le 1er Royal Norfolk de 1944. Quel dommage! Cependant, en traduisant les lettres de Madame Lénauld ma déception d'avoir à renoncer à ma 'découverte' fut plus que compensée par les autres histoires qui, à ma connaissance, n'avaient jamais été rapportées avant, bien qu'elles eussent trait aux événements du Jour J. Je trouvai en particulier, deux de ses histoires très émouvantes, quoique pour des raisons différentes, et je lui offris de faire l'impossible pour l'aider à répondre aux questions qu'elles soulevaient.

Les histoires que je vais maintenant raconter sont intitulées LE VŒU et PAS POSSIBLE! Le second titre qui, traduit littéralement, devient un banal IMPOSSIBLE, prend dans l'expression de Madame, lèvres pincées, colère dans les yeux, hochement de tête ferme, le sens de: ABSOLUMENT IMPOSSIBLE – COMPLETEMENT HORS DE QUESTION!

Coat of Arms of the town of
Colleville-Montgomery

Armoiries de la Ville de
Colleville-Montgomery

THE VOW

IN EARLY 1945, SUZANNE PREVEL WAS ENGAGED TO marry Jean, the son of Monsieur Alphonse Lenauld, the Mayor of Colleville-sur-Orne. The Lenauld family had been established in Colleville for five or six generations and had earned the respect of their fellow villagers as solid, trustworthy people. M. Lenauld had first been elected Mayor on 19 May, 1929 and had served as leader of the small community ever since then. All during the Occupation he had the unenviable and dangerous task of acting as the intermediary between the harsh German conquerors and the oppressed but still uncrushed Normans. Often he had to find ways to manoeuvre round the demands of the Germans and to outwit them but it was touch-and-go because the frustrated 'fury of the Norsemen' had to be kept in check lest it provoke the terrible Teutonic brutality of their overlords. His own position was all the more dangerous because his son was in hiding in the village. Like his father before him in 1916, Jean had been scooped up as a prisoner-of-war in the debacle of 1940. He had escaped and, after a series of heart-stopping adventures, had finally homed back to his native Colleville. By moving from one hiding place in the village to another he had avoided re-capture, but, as June 1944 came near, the enemy was closing in on him. Only the timely warning given by a conscience-stricken German orderly in the Commandant's office saved him. He was spirited away once again before the Gestapo could pick up his trail. They had more serious things to worry about for the fury of *Le Debarquement* then crashed down on them.

The days and nights immediately preceding 6 June were days and nights of terror, death and destruction for the *Collevillais* for they found

Suzanne Prevel and Jean Lenauld at the time of their engagement in January, 1945, at the end of the war.

Suzanne Prével et Jean Lénauld au moment de leurs fiançailles en janvier 1945, à la fin de la guerre.

LE VŒU

AU DEBUT DE 1945, SUZANNE PREVEL ETAIT FIANCEE à Jean Lénauld, le fils de M. Alphonse Lénauld, Maire de Colleville-sur-Orne. La famille Lénauld, établie à Colleville depuis cinq ou six générations, y avait gagné le respect de ses concitoyens et était considérée par eux comme étant crédible et digne de confiance. Monsieur Lénauld avait été élu maire le 19 mai 1929 et avait depuis lors, conservé ce poste à la tête de la commune. Pendant toute l'occupation, il eut la tâche non enviable et dangereuse d'agir en intermédiaire entre les occupants allemands et les Normands, opprimés certes, mais encore debout. Souvent il dut trouver le moyen de tourner les demandes des Allemands, de les duper, mais à ce jeu de cache-cache, il fallait garder sous contrôle la furie des 'Hommes du Nord' afin de ne pas provoquer la brutalité teutonique de leurs suzerains. Sa position était d'autant plus dangereuse que son fils était caché dans le village. Comme son père avant lui, en 1916, Jean avait été fait prisonnier lors de la débâcle de 1940, puis il s'était évadé et après maintes aventures à vous couper le souffle il avait réussi à revenir dans son village natal de Colleville. En se déplaçant d'une cachette à une autre dans la commune, il évita d'être repris, mais à l'approche de juin 44 les occupants étaient sur sa trace. Averti juste à temps par un planton allemand pris de remords, au bureau du commandant local, il fut sauvé. Il disparut de nouveau dans la nature et avant que la Gestapo ne retrouve sa piste, les Allemands eurent à s'occuper de choses beaucoup plus sérieuses car Le Débarquement s'abattit sur eux.

Les jours et les nuits précédant immédiatement le 6 juin furent des jours et des nuits de terreur, de mort et de destruction pour les Collevillais car ils se

Point 61

BEAUVAIS

HERMANVILLE

HILLMAN

MORRIS

COLLEVILLE sur ORNE

Church

ST AUBIN D'ARQUENAY

3073   400/182 30 MHY 44 F36/7 THSK 263/SH 1030 30000'

Aerial reconnaissance photograph taken from 30,000 feet on the morning of 30 May, 1944. The regularly spaced white dots in many of the fields are *Rommel's asparagus*.

Photographie aérienne de reconnaissance prise de 9.000 mètres le matin du 30 mai 1944. Les points blancs régulièrement espacés dans de nombreux champs sont des *Asperges de Rommel*.

Scale (approximate): 1 inch = 1/4 mile   Echelle (approximative): 10 cms = 1.5 kms

themselves in the thick of the pre-invasion bombardments and air raids. The Germans had commandeered the fields in Le Clos Briard owned by M. Lenauld and M. Daniel Le Corsu and on that elevated site, just outside Colleville on the road to Beuville and Caen, the Todt Organization, starting in 1941, had built one of their most elaborate strongpoints and command posts. Madame Lenauld recounts how, as a girl, she was turned away by patrolling sentries as she innocently rambled along nearby hedges gathering what herbs she could find for the kitchen and what information she could spy for the Resistance. It was not much that she could contribute but, from what many watchful eyes and many listening ears collected and transmitted back to London, the picture of a very formidable fort emerged. As the information trickled back to England, the intelligence people and the planners there plotted the fields of fire of the strongpoint's machine-guns and the range of its large calibre canons and mortars. They noted that, not only did it command an all-round view and dominate the countryside all the way to the Colombelles steel mill, five miles to the south, but that, to the north, its guns, just over two miles from the coast, also dominated the anchorage and strip of shoreline they had chosen as the place for the crucial easternmost assault from the sea. With an ear tuned to history's stirring echoes, they had labelled that stretch of sand SWORD beach. Grimly, they also noted that the strongpoint dominated St. Aubin d'Arquenay, the little village on the direct route that the relief force of commandos, landing from the sea and passing through Colleville, would have to take from SWORD beach as they fought their way inland to the relief of the airborne troops who had dropped from the sky to capture the twin bridges over the Caen Canal and the River Orne.

Aerial reconnaissance also found other, smaller strongpoints sited nearby as satellites to the main position. All the fields of fire interlaced so that anything that moved between the

trouvaient au plus fort des bombardements et des attaques aériennes qui préparaient l'invasion. Les Allemands s'étaient appropriés les champs du Clos-Briard appartenant à M. Lénauld ainsi que ceux de M. Le Corsu. Sur cet endroit élevé, situé juste à côté de Colleville sur la route de Beuville et Caen, l'organisation Todt avait construit à partir de 1941 une de leurs positions défensives les plus élaborées avec poste de commandement. Madame Lénauld raconte comment, lorsqu'elle était jeune fille elle fut renvoyée par des sentinelles alors qu'elle errait innocemment le long des haies toutes proches ramassant toutes les herbes qu'elle pouvait trouver pour la cuisine, et aussi tous les renseignements qu'elle pouvait glaner pour la Résistance. Cela représentait peu de chose mais de ce qui fut vu et entendu par nombre d'yeux attentifs et d'oreilles aux aguets, puis rassemblé et transmis à Londres, le dessin d'une formidable position fortifiée prit forme. Une fois l'information parvenue en Angleterre, les gens du renseignement et ceux qui préparaient les plans là-bas, déterminèrent les champs de tir des mitrailleuses et la portée des canons et mortiers de gros calibre qui équipaient la position. Ils s'aperçurent que cet emplacement fortifié commandait toute la campagne environnante jusqu'aux hauts-fourneaux de Colombelles à 7 kilomètres au sud et qu'à 3 kilomètres de la côte ses canons couvraient le mouillage et la bande du littoral qu'ils avaient choisie comme lieu d'assaut le plus à l'est. Avec l'oreille de gens habitués à faire écho aux faits marquants de l'histoire, ils donnèrent à la plage le nom de SWORD. Déçus, ils notèrent aussi que la position dominait St. Aubin d'Arquenay; ce petit village se trouvait sur la route directe que les commandos venus par mer auraient à emprunter de la plage SWORD en passant par Colleville pour aller relever les forces aéroportées qui tenaient les deux ponts sur le Canal de Caen et sur l'Orne.

Des reconnaissances aériennes révélèrent que des ouvrages fortifiés plus petits avaient été édifiés à proximité, comme satellites de l'ouvrage principal. Tous les plans de tir s'entrelaçaient de telle façon

coast and the bridges would be slaughtered. The Germans had placed their pieces well in preparation for the deadly chess game. Following the coding convention that gave the names of pre-war English cars to the strongpoints near the invasion beach, the planners called the satellite strongpoints DAIMLER and MORRIS. They named the monster strongpoint HILLMAN.

Men who felt the lash and sting of HILLMAN and yet were lucky to survive will never forget it: men, for instance, of the 1st Suffolk who were given it to capture as their D-Day objective and men of the 1st Royal Norfolk who, in attempting to bypass it on their way to their inland objective, ROVER, near the farm buildings at Beauvais, later known as *Norfolk House*, were caught in the open by its machine-guns.

HILLMAN is still there. It lies, fifty acres in extent, under fields that can support only a growth of scrubby, stunted plants. One does not have to be an archaeologist to know that something evil lies beneath the nettles and the weeds for the contrast between that cursed plot of ground and the luscious green fields all around it is very marked. Today, its fangs drawn, its strangling webs of barbed wire removed, and its mines and boobytraps cleared, HILLMAN'S above-ground concrete casemates are the playground of local children, and its empty subterranean bunkers are sometimes shown by Francois, Madame Lenauld's younger son, to inquisitive battlefield visitors. But most of HILLMAN lies deep, deep below the ground level bunkers, its galleries and living quarters, its magazines and storerooms flooded and inaccessible. Are there still bodies down there? Who knows! Certainly, there are ghosts. Maybe one day, a thousand years hence, explorers will bring in the pumps and excavators needed to open up this tomb but, for now, Madame and her fellow villagers are content to leave the dead monster alone. (For an update on the HILLMAN story, see the *Epilogue*, starting on page 150, and *1 Suffolk and D-Day*, starting on page 159.)

que tout ce qui bougerait entre la côte et les ponts serait massacré. Les Allemands avaient bien positionné leurs pièces en préparation du mortel jeu d'échecs. Suivant la convention de codage qui donnait les noms de voitures anglaises d'avant-guerre aux positions fortifiées situées près des plages d'invasion, on appela les ouvrages satellites DAIMLER et MORRIS et le monstrueux ouvrage, HILLMAN.

Les hommes qui eurent à affronter la terrible puissance de feu de HILLMAN et qui eurent la chance de survivre, ne l'oublieront jamais, par exemple les hommes du 1er Suffolk, auxquels il fut donné comme objectif du Jour J, et les hommes du 1er Royal Norfolk qui, en tentant de le contourner pour atteindre leur objectif de l'intérieur, ROVER, près des bâtiments de la ferme de Beauvais, connu plus tard sous le nom de *Norfolk House*, furent pris à découvert, sous le feu de ses mitrailleuses.

HILLMAN est toujours là. Il s'étend sous deux hectares de champs où ne poussent que des plantes chêtives et rabougries. Point n'est besoin d'être archéologue pour savoir que quelque chose de diabolique se trouve sous les orties et les mauvaises herbes car le contraste entre ce coin de terrain maudit et l'abondante verdure des champs qui l'entourent, est très marqué. Aujourd'hui, ses crocs arrachés, ses rouleaux de fil de fer barbelé enlevés et ses mines et pièges nettoyés, les casemates en béton de HILLMAN qui se dressent hors du sol sont des terrains de jeux pour les enfants du pays; ses bunkers souterrains vides sont parfois montrés par François, le plus jeune fils de Madame Lénauld, aux visiteurs curieux du champ de bataille. Mais la plus grande partie de HILLMAN se trouve en profondeur, très au-dessous des bunkers à fleur de terre; ses galeries et ses salles pour la garnison, ses magasins et soutes à munitions sont inondées et inaccessibles. Y a-t-il encore des corps là-dessous? Qui sait? Il y a certainement des fantômes, en tout cas. Peut-être qu'un jour, dans mille ans, des explorateurs amèneront les pompes et les excavateurs nécessaires pour ouvrir cette tombe, mais pour le moment, Madame et ses compatriotes sont disposés à laisser le monstre tranquille. (Pour la mise à jour de l'histoire de HILLMAN, voir *l'Epilogue,* commençant page 150, et *Le 1er Suffolk et le Jour J,* commençant page 159.)

In the early days of June 1944 the monster was very much alive and was a terrible menace. It had to be knocked out or else the SWORD beach landings would be endangered. As Madame Lenauld wrote to me in her letter of 11 September, 1984: *On Friday, 2 June, at 7.30 in the evening, 36 RAF bombers attacked these German fortifications on which they inflicted very heavy losses, in men as well as in equipment. In the course of the following night, the largest guns were moved to St. Aubin d'Arquenay. The Germans were panic-stricken.*

The night of 5/6 June brought the planes back over Colleville again. M. Le Corsu who, incidentally, lived on the Rue Bellamy and was one of *les venerables* of Colleville – he died in 1990 – remembered going outside his house that night to watch them as, wave after wave, they flew in and out of the stormy, moon-lit clouds, some of them towing gliders, most of them dropping parachutists. The appalling noise from the low-flying planes stunned and frightened him and he did not stay out long but crept back into the cellar of his house, half guessing what excitement and danger the morning would bring.

Later that night or, in reality, very early in the morning of 6 June, a solitary British paratrooper, lost in the dark when dropped on the wrong side of the Caen Canal, made his way to Colleville. With a burst from his Sten gun he smashed the lock on the door of the Town Hall and took shelter inside. Lucky for him, he was discovered by a Frenchman and hurriedly hidden away, for there were many Germans in the village. The Frenchman could barely understand the strange language this tough young foreign soldier was garbling with such intensity but slowly, with incredulous delight, it dawned on him that he was being told, in grotesquely mutilated French, that this warrior from the skies was the forerunner of the long awaited invasion, *LE DEBARQUEMENT!* As dawn broke, the rising crescendo of fury from the north, where the beaches lay, confirmed that, indeed, this was, at long last, *LA LIBERATION!*

Dans les premiers jours de juin 44 le monstre était bien vivant et constituait une terrible menace. Il devait être éliminé ou alors les débarquements sur la plage de SWORD seraient mis en péril. Madame Lénauld m'écrivait dans sa lettre du 11 septembre 1984: *Le vendredi 2 juin 1944 vers 19 h 30, 36 bombardiers de la RAF sont venus attaquer ces fortifications allemandes qui ont subi de très lourdes pertes, tant en hommes qu'en matériel. Au cours de la nuit qui a suivi, les grosses pièces d'artillerie ont été déplacées vers St. Aubin d'Arquenay. La panique semblait régner chez les Allemands.*

La nuit du 5 au 6 juin ramena encore les avions au-dessus de Colleville. Monsieur Le Corsu qui, incidemment, habitait Rue Bellamy, et était l'un des 'vénérables' de Colleville, – il décéda en 1990 – se souvient être sorti de sa maison cette nuit-là pour les regarder, vague après vague, entrer et sortir des nuages orageux, éclairés par la lune, quelques uns remorquant des planeurs, la plupart d'entre eux lâchant des parachutistes. Le bruit assourdissant des avions volant bas l'étourdit et l'effraya, aussi il ne resta-t-il pas longtemps dehors; il se réfugia dans la cave de sa maison, pressentant à demi le bouleversement et le danger que le matin apporterait.

Un peu plus tard cette nuit-là, ou, en réalité, très tôt le matin du 6 juin, un parachutiste britannique solitaire, perdu dans l'obscurité après avoir été parachuté du mauvais côté de l'Orne, se dirigea vers Colleville. D'une rafale de sa Sten, il fit sauter la serrure de la porte de la Mairie et se mit à l'abri à l'intérieur. Heureusement pour lui, il fut découvert par un français et rapidement caché ailleurs car il y avait beaucoup d'Allemands dans le village. Le français n'arrivait pas à saisir l'étrange langage que "ce rude gaillard" jargonnait énergiquement; petit à petit, enchanté et incrédule à la fois, il devina que ce guerrier venu des cieux lui expliquait en un français grossièrement mutilé, qu'il était le précurseur de l'invasion attendue depuis si longtemps, LE DEBARQUEMENT! Lorsque l'aube se leva, le bruit infernal venant du nord, du côté des plages, allait crescendo et confirma que c'était vraiment, enfin, LA LIBERATION!

At that time, Suzanne was living with her family at 30 Rue Grande, ostensibly helping keep house for them but secretly using her calligraphic skills to forge and alter identification papers, passes and other documents. Today it seems so utterly out of character to hear this dignified, elder lady, a model of rectitude and propriety, calmly discuss the finer points of forgery. She talks about the use of different inks and solvents, the difficulties posed by different kinds of papers and the danger of trying to alter capital letters. As if conducting a seminar, she instructed me never to take the risk of altering a capital letter; it is too prominent a feature in a document. Leave the capitals alone. Find names to fit them, and so on. It was all said with such matter-of-fact authority that I found myself taking careful mental notes in case, as with a cooking recipe, I should want to use the formula myself some day.

The Prevel house where Suzanne lived had no cellar but the larger, older, Labbé house next door did. There was then, and there still exists to-day, a high stone wall between the two properties. So that the inhabitants of the smaller house could use the cellars of the larger house for shelter during the frequent air raids, ladders had been placed on each side of this dividing wall. Madame Lenauld remembers how often she had to gather up her skirts – no jeans in those days – to scramble up one side of the wall and down the other as she dashed for cover.

The stone wall between the two properties was built at right angles to an equally high, sturdy stone wall that ran continuously down one side of the Rue Grande, the main street of the village and the direct route to the beaches. On the other side of the Rue Grande was another wall behind which other houses hid themselves, their property lines also marked off by high stone walls. From above, the village must have looked like a honeycomb of square, stone-enclosed cells. It was a sniper's paradise but an infantryman's nightmare. Indeed, the next day, when most of the Germans had surrendered or fled, two snipers were discovered waiting in

A cette époque, Suzanne vivait avec sa famille au 30 de la Rue Grande. Officiellement, elle aidait à tenir la maison, mais secrètement utilisait ses dons calligraphiques pour 'fabriquer' ou falsifier des papiers d'identité, laissez-passer et autres documents. Cela semble aujourd'hui si contraire au personnage, d'entendre cette dame âgée, très digne, un modèle de rectitude et de droiture, discuter calmement des points les plus délicats dans l'art de la falsification. Elle parle des différentes encres et solvants, des difficultés soulevées par certaines sortes de papier et du danger de chercher à modifier les lettres majuscules. Comme si elle conduisait un séminaire, elle m'enseignait, me recommandait de ne jamais prendre le risque de changer une majuscule; c'est le trait trop évident d'un document. N'y touchez pas. Trouvez des noms qui s'accordent avec elle – et ainsi de suite. Tout cela était exposé de façon si naturelle que je me surpris moi-même à prendre mentalement des notes au cas où, comme pour une recette de cuisine, je voudrais en utiliser un jour les ingrédients.

La maison des Prével où habitait Suzanne n'avait pas de cave; elle jouxtait celle, plus ancienne et plus grande des Labbé, leurs voisins. Il y avait, et il y a encore aujourd'hui, un grand mur de pierre entre les deux propriétés. Pour que les habitants de la petite maison puissent utiliser les caves de l'autre comme abri pendant les fréquents raids aériens, des échelles avaient été placées de chaque côté du mur de séparation. Madame Lénauld se souvient de la façon dont elle devait retrousser ses jupes – pas de jeans en ce temps-là! – pour grimper d'un côté du mur, descendre de l'autre et se précipiter dans l'abri.

Le mur entre les deux propriétés formait un angle droit avec un autre solide mur de pierre aussi haut et qui bordait en continu un côté de la Rue Grande, rue principale du village et accès direct aux plages. De l'autre côté de la rue un autre mur cachait d'autres maisons ceinturées de hauts murs de pierre. Vu d'en haut, le village devait ressembler à un rayon de miel aux cellules carrées entourées de pierres. C'était un paradis pour les tireurs d'élite mais un cauchemar pour les fantassins. Effectivement, le lendemain, lorsque la plupart des Allemands se furent rendus ou eurent fui, deux tireurs furent découverts embusqués dans le clocher de l'église qui

ambush in the church clock-tower, high above the houses. A gun was wheeled into position just outside M. Le Corsu's house on the corner of the Rue Bellamy and the Rue Grande and a shell put through the clock-tower. Madame remembers dashing to her bedroom window in time to see the top of the tower collapse in dust. The two Germans surrendered.

The wall that sheltered her in the garden of the Labbé house from what was happening in the street proved to be no barrier to Suzanne. She scrambled on top of an earth mound built up against the inside of the street wall and carefully peeked over it. It really was a foolish thing to do for, right beneath her, both sides of the street were lined with tense, crouching, khaki-clad soldiers, hugging the walls as they hurried through the village. For most of the young soldiers this was their first time in battle and they were trigger-happy, ready to empty their rifles and

. . . and a shell put through the clock-tower.

. . . et tira un obus dans le clocher.

sten guns at anything that moved. Suzanne barely had time to see what was happening in the street below her when a vicious burst of machine-gun fire ripped through the branches over her head and drove her, palpitating with terror, down off the wall. She realized that she was in the thick of the battle and quickly scrambled down to the safety of the cellars, her restless feminine curiosity satisfied for the moment.

But one could not burrow underground all day, like a frightened rabbit, when so much was happening above. She soon came out again to assist as a nurse in the emergency hospital established by the Mayor and to watch as,

dominait de très haut les maisons. Un canon fut mis en position juste à côté de la maison de M. Le Corsu au coin de la Rue Bellamy et de la Rue Grande, et tira un obus dans le clocher. Madame Lénauld se rappelle qu'elle se précipita à la fenêtre de sa chambre juste à temps pour voir la tour disparaître dans la poussière. Les deux soldats allemands se rendirent.

Le mur du jardin de la maison Labbé qui lui masquait ce qui se passait dans la rue, n'était pas une barrière infranchissable pour Suzanne. Elle grimpa sur un tas de terre adossé au mur de la rue et avança prudemment la tête par-dessus. C'était vraiment la plus folle des choses à faire car juste au-dessous d'elle, de chaque côté de la rue, montait une file de soldats en kaki, tendus, l'échine courbée, rasant les murs, se hâtant de traverser le village. Pour la plupart de ces jeunes soldats c'était le baptême du feu et ils avaient la détente facile, prêts à vider les chargeurs de leur fusil ou de leur mitraillette sur tout ce qui bougeait. Suzanne avait eu à peine le temps de voir ce qui se passait au-dessous d'elle qu'une vicieuse rafale d'arme automatique déchiqueta les branches au-dessus de sa tête et la chassa, palpitante de frayeur, jusqu'au bas du mur. Elle comprit qu'elle se trouvait au cœur de la bataille. Elle courut à toute vitesse retrouver la sécurité des caves, son impatiente curiosité féminine satisfaite, du moins pour le moment.

Mais on ne pouvait rester terré toute la journée comme un lapin effrayé dans son terrier alors que tant de choses se passaient au-dessus. Bientôt, elle sortit de nouveau pour s'employer comme aide-infirmière dans l'hôpital d'urgence installé par le

throughout the day, *les Tommies* streamed through Colleville-sur-Orne, changing its historic destiny for all time. In all its previous centuries the quiet, neat little village had never known anything like this, had never known such urgent activity, such desperate, get-out-of-the-way bustle and hurry. It had never known such an invasion of heavy-booted, pudding-bowl-helmeted young soldiers interspersed with the green-bereted commandos of Brigadier, The Lord Lovat's 1st Special Service Brigade. The young soldiers came on and on, like an untidy, disorganized mob but these lads were no rabble. They knew exactly why they were there, where they had to go and what they had to do. They had been told that, at last, the faint HAM and JAM coded messages of

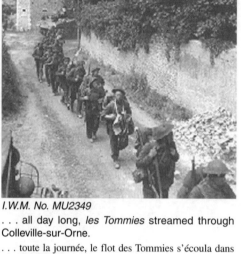

I.W.M. No. MU2349

. . . all day long, *les Tommies* streamed through Colleville-sur-Orne.

. . . toute la journée, le flot des Tommies s'écoula dans Colleville-sur-Orne.

success from the airborne troops at the bridges over the Caen Canal (HAM) and River Orne (JAM) had been picked up out of the static by their wireless sets. They knew they were behind schedule for the promised one o'clock link-up with those troops, isolated just two miles away. They streamed through the village, led by Lord Lovat himself, the French-speaking scion of an ancient Scottish family ever true to the Auld Alliance between Scotland and France. Madame remembers that he was accompanied by his personal piper, Bill Millin, who, having shaken the sea water out of his pipes, strode along by the side of his Chief playing a wild Highland chant that stirred the

I.W.M. No. B5067

Green-bereted commandos – they disdained to wear steel helmets – streaming through Colleville to reinforce the Airborne troops at the Caen Canal and River Orne bridges.

Les commandos coiffées du béret vert – ils dédaignaient le port du casque – traversent Colleville pour aller renforcer les troupes aéroportées aux ponts sur le Canal et L'Orne.

Maire et pour regarder le flot ininterrompu de Tommies qui s'écoulait à travers Colleville-sur-Orne, ce qui changea pour toujours son destin historique. Depuis des siècles, le calme et propret petit village n'avait jamais rien connu de pareil, n'avait jamais connu une activité aussi débordante, aussi forcenée, un extraordinaire tumulte aussi précipité. Il n'avait jamais connu pareille invasion de jeunes soldats, lourdement chargés, coiffés d'un 'bol à pudding', mélangés aux bérets verts des commandos de la 1ère Special Service Brigade de Lord Lovat. Les soldats arrivaient encore et encore, en désordre, en cohue, mais ces gars-là n'étaient pas de la racaille; ils savaient exactement pourquoi ils étaient là, où ils allaient et ce qu'ils avaient à faire. On leur avait dit qu'enfin on avait bien reçu, faibles et brouillés, les messages radio HAM et JAM des forces aéroportées, isolées dans la tête de pont: elles avaient réussi à prendre le pont sur le Canal (HAM) et le pont sur l'Orne (JAM). Ils savaient qu'ils étaient en retard sur l'horaire qui prévoyait leur jonction avec ces forces situées trois kilomètres plus loin. Ils traversèrent le village avec à leur tête, Lord Lovat lui-même, un descendant francophone d'une vieille famille écossaise toujours fidèle à la 'Auld Alliance' entre l'Ecosse et la France. Madame se souvient qu'il était accompagné par son cornemuseur personnel, Bill Millin, qui, ayant évacué l'eau de mer contenue dans son instrument marchait à grands pas aux côtés de son chef

excited Norsemen and momentarily stunned the incredulous Germans into open-mouthed passivity. They did not understand that, like the distant Campbell pipes at Lucknow during the Indian Mutiny, nearly 100 years before, the skirl of the Lovat pipes assured the beleaguered Red Berets that help was on the way.

Laden down with extra ammunition and rations, for they did not know when supplies would catch up with them, many of them grey-faced behind their smudged face camouflage and still retching with sea-sickness from the rough Channel crossing, they plodded on, bent forward under their loads like Sherpa porters. Among the many memories of that hectic morning, Madame remembers making litres and litres of mint tea, the traditional, old wives' remedy for *mal de mer*. To-day she takes particular satisfaction in recalling how effective the remedy was and how, quite miraculously, the pungent brew immediately revived the young men. Yes, Madame, I'm sure it was the mint tea, but was there not also some other remedy at work? Did not youth call to youth and did not the sight of a pretty girl their own age revive the exhausted young men and put a sparkle back in their eyes and a swagger back in their steps?

et jouait un air entraînant des Highlands qui stimulait les nerveux 'Norsemen' et momentanément étourdissait les Allemands, incrédules, passifs, restés bouche bée. Ils ne comprenaient pas que, comme le son lointain des 'pipes' de Campbell à Lucknow, pendant la Mutinerie indienne, près de 100 ans auparavant, le son aigu des cornemuses de Lovat annonçait aux Bérets Rouges assiégés que les secours arrivaient.

Lourdement chargés de munitions, de rations, car ils ne savaient pas quand le ravitaillement pourrait leur parvenir, nombre d'entre eux, le teint livide malgré le camouflage sur la figure, l'estomac soulevé par le mal de mer occasionné par une traversée un peu rude de la Manche, ils peinaient et ployaient sous leur chargement comme des porteurs 'Sherpa'. Parmi les nombreux souvenirs de cette matinée agitée, Madame se souvient avoir fait des litres et des litres d'infusion de menthe, le traditionnel remède de 'bonne femme' utilisé contre le mal de mer. Elle se plaît à rappeler encore aujourd'hui avec beaucoup de satisfaction de quelle façon tout à fait miraculeuse ce piquant breuvage revigorait instantanément ces jeunes soldats. Oui Madame, je suis sûr que c'était bien là, le résultat obtenu par l'infusion de menthe, mais n'y avait-il pas quelque autre remède qui agissait? La jeunesse n'appelle-t-elle pas la jeunesse et la vue d'une jolie fille de leur âge ne redonne-t-elle pas la vie à de jeunes hommes fatigués? Ne leur ramène-t-elle pas une étincelle dans les yeux et de la crânerie dans la démarche?

Suzanne's Wall on the left of the Rue Grande, looking toward the clock-tower of the church in Colleville-Montgomery. The place where she climbed up to peek over the wall to see what was happening in the street was just past the gate.

Le Mur de Suzanne à gauche de la Rue Grande en regardant vers le clocher de l'église de Colleville-Montgomery. L'endroit où elle grimpa pour jeter un coup d'œil sur ce qui passait dans la rue, se trouve juste après la grille.

Reproduit avec l'aimable autorisation de Monsieur Caillot.

There is one incident that Madame has never forgotten. We now come to the story of her vow. As far as she can recall, what happened next took place later in the morning of D-Day.

During the day Suzanne happened to return to the courtyard of the Labbé house. She ran up the same wide, stone steps that are still there to-day and that make the transition from one level of the garden to the other. (Those steps, like King Charles's oak tree in England, are now part of local folklore because, it is said, a nephew of General Charles de Gaulle used the space under them as his bunker!) As Suzanne approached the house she saw a tragic tableau framed in the archway that pierces the wall surrounding the courtyard. There, in the centre of the courtyard, in the shade of an old walnut tree, her fiance, Jean, was kneeling on the ground holding a terribly wounded British soldier while two of the boy's companions stood by in helpless grief for they could see that their friend was beyond aid. Even as they lingered, the boy died in Jean's arms.

The walnut tree is no longer there. It succumbed to its great age some years ago and had to be removed. Its place is marked by a large, stone planter filled with wild flowers. Madame will never forget the details of that tableau. The boy was about nineteen or twenty years old, his grieving companions not much older. It must have been their first, personal contact with Death in his terrible battlefield guise and their faces, smudged with hastily wiped sweat and tears, showed how bewildered and stunned they were. Later, as one battle followed another, they would undoubtedly become inured to meeting Death again and again and would barely acknowledge his dread presence, but now it took the harsh command of an NCO to jerk them out of their lethargy of grief. With awkward, stumbling words and gestures they indicated that they had to leave their friend and go on. Jean immediately understood their concern and assured them he would bury their friend properly while Suzanne vowed to them that she would tend the grave herself all the years

Il y a un incident que Madame n'a jamais oublié. Nous en venons maintenant à l'histoire de son vœu. Autant qu'elle s'en souvienne, ceci survint un peu plus tard dans la matinée du Jour J.

Ce jour-là, Suzanne retourna par hasard dans la cour de la maison Labbé. Elle monta rapidement le large escalier de pierre qui est encore là aujourd'hui et permet de passer d'un niveau à l'autre du jardin. (Ces marches, telles le chêne du Roi Charles d'Angleterre, font maintenant partie du folklore local, car, on raconte qu'un neveu du Général de Gaulle utilisa l'espace laissé libre sous l'escalier pour s'y abriter comme dans un 'bunker'!) Tandis qu'elle s'approchait de la maison elle aperçut un tragique tableau cadré dans le cintre du portail pratiqué dans le mur entourant la cour. Là, au centre de la cour, à l'ombre d'un vieux noyer, son fiancé, Jean, agenouillé par terre soutenait un soldat britannique terriblement blessé, tandis que deux des copains du pauvre garçon se tenaient debout à ses côtés, attristés de ne pouvoir rien faire car ils se rendaient bien compte que leur ami n'avait déjà plus besoin d'aide. Et pendant qu'ils hésitaient sur la conduite à tenir, le garçon mourut dans les bras de Jean.

Le noyer n'est plus là. Il succomba à son grand âge et il fallut l'abattre il y a quelques années. Son emplacement est marqué par une grande vasque en pierre dans laquelle poussent des fleurs champêtres. Madame n'oubliera jamais les détails de ce tableau. Le garçon ne devait pas avoir plus de dix-neuf ou vingt ans et ses deux compagnons ne semblaient guère plus âgés. Cela devait être leur premier contact personnel avec la Mort, terrible sous son masque guerrier; leur visage sur lequel coulaient des larmes rapidement essuyées, montrait combien ils étaient désemparés et choqués. Plus tard, quand une bataille suivrait l'autre ils s'habitueraient à voir la Mort encore et encore et ne feraient même plus attention à sa redoutable présence. Mais pour le moment, il fallut qu'un ordre assené par un sous-officier les sorte de la léthargie de leur chagrin. Avec des mots hachés, des gestes maladroits, hésitants, ils indiquèrent qu'ils devaient quitter leur ami et poursuivre le combat. Jean saisit immédiatement leur préoccupation et les assura qu'il enterrerait leur ami décemment alors que Suzanne leur fit vœu d'entretenir sa tombe aussi longtemps qu'elle vivrait. Bien que les jeunes anglais ne saisirent

of her life. Though the English boys could not comprehend the impassioned words of the French girl, they understood her meaning and sadly left the body to the young Norman couple. Again, youth spoke to youth, this time in deep sorrow and compassion.

And so it was done. The grave was dug in the field at the back of the Labbé house, across a farm track, opposite the double, wide-swinging courtyard doors that are still there. Jean marked the grave with a quickly made white cross and before they left, Suzanne placed a bunch of wild flowers on it. By that time many other white crosses had appeared among the wild flowers but this cross in particular would always be the focus of her tearful vow.

But now her grief for the dead had to be suppressed because there was so much urgent work to be done for the living. She was desperately needed back at the schoolhouse where Jean's father, the Mayor, had organized a make-shift hospital. With the other villagers, she spent the rest of that eventful day working with stretchers and bandages, with beds and tables, with buckets and kettles, on and on, late into the night. She ignored her fatigue and her fear as shells and mortar bombs dropped all around them. After all, what was the meaning of life when Death held all the cards!

pas les mots chaleureux de la jeune Française, ils en comprirent la signification et, avec tristesse, laissèrent le corps de leur copain au jeune couple normand. De nouveau, la jeunesse parla à la jeunesse, avec cette fois-ci, des sentiments profonds de tristesse et de compassion.

Et c'est ce qui fut fait. La tombe fut creusée dans le champ situé derrière la maison Labbé, de l'autre côté du chemin, face à la grande porte qui ouvre à deux battants sur la cour et qui est toujours là. Jean planta sur la tombe une croix blanche vite faite et avant de s'en aller Suzanne y déposa un bouquet de fleurs des champs. Dans ces même moments, de nombreuses autres croix blanches apparurent au milieu des champs, mais cette croix-là en particulier serait toujours pour Suzanne le point focal de son vœu fait dans les larmes.

Mais maintenant son chagrin pour le mort devait être contenu parce qu'il y avait tant de travail urgent à faire pour les vivants. On avait grand besoin d'elle à la maison d'école où le père de Jean, le Maire, avait organisé un hôpital de fortune. Elle passa donc le reste de cette journée mouvementée à travailler avec d'autres habitants du village, au milieu des brancards et des pansements, des lits et des tables, des seaux et des bouilloires, sans arrêt, jusque tard dans la nuit. Elle ignora sa fatigue et sa peur sous les obus et les bombes de mortier qui s'abattaient tout autour. Après tout, quel est le sens de la vie quand la Mort détient toutes les cartes!

. . . many other white crosses had appeared among the wild flowers . . .

. . . de nombreuses autres croix blanches apparurent au milieu des fleurs des champs . . .

I.W.M. No. B6367

Every day, true to her vow, Suzanne visited the grave, freshened the flowers and whispered her prayer. She wished she knew who the boy's mother was so that she could assure her that her son had not died in lonely terror but that he had had the comfort of human arms around him at the hour of his death.

As the days and weeks went by, the villagers realized that, even though the battles rumbled and raged all around them and the shells continued to fall, the Liberation was real! The hated Germans were being slowly driven back and would not, barring a terrible calamity, ever return. They really were free, incredibly, deliriously FREE! *Le Six Juin* would now take its place in their hearts, and in the hearts of their children for evermore, with that other day of national liberation, *Le Quatorze Juillet.* In that year, 1944, the 14th of July, therefore, had a special significance for them. Despite the turmoil and confusion all around them, the villagers determined to celebrate the day in a special way with their own parade and thanksgiving services. Each villager had his own reasons for remembering, for giving thanks and, in many cases, for grieving. Suzanne too had her memories and her duty. She made a special, brave little bouquet of blue, white and red wild flowers for her *Soldat Inconnu* and, together with her fiancé, went to the grave – and found it open and empty! The body had been removed! Stunned, she asked around, hoping that someone could tell her what had happened. No one could give her any answers but they pointed out that other graves had also been opened and the bodies taken from them.

Her first, wild thought, already tinged with a premonitory feeling of guilt, was that the grave had been desecrated, that a robber had opened it to steal the boots or the uniform, and she protested, in anger and shame, that there could be one among her own people who would do such a thing. Gently, the villagers calmed the distraught girl and explained that the grave had not been vandalized: the British authorities themselves had removed the body. Well, if that were so, where had they taken it? She had to know. Did they not understand that, before God,

Chaque jour, fidèle à son vœu, Suzanne se rendait sur la tombe, changeait les fleurs et murmurait une prière. Elle aurait souhaité connaître la mère de ce garçon pour lui assurer que son fils n'était pas mort seul, en proie à la terreur mais qu'il avait été réconforté et soutenu par des bras humains à l'heure de sa mort.

Au fur et à mesure que les jours et les semaines passaient, les habitants du village réalisèrent que même si la bataille grondait, faisait rage autour d'eux, la Libération était bien réelle. Les Allemands détestés étaient lentement repoussés et, à moins d'une terrible calamité, ne reviendraient plus jamais. Ils se sentaient incroyablement libres, LIBRES à en délirer! Le Six Juin avait maintenant sa place dans leur cœur, et pour toujours dans celui de leurs enfants, avec cet autre jour de libération nationale, 'Le Quatorze Juillet'. En cette année 1944, le 14 juillet prit une importance particulière pour eux.Bien qu'ils fussent en pleine tourmente dans une confusion totale, les villageois décidèrent de le célébrer avec faste en organisant leur défilé et leur service d'action de grâces. Chaque habitant avait ses raisons propres pour se souvenir, pour rendre grâces ou, en bien des cas, s'affliger. Suzanne avait elle aussi ses souvenirs et son devoir à accomplir. Elle fit un beau petit bouquet de fleurs bleues, blanches et rouges pour son Soldat Inconnu et avec son fiancé, se rendit sur la tombe – qu'elle trouva ouverte et vide! Le corps avait été enlevé! Abasourdie, elle questionna à la ronde, espérant que quelqu'un pourrait lui dire ce qui s'était passé. Mais personne ne put lui fournir de réponse et tous remarquèrent que les autres tombes avaient, elles aussi, été ouvertes et les corps enlevés.

Sa première pensée, furieuse, déjà teintée d'un sentiment prémonitoire de culpabilité, fut que la tombe avait été profanée, qu'un voleur l'avait ouverte pour dérober les chaussures ou l'uniforme; elle protesta de honte et de colère et soupçonna du forfait quelqu'un du village. Avec douceur les villageois calmèrent son angoisse et lui expliquèrent que la tombe n'avait pas été pillée: les autorités britanniques avaient elles-mêmes relevé le corps. Eh bien, s'il en était ainsi, où l'avaient-ils transféré? Il fallait qu'elle le sache. Ne comprenaient-ils pas que devant Dieu elle

she owed a sacred duty to the young soldier. Where had they taken him? Where? Where?

Jean, her fiancé, steady and comforting, but like all the Lenauld men, not very voluble, went with her as she frantically searched for someone who could tell her what they had done with the body. None of the British soldiers understood the French girl and, with so many other things to worry about, they soon tired of her hysterical enquiries. Eventually, the French couple found someone who did speak French, a padre, the chaplain of one of the army units in Colleville. Even though his faith was different from hers, his calling gave him the compassion needed to deal with the tearful girl. As Jean stood by her side, listening carefully to the Englishman's strange, schoolboy-accented French, it was explained to them that the bodies had been taken from the temporary battlefield graves and re-interred in permanent cemeteries, in hallowed ground given by France in perpetual gratitude to her liberators. But how could she find out where this particular soldier had been buried? Did *Monsieur L'Aumonier* not understand that, no matter where they had taken him, she must find him for she had solemnly vowed to tend his grave.

Patiently, the chaplain asked her if she knew the dead soldier's name. "No, of course not. He could not speak, he was too badly wounded and, anyway, who would think to ask such a question at a time like that?"

After a thoughtful pause, the priest asked if they had taken the boy's name from his identification tags. "Identification tags! What are they?"

Slowly, realizing now that her search was doomed to failure, the padre explained that every soldier wore, round his neck, a simple cord necklace of two discs, stamped out of composition plastic material, one square with cutoff corners, grey-green in colour, and the other round and rust red. The tags were stamped with the soldier's surname and initials, his service number and his religion. Often, it was only by means of these tags that explosion-shattered remains could be identified.

avait un devoir sacré à accomplir envers ce jeune soldat? Où l'avaient-ils emporté. Où? Où?

Jean, son fiancé, calme et réconfortant, mais comme tous les Lénauld, pas très loquace, l'accompagna dans sa recherche de quelqu'un qui puisse lui dire ce qui avait été fait du corps. Aucun des soldats anglais ne comprenait cette jeune française et avec tant d'autres soucis en tête, ils en eurent bientôt assez de ses recherches. Par la suite, le couple trouva quelqu'un qui parlait français, un prêtre, aumônier de l'une des unités stationnée à Colleville. Même si sa foi était différente de la sienne, sa vocation lui donna la compassion nécessaire pour s'occuper de la jeune fille éplorée. Avec Jean à ses côtés, elle écoutait attentivement cet Anglais qui parlait un français bizarre avec l'accent d'un écolier. Il leur fut expliqué que les corps avaient été relevés des tombes temporaires sur le champ de bataille et réenterrés dans des cimetières définitifs, dans une terre consacrée donnée par la France en témoignage de gratitude perpétuelle envers ses libérateurs. Mais comment pourrait-elle savoir où ce soldat en particulier, avait été inhumé? Monsieur l'Aumônier ne comprenait-il pas que quelque soit l'endroit où ils l'avaient emporté, elle devait le retrouver car elle avait solennellement fait le vœu d'entretenir sa tombe?

Avec patience, l'aumônier lui demanda si elle connaissait le nom du soldat décédé. « Non, bien sûr que non. Il ne pouvait pas parler, il était trop gravement touché et de toutes façons, qui aurait pensé à lui poser une pareille question dans un tel moment? »

Après une pause de réflexion, l'aumônier demanda s'ils avaient relevé le nom qui était sur les plaques d'identification. « Plaques d'identification? Qu'est-ce que c'est? »

L'aumonier comprit que la recherche était vouée à l'échec. En prenant son temps il expliqua que chaque soldat portait un simple collier muni de deux plaques en matière plastique, l'une carrée aux angles arrondis, de couleur gris-vert, et l'autre ronde, de couleur rouille. Les plaques portaient en estampille le nom, les initiales, le numéro matricule et la religion. Ces plaques étaient souvent le seul moyen d'identifier des restes déchiquetés.

Suzanne turned on Jean and asked him if he had taken down the dead soldier's name from the tags, knowing full well that he had not done so, but, nevertheless, unable to keep the reproach out of her voice. After all, a man, and a soldier at that, should know about these things! Softly, Jean admitted that he had not looked at the identification tags of the dead boy.

As a last, forlorn hope the chaplain asked them if they remembered the name of the boy's unit. It would have been on an embroidered badge on the shoulder of his battledress blouse. If they knew this it might help to find him. As Suzanne whispered another tearful *"Non"* and the padre murmured a soft, "I'm so sorry," Jean led her away slowly. He accepted, before she did, that their search was going to be fruitless but reassured her that the good Lord would understand and would not hold it against her that she was unable to keep her vow.

As she looks back over the five decades that have passed since that time, Madame Lenauld realizes that the thought of her unfulfilled vow has always been in the background of her consciousness, like a sad obbligato to the score of her life in Colleville-Montgomery. While the great world outside the stone walls of her village stumbled through one crisis after another, each one threatening, if one believed all they said, to bring on the final cataclysm, while, at home, she was caught up in the triumphs and exasperations of seemingly trivial but, to the *Collevillais*, vital community affairs, and while her own life as fiancée, wife, mother, grandmother and widow unrolled behind her, the memory of the English boy has always stayed with her. It is with her still. Year after year she visits the British cemeteries around Colleville-Montgomery, resolved to do something to expiate her unfulfilled promise and hoping, as she admits with a soft, wry smile, that, one day a miracle will lead her to the right grave.

Suzanne se tourna vers Jean pour lui demander s'il avait relevé le nom du soldat sur les plaques; sachant fort bien qu'il ne l'avait pas fait, elle fut incapable de dissimuler le ton de reproche qui apparaissait dans sa voix. Après tout, un homme, et qui plus est un soldat, doit savoir ces choses. Gentiment, Jean avoua qu'il n'avait pas regardé les plaques d'identification du mort.

Enfin, dans une tentative désespérée l'aumônier leur demanda s'ils se souvenaient du nom de l'unité de ce garçon. Il était brodé sur un écusson cousu à l'épaule de son blouson. S'ils le connaissaient cela pouvait aider à le retrouver. Suzanne, en un sanglot murmura un autre « Non » auquel l'aumônier répondit à voix basse « Je suis désolé. » Jean l'éloigna lentement, acceptant bien avant elle que leur recherche serait infructueuse. Il la rassura en lui disant que le Bon Dieu comprendrait et ne retiendrait pas contre elle le fait qu'elle n'avait pu tenir sa promesse.

Quand elle jette un regard sur les cinq décennies qui se sont écoulées depuis ce temps-là, Madame Lénauld réalise que la pensée de son vœu non accompli a toujours été au fond de sa conscience comme un triste obbligato dans la partition de sa vie à Colleville-Montgomery. Tandis que le monde entier, au-delà des murs de son village trébuchait d'une crise dans l'autre, avec la menace, au dire des gens, de mener au cataclysme final, elle partageait au pays les satisfactions et les déceptions des affaires de la commune, en soi banales, mais essentielles aux yeux des Collevillais. Tandis que se déroulait sa vie de fiancée, d'épouse, de mère, grand-mère et veuve, elle portait en elle le souvenir du jeune soldat anglais. Elle le porte toujours. Année après année, elle se rend dans les cimetières britanniques autour de Colleville-Montgomery, résolue à faire quelque chose pour expier sa promesse non tenue, espérant, comme elle dit avec un sourire forcé qu'un jour, un miracle la conduira sur la bonne tombe.

I had been in touch with the Commonwealth War Graves Commission in connection with the burial of Corporal Sidney Bates, VC, in the cemetery at Bayeux. Their sympathetic and ready response to my enquiries encouraged me to hope that they might be able to help me find Madame's *Soldat Inconnu*. Maybe, I thought, some records had been kept, perhaps in the form of old field notebooks, that would tell us which bodies had been collected from which battlefield graves and moved to which permanent cemeteries on which days. That information would, at least, narrow the search and might even give us the information we wanted. Alas, it was a forlorn hope. The best the Commission could do was to suggest that the body had probably been moved to the British cemetery at Hermanville for it is the one nearest Colleville-Montgomery. With sympathetic understanding of Madame's distress, they suggested that she should look in that cemetery for the grave of a young soldier killed on D-Day and accept it as the grave she should tend in fulfillment of her vow. But, as Madame says, there are so many who died on D-Day – and they were all young, so very young.

Then, suddenly one day, out of the blue, she receives a letter from California, of all places! She is asked questions about those traumatic days that open up the flood-gates of memory. Dare she hope that perhaps the miracle will come to pass?

J'avais pris contact avec les services britanniques des cimetières pour obtenir des détails sur l'enterrement du Caporal Sidney Bates, VC, au cimetière de Bayeux. Leur aimable et prompte réponse à mon enquête m'encouragea à garder l'espoir qu'ils pourraient aussi m'aider à retrouver le Soldat Inconnu de Madame. Il était possible, pensai-je, que des rapports aient été conservés, ne serait-ce que sous la forme de simples feuilles de carnets, et qu'ils nous indiqueraient quels corps avaient été recueillis, de quelle localité ils provenaient, puis vers quels cimetières ils avaient été dirigés et quels jours. Ces renseignements auraient au moins limité les recherches et même, auraient pu nous donner l'information que nous cherchions. Hélas, ce fut encore un espoir déçu. Le mieux que purent faire les services britanniques fut de me dire que le corps avait probablement été rapporté au Cimetière d'Hermanville qui était le plus proche de Colleville-Montgomery. Comprenant parfaitement la détresse de Madame, ils suggérèrent qu'elle cherche dans ce cimetière la tombe d'un jeune soldat tué le Jour J et qu'elle l'accepte comme étant la tombe qu'elle devait entretenir en accomplissement de son vœu. Mais, comme dit Madame, il y en a tant qui moururent le Jour J – et ils étaient tous jeunes, si jeunes.

Et puis, voilà qu'un jour tombe du ciel une lettre expédiée de Californie! Et voilà qu'on lui pose des questions sur ces journées traumatisantes qui ouvrent tout grand la porte aux souvenirs. Peut-elle oser espérer que c'est peut-être le miracle qui va s'accomplir?

Madame Brisset and Madame Lenauld wonder which is the grave of Suzanne's *Soldat Inconnu* in the British War Cemetery at Hermanville.

Madame Brisset et Madame Lénauld se demandant quelle est la tombe du Soldat Inconnu de Suzanne au Cimetière britannique d'Hermanville.

IMPOSSIBLE!

WHEREAS MADAME TELLS THE STORY OF HER unfulfilled vow with a gentle, bitter-sweet resignation at the trick played on her by Fate, she tells the story of the indignity inflicted on her father-in-law, Alphonse Lenauld, the former Mayor of Colleville-sur-Orne, with an anger that is tightly controlled but is still smoldering. While she does not question the inscrutable decisions of her God, she fiercely rails against the lies and slanders of that demon, that Mephistopheles, Daryl Zanuck, the producer of *The Longest Day*, the film made from Cornelius Ryan's book. The scene in the movie that Madame objects to is the one in which Brigadier The Lord Lovat, the 'Damascus blade of commando leaders', is met on the invasion beach as he splashes ashore early on D-Day morning by a jovial, drunken Frenchman. The Frenchman has bicycled down to the shore; he is carrying a bottle of champagne; he has tied a tricolour sash around his waist and he wears a

Brigadier, The Lord Lovat, the 'mildest-mannered man that ever . . . cut a throat', inspecting the commandos of 1 Special Service Brigade just before D-Day.
Le Brigadier Lord Lovat, "l'homme aux plus belles manières qui ait jamais tranché une gorge", inspectant les commandos de la 1 Special Service Brigade juste avant le Jour J.
(Reproduite avec l'aimable permission de Monsieur J. Longuet, Musée du No. 4 Commando, Ouistreham, Normandie.)

fireman's brass helmet on his head. Ignoring the battle and the bullets, he weaves his way down the beach through the soldiers fighting their way up it, looking for someone important on whom to bestow his osculatory greetings. At last he sees his victim, the gallant commando leader himself (played by the late Peter Lawford). Expansively, before the cowering Brigadier can escape, he enfolds him in his arms and, with a bear hug and a kiss, welcomes him to France and to Colleville.

PAS POSSIBLE!

TANDIS QUE MADAME RACONTE L'HISTOIRE DE SON vœu non accompli avec une résignation "douce-amère", paisible, quant au tour qui lui a été joué par le destin, elle relate avec une colère fermement contenue mais toujours ardente, l'histoire de l'affront infligé à son beau-père, Alphonse Lénauld, précédent Maire de Colleville-sur-Orne. Alors qu'elle ne se pose aucune question sur les décisions impénétrables de son Dieu, elle s'élève farouchement contre les mensonges et les calomnies de ce démon, de ce Mephistophélès, Daryl Zanuck, le producteur du film *Le Jour le Plus Long* fait d'après le livre de Cornelius Ryan. La scène du film qui soulève les objections de Madame est celle dans laquelle le Brigadier Lord Lovat, 'épée de Damas' des chefs de commandos, à peine débarqué et pataugeant dans l'eau, est accueilli sur la plage par un Français éméché et rigolard. Le Français est descendu à bicyclette jusqu'à la plage; il porte une bouteille de champagne, il a noué une écharpe tricolore autour de sa ceinture et il est coiffé d'un casque de pompier en cuivre. Faisant fi de la bataille et des balles, il se dirige en zigzaguant vers la plage au milieu des soldats qui se battent pour progresser vers l'intérieur, il cherche quelqu'un d'important à qui accorder ses effusions de bienvenue. Enfin, il voit sa victime, le valeureux chef des commandos lui-même (joué par le regretté Peter Lawford). Avec grandiloquence, avant que le Brigadier qui avance en pliant l'échine puisse s'échapper, le prend dans ses bras, l'étreint comme le ferait un ours, l'embrasse et lui souhaite la bienvenue en France et à Colleville.

When I first saw the movie, I – and I imagine others have had the same reaction – was fleetingly puzzled that Lawford should play Lovat as such a timid, apprehensive person when, accompanied by Piper Bill Millin, he steps off the landing craft into the bullet-splashed water and wades ashore. However, a few frames later it becomes clear why he does so. The movie Brigadier knows, as we do not, that a fate far worse than death awaits him at the top of the beach in the form of a smooching Frenchman! Madame's reaction is much more impatient. Scornfully she says, "*Stupide*! How absurd! How could that be? How could anyone be waiting for the invasion troops? We did not know when or where the invasion was going to take place. They forgot to send us an invitation! Besides, once the fighting had started, it was suicidal for anyone to try to get to the beach from Colleville. He would have had to go through shelling and bombing and machine-gun- and mortar-fire to make his way down to the seashore against the flow of troops and tanks and guns coming up from it. What's more, the Germans had mined the roads and had ordered all civilians to leave the beach areas and, believe me, in those matters, we did not defy the Germans."

In the movie, an indelible impression is given that the drunken fireman is the Mayor of Colleville. Despite the fact that many brave men were losing their lives when the fireman appeared on the beach that morning, Zanuck milked the scene for cheap laughs by giving the role of the fireman to Bourvil, a well-known French comedian. But what really infuriates Madame and her family is that in the early French versions of the movie, released in June, 1964,

I.W.M. No. B7370

Commandant Phillipe Kieffer, commanding the Free French contingent of No. 4 Commando, being decorated by General Montgomery in July, 1944.

Le Commandant Philippe Kieffer, commandant le contingent des Français Libres du No. 4 Commando, décoré par le Général Montgomery en juillet 1944.

Quand je vis le film pour la première fois, et j'imagine que d'autres eurent la même réaction, je fus, de façon fugitive, intrigué de ce que Lawford fasse de Lovat une personne timide, craintive, quand, accompagné par le cornemuseur Bill Millin, il quitte la barge, saute dans l'eau qui l'éclabousse sous les balles et se dirige vers la plage. Cependant, quelques images plus loin, la raison en apparaît clairement. Le Brigadier du film sait, ce que nous ne savons pas, qu'un destin bien pire que la mort l'attend en haut de la plage sous la forme d'un Français embrasseur! La réaction de Madame est beaucoup plus intolérante. Avec mépris, elle dit, « Stupide! Comme c'est absurde! Comment quelqu'un aurait-il pu être là pour attendre les forces d'invasion? Nous ne savions ni où ni quand l'invasion allait se produire. Ils avaient oublié de nous envoyer une invitation! D'ailleurs, une fois le combat commencé, il eût été suicidaire pour quiconque d'essayer d'atteindre la plage depuis Colleville. Il aurait dû passer à travers les obus et les bombes, les tirs de mitrailleuses et de mortiers pour se frayer un passage jusqu'au rivage, contre le flot de troupes, de tanks et de canons montant des plages. Qui plus est, les Allemands avaient miné les routes et avaient donné l'ordre à tous les civils de quitter le secteur des plages et, croyez-moi, dans ces choses-là, nous ne bravions pas les Allemands. »

Du film se dégage l'impression indélébile que le pompier ivre est le maire de Colleville. En dépit du fait que beaucoup de braves soldats donnaient leur vie lorsque le pompier apparut sur la plage ce matin-là, Zanuck, en donnant le rôle du pompier à Bourvil, le comédien populaire français, présenta la scène pour en obtenir des rires à bon marché. Mais, ce qui met réellement en fureur Madame et sa famille c'est que dans les premières versions françaises du film paru en juin 1964, au moment où

when the drunken clown appeared, a subtitle was flashed on the screen, below the fireman, to identify him as *Alphonse Lenauld, Mayor of Colleville-sur-Orne.* Led by M. Lenauld, a storm of protest was raised at the misidentification and, eventually, after many months, the offending subtitle was removed. Of course, by then,the damage had been done although everyone in Colleville knew that the Mayor had stayed at his post all that day, organizing the church, school and town halls to shelter and care for the wounded.

Alphonse Lenauld, Mayor of Colleville-sur-Orne.

Alphonse Lénauld, Maire de Colleville-sur-Orne.

At that time, Alphonse Lenauld was 52 years old, not an old man but certainly not a wild, thrill-seeking youth. He was a man of great natural dignity and common sense, a grave man, maybe even a little stiff and pompous, but a man you could trust and rely on. Is it likely that such a man, who had first been elected Mayor in 1929 and who had been re-elected, time and time again, without a break, up to the Occupation, would have put on a fireman's helmet, armed himself with a bottle of champagne and bicycled drunkenly down to the beach at 8 o'clock in the morning to dodge the Germans and to embrace the astonished Lord Lovat? *PAS POSSIBLE!*

Madame went on to tell me how, after the war, at the early-morning commemorative services held each year on that same beach, she repeatedly asked the French survivors of No. 4 Commando, the men who followed the assault infantry of the 2nd East Yorkshire Regiment, including, while he was still alive, their leader, Commandant Kieffer himself, about this phantom receptionist. One and all, they emphatically denied they had seen any civilians of the beach that morning. In fact, many deplored that, in re-enacting an event of such significance and tragedy — for the blood of many of their comrades had been spilt on that stretch of sand —

le clown ivre apparaissait, un sous-titre était projeté sur l'écran au-dessous du pompier pour l'identifier comme *Alphonse Lénauld, Maire de Colleville-sur-Orne.* Conduite par M. Lénauld, une tempête de protestations s'éleva contre l'erreur d'identification et finalement, après beaucoup de mois, le sous-titre offensant disparut.

Bien sûr, avant cela le dommage avait été causé, même si tout le monde à Colleville savait que le maire était resté à son poste ce jour-là, organisant l'église et la mairie pour y abriter et soigner les blessés.

En ce temps-là, à 52 ans, Alphonse Lénauld n'était pas un homme âgé, mais certainement pas, non plus, un homme insensé, avide de sensations fortes. C'était un homme de grande dignité naturelle et de bon sens, un homme sérieux, peut-être même un peu rigide et cérémonieux, mais un homme sur lequel vous pouviez compter et en qui vous pouviez avoir confiance. Est-il vraisemblable qu'un tel homme qui avait été élu maire en 1929 et constamment réélu jusqu'à l'époque de l'occupation, ait coiffé un casque de pompier, se soit armé d'une bouteille de champagne et se soit rendu à bicyclette, à moitié ivre à 8 heures du matin sur la plage pour ruser avec les Allemands et embrasser l'étonné Lord Lovat? PAS POSSIBLE!

Madame poursuivit en me racontant comment, après la guerre, au cours du service commémoratif annuel célébré tôt le matin sur cette même plage, elle avait à plusieurs reprises demandé aux survivants français du 4 Commando, les hommes qui suivirent l'infanterie d'assaut du 2ème East Yorkshire Regiment, y compris, quand il était encore en vie, à leur chef, le Commandant Kieffer lui-même, ce qu'il en était de ce réceptionniste fantôme. Tous, unanimes, démentirent catégoriquement la présence de civils sur la plage ce matin-là. En fait, beaucoup déplorèrent qu'en représentant un événement d'une telle importance, et qui fut une tragédie — car le sang de beaucoup de leurs camarades fut versé sur cette bande de sable – Zanuck

Zanuck had trivialized it by indulging in low buffoonery. They all have but one comment – *PAS POSSIBLE!*

Understandably, Monsieur Lenauld was deeply offended by this ridiculous and unconscionable portrayal. The good man went to his grave feeling that his honour and his good name had been indelibly stained by the slander. It was inexcusable. Not once did Zanuck check the facts with the very person whom he was portraying on his screen and who was still alive and available for consultation. Other inaccuracies in the movie – and there are many – can be accepted for they harm no one. Besides, they serve to amuse the sharp-eyed who actually took part in the real event. They smile at the use of the wrong kind of landing craft and automatic weapons. They laugh at the absurd frontal attack on Ouistreham – the commandos actually cleared the town from the rear (had Zanuck not heard of the lesson, learnt at terrible cost at Dieppe, that you do not attack a fortified port from the front?) – and, the crowning nonsense, the re-enactment of an attack on the Ouistreham casino that did not exist in 1944 (the Germans had replaced it with a blockhouse), over a fictitious bridge across an imaginary canal. (The scene was shot, not at Ouistreham, but at Port-en-Bessin, more than twenty-four miles to the west.) All these inaccuracies can be accepted as part of *la plus haute fantaisie* of movie-making but, when it came to ridiculing the living, Zanuck's work was not only careless and deplorable, it was also libelous.

Madame is not concerned with the many technical mistakes in the movie nor is she thinking of vengeful action. She just wants to clear the good name of her father-in-law for the sake of his memory, the memory of her late husband and the self-esteem of her children and grandchildren. She knows that all the odds are against her but what is she to do, just say nothing and let it pass in silence? **Jamais! PAS POSSIBLE!**

When the movie was first released, Monsieur Lenauld joined the chorus of scolding and scorn heaped on Zanuck by *CAEN*

l'ait banalisé par de basses bouffonneries. Ils n'eurent tous qu'un seul commentaire – PAS POSSIBLE!

Il est compréhensible que Monsieur Lénauld ait pu être profondément offensé par cette représentation ridicule et sans scrupules. Le brave homme emporta dans la tombe le sentiment d'avoir été déshonoré et discrédité de façon indélébile par la calomnie. C'était inexcusable. Pas une seule fois Zanuck ne vérifia les faits auprès des personnes qu'il représentait à l'écran et qui étaient encore vivantes et faciles à consulter. D'autres inexactitudes dans le film, et il y en a de nombreuses, peuvent être acceptées car elles ne blessent personne et ne font qu'amuser les gens observateurs qui prirent positivement part à l'événement. Ils sourient à la vue des péniches de débarquement et des armes automatiques faussement utilisées. Ils se moquent de l'attaque frontale sur Ouistreham alors qu'en réalité la ville fut nettoyée à partir de l'arrière (Zanuck n'avait-il pas entendu parler des leçons coûteuses apprises à Dieppe et qui enseignent que vous ne devez pas attaquer de front un port fortifié?) – et comble de l'absurdité, la reconstitution d'une attaque sur le casino de Ouistreham qui n'existait plus en 1944 (les Allemands l'avaient remplacé par un blockhaus) et sur un pont fictif traversant un canal imaginaire. (La scène fut tournée non pas à Ouistreham mais à Port-en-Bessin, quarante kilomètres plus à l'ouest.) Toutes ces inexactitudes peuvent être considérées comme relevant de la plus haute fantaisie du producteur du film, mais quand il en vient à ridiculiser les vivants, Zanuck n'est pas seulement négligent et sans scrupule, il est aussi diffamateur.

Madame ne s'intéresse pas aux erreurs techniques du film pas plus qu'elle ne songe à se venger. Elle veut simplement rendre son honneur à son beau-père, par respect de sa mémoire, de la mémoire de son mari, et par souci de la dignité de ses enfants et petits-enfants. Elle sait qu'elle a toutes les chances contre elle, mais que peut-elle bien faire, sinon souffrir en silence? **Jamais! PAS POSSIBLE!**

Lorsque le film sortit en juin 1964, M. Lénauld rejoignit le chœur de protestations et de mépris dressé contre Zanuck par *CAEN*

7 Jours, Caen's weekly newspaper. The headlines said it all:

The <u>real</u> longest day
Those who were actually involved protest:
"Mr. Zanuck, you were not there . . . !"

But it made no difference. Personal interviews broadcast on Radio Holland and on Radio Europe No. 1 gave full and accurate coverage to M. Lenauld's protests but Radio France from Paris was indifferent. Nothing prevailed and so, while he lived, the good man never received the justification he deserved.

Madame knows that she will never be able to correct the false impression left in so many millions of minds all over the globe. The falsehood will continue to propagate itself as long as film and magnetic tape last. Ruefully, she remarks that if her *beau-père* had been traduced only in print it would not have been so bad for not many people read books to-day, do they? But look at how many people watch movies and, in particular, the television programmes made from movies. No, there was no way now to cure the harm that had been done. The libel can never be eradicated. There will always be someone on this planet – even if it's only in Papeete! – to whom Alphonse Lenauld, Colleville-Montgomery's most famous, courageous and respected Mayor, will always be nothing but a clown and a buffoon. There was no way to correct that now. She ended with a sad shake of the head and a whispered: *"Pas possible."*

7 Jours, l'hebdomadaire caennais. Le titre à lui seul résumait tout:

Le <u>vrai</u> jour le plus long
Ceux qui l'ont vécu protestent:
"M. Zanuck, vous n'y étiez pas . . .!"

Mais cela n'y changea rien. Des interviews à la radio n'eurent pas plus d'effet. La Radio française fut indifférente. Seule la Radio hollandaise et Radio Europe No. 1, relatèrent en détail et avec exactitude l'indignation et la protestation de M. Lénauld. Rien n'y fit, et de son vivant le brave homme ne reçut jamais la justification qu'il méritait.

Madame sait qu'elle ne pourra jamais corriger la fausse impression laissée dans l'esprit de tant de millions de gens tout autour du globe. Le mensonge continuera à se propager tant que dureront le film et la bande magnétique. Elle remarqua tristement que si la diffamation de son beau-père n'avait été qu'imprimée, ce n'aurait pas été aussi grave, car les gens lisent beaucoup moins aujourd'hui. Mais songez au nombre de gens qui regardent les films, en particulier les programmes télévisés constitués à partir de films. Non, il n'y a maintenant aucun moyen d'effacer le mal qui a été fait. On ne peut éradiquer la calomnie. Il y aura toujours quelqu'un sur cette planète – même si ce n'est qu'à Papeete! – pour qui Alphonse Lénauld, le courageux Maire de Colleville-Montgomery, réputé et respecté, ne sera jamais qu'un clown et un bouffon. Il n'y a pas moyen de corriger celà. Madame termina en hochant tristement la tête et en murmurant: « Pas possible. »

I realize that, though the pen is mightier than the sword, it is not as mighty as the knob that turns on the television set! I know I am at a hopeless disadvantage in matching my frail word processor against that all-powerful electronic windmill but, nevertheless, I'll try a tilt or two. A quixotic effort, you say? Yes, I suppose so, but let me tell you what I have found out about the incident of the Frenchman on the beach.

The earliest reference to a French civilian wandering among the British troops as they landed on SWORD beach on D-Day appears in Norman Scarfe's book, *Assault Division*. Published in 1947 while memories were still fresh, the book is about 3rd British Infantry Division, the famous *Iron Division* of World War I and one of the assault divisions on D-Day. Lieutenant Scarfe, R.A., a history student at Magdalen College, Oxford, when the war interrupted his studies, was an artillery officer with 76th (Highland) Field Regiment. He landed on D-Day at La Brèche, his troop firing its four 105mm guns as his landing craft came in early that morning in support of the first assault waves of 8 Brigade. In writing about that moment, he noted as follows: *This was the position when the Mayor of Colleville himself arrived on the beach to welcome the invaders. He judged it a suitable occasion to wear a gleaming fireman's helmet, not unlike an inverted brass coal scuttle.*

Dorothy Wilding
Lieutenant Norman Scarfe, R.A.

As I type these words I can hear Madame, thousands of miles away, mutter, "*Pas possible!*"

"Please, Madame, patience!"

When I interviewed Mr. Scarfe at his home in Suffolk in December, 1985, he unhesitatingly

Je me rends compte que si la plume est plus puissante que l'épée, elle n'a pas le même pouvoir que le bouton qui allume le poste de télé. Je me sais en état d'infériorité, avec mon petit 'traitement de texte' pour me mesurer à ce tout-puissant moulin-à-vent électronique. Cependant, je risque une joute ou deux. Effort à la Don Quichotte, dites-vous? Oui, je le suppose, mais, laissez-moi vous raconter ce que j'ai découvert sur cet incident du Français sur la plage.

La première référence à un civil français qui s'aventure parmi les troupes britanniques lors du débarquement sur la plage SWORD le Jour J apparaît dans le livre de Norman Scarfe, *Division d'assaut*. Publié en 1947 alors que les souvenirs étaient encore frais, le livre est consacré à la 3ème Division d'Infanterie Britannique, la fameuse *Division de Fer* de la Première Guerre et l'une des divisions d'assaut du Jour J. Le Lieutenant d'artillerie, Norman Scarfe, étudiant en histoire au Magdalen College d'Oxford lorsque la guerre interrompit ses études, était officier d'artillerie du 76ème (Highland) Régiment de campagne. Il débarqua le Jour J à la Brèche et tôt ce matin-là, les quatre canons de 105mm à bord de sa péniche, apportèrent leur soutien à la première vague d'assaut de la 8ème Brigade. En décrivant ce moment, il a noté ce qui suit: *Telle était la position quand le Maire de Colleville lui-même arriva sur la plage pour accueillir les envahisseurs. Il avait jugé que l'occasion était convenable de porter un rutilant casque de pompier, pas très différent d'un seau à charbon en cuivre renversé.*

Tandis-que je tape ces mots, je peux entendre à des milliers de kilomètres d'ici, Madame murmurer, « Pas Possible! »

« S'il vous plaît, Madame, patience! »

Quand j'ai interrogé M. Scarfe chez lui dans le Suffolk en décembre 1985, il me confirma sans

confirmed that, with his own eyes, he had seen the Frenchman on the beach. There was absolutely no doubt about that. It was one of those trivial incidents that the memory retains with astonishing clarity in preference, thank God, to other ghastly horrors seen at the same time.

"Did you actually speak to the Frenchman?"

"No. I was rather busy at the time!"

"Was the Frenchman wearing any regalia of office, a tricolour sash . . . ?"

Not that he remembered. All he remembered was the great big brass helmet, beautifully polished, that the man wore – very sensible, with all the stuff that was flying about.

"How did you know he was the Mayor of Colleville?"

"Well, I didn't really. I probably just wrote down what I heard one soldier shout to another. You know how the men were, quick with a nickname or a quip. It must have been buried in my subconscious and flowed out of the pen when I started to write."

In his papers, held by the Imperial War Museum, London, Brigadier E. E. E. 'Copper' Cass (8 Brigade) mentions an incident when, in 1954, he and the other two Brigadiers of 3 British Division on D-Day, J. Cunningham (9 Brigade) and K. P. Smith (185 Brigade), returned to the assault beaches. He wrote: *". . . about centre of COD on the road Hermanville—Ouistreham, a Frenchman introduced himself as the man with the gleaming fireman's helmet on the beach in 1944 and welcomed them, but said he was no longer Mayor of Colleville."*

The next time the incident is mentioned is in Cornelius Ryan's fine, meticulously researched book, *The Longest Day.* In the 1959 edition [Simon and Shuster, New York] the following appears on page 252: *Corporal Harry Norfield and Gunner Ronald Allen were astonished to see 'a person all dressed up in splendid regalia and wearing a bright brass helmet making his way down to the beaches.' He turned out to be the Mayor of Colleville-sur-Orne, a small village about a mile inland, who had decided to come*

hésitation qu'il avait bien vu, de ses propres yeux, le Français sur la plage. Il n'y avait absolument aucun doute là-dessus. C'était un de ces incidents sans importance que la mémoire retient avec une étonnante clarté, de préférence, Dieu merci, aux affreuses horreurs vues au même moment.

« Avez-vous effectivement parlé au Français? »

« Non, j'étais plutôt occupé à ce moment-là! »

« Le Français portait-il un costume officiel de fonction, une écharpe tricolore . . .? »

Il ne s'en souvenait pas. Ce qu'il avait gardé en mémoire, c'était le grand casque en cuivre vermeil que portait l'homme – très judicieux, avec tout ce qui volait autour.

« Comment avez-vous su que c'était le Maire de Colleville? »

« Et bien, en réalité, je ne le savais pas. J'ai probablement tout juste écrit ce que j'ai entendu un soldat lancer à un autre. Vous savez combien les gars étaient friands de surnoms et de railleries. Ceci a dû s'enfouir dans mon subconscient et a coulé de ma plume lorsque j'ai commencé à écrire. »

Dans ses mémoires conservés à l'Imperial War Museum de Londres, , le Brigadier E. E. E. 'Copper' Cass (8 Brigade) mentionne un incident survenu en 1954 lorsqu'avec les deux autres Brigadiers de la 3ème British Division du Jour J, J. Cunningham (9 Brigade) et K. P. Smith (185 Brigade) il revint sur les plages de débarquement. Il écrit: " *. . . à peu près au centre de COD sur la route Hermanville— Ouistreham, un Français se présenta comme étant l'homme au rutilant casque de pompier qui les accueillit sur la plage en 1944, mais il ajouta qu'il n'était plus Maire de Colleville."*

La mention suivante de l'incident se trouve dans l'excellent livre fort bien documenté de Cornelius Ryan, *Le Jour le Plus Long.* Dans l'édition de 1959 (Simon and Shuster, New York), à la page 252, on peut lire ce qui suit: *Le Caporal Harry Norfield et le Canonnier Ronald Allen furent étonnés de voir 'une personne en grande tenue coiffée d'un étincelant casque de cuivre, descendant vers les plages.' Il s'avéra que c'était le Maire de Colleville- sur-Orne, petit village situé à deux kilomètres à l'intérieur, qui avait décidé de descendre accueillir*

down and officially greet the invasion forces.

Cornelius Ryan died in 1974 so I was unable to interview him but the Librarian at Ohio University Library in Athens, Ohio, where his papers are kept, very kindly sent me photocopies of the questionnaires completed in 1958 by Norfield and Allen on which the passage in the book is based. The questions were as follows: *Do you remember seeing or hearing anything that seems funny now, even though it may not have seemed amusing at the time? Or anything unexpected or out-of-place?*

Corporal Norfield, of the 2nd Middlesex, a medium machine-gun battalion, part of the divisional troops of 3rd British Infantry Division, hand wrote: *I remember seeing a person about 9 am on D-Day making his way down to the beaches all dressed up in his fine regalia wearing a bright brass fireman's helmet; it turned out later that this fellow was the Mayor of Colleville.*

Gunner Allen, of 73rd Light Anti-Aircraft Regiment, R.A., manning a Bofors anti-aircraft gun mounted on a *Crusader* tank in close support of the assaulting infantry, typed his reply: *A Frenchman running about on the beaches amongst all the troops, wearing what looked like a fireman's helmet in brass.*

When I was in England in June, 1985, I tried to get in touch with these two ex-soldiers. I could not find Mr. Allen but I did speak to Mrs. Norfield on the phone. Unfortunately, her husband had died about four years before. She could not tell me anything because he had seldom spoken to her about his wartime experiences.

So I was unable to interview the one man who identified the beachcomber as the Mayor of Colleville. However, without impugning his veracity, I cannot help wondering if it is likely that a corporal in a machine gun battalion of the British Army would be fluent enough in French to be able to converse comfortably with a delirious village Frenchman who probably knew no English. *Non, pas possible!*

I think that what we are hearing in ex-Corporal Norfield's words in 1958 is the echo of the kind of jocular remark that was shouted across

officiellement les forces d'invasion.

Cornelius Ryan mourut en 1974. Je n'ai donc pas pu le questionner mais le Bibliothéquaire de l'Université de l'Ohio à Athens m'a très aimablement envoyé les photocopies des questionnaires remplis en 1958 par Norfield et Allen sur lequels ce passage du livre est basé. Les questions étaient les suivantes: *Vous souvient-il d'avoir vu ou entendu quelque chose qui paraît drôle maintenant même si cela a pu ne pas sembler amusant à ce moment-là? Ou quelque chose d'inattendu, ou déplacé?*

Le Caporal Norfield, du 2ème Middlesex, régiment de mitrailleuses moyennes, qui faisait partie des troupes divisionnaires de la 3ème Division d'infanterie britannique, écrivit de sa main: Je me souviens avoir vu une personne en grande tenue vers 9 heures du matin le Jour J, descendre vers les plages, coiffé d'un casque de pompier en cuivre étincelant; il s'avéra plus tard que ce type était le Maire de Colleville.

Le canonnier Allen du 73ème Régiment d'artillerie légère antiaérienne, servant d'un canon Bofors monté sur tank *Crusader* pour l'appui rapproché de l'infanterie d'assaut fit cette réponse tapée à la machine: *Un Français courant de-ci de-là sur les plages parmi les soldats, coiffé de ce qui avait l'air d'être un casque de pompier en cuivre.*

Lorsque je fus en Angleterre en juin 1985, j'essayai d'entrer en contact avec ces deux anciens soldats. Je ne pus trouver M. Allen mais je réussis à parler à Mme. Norfield au téléphone. Malheureusement, son mari était mort depuis quatre ans. Elle ne put absolument rien me dire car son époux lui avait très rarement parlé de ses aventures du temps de guerre.

Ainsi je fus incapable d'interroger le seul homme qui identifia le 'promeneur de la plage' comme étant le Maire de Colleville. Sans mettre en doute la véracité de son récit, je ne puis m'empêcher de me demander s'il était vraisemblable qu'un simple caporal d'un bataillon de mitrailleuses de l'Armée britannique puisse parler un français assez courant pour converser de façon compréhensible avec un villageois français 'aviné' ignorant tout de l'anglais probablement. Non, pas possible!

Je pense que ce que nous entendons dans les mots de 1958 de l'ex-Caporal Norfield est l'écho du genre de remarque joviale faite en plein cauchemar sur la

the nightmare beach fourteen years before by one man to another as they crouched under the shelling and tried to keep their fear from showing by making a joke of what was happening around them. I fancy I can hear them: "Hey, look at that crazy Frenchman. He must be the Mayor, or something." And that's how fables are born.

The incident is mentioned by Patrice Boussel in his booklet, *D-Day Beaches Pocket Guide*, first published in 1964, but the entry is probably a crib from Ryan's book. It is a pity that the mistaken identity of the *pompier* was not corrected in later editions published after the storm of protest was raised when the movie was released in 1964.

My next contact, by letter and 'phone, was with the legendary Lord Lovat himself. I first wrote to him from California in February, 1986 asking him about the Frenchman on the beach incident in Zanuck's movie. I obviously touched a nerve! His reply, the reaction of a soldier 'sudden and quick in quarrel', shot straight back at me on House of Lords letterhead with some of the ferocity of the former commando on whose head Hitler had personally placed a reward of 100,000 marks: *As regards the Mayor of Colleville-sur-Orne in Normandy, I can say with certainty that no Frenchman armed with a bottle of champagne and wearing a fireman's helmet appeared on the beach on the morning of June 6th when my Commando Brigade arrived early and broke through the Atlantic Wall in very bitter fighting. The going was also rough in Colleville with severe casualties in street bombardments from our own warships to add to the confusion. I never saw the Mayor but suspect his wife's [sic] version is correct that he was busy digging his friends out of collapsed houses! Zanuck has certainly – and Ryan also – made a good story out of nothing to provide some local colour!*

I sent a copy of Lord Lovat's letter to Madame Lenauld in Normandy and could almost hear her shout of approval in California! "BRAVO LORD LOVAT! At last a hope that something positive will come of my obsession with the case

---

plage quatorze ans plus tôt, d'un homme à l'autre tandis qu'ils avançaient courbés sous la mitraille et essayaient de dominer leur peur en plaisantant sur ce qui se passait autour d'eux. J'imagine les entendre se dire: "Hé! regarde ce cinglé de Français. On dirait le maire, ou quelqu'un comme ça!" Et voilà comment naissent fables et légendes.

L'incident est mentionné par Patrice Boussel dans son livret, *Guide de poche des plages du Jour J* publié en 1964, mais le sujet est probablement repris du livre de Ryan. C'est dommage que l'erreur d'identification du pompier n'ait pas été corrigée dans les éditions publiées après l'avalanche de protestations soulevées par la sortie du film en 1964.

Le contact suivant fut celui que j'eus par lettre et par téléphone avec le légendaire Lord Lovat lui-même. Je lui écrivis pour la première fois de Californie pour lui demander son opinion sur l'incident du Français sur la plage dans le film de Daryl Zanuck. A l'évidence, j'avais touché un nerf! Sa réponse, réaction de soldat 'brusque et prompt à la querelle', me fut envoyée par retour sur une lettre à en-tête de la Chambre des Lords, avec un peu de la férocité de l'ancien commando sur la tête duquel Hitler avait personnellement placé une récompense de 100,000 marks: *En ce qui concerne le Maire de Colleville-sur-Orne en Normandie, je peux dire avec certitude qu'aucun Français armé d'une bouteille de champagne et portant un casque de pompier ne se trouvait sur la plage le matin du 6 juin à l'heure à laquelle ma Brigade de Commando débarqua et perça le Mur de l'Atlantique après de durs combats. L'avance dans Colleville aussi fut rude, avec de nombreuses pertes dues au bombardement des rues par nos propres navires de guerre pour ajouter à la confusion. Je ne vis pas le Maire mais je présume que la version de sa femme [sic] est correcte, quand elle dit qu'il était occupé à retirer ses amis des décombres de leurs maisons! Zanuck a certainement – et Ryan aussi – fait une bonne histoire avec rien pour faire couleur locale!*

J'expédiai une copie de la lettre de Lord Lovat à Madame Lénauld en Normandie et je pus presque l'entendre crier son approbation depuis la Californie! « BRAVO LORD LOVAT! Enfin une espérance qui concrétise mes démentis au sujet

of the fireman on the beach."

In his next letter, in reply to the evidence supporting the account of the Frenchman on the beach which I had, rather timidly, placed before him, the Chief of the Clan Fraser once again refused to accept the story. He wrote: *But I remain unconvinced about the scene on the beach. Like the Angels of Mons in the first World War, I still suggest that in* The Longest Day *film, where bevies of nuns were to be seen wandering on the battlefield, all such manifestations are the result of hearsay evidence or a lively imagination.*

Lord Lovat sent me typescripts of several first-hand accounts written by various people who had actually been in the commando assault and he referred me to his book, *March Past*, in which his own part has been described by others. But the most valuable account, sent to me at his request, came in a letter from Lieutenant Colonel Robert Dawson. Let me remind you about Colonel Dawson. He was the CO of No. 4 Commando on the morning of D-Day. It was his Commando that followed close on the heels of the severely mauled assault troops of the 2nd Battalion The East Yorkshire Regiment. His memory will always be cherished by the soldiers of France. The story will be told, again and again, of how, as the assault landing craft under his command chugged steadily through the German fire in line abreast towards the bristling shore, he gave the order for his craft, in which he led the van, to drop back a few yards so that the two landing craft carrying the Free French contingent of his force could beach themselves ahead of the British commandos

Lieutenant Colonel Robert Dawson, CBE, DSO
Commanding Officer No. 4 Commando
(Reproduit avec l'aimable autorisation de Monsieur J. Longuet, Musée No. 4 Commando, Ouistreham, Normandy.)

du pompier de la plage. »

Dans la lettre suivante, en réponse à la preuve appuyant le récit du Français sur la plage que je lui avais soumise plutôt timidement, le Chef du Clan Fraser encore une fois refusa d'accepter l'histoire. Il écrivit: *Je reste non convaincu de la scène sur la plage. Comme les Anges de Mons au cours de la Première Guerre Mondiale, je persiste à dire que, comme dans le film* Le Jour Le Plus Long *où des essaims de bonnes sœurs sont représentées errant sur le champ de bataille, de telles manifestations sont le résultat de ouï-dire ou le fruit d'imaginations débordantes.*

Lord Lovat m'envoya les textes dactylographiés de plusieurs compte-rendus écrits en première main par des gens qui faisaient partie du commando d'assaut et il me renvoya à son livre, *March Past*, dans lequel son propre rôle a été décrit par d'autres que lui. Mais le plus valable compte-rendu qui me fut envoyé à sa demande, fut celui qui me parvint du Lieutenant Colonel Robert Dawson. Laissez-moi vous rappeler qui était le Colonel Dawson. Il était à la tête du No. 4 Commando le matin du Jour J. C'était son Commando qui talonnait les troupes d'assaut sévèrement malmenées du 2ème Bataillon East Yorkshire Régiment. Son souvenir sera toujours conservé pieusement dans la mémoire des soldats de la France. L'histoire sera racontée encore et toujours sur la façon dont, au moment où les péniches de débarquement placées sous ses ordres fonçaient en ligne sous le feu allemand vers la côte, il donna l'ordre à son bateau placé en avant-garde de se laisser distancer de quelques mètres. Ainsi, les deux péniches transportant le contingent des Français Libres sous son commandement touchèrent le rivage avant celles des commandos britanniques. Ce qui permit

and thus allow Commandant Kieffer and his Frenchmen to claim the honour among their comrades of being the first to set foot back on the soil of France. It was a stylish beau geste that France will never forget.

In his letter to me dated 3 December, 1986, Colonel Dawson wrote: *I was there at the time as Commanding Officer of No. 4 Commando and Philippe Kieffer and his two French Commando troops were under my command and virtually integrated into No. 4. We did not land in the first wave (2 E. Yorks and 1 S. Lancs) whose task was to clear the immediate beach defences. We came in about 20 minutes later but the E. Yorks had been held up on the open beach and we in fact got to the head of the beach before them. We cut through the wire and crossed the minefield and briefly paused for the various troops to reassemble before moving on to our objectives in Ouistreham. During that time I saw nobody on either the coastwise road or the Colleville road – which went off from just about the area we had re-grouped in – nor in the rather swampy fields just behind the coast road.*

When we started moving off towards Ouistreham about 8.45 (British Double Summer Time) we left our wounded under such shelter as was available just back of the beach. The wounded included both British and French and we left behind a couple of medical orderlies to attend them. Our own doctor was among the wounded left there.

About three hours later we returned from Ouistreham to the beachhead to take the Colleville road, following far behind the rest of Lovat's Brigade to rejoin it in the 6 Airborne area at Amfreville, beyond the Orne bridges.

At no time did I see anyone answering even vaguely to the description quoted in your print-out and most disgracefully used by Zanuck in that travesty of a war film, The Longest Day. *As Lovat has told you, and you no doubt have learned directly, none of the Frenchmen of No. 4 Commando recalled seeing the helmeted Frenchman. I have heard no such story from the British side either. To me the episode touches*

au Commandant Kieffer et à ses Français de revendiquer auprès de leurs camarades l'honneur d'avoir été les premiers à reprendre pied sur le sol de France. Ce fut un beau geste dont l'élégance ne sera jamais oubliée par la France.

Dans la lettre qu'il m'adressa en date du 3 décembre 1986, le Colonel Dawson écrivait: *J'étais là au moment comme officier commandant le No. 4 Commando. Philippe Kieffer et ses deux groupes de commandos français étaient sous mes ordres et virtuellement intégrés dans le No. 4. Nous n'avons pas débarqué avec la première vague (2 E. Yorks et 1 S. Lancs) dont la tâche était de nettoyer les premières défenses de la plage. Nous sommes arrivés environ 20 minutes plus tard mais les E. Yorks avaient été accrochés sur la plage et en fait nous sommes parvenus à la terre ferme avant eux. Nous sommes passés à travers les barbelés et avons traversé le champ de mines, puis nous avons fait une brève pause pour que les différentes troupes puissent se rassembler avant de faire mouvement sur nos objectifs dans Ouistreham. Durant ce temps, je n'ai vu personne ni sur la route côtière, ni sur celle de Colleville qui part juste du secteur où nous étions regroupés, ni dans les champs plutôt marécageux situés juste en arrière de la route côtière.*

Lorsque nous avons commencé notre avance en direction de Ouistreham, il était environ 8 H 45 (heure d'été britannique du temps de guerre) nous avons laissé nos blessés sous tous les abris utilisables juste en arrière de la plage. Les blessés étaient aussi bien des Britanniques que des Français et nous avons laissé avec eux deux infirmiers pour les soigner. Notre propre médecin figurait parmi les blessés laissés là-bas.

Environ trois heures plus tard, nous sommes revenus de Ouistreham à la tête de pont pour prendre la route de Colleville, suivant loin derrière le reste de la Brigade de Lord Lovat pour la rejoindre dans le secteur de la 6ème Airborne à Amfreville, au-delà des ponts sur l'Orne.

A aucun moment je n'ai vu quiconque répondant, même vaguement, à la description indiquée dans votre exposé et scandaleusement travestie par Zanuck dans son film de guerre, Le Jour Le Plus Long. *Comme vous l'a dit Lovat et comme vous l'avez sans doute entendu dire directement, aucun des Français du No. 4 Commando ne se souvient d'avoir vu le Français casqué. Je n'ai pas non plus entendu parler de cela du côté britannique. Pour moi,*

on the realms of fantasy as I feel sure that if any person answering the description had been around he would have been seen by someone we left behind in the aid post.

Least of all could I credit that sort of irresponsibility to the Mayor of a village a mile or so inland in the circumstances of the hour. Lovat's commandos (less No. 4) were the first to reach Colleville and nobody appears to have seen the Mayor behaving in that strange way. After they had passed through there would have been no point in going down to the beaches to welcome the other troops as the Mayor clearly had the problems attendant on the liberation of his own village on his plate.

So, in summary, I would with great difficulty believe the stories of the helmeted Frenchman, attributing them to the heightened imagination of men plunged into violent action. I would completely discount the allegation that the person in question could be the Mayor of Colleville.

As you make clear in your printout, Zanuck perpetrated many betrayals of reality in his film. The one that caused the greatest fury among my beloved Frenchmen (I happened to be at the British Embassy in Paris at the time of the making and subsequent release of The Longest Day) was, of course, the account of the attack on the 'casino' strongpoint in Ouistreham. This was an all-French action, except for the tank commandeered by Kieffer, and they felt betrayed by the trivialization of it.

These contradictory accounts left me in an awkward position. With Madame Lenauld stoutly praising the Lord and passing the ammunition, I was caught in the crossfire of the big guns of Brigadier, The Lord Lovat, and Lieutenant Colonel Dawson, on the one hand, and the smaller calibre shot of Lieutenant Scarfe, Corporal Norfield and Gunner Allen on the other. The more I thought about it the more convinced I became that there must have been a Frenchman on the beach that morning of 6 June. (Please, Madame, allow me to continue.) The only explanation that could make the pieces fit was that the fireman – *Monsieur Le Pompier*,

l'épisode confine au royaume du fantasme car je suis sûr que toute personne répondant à cette description et qui aurait été dans ces parages aurait été aperçue par quelqu'un du poste de secours laissé à l'arrière.

Moins que quiconque, puis-je croire à ce genre d'irresponsabilité de la part du Maire d'un village situé à deux kilomètres à l'intérieur dans les circonstances de l'heure. Les commandos de Lovat (moins le No. 4) furent les premiers à atteindre Colleville, et personne n'a vu le Maire se conduisant de cette étrange façon. Après leur avancée, il n'avait aucune raison de descendre sur les plages pour accueillir les autres troupes tant il était clair que le Maire avait les problèmes inhérents à la libération de son village à résoudre.

Donc, en résumé, il m'est très difficile de croire les histoires du Français casqué; elles relèvent de l'imagination exacerbée d'hommes plongés dans une action violente. Je ne puis que réfuter totalement l'allégation selon laquelle la personne en question pouvait être le Maire de Colleville.

Comme vous le dites clairement dans votre exposé, Zanuck a perpétré de nombreuses trahisons de la réalité dans son film. Celle qui causa la plus grande fureur parmi mes chers amis français (je me trouvais à l'Ambassade britannique à Paris au moment de la réalisation et de la sortie du Jour Le Plus Long), fut la représentation de l'attaque sur le 'casino' fortifié à Ouistreham. Ce fut une action entièrement française, excepté le tank réquisitionné par Kieffer, et ils ont eu l'impression d'être trahis par la banalisation de tout cela.

Ces témoignages contradictoires me laissèrent en fâcheuse situation. Avec Madame Lénauld faisant grand éloge du Lord et passant les munitions, j'étais d'une part, pris dans le feu croisé des gros calibres du Brigadier Lord Lovat et du Lieutenant Colonel Dawson, et d'autre part dans le tir de plus petit calibre du Lieutenant Scarfe, du Caporal Norfield et du Canonnier Allen. Plus j'y pensais, plus je devenais convaincu qu'il devait y avoir un Français sur la plage ce matin du 6 juin. (Je vous en prie, Madame, permettez-moi de continuer.) La seule explication qui pouvait faire 'coller' les morceaux était que Monsieur le Pompier – Mister Fireman comme je l'appelais lorsque je songeais à lui – devait être

as I had come to think of him – must have appeared on SWORD beach farther over to the west, possibly at La Brèche d'Hermanville. That part of the beach is more or less opposite the inland village of Hermanville itself, roughly where the QUEEN RED and QUEEN WHITE sectors met. That would explain why none of the commandos had seen him. Their job had been to storm through hell and high water – and they had had plenty of both! – at the eastern end of QUEEN RED, near Riva Bella, about three quarters of a mile away.

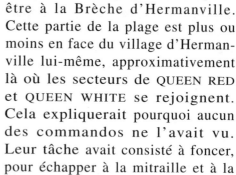

Combined Operations

Mention of Riva-Bella prompts me to digress briefly from the story of *M. Le Pompier.* Madame Lenauld, ever watchful of the historical rights of her village, has been resisting the attempts made by the municipal authorities of Riva-Bella to promote their town as the place where *Le Débarquement* – The Invasion – took place. "Can you believe it?" she asks incredulously. "It took place here, on Colleville Plage, not at Riva-Bella."

I have tried to calm Madame by explaining that this sort of name and place juggling for commercial benefit is not unknown in history. For example, in England, the decisive battle between my King Harold and her Duke William took place, not at Hastings, but about six or seven miles away. Nevertheless, that turning point in our island history is known as the Battle of Hastings. Yes, she replied, she knew all about that. And the people who promoted Hastings in 1066 probably joined Duke William's retinue from Riva-Bella – and they were still up to their old tricks!

Confirmation of my theory about the *pompier* and the solution of the puzzle began when I was browsing among the books at the Ministry of Defence library in Whitehall in September 1987. I pulled down a copy of the book, *D-Day* [Sidgwick & Jackson, London, 1974] by Warren Tute/John Costello and Terry Hughes and read the following note on page 217: *However, we were to have one more surprise just before the*

apparu plus à l'ouest, sur la plage SWORD, peut-être à la Brèche d'Hermanville. Cette partie de la plage est plus ou moins en face du village d'Hermanville lui-même, approximativement là où les secteurs de QUEEN RED et QUEEN WHITE se rejoignent. Cela expliquerait pourquoi aucun des commandos ne l'avait vu. Leur tâche avait consisté à foncer, pour échapper à la mitraille et à la marée montante, à l'extrémité est de QUEEN RED, proche de Riva-Bella, à environ un kilomètre de là.

La mention de Riva-Bella m'invite à m'écarter brièvement de l'histoire de M. Le Pompier. Madame Lénauld, toujours attentive aux droits historiques de son village, a résisté aux tentatives faites par les autorités municipales de Riva-Bella de promouvoir leur ville comme étant le lieu où se produisit le Débarquement. « Pouvez-vous croire cela? » demande-t-elle, incrédule « Ça s'est passé ici, a Colleville Plage, pas à Riva-Bella. »

J'ai essayé de la calmer en lui expliquant que cette falsification de nom et d'endroit à des fins commerciales n'est pas inconnu en histoire. Par exemple, en Angleterre, la bataille décisive entre le Roi Harold et le Duc Guillaume s'était déroulée non pas à Hastings, mais à une dizaine de kilomètres de là. Cependant, ce point décisif de l'histoire de notre île est connu sous le nom de Bataille d'Hastings. Oui, répondît-elle, elle savait tout cela. Les gens qui firent la promotion d'Hastings en 1066 rallièrent probablement de Riva-Bella la suite du Duc Guillaume; ils étaient encore capables de renouveler leur mauvais tour!

La confirmation de ma théorie sur le pompier et la solution de l'énigme commencèrent alors que je bouquinais des livres de la Bibliothèque du Ministère de la Défense dans Whitehall en septembre 1987. J'y dénichai un exemplaire du livre *D-Day* [Sidgwick & Jackson, London, 1974] écrit par Warren Tute/John Costello et Terry Hughes dans lequel je lus la note suivante à la page 217: *Pourtant, nous devions avoir une autre surprise juste avant*

next echelons were due. The sudden appearance over the top of the low dunes of a gleaming brass fireman's helmet, surmounting the figure of the Mayor of Colleville. He was accompanied by a young French girl, who quickly made her way to render help in the first-aid post. These were the first French people to greet us and all were deeply impressed at the courage of these two who had obviously taken such astonishing risks in exposing themselves to make their way to the beach at such a time.
[Lieutenant J. P. Baxter]

Here was yet another eyewitness. Now, if only I could find the former Lt. Baxter perhaps I could clear up the mystery once and for all.

The mention of the young French girl was also intriguing and sent me scurrying back to my files where, sure enough, I found the details I vaguely remembered

The Middlesex Regiment
(Duke of Cambridge's Own)

from correspondence dating back several years. I'll return to this later, but in the meanwhile let's see if we can pick up the trail of Lt. Baxter.

As soon as I got back to California in October 1987 I wrote to the retired Professor Scarfe of Leicester University. You may remember him. He is the same Lt. Norman Scarfe, the D-Day artillery subaltern mentioned on page 133. Professor Scarfe's reply was immediate. "Your J. P. Baxter must be my old chum, K. P. Baxter, who won his MC at least a dozen times with our heavy mortar battalion, 2nd Battalion The Middlesex Regiment." That was the clue I needed and as I galloped off, following the new scent, I was amused at the gentle chiding that ended Professor Scarfe's letter to me: "You **are** a long way from Sidney Bates, VC!"

I wrote to the Middlesex Regiment and asked them to forward my letter containing a list of questions to the former Lieutenant Baxter, and waited. There was no answer.

l'arrivée des prochains échelons: soudain, apparut à la crête des dunes un casque de pompier, cuivre rutilant, sur la silhouette du Maire de Colleville. Il était accompagné par une jeune fille française qui se dirigea rapidement vers le poste de premiers soins aux blessés pour y apporter son aide. Ce furent les premiers Français à nous accueillir et tous nous fûmes profondément impressionnés par le courage de ces deux personnes qui, c'était étonnant, avaient délibérément pris tant de risques et s'étaient exposés pour atteindre la plage à un tel moment.
[Lieutenant J. P. Baxter]

Voilà donc un autre témoin. Et alors, si seulement je pouvais retrouver l'ancien Lt. Baxter peut-être pourrais-je éclaircir le mystère une fois pour toutes.

La mention d'une jeune Française m'intriguait aussi et me renvoya à mes archives dans lequelles, j'en étais presque sûr, j'avais trouvé les détails dont je me souvenais vaguement, dans une correspondance datant de plusieurs années. J'y reviendrai plus tard, mais en attendant, voyons si nous pouvons retrouver la trace du Lt. Baxter.

Aussitôt rentré en Californie en octobre 1987 j'écrivis au Professeur Scarfe, retraité de l'Université de Leicester. Vous vous souvenez peut être de lui. C'était le même Lt. Norman Scarfe, le Lieutenant d'artillerie du Jour J mentionné à la page 133. La réponse du Professeur Scarfe fut immédiate. "Votre J. P. Baxter doit être mon vieux copain, K. P. Baxter, qui gagna sa MC au moins une douzaine de fois avec notre bataillon de mortiers lourds, 2ème Bataillon du Middlesex Régiment." C'était l'indice dont j'avais besoin et, tandis que je galopais sur la nouvelle piste, je fus amusé par l'aimable reproche que me lançait le Professeur Scarfe en terminant sa lettre: "Vous êtes bien loin de Sidney Bates, VC!"

J'écrivis au Middlesex Régiment et leur demandai de faire suivre ma lettre contenant une liste de questions à l'ancien Lieutenant Baxter, et j'attendis. Il n'y eut pas de réponse.

Just as I was resigning myself to the fact that another promising lead had petered out, another confirmation of the *pompier* story came in, unexpectedly, from yet another source. This was from Lieutenant Colonel Eric Lummis, formerly of the 1st Battalion The Suffolk Regiment.

On D-Day, Captain Lummis landed with the 1 Suffolk, the reserve battalion of 8 Brigade, the assault brigade of 3rd British Infantry Division. The principal D-Day task given to the 1 Suffolk was to capture HILLMAN, the monster German strongpoint just to the south of Colleville-sur-Orne that has already been mentioned on page 116. The complete story of HILLMAN, written by Colonel Lummis, is given in *1 Suffolk and D-Day*, starting on page 161. In correspondence with him about HILLMAN, I mentioned the *pompier* story. He immediately confirmed it, writing, on 29 October, 1987, "The *pompier* on the beach no doubt existed. I saw him myself when I landed."

Captain Eric Lummis
1st Battalion The Suffolk Regiment

In his next letter [5 November, 1987], Colonel Lummis wrote: *Following up your request about the identity of the soldier who died under the walnut tree in Colleville* [see page 122]*, I came across a personal D-Day reminiscence in the February, 1985 issue of* Britannia and Castle*, the twice-yearly publication for the Royal Norfolk and Suffolk Regiments which may interest you. It concerns your other query about the Mayor of Colleville, or rather his alleged presence in a fireman's helmet on the beach. Fred Ashby of Newmarket wrote in 1984: We found ourselves as point section of 'C' Company approaching a village. Through the street, past the church, and there was the* mairie*. We went in and established defensive positions on the first floor overlooking the street. Shortly after this,* M. Le Maire *emerged from his shelter and joined us. So that is how I found myself at 10 am on the 6th June, 1944, sharing a bottle of Calvados*

Alors que je me résignais au feu de paille d'un autre fil conducteur, une autre confirmation de l'histoire du pompier me parvint, inespérée, d'une source différente. Elle émanait du Lieutenant Colonel Eric Lummis, ancien du 1er Bataillon du Suffolk Régiment. Le Jour J, le Capitaine Lummis débarqua avec le 1er Suffolk, bataillon de réserve de la 8ème Brigade, la brigade d'assaut de la 3ème Division d'infanterie britannique. La tâche principale assignée au 1er Suffolk pour le Jour J était de prendre HILLMAN, le monstrueux ouvrage fortifié allemand juste au sud de Colleville-sur-Orne qui a déjà été mentionné dans ce récit à la page 116. L'histoire complète de HILLMAN écrite par le Colonel Lummis est donnée dans l'Appendice à la page 161. Dans une correspondance échangée avec lui, j'avais mentionné l'histoire du pompier. Il me la confirma immédiatement, écrivant le 29 octobre 1987, "Aucun doute, le pompier sur la plage a bien existé. Je l'ai moi-même vu lorsque j'ai débarqué."

Dans la lettre suivante [le 5 novembre 1987], le Colonel Lummis m'écrivait: *Suivant votre demande concernant l'identité du soldat qui expira sous le noyer à Colleville,* [voir page 122]*, je suis tombé sur un souvenir personnel du Jour J dans le numéro de février 1985 de* Britannia and Castle*, publié chaque semestre pour les Régiments du Royal Norfolk et Suffolk qui peut vous intéresser. Il concerne votre autre recherche sur le Maire de Colleville, ou plutôt de sa prétendue présence sur les plages, coiffé d'un casque de pompier. Fred Ashby de Newmarket écrivait en 1984: Nous nous trouvions comme section de pointe de la Compagnie pour l'approche du village. Longeant la rue au-delà de l'église, nous voici à la Mairie. Nous y pénétrâmes pour établir une position de défense au premier étage donnant sur la rue. Peu après cela, M. le Maire émergea de son abri et nous rejoignit. Et c'est ainsi que je me trouvai le 6 juin 1944 à 10 heures du matin en train de partager une bouteille de Calvados et*

and information concerning the German dispositions with M. Le Maire of Colleville-sur-Orne, now known as Colleville-Montgomery.

Colonel Lummis added, "Monsieur Lenauld could hardly have been on the beach!"

His third letter, dated 11 November, contained an even more exciting item. This was an excerpt from Philip Warner's book, *The D-Day Landings* [William Kimber, London, 1980] a collection of reminiscences. There was one from the Reverend Webber, formerly Lt. P. C. Webber, who had been detached from the 2 Middlesex to be part of the Beach Group at the crossroads at La Brèche.

Lieutenant Webber's report follows: ... *soon after I was able to take up position at the crossroads, when a strange apparition appeared. A little man in blue dungarees wearing a brightly polished fireman's helmet and pushing a bicycle came up to me and announced in French he was the Mayor of Colleville. He demanded to be taken to the commander as he had information about enemy positions.*

Lieutenant P. C. Webber
2nd Battalion The Middlesex Regiment

Colonel Lummis gave me the Reverend Webber's address and ended his letter with an encouraging tallyho: "He could be your man."

I immediately wrote to the Reverend Webber. I enclosed a blank map of SWORD beach and, among many questions, asked him to indicate exactly where he had seen the Frenchman. Two weeks later I had his reply together with the marked-up copy of the map. My theory was correct. He had seen the *pompier* at the place where the QUEEN RED and QUEEN WHITE sectors met!

His letter contained very full answers to all my questions so let me quote it at length: *Lieutenant Ken P. Baxter and I served in the 2nd Middlesex right through the North-West Europe campaign and after the war for a year in Egypt and Palestine with the same battalion.*

des renseignements concernant les positions allemandes avec M. le Maire de Colleville-sur-Orne, connu maintenant sous le nom de Colleville-Montgomery.

Le Colonel Lummis ajoutait, "M. Lénauld pouvait difficilement se trouver sur la plage!"

Sa troisième lettre, datée du 11 novembre contenait un élément encore plus intéressant. C'était un extrait du livre de Philip Warner, *Les Débarquements du Jour J* [William Kimber, Londres, 1980], une collection de souvenirs. Il y en avait un du Révérend Webber, précédemment Lt. P. C. Webber qui avait été détaché du 2ème Middlesex pour faire partie du Beach Group au carrefour de la Brèche.

Le récit du Lieutenant Webber est le suivant: ... *peu après je pus prendre position au carrefour, c'est alors qu'une étrange apparition se produisit. Un petit homme en bleus portant un casque de pompier étincelant et poussant une bicyclette vint vers moi et annonça en français qu'il était le Maire de Colleville. Il demanda à voir le commandant car il avait des renseignements sur les positions ennemies.*

Le Colonel Lummis me donna l'adresse du Révérend Webber et termina sa lettre avec un encourageant 'taïaut': "C'est peut-être votre homme."

J'écrivis immédiatement au Révérend Webber. Je joignis à ma lettre une carte muette de la plage SWORD et, parmi de nombreuses questions, lui demandai d'indiquer exactement l'endroit où il avait vu le Français. Deux semaines plus tard, j'avais sa réponse avec la carte où il avait porté tous les repères. Ma théorie était correcte. Il avait vu le pompier à la jonction de QUEEN RED et QUEEN WHITE!

Sa lettre contenait des réponses très complètes à toutes mes questions, aussi, permettez-moi de les citer en détail: *Le Lieutenant Ken P. Baxter servit avec moi dans le 2ème Middlesex d'un bout à l'autre de la campagne du nord-ouest de l'Europe et après la guerre pendant deux ans en Egypte et en Palestine avec ce*

We lost touch when we left the army so I do not know his present address. I think his account of the 'Frenchman on the beach' must have been derived from mine in our Battalion history because I passed on the 'Mayor of Colleville' to beach HQ as speedily as possible, and it is unlikely he would have been seen by Ken, who, like me, was busy controlling traffic off the beach, at the left-hand exit.

It could well be that the man in question used the title of 'Mayor' to gain attention but he was a very brave man, for he ran the gauntlet of fire from both sides, wearing a conspicuous brass fireman's helmet and blue overalls, and pushing a bike! Needless to say, the account in The Longest Day [the Reverend Webber means the film, not the book] is highly imaginative, and I don't think he ever spoke to Lord Lovat, but he came to me at the crossroads marked, the main beach exit, and obviously the target for German mortars and artillery, at about 1000 hours, although I did not note the time. He was dark, aged about thirty and of medium height, and was certainly sober and not carrying bottles of wine. I can't recall whether he wore any insignia. He may have been wearing a tricolour sash, but not any medals. My French is of the schoolboy variety, so it is possible he came from Hermanville just down the road, but he certainly seemed to claim to be Mayor, and I thought he said 'Colleville'. He was alone and claimed to have information about the German positions. In the confusion of the landing with firing going on I naturally passed him on as quickly as possible.

It would be interesting to discover the identity of this man. Alphonse Lenauld's reputation is certainly not besmirched by the true version of what occurred – it can only reflect credit, as I'm sure the man was not an impostor or fifth columnist.

I have read Norman Scarfe's Assault Division. He also mentions the incident, but I believe he culled it from the history of the 2nd Middlesex. There were four beach exits on D-Day, each with an officer and two O.R.s plus

même bataillon. Nous nous sommes perdus de vue quand nous avons quitté l'Armée et donc je ne connais pas son adresse actuelle. Je pense que son récit du 'Français sur la plage' doit provenir du mien publié dans l'histoire de notre Bataillon, parce que je dirigeai le 'Maire de Colleville' au QG de plage aussi rapidement que possible et il est improbable qu'il ait été vu par Ken, qui, comme moi, était occupé à régler la circulation des véhicules quittant la plage à la sortie de gauche.

Il se pourrait bien que l'homme en question ait utilisé le titre de 'Maire' pour attirer l'attention, mais c'était un homme brave car il avait essuyé le feu des deux côtés, coiffé d'un voyant casque de pompier en cuivre vêtu de bleus de travail et poussant un vélo! Pas besoin de dire que le récit du Jour Le Plus Long est extrêmement imaginatif [le Révérend Webber parle du film, pas du livre] et je ne crois pas qu'il ait jamais parlé à Lord Lovat puisque c'est vers moi qu'il vint au carrefour marqué sur la carte, principale sortie de la plage et manifestement la cible des mortiers et de l'artillerie allemande, à environ dix heures, bien que je n'aie pas noté l'heure. Il était brun, âgé d'à peu près trente ans et d'une taille moyenne, certainement pas ivre et ne transportait pas de bouteilles de vin. Je ne puis me rappeler s'il portait une quelconque insigne. Il se peut qu'il portait une écharpe tricolore mais, aucune médaille. Mon français est celui d'un écolier, aussi est-il possible qu'il soit venu d'Hermanville par la route, mais il est certain qu'il semblait proclamer qu'il était le Maire et je pense qu'il disait 'Colleville'. Il était seul et prétendait avoir des renseignements sur les positions allemandes. Dans l'agitation créée par le débarquement avec les tirs qui se poursuivaient, je le fis passer naturellement, aussi vite que possible.

Il serait intéressant de connaître l'identité de cet homme. La réputation d'Alphonse Lénauld n'est certainement pas entachée par la véritable version des faits – cela peut seulement faire honneur, car l'homme n'était pas un imposteur ou un membre de la cinquième colonne.

J'ai lu le livre de Norman Scarfe, Division d'Assaut. Il mentionne aussi l'incident mais je crois qu'il l'a 'cueilli' dans l'histoire du 2ème Middlesex. Il y avait quatre sorties de plage le Jour J, chacune avec un officier et deux soldats plus deux Policiers

two Military Police to control traffic and keep it clear by summoning aid if necessary. All the officers and men were from the same battalion, rejoining our unit 48 hours later. The two police with me were killed by a mortar bomb on the evening of D-Day at the cross-roads, but I believe everybody else came through, and Ken Baxter later received the Military Cross for a spirited defence of an O.P. in Holland, which I took over from him the following day.

The last sentence of the Reverend Webber's letter was: *Daryl Zanuck certainly exercised artistic licence!* As I read it aloud to myself I fancied I could again hear Madame Lenauld's bitter response, "AMEN!"

I was just getting ready to try one more call for Lt. Baxter when he broke wireless silence and came up on our net with a letter dated 5 February, 1988. The letter came with a package of documents relating to his D-Day experiences. I went straight to the marked-up map copy among them and found the pencilled notation, FRENCH COUPLE APPEARED HERE, at the place where QUEEN RED and QUEEN WHITE met. So there it was. The mystery was solved. That's why Brigadier Lord Lovat and Lieutenant Colonel Dawson and their men had not seen the *pompier*; he had been almost a mile away, at the other end of the congested assault beach.

Lieutenant K. P. Baxter, MC
2nd Battalion The Middlesex Regiment

After savouring the justification of my theories, I turned to Ken Baxter's letter. He had a lot to say. Here is what he wrote about the fireman: *To go back to the* pompier, *he was wearing light blue denim jacket and trousers, together with his fireman's brass helmet – empty-handed and sober! The girl, possibly 18 or 19 years old, was wearing a dark blue skirt, white blouse and a dark blue or black long-sleeved sweater. The man wore no insignia or*

Militaires pour contrôler la circulation, veiller à ce qu'elle reste fluide en se faisant aider si besoin était. Tous les officiers et les hommes étaient du même bataillon, ils rejoignirent notre unité 48 heures plus tard. Les deux Policiers Militaires qui étaient avec moi au carrefour furent tués par une bombe de mortier dans la soirée du Jour J, mais je crois que tous les autres s'en tirèrent et Ken Baxter reçut plus tard la Military Cross pour la défense courageuse d'un poste d'observation en Hollande, où je le remplaçai le lendemain.

La lettre du Révérend Webber se terminait ainsi: *Daryl Zanuck usait certainement de la licence au nom de l'art!* Et tandis que je me lisais la phrase a haute voix, je m'imaginai pouvoir entendre la réponse amère de Madame Lénauld, "AMEN!"

Je m'apprêtais à lancer un nouvel appel au Lt. Baxter quand il rompit le silence radio et se brancha sur notre réseau avec une lettre datée du 5 février 1988. La lettre contenait un paquet de documents relatifs à ses expériences du Jour J. J'allai directement à la carte portant les repères qui se trouvait parmi tous les papiers et trouvai l'annotation écrite au crayon: LES DEUX FRANÇAIS APPARURENT ICI, à la jonction de QUEEN RED et QUEEN WHITE. C'était donc ainsi. Le mystère était résolu. C'est pourquoi le Brigadier Lord Lovat et le Lieutenant Colonel Dawson et leurs hommes n'avaient pas vu le pompier; il se trouvait à plus d'un kilomètre à l'autre bout de la plage d'assaut si encombrée.

Après avoir savouré la justification de mes théories, je me tournai vers la lettre de Ken Baxter. Il avait beaucoup à dire. Voici ce qu'il écrivit au sujet du pompier: *Pour en revenir au pompier, il était vêtu d'un bleu de travail avec veste et pantalon, coiffé de son casque de pompier en cuivre, il avait les mains vides et était à jeun! La fille, paraissant 18 ou 19 ans, portait une jupe bleu marine, un corsage blanc et un pull-over bleu-marine ou noir à manches longues. L'homme ne portait ni insignes ni médailles*

medals and it was only a remark by someone later that morning that led me to understand that he was the Mayor of Colville.

However, on a trip to Normandy in 1969, I enquired of the then Mayors of both Colville and Hermanville but none seemed to know anything of the two who had arrived onto the beach at La Brèche that day. As close as I can guess, they arrived at 0835 hours and were taken into the shelter of the concrete casemate, by that time being set up as a First Aid Post. I did not see the man again at all but sometime in mid-morning I saw the girl re-appear briefly before going back into the casemate. I assumed that she was helping with the wounded.

ce fut seulement une remarque faite par quelqu'un plus tard dans la matinée qui me fit comprendre que c'était le Maire de Colleville.

Cependant, lors d'un voyage que je fis en Normandie en 1969, je m'informai des deux Maires de l'époque de Colleville et d'Hermanville, mais personne ne semblait savoir quoi que ce soit des deux personnes qui étaient arrivées sur la plage à La Brèche ce matin-là. Autant que je puisse m'en souvenir, ils arrivèrent à 8h 35 et furent emmenés à l'abri dans une casemate de béton servant à ce moment-là de Poste de Secours. Je ne revis pas du tout l'homme mais vers le milieu de la matinée la fille réapparut brièvement avant de retourner à la casemate. J'en conclus qu'elle aidait à soigner les blessés.

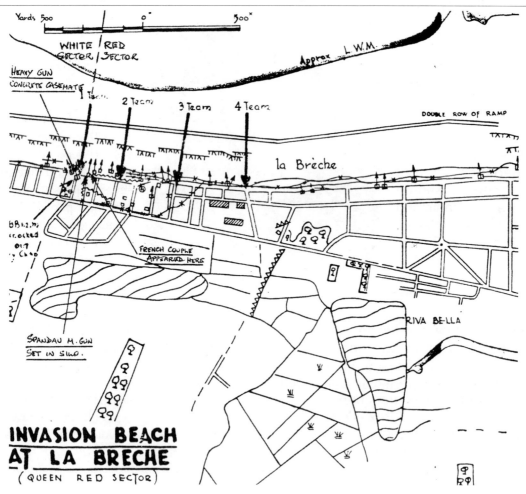

The map marked up by Ken Baxter to show that the French couple appeared at the point on the beach where QUEEN WHITE and QUEEN RED sectors met, i.e. about 1,000 yards to the west of where Lord Lovat and the commandos landed, in the vicinity of la Brèche.

La carte repérée par Ken Baxter montre que le couple français apparut sur la plage à la jonction des secteurs QUEEN WHITE et QUEEN RED, à environ 1,000 mètres à l'ouest de l'endroit où Lord Lovat et les commandos débarquèrent, aux environs de la Brèche.

That there was a Frenchman on the beach that morning of 6 June is now quite certain. Even Madame Lenauld accepts this! Norman Scarfe, a reliable eyewitness at the time and a Professor of History after the war, recorded it in 1947. Brigadier 'Copper' Cass had confirmation of it in 1954. Responding to Cornelius Ryan's meticulous research, Norfield and Allen independently confirmed it in 1958. The Reverend Webber and Ken Baxter, his gallant comrade-in-arms, confirmed it in 1974 and 1980 respectively. Finally, Lieutenant Colonel Eric Lummis confirmed it to me in 1987.

Who was this courageous Frenchman who was so delirious with joy at the arrival of his liberators that he disregarded the shells and bullets and, against all odds, actually made it to the assault beach to greet them? Where did he come from? He could not have come from Colleville-Sur-Orne or else Suzanne Prevel (as Madame Lenauld was then) would have heard about him. Was he from Collevillette, the little hamlet between Colleville and the sea? Madame thinks not. We believe he came from Hermanville-sur-Mer but we have not been able to confirm this. The last clue to his identity rests with the girl who rode her bicycle down to the beach on D-Day morning so I now went back to my faintly remembered notes about her.

When I first met Jean Brisset in Normandy in June, 1984, he gave me an envelope containing maps and letters and other items he thought would interest me and help me in writing my book about Sidney Bates, VC. Among them was a letter from Albert Smith of Begbroke, Oxfordshire. At the invasion, Mr. Smith had been a Sapper with 253 Field Company, Royal Engineers in 3rd British Infantry Division. Belatedly, I wrote to him at the end of December, 1984 and was rewarded by a package from him early in January, 1985. Among the many newspaper clippings he sent me was one that carried a story about a girl who had bicycled down to the beach on the morning of 6 June to help in a First Aid Post set up in a captured German casemate. I had filed her away in my memory as 'Jeanne-d'Arc-on-a-bicycle', rather liking the concept of France's heroine returning to help France's

Qu'il y ait eu un Français sur la plage ce matin du 6 Juin est maintenant tout a fait certain. Même Madame Lénauld accepte cela! Norman Scarfe, témoin fiable du moment et Professeur d'histoire après la guerre le signala en 1947. Le Brigadier 'Copper' Cass en eut la confirmation en 1954. Répondant à la méticuleuse recherche de Cornélius Ryan, Norfield et Allen le confirmèrent séparément en 1958. Le Révérend Webber et Ken Baxter, son valeureux compagnon d'armes, le confirmèrent respectivement en 1974 et en 1980. Enfin, le Lieutenant Colonel Eric Lummis me le confirma en 1987.

Quel était ce courageux Français, si fou de joie à l'arrivée de ses libérateurs qu'il ne prit garde ni aux obus ni aux balles; il défia tous les dangers pour accéder aux plages et y accueillir les assaillants? D'où venait-il? Il n'avait pas pu venir de Colleville-sur-Orne, sinon Suzanne Prével (future Madame Lénauld) aurait entendu parler de lui. Etait-il de Collevillette, petit hameau entre Colleville et la mer? Madame pense que non. Nous croyons qu'il vint d'Hermanville-sur-Mer mais n'avons pu le confirmer. Le dernier indice conduisant à son identité restait avec la fille qui descendit vers la plage à bicyclette le matin du Jour J, aussi je me reporte maintenant aux notes de vagues souvenirs à son sujet.

Lorsque je rencontrai Jean Brisset pour la première fois en Normandie en juin 1984, il me remit une enveloppe contenant des cartes et des lettres et d'autres documents qui, pensait-il pourraient m'intéresser et m'aider à écrire mon livre sur Sidney Bates, VC. Parmi tout cela, se trouvait une lettre d'Albert Smith, de Begbroke, Oxfordshire. Au débarquement, M. Smith était Sapeur du Génie de la 253ème Compagnie de campagne dans la 3ème Division d'Infanterie Britannique. Un peu tardivement, je lui écrivis fin décembre 1984 et fus récompensé par un paquet qu'il m'envoya en janvier 1985. Parmi les nombreuses coupures de journaux qu'il m'adressa il y en avait une qui rapportait l'histoire d'une fille qui avait descendu vers les plages à bicyclette le matin du 6 juin pour apporter son aide au poste de secours installé dans une casemate prise aux Allemands. Je l'avais classée dans ma mémoire sous le nom de 'Jeanne d'Arc à

former tormentors against her present oppressors. The newspaper article, dated June, 1984, identified the girl as Jacqueline Bernard who had been a summer visitor in Hermanville-sur-Mer from her parents' home in Paris when *Le Débarquement* trapped her on the coast. After the war, she had married one of the English soldiers she had met then, a Major Thornton, and went to live in England. After raising a family of nine children, she had returned to Normandy with her husband and now lived in Ouistreham.

I felt sure we were entitled to read all these extraordinary coincidences as favourable auguries that, at last, we were nearing the end of our search for the *pompier*. I quickly sent the four-years-old lead on to Jean Brisset in Flers, asking him to find Mrs. Thornton and to set up a lunch appointment at which I could meet her and her husband on my next visit to Normandy. Full of high hopes, Jean and I met the Thorntons in June, 1988. Alas! Our hopes were dashed. Although Mrs. Thornton confirmed that she had, indeed, been on the beach on the morning of D-Day, she had not accompanied the *pompier*, she did not remember seeing him at the time and she had not been able to find out who he was since then.

Is this the end of the trail? I hope not. I would like to meet that brave Frenchman and hear his story if only to confirm that it certainly was not Alphonse Lenauld who was on the beach that 6 June morning. According to Brigadier Cass, *M. Le Pompier* survived the war and was seen again in 1954. Then why did he not come forward and set the record straight when the film, *The Longest Day*, was released in 1964? Was it because he was embarrassed by the portrayal of himself as a drunken clown? That portrayal was pure, or rather, impure imagination on the part of Zanuck. It was an utterly irresponsible fabrication, put in just to get a cheap laugh. Not one of the accounts that I have found mentions that the Frenchman was tipsy and staggering all over the sands, offering the Tommies a swig from his bottle. Once again I ask, surely not unreasonably, "Why did Zanuck not check his facts while so many of the actors in the real drama were still alive?"

bicyclette'; l'idée de l'héroïne de France de retour pour aider les anciens bourreaux de la France contre les oppresseurs du moment, me plaisait assez. L'article du journal, daté de juin 1984, identifiait la fille comme étant Jacqueline Bernard, estivante venue de chez ses parents à Paris et piégée à Hermanville-sur-Mer par le Débarquement. Après la guerre, elle s'était mariée avec un soldat anglais qu'elle avait alors rencontré, le Major Thornton, et vécut en Angleterre. Après avoir élevé une famille de neuf enfants, elle était revenue en Normandie avec son mari et habite maintenant à Ouistreham.

J'étais presque sûr que nous pouvions considérer toutes ces extraordinaires coïncidences comme des augures favorables et qu'enfin, nous approchions de la fin de notre recherche du pompier. Je fis rapidement parvenir à Jean Brisset à Flers ce fil conducteur vieux de quatre ans, lui demandant de trouver Mme. Thornton et d'organiser un rendez-vous pour un lunch au cours duquel nous pourrions la rencontrer avec son mari lors de ma prochaine visite en Normandie. Pleins de grands espoirs, Jean et moi rencontrâmes les Thornton en juin 1988. Hélas! Nos espoirs furent vite déçus. Mme. Thornton confirma qu'elle avait bien été sur la plage le matin du Jour J, mais sans le pompier; elle ne se souvenait pas de l'avoir vu à ce moment-là et par la suite n'avait pas réussi à découvrir qui il était.

Est-ce la fin de la traque? J'espère que non. J'aimerais rencontrer ce brave Français et connaître son histoire ne serait-ce que pour confirmer avec certitude que ce n'était pas Alphonse Lénauld qui était sur la plage ce matin du 6 juin. Selon le Général de Brigade Cass, M. Le Pompier a survécu à la guerre; on l'a revu en 1954. Alors pourquoi ne s'est-il pas manifesté pour rétablir la vérité lorsque le film *Le Jour le Plus Long* est sorti en 1964? Etait-ce parce qu'il était gêné par la représentation de sa personne comme un clown ivre? Ce portrait était pure, ou plutôt, impure imagination de la part de Zanuck. Ce fut une invention entièrement irresponsable mise là juste pour faire rire à peu de frais. Aucun des récits que j'ai trouvé ne mentionne le fait que le Français était ivre et chancelant sur le sable, offrant aux Tommies de boire de l'alcool au goulot de sa bouteille. Encore une fois, et sûrement pas sans raison, je demande, "Pourquoi Zanuck ne vérifia-t-il pas ses faits alors que tant d'acteurs du drame réel étaient encore en vie? »

Alphonse Lenauld was still alive at that time. He could have told Zanuck exactly what he had been doing on D-Day morning. Later, he left a handwritten account of what he remembered about D-Day. Here are excerpts from the translation of his memoir: *On 6 June, in the early morning hours, English troops landed on the beach of Colleville-sur-Orne preceded by the French commandos under Commandant Kieffer. They were thus the first French soldiers to return to the soil of France . . .*

I seem to remember it was about 7.30 in the morning when we had the pleasure of seeing and mingling with the first soldiers to arrive in the village of Colleville. They were warmly greeted by the whole population.

About 8.30 in Colleville, after having embraced the first soldiers, in spite of their face camouflage, we were all smoking their cigarettes while our faces, shrivelled by a night of terror, now showed our joy in our delight of the Liberation.

It was about that time that I went with the owner of the flour mill to the attic of his house and from there, through the dormer window, we saw the entire armada of ships. It covered the sea in uncountable numbers. That was when we got an idea of the magnitude of the invasion. Next we learnt that a French cruiser, Le Courbet, and eight other ships had already been sunk to form a breakwater for the first artificial harbour opposite Colleville and Hermanville . . .

A little later, perhaps one or two days later, I cannot now remember exactly, General Montgomery arrived. I was introduced to him by an officer and an interpreter and gave them all the information they required. When we arrived in a jeep at the main intersection of Colleville, he said to me, "Monsieur Mayor, this is our Commander, General Montgomery." I immediately expressed to the General the thanks of all of us for having liberated us and I assured the Commander-in-Chief of our appreciation of him and his wonderful troops who had fought their way ashore so gallantly. Thus, I believe, I was the first Mayor of France to shake his hand.

Alors, there it is. Whom would you rather believe, Alphonse Lenauld or Daryl Zanuck?

Alphonse Lénauld était encore vivant à cette époque. Il aurait pu dire à Zanuck tout ce qu'il avait fait exactement le matin du Jour J. Par la suite, il laissa, écrit de sa main, un récit de ce dont il se souvenait du Jour J. Voici quelques extraits de son mémoire: *Le 6 juin au petit matin les troupes Anglaises débarquaient sur la plage de Colleville-sur-Orne, précédées en tête par le commando de soldats Français du Commandant Kieffer, qui ainsi occupa en premier le sol français . . .*

C'est vers 7hr 30 du matin, je crois me souvenir, que pour notre part, nous eûmes la joie d'apercevoir et de faire connaissance avec les premiers soldats arrivant à Colleville-Bourg, chaleureusement accueillis par toute la population.

Vers 8hr 30 à Colleville, après avoir embrassé les premiers soldats, malgré leur maquillage, tous les habitants fumaient déjà des cigarettes offertes par eux et les figures crispées par une nuit de cauchemars exprimèrent alors la joie dans l'allégresse de la Libération.

C'est alors que je me rendis avec le propriétaire, tout en haut dans son grenier, par la lucarne nous pûmes alors apercevoir nettement, toute une armada de navires detoutes sortes, qui tapissaient la mer en un nombre que je ne pouvais pas évaluer; nous comprîmes alors l'importance de ce débarquement. Par la suite nous apprenions qu'un croiseur Français, Le Courbet, et huit autre navires avaient été échoués pour former une digue et la première rade artificielle, en face de Colleville-sur-Orne et de la fosse d'Hermanville . . .

Peu après, un ou deux jours, je ne me souviens plus, le Général Montgomery débarquait, aussitôt je lui fus présenté par un officier et un interprète auxquels je donnai alors tous les renseignements dont ils avaient besoin. Nous arrivions en jeep au carrefour principal de Colleville, quand il me dit: « M. le Maire voici notre Chef, le Général Montgomery » Je lui exprimai aussitôt tous nos remerciements pour nous avoir délivrés et j'assurai ce Grand Chef de toute notre reconnaissance pour lui et pour toutes ses admirables troupes qui venaient de débarquer avec tant d'héroïsme. Je fus ainsi – je crois – le premier Maire de France à lui serrer la main.

Alors voilà. Qui allez-vous plutôt croire, Alphonse Lénauld ou Daryl Zanuck?

EPILOGUE

MADAME LENAULD STILL HAS HER TWO SORROWS, the one gentle and the other bitter. Her gentle sorrow is with her all the time. As the years have gone by, she realizes that, although the object of her grief is the same, the nature of her sadness has changed. Her *Soldat Inconnu* has not aged; he never will for those who die young never grow old in our memories. The only change is that, as she has grown older, she has felt differently about him. At first, when she was a sensitive, adolescent girl, not much older than the boy himself, her sorrow was the acute sorrow of an older sister for a younger brother. Then, as her own children, and especially her sons, Serge and François, reached the same age as her *Soldat Inconnu*, her grief for him matured into the deeper anguish of a mother. Now, as she lovingly watches the children of her children grow up, so beautiful, so strong, so eager for their future, she feels a grandmother's gentle, reflective sorrow for the long-dead boy who gave his today so that they could have their radiant tomorrows. Who was he? Where does he lie? She acknowledges, with gratitude, the attempts good-hearted people have made to identify him for her, but, sadly, in her heart of hearts, she knows that he has not yet been found. Up to now, all is conjecture. Only the testimony of an eye-witness can suffice. But then her spirit lifts. Maybe, when this, her story, is published, an eye-witness will come forward with the name of her *Soldat Inconnu* and enable her, at last, to fulfill her vow.

With regard to her bitter sorrow, she does not want to dwell on it any more. She has done all she can to restore the good name of Alphonse Lenauld, her respected *beau père*. Her children, and her grandchildren, will always remember that and will honour and bless her for it, but she cannot go in search of the *pompier* any more. *Pas possible!*

As far as I am concerned, I have proved that Madame's *beau père* was not Daryl Zanuck's drunken fireman. However, I must admit that the

EPILOGUE

MADAME LENAULD A TOUJOURS SES DEUX CHAGRINS, l'un adouci, l'autre amer. Son chagrin adouci n'a cessé de l'habiter. Le temps qui a passé lui a fait prendre conscience que, si le sujet de sa peine est le même, la nature de sa tristesse a changé. Son Soldat Inconnu n'a pas vieilli; il ne vieillira jamais car ceux qui meurent jeunes restent jeunes dans nos souvenirs. Mais en prenant de l'âge, ses sentiments envers lui ont changé. D'abord, lorsqu'elle était une jeune fille sensible, pas beaucoup plus agée que le jeune garçon lui-même, son chagrin était le chagrin aigu d'une sœur aînée pour un frère cadet. Puis, alors que ses propres enfants, et spécialement ses fils, Serge et François, atteignaient le même âge que son Soldat Inconnu, sa peine a mûri en souffrance maternelle intériorisée. Et maintenant qu'elle regarde avec amour, grandir les enfants de ses enfants, si beaux, si forts, si ardents pour leur avenir, elle ressent le chagrin, adouci par la réflexion, celui d'une grand-mère à l'égard de ce garçon mort il y a si longtemps et qui donna son aujourd'hui pour que les autres puissent avoir de radieux lendemains. Qui était-il? Où repose-t-il? Elle reconnait avec gratitude les tentatives faites par d'autres personnes au grand cœur pour l'identifier, mais, avec tristesse, au fond de son cœur, elle sait qu'il n'a pas encore été retrouvé. Jusqu'à maintenant, tout est conjecture. Le témoignage d'un seul témoin peut suffire. Mais alors, l'espoir renaît. Peut-être lorsque cette histoire, son histoire, sera publiée un témoin se présentera avec le nom de son Soldat Inconnu et lui permettra, enfin, d'accomplir son vœu.

Pour ce qui est de son chagrin amer, elle ne veut plus y revenir. Elle a fait tout ce qu'elle a pu pour réhabiliter la mémoire d'Alphonse Lénauld, son respecté beau-père. Ses enfants et petits-enfants s'en souviendront toujours, ils l'honoreront et la béniront de l'avoir fait, mais elle ne peut plus aller à la recherche du pompier. Pas possible!

En ce qui me concerne, j'ai apporté la preuve que le beau-père de Madame n'était pas le pompier ivre de Daryl Zanuck. Cependant, je dois admettre

one piece of conclusive evidence that is still missing, the final nail that I would like to drive into the coffin in which the filmmaker's slander is being buried, is the name of the brave Frenchman, the *pompier* himself. I have come to accept that, unless the sound of my hammering catches his attention or the attention of his relatives or friends, we will never know his name. On a morning when so many remarkable deeds of valour were performed, his will always be remembered and his bravery acknowledged by all, even by his equals in courage who once doubted his very existence.

Yet, who knows, if *M. Le Pompier* reads these words, maybe he will re-appear, just as he did to the *Trois Anciens Brigadiers* in 1954. Monsieur, you have nothing to be ashamed of! Madame Lenauld understands why, on the invasion beach, you claimed to be the Mayor of Colleville-sur-Orne. It was done to impress the invaders so that they would believe what you were telling them about the German defences. How were you to know that, twenty years after the event, Daryl Zanuck would portray you as a drunken clown just to get a few cheap laughs and thus cause anguish to a fine, decent man for the rest of his days? So, we beg you, come forward. Proclaim yourself.

LET ME WRITE A FEW LAST WORDS IN TRIBUTE TO Alphonse Lenauld. What I admire most about him is the strong sense he had of the importance of history in the everyday lives of ordinary people. He was proud to have been the first mayor of France to greet General Montgomery and to shake the hand of the Liberator of Normandy. Some months later, by officially changing the name of his village from Colleville-sur-Orne to Colleville-Montgomery, he used the influence of his position to ensure that his villagers would always remember this distinction.

que la seule pièce à conviction décisive qui manque, le dernier clou que j'aurais aimé enfoncer dans le cercueil où est enterrée la calomnie du réalisateur du film, c'est le nom de ce brave Français, du pompier. J'ai fini par accepter de ne jamais connaître son nom, à moins que le bruit de mon martellement n'attire son attention ou celle de sa famille et de ses amis. Son beau geste, un matin où tant d'actes de vaillance furent accomplis, ne sera jamais oublié, sa bravoure sera reconnue par tous, même par ceux de ses égaux en courage qui jadis doutèrent de sa véritable existence.

Cependant, qui sait, si M. le Pompier lit ces lignes, peut-être réapparaîtra-t-il, tout comme il le fit pour les Trois Anciens Brigadiers en 1954. Monsieur, vous n'avez à avoir honte de rien! Madame Lénauld comprend pourquoi, sur la plage de débarquement vous avez prétendu être le Maire de Colleville-sur-Orne. C'était pour impressionner ceux qui débarquaient afin qu'ils croient ce que vous leur disiez au sujet des défenses allemandes. Comment auriez-vous pu savoir que, vingt ans après les événements, Daryl Zanuck vous représenterait comme un bouffon ivre, tout simplement pour obtenir quelques rires à bon marché, causant ainsi du tourment à un homme honnête et distingué pour le restant de ses jours? Aussi, nous vous supplions, manifestez-vous. Faites-vous connaître.

QU'ON ME PERMETTE D'ECRIRE QUELQUES MOTS EN hommage à Alphonse Lénauld. Ce que j'admire le plus en lui, c'est le sentiment fort qu'il avait de l'importance de l'histoire dans la vie de tous les jours des gens ordinaires. Il fut fier d'avoir été le premier maire de France à accueillir le Général Montgomery et à serrer la main du Libérateur de la Normandie. Quelques mois plus tard, en changeant officiellement le nom de son village de Colleville-sur-Orne en Colleville-Montgomery, il usa de l'influence de sa position pour être sûr que les habitants de son village se souviendraient de cette distinction.

> Etant donné que Colleville-sur-Orne est plus éloigné de l'Orne que de la mer, puisque son territoire est en bordure de mer, alors qu'il n'a aucun contact avec la rivière l'Orne, le Conseil Municipal émet le vœu pour commémorer le débarquement des Alliés sur le territoire et rendre hommage au Grand Général Anglais qui a si brillamment dirigé les opérations, de changer son nom actuel de Colleville-sur-Orne en celui de : Colleville-Montgomery.

| A. Lénauld | ? | Dupré | J. Gervais | F. Piéplu |

Extract of page 14, dated 30 September, 1944, of the Deliberations of the Municipal Council

Whereas, Colleville-sur-Orne is at a greater distance from the River Orne than from the sea, and whereas its territory borders the sea and does not even touch the River Orne, the Municipal Council declares that, in order to commemorate the Allies' landing on their territory and to pay homage to the English Commander-in-Chief who so brilliantly directed the operations, the present name of Colleville-sur-Orne is to be changed to Colleville-Montgomery.

Alphonse Lenauld's daughter-in-law, Suzanne, remembers that as Alphonse's life drew to its close, he often expressed the hope that something could be done to commemorate the capture on D-Day of the monstrous German strongpoint squatting by the side of the road to Beuville. That Todt-constructed complex had been built partly on his land and partly on the adjoining property of M. Le Corsu. The British had given it the codename of HILLMAN, and under that name it had entered the everyday vocabulary of the villagers. When her husband, Jean, died, Madame inherited the Lenauld property on which part of HILLMAN had been built and, with it, the responsibility for fulfilling her father-in-law's wishes.

The 1 Suffolk had captured HILLMAN and its satellite fort, MORRIS, in a brilliantly coordinated attack that military historians now recognize as

Sa belle-fille, Suzanne, se souvient aussi que vers la fin de sa vie, il exprima souvent le souhait que quelque chose puisse être fait pour commémorer la prise, le Jour J, de la monstrueuse forteresse allemande établie sur le côté de la route de Beuville. Ce complexe bâti par Todt avait été édifié en partie sur son terrain et en partie sur la propriété adjacente de M. Le Corsu. Les Britanniques lui avaient donné le nom de code de HILLMAN et sous ce nom il était entré dans le vocabulaire de tous les jours des habitants du village. Quand son mari, Jean, mourut, Madame hérita de la propriété Lénauld sur laquelle une partie de HILLMAN avait été construite, et avec elle de la responsabilité de réaliser les souhaits de son beau-père.

Le 1er Suffolk avait pris HILLMAN et son satellite, MORRIS, par une attaque brillamment coordonnée que les historiens militaires reconnaissent

one of the key successes on D-Day. What more natural than that Madame should offer to give her part of HILLMAN to the Suffolk Regiment. In this way, not only would she honour Alphonse Lenauld's last wishes, but also, perhaps, the gesture would help to assuage the guilt she has felt all these years for not being able to fulfill her vow.

The offer was gladly accepted by the Suffolk Regiment. Their Lieutenant Colonel Eric Lummis (see page 142), who had been in action with the 1st Battalion on D-Day, though not in the HILLMAN attack – he was wounded a few days later – made arrangements for the Regiment to take over Madame's part of HILLMAN. The ceremony was held on 7 June, 1989, at which time the partially cleared blockhouse was dedicated as a permanent memorial to those of the 1 Suffolk, and their supporting troops, who had fallen in its capture. (See page 198.)

In order to enlighten those who had not taken part in the action and who knew little about it, Colonel Lummis wrote a full account of the capture of HILLMAN and published it as a guide to the battle. I have been privileged to receive permission to reproduce this booklet. It forms the third part of this book.

I am particularly glad to do this because it gives me the chance to correct yet another slander that has crept into the D-Day literature. Just as the beach fireman in Zanuck's movie, *The Longest Day*, is a slander against Alphonse Lenauld, so the account of the attack on HILLMAN in Chester Wilmot's book, *The Struggle for Europe,* is a slander against the reputation of the 1 Suffolk. The offensive comment I am referring to is on page 284 of the 1952 edition (*Collins, London*) of the Australian war correspondent's book. The passage dealing with the capture of HILLMAN is as follows: *It was 8.15 p.m. when the last resistance was overcome and, although Goodwin's* [the CO of 1 Suffolk] *own report says that "the garrison fought with such determination that in some instances they had to be blown from their emplacements by heavy explosive charges," the Suffolks' losses in the entire day's fighting were only seven killed and twenty-five wounded!*

maintenant comme un des succès clefs du Jour J. Quoi de plus naturel, alors, que Madame offrît de donner sa part de HILLMAN au Régiment du Suffolk. De cette façon, non seulement elle honorerait les derniers souhaits d'Alphonse Lénauld, mais aussi, peut-être, atténuerait-elle la culpabilité ressentie toutes ces années de ne pouvoir accomplir son vœu.

L'offre fut acceptée avec plaisir par le Suffolk Régiment. Leur Lieutenant Colonel Eric Lummis (voir page 142), qui avait combattu avec le 1er Bataillon le Jour J, bien qu'il ne prit pas part à l'attaque de HILLMAN – il fut blessé quelques jours plus tard – accomplit les démarches pour que le Régiment reçoive la partie de HILLMAN de Madame Lénauld. La cérémonie eut lieu le 7 juin 1989, lors de la consécration du blockhaus partiellement dégagé en un mémorial permanent à ceux du 1er Suffolk et de leurs troupes d'appui, qui étaient tombés pour sa capture. (Voir page 198.)

Afin d'éclairer ceux qui n'ont pas pris part au combat et qui en connaissent peu à ce sujet, le Colonel Lummis a écrit un récit détaillé de la prise de HILLMAN et l'a publié sous la forme d'un guide de la bataille. J'ai eu le privilège de recevoir l'autorisation de reproduire son livret. Il forme la troisième partie de cet livre.

Je suis particulièrement content de le faire car cela me donne la chance de corriger encore une autre calomnie qui s'est glissée dans la littérature du Jour J. De même que le pompier de la plage dans le film de Zanuck, *Le Jour le Plus Long*, est une calomnie à l'encontre d'Alphonse Lénauld, le récit de l'attaque sur HILLMAN dans le livre de Chester Wilmot, *La Lutte pour l'Europe*, est une calomnie contre la réputation du 1er Suffolk. Le commentaire outrageant auquel je fais référence est à la page 372 de l'édition de 1953 (*Fayard, Paris*) du livre du correspondant de guerre australien. Le passage relatif à la prise de HILLMAN est le suivant: *La dernière résistance ne fut réduite qu'a 20h 15. Le rapport de Goodwin* [l'officier commandant le 1er Suffolk] *a beau déclarer que "la garnison se battit avec une telle opiniâtreté qu'on dut en certains cas la faire sauter avec de grosses charges explosives", les Suffolk ne perdirent dans toute cette journée que sept tués et vingt-cinq blessés!*

The exclamation mark placed by Wilmot at the end of the English sentence and the footnote referenced at the same place in the text to the much heavier casualties suffered on D-Day by other battalions of 3 British Infantry Division, the Assault Division, indicate his poor opinion of the effort made by 1 Suffolk. The implication chilled my soul. Was Wilmot, bred to the legendary, reckless bravery of the Australian fighting man, saying, in effect, "double the casualties, halve the time"? Obviously, he had not heard of the comment made by General Wavell in one of his dispatches to the Prime Minister that 'a big butcher's bill was not necessarily evidence of good tactics.'

I am sure that the harsh demands of battle often make this a necessary trade-off but I don't think the use of such an equation would have solved the difficult problem presented by HILLMAN. Human-wave assaults against it would have achieved nothing except horrendous casualties. The German garrison was alert and determined. Their rough handling of 1 Royal Norfolk in mid-afternoon when, more than half a mile away, that untried battalion attempted to bypass their machine-guns through the wheat fields between HILLMAN and St. Aubin d'Arquenay, proved that. Though the figure of 150 casualties given by Wilmot for this incident is three times the actual number the Norfolks suffered, it indicates the impregnability of the strongpoint and the mettle of the garrison who, at that same time, were themselves under heavy attack by 1 Suffolk supported by tanks and artillery.

Speaking with the vast authority of a lowly Signals subaltern, I cannot see how Lt. Colonel Dick Goodwin (later Lieutenant General Sir Richard Goodwin, KCB, CBE, DSO, DL) could have conducted the assault on HILLMAN except as a setpiece attack. But don't take my word for it. Read Colonel Lummis's clear and measured account, starting on page 159, and form your own opinion.

Le point d'exclamation placé par Wilmot à la fin de la phrase en anglais et le renvoi à la note en bas de page placé au même endroit du texte, concernant les pertes beaucoup plus élevées subies le Jour J par d'autres bataillons de la 3ème Division d'infanterie britannique, la Division d'Assaut, indique sa piètre opinion de l'effort consenti par le 1er Suffolk. Le sous-entendu a glacé mon âme. Wilmot fut-il élevé dans la téméraire et légendaire bravoure du combattant australien disant, en effet, "doublez les pertes, diminuez le temps de moitié"? Manifestement, il n'avait pas entendu parler de la remarque faite par le Général Wavell dans un de ses messages adressé au Premier Ministre: 'de lourdes pertes ne sont pas nécessairement la preuve d'une bonne tactique.'

Je suis sûr que les âpres exigences de la bataille font souvent de cela une nécessité mais je ne pense pas que l'emploi d'une telle équation aurait résolu le difficile problème présenté par HILLMAN. Des vagues d'assaut humaines n'auraient rien produit sauf d'effroyables pertes. La garnison allemande était vigilante et déterminée. Le rude traitement infligé au 1er Royal Norfolk dans le milieu de l'après-midi quand, à huit cent mètres de là, ce bataillon non encore engagé, tenta d'échapper à leurs mitrailleuses en traversant les champs de blé entre HILLMAN et St. Aubin d'Arquenay, en apporta la preuve. Bien que le chiffre de 150 pertes subies par les Norfolks donné par Wilmot pour cet incident représente trois fois le nombre réel de celles qu'ils endurèrent, il indique l'inexpugnabilité de la forteresse et l'ardeur de la garnison qui, au même moment, subissait elle-même une puissante attaque du 1er Suffolk appuyé par les chars et l'artillerie.

Parlant avec l'immense autorité d'un humble lieutenant des Transmissions, je ne vois pas comment le Lt. Colonel Dick Goodwin (devenu par la suite Lieutenant Général Sir Richard Goodwin, KCB, CBE, DSO, DL) aurait pu mener l'assaut sur HILLMAN autrement qu'il le fit. Mais ne me croyez pas sur parole. Lisez le compte-rendu clair et mesuré du Colonel Lummis, commençant à la page 159, et faites-vous votre opinion.

THE MONTY STATUE

IN SEPTEMBER 1994 I WROTE TO MADAME LENAULD to tell her that I had just read the following gloomy prediction in Alistair Horne's book, *The Lonely Leader – Monty 1944–1945,* written in conjunction with David, Viscount Montgomery, Monty's only son (Macmillan, London, 1994, page 356): . . . *and one feels that in time the hyphenation, added after the war, will disappear, reverting to simple Colleville.* I also pointed out that in all France there is no monument to the man whose brilliant strategy and steady leadership won the Battle of Normandy. Should Colleville-Montgomery not take the lead and put up a statue to their *Montee*?

As I expected, Suzanne's reactions to both points in my letter were immediate and firm, very firm! First of all, she assured me that her village would **never** drop the Montgomery part of its hyphenated name. Secondly, she enthusiastically supported the idea of a statue of the Field Marshal and had recruited M. Legrand, the present Mayor of Colleville-Montgomery, for the project. He and his Council also agreed with the idea and pledged the entire treasury of the village to prepare a suitable park site and base for the statue. He wrote to Viscount Montgomery and obtained his permission. I then recruited my friend Sir Geoffrey Bates, Bt., the Chairman of the North Wales chapter of the Normandy Veterans' Association, to push the project through official channels in Britain. Like me, Geoffrey had been Madame's house guest for the 50th Anniversary commemorative ceremonies in June 1994 so he too could identify with the project.

LA STATUE DE MONTY

EN SEPTEMBRE 1994 J'ECRIVIS A MADAME LENAULD pour lui dire que je venais de lire la sombre prédiction suivante dans le livre d'Alistair Horne, *The Lonely Leader – Monty 1944–1945,* écrit en collaboration avec David, Vicomte Montgomery, fils unique de Monty (Macmillan, Londres, 1994, page 356): . . . *et l'on pressent que dans le temps la partie, ajoutée après la guerre, disparaîtra pour revenir au simple Colleville.* J'indiquai également que dans toute la France il n'y avait aucun monument élevé à l'homme dont la brillante stratégie et la ferme direction gagnèrent la Bataille de Normandie. Colleville-Montgomery ne devait-il pas prendre la tête pour élever une statue à son *Montee*?

Comme je m'y attendais, les réactions de Suzanne aux deux points de ma lettre furent immédiates et fermes, très fermes! D'abord, elle m'affirma que son village ne laisserait **jamais** tomber le Montgomery associé à son nom. Deuxièmement, elle appuya avec enthousiasme l'idée d'une statue au Feld Maréchal et obtint l'adhésion de M. Legrand, Maire de Colleville-Montgomery au projet. Lui et son Conseil acceptèrent cette idée avec empressement et engagèrent la trésorerie du village pour aménager un terrain convenable et réaliser une base destinée à recevoir la statue. Il écrivit au Vicomte Montgomery et obtint sa permission. C'est alors-que je recrutai mon ami le Baronnet Sir Geoffrey Bates, President du Chapitre du Nord du Pays de Galles de l'Association des Vétérans de Normandie, de présenter le projet devant les autorités officielles en Grande-Bretagne. Comme moi, Geoffrey avait été invité à séjourner chez Madame pour les cérémonies commémoratives du 50ème anniversaire en juin 1994 et donc lui aussi pouvait s'impliquer dans la réalisation du projet.

And all the while the patient, tactful and hardworking Jean Brisset acted as herald, diplomat and interpreter between the parties.

Et tout le temps, patient, plein de tact et de persévérance, Jean Brisset agit comme héraut, diplomate et interprète entre les parties.

The Normandy Veterans' Association then commissioned Vivien Mallock, a noted English sculptress, to create a full-length statue of Monty

L'Association des Vétérans de Normandie passa alors commande à Mme. Vivien Mallock, sculpteur anglais distingué, pour la réalisation d'une statue grandeur nature

in bronze, and arranged for His Royal Highness Prince Michael of Kent, Patron of the N. V. A., to unveil it on June 6, 1996.

In a remarkable display of organizational skills that would have impressed the original planners of D-Day, everything was ready in good time. The Normandy Veterans' Association sent over 1,200 members and a forest of banners. The band of the Army Air Corp played stirring music and 5,000 Frenchmen, residents of Colleville-Montgomery and visitors, joined in the festivities joyously. Viscount Montgomery was there to comment that there was no doubt whom the statue represented! The children of the village sang a beautiful *Ode to Peace* while flocks of pigeons wheeled overhead, delighting in their freedom. In fact, the planners of 1996 did even better than their predecessors of 1944; they laid on perfect weather, bright for the television cameras, sunny to match the mood of the throngs and just enough breeze to keep the flags fluttering. Perfect! It was, without doubt, Colleville-Montgomery's finest hour since D-Day!

de Monty, en bronze, et fit les démarches pour que Son Altesse Royale le Prince Michael de Kent, Patron de la N. V. A., la dévoile le 6 juin 1996

Dans un remarquable déploiement de talents organisateurs qui auraient impressionné les planificateurs du Jour J, tout fut prêt à temps. L'Association des Vétérans de Normandie envoya 1.200 de ses membres et une forêt de bannières. La fanfare de l'Army Air Corps joua une musique entraînante et 5.000 Français, résidents de Colleville-Montgomery ou visiteurs participèrent joyeusement aux festivités. Le Vicomte Montgomery était là pour commenter le fait qu'il n'y avait aucun doute sur la personne représentée par la statue! Les enfants du village chantèrent une belle *Ode à la Paix* tandis que des vols de pigeons tournoyaient là-haut, appréciant leur liberté. En fait, les planificateurs de 1996 réussirent encore mieux que leurs prédécesseurs de 1944; ils s'arrangèrent pour que le temps soit très beau, clair pour les cameras de la télévision, ensoleillé pour s'accorder avec l'humeur de la foule et juste assez de brise pour maintenir l'agitation des drapeaux. Parfait! Ce fut sans doute la plus belle heure de Colleville-Montgomery depuis le Jour J!

Madame Lenauld talking to the bearded Prince Michael of Kent. To the Prince's right is M. Legrand, Mayor of Colleville-Montgomery, and to his left is Major-General Peter L. de Carteret Martin, CBE, National President, Normandy Veterans' Association.

Madame Lénauld parlant au Prince Michael de Kent. A la droite du Prince, Monsieur Legrand, Maire de Colleville-Montgomery, et à sa gauche, Major-General Peter L. de Carteret Martin, CBE, President National de Normandy Veterans' Association.

While all this was going on, I felt the presence of an unseen observer who was delighted to watch his daughter-in-law converse graciously with a cousin of the Queen of Great Britain. He was proud that, in all France, in 1996, his village had taken the initiative to reaffirm the association with the Field Marshal that he had established in 1944. He reflected that just as Churchill had been voted out of office after bringing his nation through the perils of the war, so he too had been voted out of office after bringing his village through the perils of the Occupation and Liberation and after starting the negotiations to have its name changed from the geographically meaningless Colleville-sur-Orne to historically significant Colleville-Montgomery.

Finally, as a modest man, he was content with the modest recognition his village had bestowed on him.

Pendant que tout cela se déroulait, je sentis la présence d'un observateur invisible ravi de voir sa belle-fille converser avec bonne grâce avec un cousin de la Reine de Grande-Bretagne. Il était fier que, de toute la France, en 1996, son village ait pris l'initiative de réaffirmer l'association qu'il avait établie en 1944 avec le Maréchal. Il se disait que, de même que Churchill, après avoir conduit son pays à travers les périls de la guerre, avait été battu aux élections, de même, il avait, lui aussi été battu aux élections après avoir conduit son village à travers les dangers de l'occupation et de la libération, et négocié le changement de nom de Colleville-sur-Orne, sans signification géographique, en celui, historiquement significatif de Colleville-Montgomery.

Finalement, homme de modestie, il se contentait du modeste hommage que son village lui avait accordé.

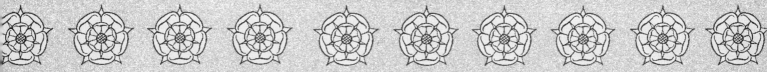

1 SUFFOLK AND D-DAY

by
ERIC LUMMIS

1er SUFFOLK ET JOUR J

traduit par
JEAN BRISSET

PREFACE

THE IDEA FOR THIS ACCOUNT OF THE EVENTS OF D-Day came to me as a result of the visit by a large party of survivors of 1st Battalion The Suffolk Regiment to Normandy on the 40th anniversary of D-Day. For many it was the first time they had been back. It was often a moving occasion as old colleagues were remembered. Memories were revived of what had taken place but after forty years it was hard to recall exactly what had happened, and where. There was a need for some sort of guide to make clearer the events of that day. There were questions, too, about why these events had taken the turn they did and why other events had not taken place.

I was first led to look into the number of casualties suffered by 1 Royal Norfolk when trying to bypass HILLMAN. All the publications had a figure which turned out to be three times too high. The search for this had taken me to War Diaries in the Public Record Office and to other records and publications, as well as contacts with various individuals.

Then there came the news about Madame Lenauld from Colleville-Montgomery wanting to make available a piece of HILLMAN on which to erect a memorial. Through her I came in contact with Tom Bates already interested in D-Day events in Colleville as part of his attempts to find out all he could about his namesake, Corporal Sidney 'Basher' Bates, VC, of 1 Royal Norfolk. I started in earnest finding out more about what happened on D-Day.

I have depended in the first place on General Dick Goodwin's own account of what took place, written not long after, in 1944, and which is largely reproduced in Colonel Nicholson's *History of the Suffolk Regiment 1928–1946*. These papers were kindly made available to me by Lady Anthea Goodwin. I have also made use of a number of personal accounts which I have been permitted to read. My thanks go to Major Charles Boycott, Fred Ashby, Robert Lawson, Fred Varley, Captain Harry Elliott, and Johnny

PREFACE

L'IDEE D'ECRIRE CE RECIT DES EVENEMENTS DU Jour J m'est venue à la suite de la visite faite par un groupe nombreux de survivants du 1er Bataillon du Suffolk Régiment en Normandie à l'occasion du 40ème anniversaire du Jour J. Pour beaucoup d'entre eux c'était la première fois qu'ils y revenaient. Ce fut souvent une occasion émouvante de se souvenir de leurs anciens collègues. Des souvenirs de ce qui s'était passé furent ranimés mais après quarante ans il était difficile de se remémorer exactement ce qui s'était produit et où cela s'était produit. Il y avait besoin d'une sorte de guide pour rendre plus clairs les événements de ce jour-là. Il y avait des questions, aussi, sur les raisons pour lesquelles ces événements avaient pris une certaine forme et pourquoi d'autres n'avaient pas eu lieu.

Je fus d'abord conduit à examiner le chiffre des pertes subies par le 1er Royal Norfolk en essayant de contourner HILLMAN. Toutes les publications donnaient un chiffre qui se révéla être trois fois trop élevé. Cette recherche m'avait amené à consulter les journaux de marche au Public Record Office, d'autres rapports et publications et à contacter différentes personnes.

C'est alors qu'arriva la nouvelle selon laquelle Madame Lénauld de Colleville-Montgomery désirait mettre à disposition une partie de HILLMAN pour y créer un mémorial. Par elle je fus mis en contact avec Tom Bates déjà intéressé aux événements du Jour J à Colleville, en recherche de tout ce qu'il pouvait découvrir sur son homonyme, le Caporal Sidney 'Basher' Bates, VC, du 1er Royal Norfolk. Je commençais sérieusement à trouver de plus en plus de choses sur ce qui se produisit le Jour J.

J'ai consulté en premier lieu le récit personnel du Général Dick Goodwin, écrit peu de temps après les événements en 1944 et qui est largement reproduit dans *l'Histoire du Suffolk Regiment 1928–1946* du Colonel Nicholson. Ces papiers furent aimablement mis à ma disposition par Lady Anthea Goodwin. J'ai aussi utilisé un nombre de compterendus personnels que j'ai eu la permission de lire. Mes remerciements vont au Major Charles Boycott, Fred Ashby, Robert Lawson, Fred Varley, Capitaine Harry Elliott, et Johnny Vaughan pour

Vaughan for these accounts. Other accounts came from Colonel 'Kit' Gough, Major General Sir Nigel Tapp, Colonel Sir Delaval Cotter and others of 'C' Squadron 13th/18th Royal Hussars and Major Spencer Nairn of 'A' Squadron Staffordshire Yeomanry.

Mike Russell has given me a great deal of help and information, not least in obtaining for me a copy of General Richter's history of 716 Division. Many other old colleagues of 1 Suffolk have added their bit to the story of what took place. I am particularly grateful to Colonel Alan Sperling for looking at my manuscript and making most valuable suggestions for its improvement. Arthur Smith, with his own researches into Suffolk Regiment history, gave me information about those killed and where they were buried.

Tom Bates, as already mentioned, has given me a lot of help, as has Madame Lenauld and Jean Brisset from Flers, not unknown to some of 1 Suffolk, for establishing that Ken Mayhew with his carriers was the first into that town in August 1944. Alan Jefferson, whose book, *Assault on the Guns of Merville*, first gave me an insight into what could be found out from the German side, as well as alerting me to the photographs of MORRIS in the Imperial War Museum, has inspired me to carry on with research. His book touches on Colleville as the German battery at Merville formed part of the command based there. Norman Scarfe, who wrote *Assault Division*, has also been unfailingly helpful.

My thanks are due to the various organizations who have helped me in preparing this account: Bundesarchiv-Militararchiv, Freiburg; Imperial War Museum, London; Prince Consort Library, Aldershot; Air Photo Library, University of Keele, and the Public Record Office, Kew.

Eric Lummis
Camberley
January 1989
Amended 1998

---

ces recits. D'autres récits vinrent du Colonel 'Kit' Gough, du Major-Général Sir Nigel Tapp, du Colonel Sir Delaval Cotter et d'autres de l'Escadron 'C' du 13ème/18ème Royal Hussars et du Major Spencer Nairn de l'Escadron 'A' du Staffordshire Yeomanry.

Mike Russell me fournit une grande aide et une grande quantité de renseignements, allant jusqu'à m'obtenir un exemplaire de l'Histoire de la 716ème Division du Général Richter. De nombreux anciens collègues du 1er Suffolk ont apporté leur part à l'histoire de ce qui s'est passé. Je suis particulièrement reconnaissant au Colonel Alan Sperling pour avoir examiné mon manuscrit et avoir fait de fort précieuses suggestions pour son amélioration. Arthur Smith, grâce à ses propres recherches dans l'histoire du Suffolk Régiment, m'a fourni des renseignements sur ceux qui furent tués et l'endroit où ils furent inhumés.

Tom Bates, comme je l'ai déjà dit, m'a apporté une aide importante, de même que Madame Lénauld et Jean Brisset, de Flers, pas un inconnu de quelques-uns du Suffolk pour avoir établi que Ken Mayhew fut, avec sa section de chenillettes, le premier du Suffolk à entrer dans la ville en août 1944. Alan Jefferson dont le livre, *Attaque sur les Canons de Merville,* me donna d'abord un aperçu de ce qui pouvait être trouvé du côté allemand et m'alerta sur les photographies de MORRIS au Musée de la Guerre à Londres, m'encouragea à poursuivre mes recherches. Son livre touche à Colleville car la batterie allemande de Merville dépendait du commandement basé à Colleville. Norman Scarfe, qui écrivit *Division d'Assaut,* m'a aussi apporté une aide constante.

Mes remerciements vont aux différentes organisations qui m'aidèrent à préparer ce récit: Bundesarchiv-Militaracrchiv à Freiburg; Imperial War Museum à Londres; Prince Consort Library à Aldershot; Air Photo Library à l'Université de Keele, et Public Record Office à Kew.

A LOT HAS BEEN PUBLISHED ABOUT THE ACTIONS OF 1st Battalion The Suffolk Regiment on D-Day, 6 June, 1944. Some writers were highly critical, yet much of their criticism was based on accounts which were inaccurate, often because not all the facts were known. Moreover, none of them had actually viewed the ground and the positions held by the Germans! This account is not concerned with the controversies raised. It is intended to be a straightforward record of what took place on 6 June, 1944, drawing on accounts from many sources, including the memories of those who took part, from official documents and from German sources. Some of the details have not appeared in print before and may thus put a different light on some of the earlier views expressed. Those who read this account can form their own judgement on the leadership displayed, the training and efficiency of the Battalion and its supporting troops and the courage and devotion to duty of those who took part.

PREPARATION FOR INVASION

FOR MOST OF THE MEN OF THE 1ST BATTALION THE Suffolk Regiment, along with the other units of 3 Division, the invasion of Normandy was the culmination of months, if not years, of rigorous training. The Battalion still had a large element of the regular soldiers who had fought in Belgium in 1940 and returned from Dunkirk. Training in combined operations was soon to follow, in May 1942. This took place in Scotland, on the west coast at Inveraray and Dorlin, on the east coast at Nairn, and on the Isle of Wight. The training was intense, often in dangerous seas and icy conditions; sometimes live ammunition was used and casualties occurred. It was rigorous and exacting and it produced, as it was intended to produce, a physically fit and mentally alert Battalion, and a united Brigade.

The assault brigade of 3 British Division was 8 Infantry Brigade. The role of 1 Suffolk in that brigade was that of the follow-up battalion whose task was to seize a dominating feature some 2,000 to 3,000 yards inland from the beaches.

DE NOMBREUX RECITS DES COMBATS LIVRES PAR LE 1er Bataillon du Suffolk Régiment le 6 juin, 1944 ont été publiés. Certains auteurs furent très critiques, mais beaucoup de leurs arguments étaient basés sur des compte-rendus inexacts, souvent parce que tous les faits n'étaient pas connus. De plus, aucun d'entre eux n'avait examiné le terrain et les positions tenues par les Allemands! Ce récit ne traite pas des controverses qui furent soulevées. Il se veut être le rapport loyal de ce qui s'est passé le 6 juin, 1944, s'appuyant sur des compte-rendus émanant de nombreuses sources, y compris des souvenirs de ceux qui prirent part à l'action, de documents officiels et de sources allemandes. Certains détails sont inédits et peuvent éclairer différemment les avis précédemment exprimés. Ceux qui liront ce récit pourront porter leur propre jugement sur la conduite des opérations, l'entraînement et l'efficacité du Bataillon et de ses unités de soutien, sur le courage et le sens du devoir de ceux qui prirent part à ces combats.

PREPARATION AU DEBARQUEMENT

POUR LA PLUPART DES HOMMES DU 1er BATAILLON du Suffolk Régiment et des autres unités de la 3ème Division, le débarquement en Normandie était l'aboutissement de mois, sinon d'années, d'entraînement rigoureux. Le Bataillon avait encore un fort contingent de soldats de métier qui avaient combattu en Belgique en 1940 et étaient revenus de Dunkerque. L'entraînement aux opérations amphibies devait bientôt suivre, en mai 1942. Elles se déroulèrent en Ecosse, sur la côte ouest à Inveraray et à Dorlin, sur la côte est à Nairn et sur l'Ile de Wight. L'entraînement fut intense, souvent dans des mers dangereuses et dans des conditions glaciales. Parfois, des tirs réels furent effectués et il y eut des pertes. C'était rigoureux et épuisant mais cela apporta ce que l'on en attendait, un Bataillon en forme moralement et physiquement, et une Brigade bien soudée.

La brigade d'assaut de la 3ème Division britannique était la 8ème Brigade d'infanterie. Le 1er Suffolk dans cette brigade avait un rôle de bataillon d'exploitation dont la tâche consistait à s'emparer d'une hauteur située à environ 2 à 3 kilomètres à l'intérieur des terres.

In June, 1943, Lieutenant Colonel Dick Goodwin took over command. Though the general plan for the landing had always provided for 1 Suffolk to be the reserve battalion following through the two other assault battalions, it was not until March, 1944 that the Commanding Officers of 8 Brigade were given the details of the Brigade plan, together with all the information available, including aerial photographs. From this they prepared their own plans for approval by the Divisional Commander, Major General Rennie. Details at this stage were not given to Company Commanders though each was told secretly of their objective for training purposes.

En juin 1943, le Lieutenant Colonel Dick Goodwin prit le commandement. Bien que le plan général du débarquement ait toujours attribué au 1ᵉʳ Suffolk le rôle du bataillon de réserve entrant en action à partir des positions conquises par les deux autres bataillons d'assaut, ce ne fut qu'en mars 1944 que les officiers commandants de la 8ᵉᵐᵉ Brigade reçurent les détails du plan pour la brigade comprenant tous les renseignements disponibles, y compris des photographies aériennes. A partir de cela, ils préparèrent leur propre plan pour approbation par le commandant divisionnaire, le Major Général Rennie. A ce stade, les détails ne furent pas communiqués aux Commandants de Compagnies, bien que chacun eût été secrètement informé de son objectif pour les besoins de l'entraînement.

I.W.M. No. BU1518

Major General Tom Rennie,
G.O.C. 3 British Infantry Division

I.W.M. No. NV5896

Brigadier E. E. E. Cass,
Commander 8 Brigade

Lieutenant Colonel R. E. Goodwin,
Commanding Officer 1 Suffolk

In April the Battalion moved from Nairn to an assembly area near Horndean in Hampshire. Training continued unabated and one more major, full-scale landing exercise was carried out. During May, Company Commanders were, for the first time, given the Battalion's task by the Commanding Officer and their own individual Company's exact role. On 26 May, all camps were sealed with barbed wire and placed under armed guard and briefing commenced. This was long and thorough and included models of the landing area, enlarged maps and photographs showing beach obstacles, defences, and landmarks with wave-top views of the run-in. All troops were given the opportunity to see the model and photo-

En avril le Bataillon quitta Nairn pour une zone de rassemblement proche de Horndean dans le Hampshire. L'entraînement se poursuivit sans répit et une autre opération majeure, un exercice de débarquement à grande échelle, fut exécutée. En mai, les Commandants de Compagnie furent pour la première fois informés de la tâche attribuée au Bataillon par leur commandant et du rôle exact de leur propre compagnie. Le 26 mai tous les camps furent fermés par des barbelés et gardés par des sentinelles armées, et les instructions commencèrent à être données. Ce fut long et minutieux: étude des maquettes de la zone de débarquement, des cartes à grande échelle, des photographies montrant les obstacles sur les plages, les défenses, les points de repères et des vues de la direction à suivre prises au raz des vagues. Tous les

graphs. At this stage, only a few knew the actual location of the landing area. Maps were marked with bogus names; e.g. *Poland* for Caen and *Brazil* for Colleville-sur-Orne. Francs and French phrase books were issued so that there could be little doubt that the destination was France.

THE BATTALION'S TASK

3 DIVISION HAD THE TASK OF LANDING ON THE extreme eastern flank of the seaborne landing, on *Queen Red* and *Queen White* beaches, between Ouistreham, on the left, and Lion-sur-Mer, on the right. 8 Brigade, as the Assault Brigade, had the task of breaking through the coastal defences and establishing a firm beachhead through which 185 Brigade could dash to take the high ground north of Caen and a bridgehead over the River Orne if possible, with 9 Brigade following on the right. The two assault battalions of 8 Brigade, the 2nd Battalion East Yorkshire Regiment, and The 1st Battalion South Lancashire Regiment, landing at H-Hour (0730 DBST) on *Queen* beach, were to deal

hommes eurent la possibilité de voir les maquettes et les photographies. A ce stade, seuls quelques-uns connaissaient l'endroit exact de la zone de débarquement. Les cartes étaient marquées de faux-noms tels que *Poland* pour Caen et *Brazil* pour Colleville-sur-Orne. De l'argent français et des dictionnaires de phrases usuelles furent distribués, si bien qu'il n'y avait pas de doute que la destination était la France.

LA TACHE DU BATAILLON

LE 3EME DIVISION AVAIT POUR TACHE DE DEBARQUER à l'extrémité du flanc est de la zone de débarquement, sur les plages de *Queen Red* et *Queen White*, entre Ouistreham, à gauche, et Lion-sur-Mer, à droite. La 8ème Brigade en tant que Brigade d'Assaut, devait percer les défenses côtières et établir une solide tête de pont de laquelle la 185ème Brigade puisse s'élancer pour prendre les hauteurs au nord de Caen et établir une tête de pont sur l'Orne si possible, la 9ème Brigade suivant sur la droite. Les deux bataillons d'assaut de la 8ème Brigade, le 2ème Bataillon East Yorkshire Régiment et le 1er Bataillon South Lancashire Régiment débarquant à l'Heure H (7h 30, heure d'été britannique du temps de guerre) sur *Queen* plage devaient s'occuper des

| East Yorkshire Regiment | 13th/18th Royal Hussars | Staffordshire Yeomanry | South Lancashire Regiment |

with the coastal defences covering the landing beaches and, in particular, the strongpoint given the code name COD. In support, they had two Squadrons of *Sherman* tanks of the 13th/18th Royal Hussars which were adapted so that they could swim ashore, and Royal Engineer assault teams to deal with obstacles and clear gaps through minefields. Artillery support came from the Divisional artillery firing from their landing craft. Before the landing there was to be heavy naval and air bombardment of the defences.

défenses côtières couvrant les plages de débarquement et en particulier du point d'appui qui avait reçu le nom de code de COD. En soutien, ils avaient deux escadrons de tanks *Shermans* du 13ème/18ème Royal Hussars équipés pour flotter jusqu'aux plages et des équipes d'assaut du Génie qui devaient dégager les obstacles et nettoyer des passages dans les champs de mines. L'appui de l'artillerie venait de l'artillerie divisionnaire tirant de leurs péniches de débarquement. Avant le débarquement il devait y avoir un intense bombardement naval et aérien des défenses.

The follow-up companies of 1st South Lancashire on the right were given the task of clearing the villages of Hermanville and Lion-sur-Mer. 2nd East Yorkshire on *Queen Red* were to pass through the coast defences, take the strongpoint behind Riva Bella and go on to capture the gun position near the watertower in Ouistreham. Thereafter, they were to relieve 6th Airborne Division on the bridges over the River Orne and Caen Canal.

Major General Sir Nigel Tapp, KBE, CB, DSO, formerly CO 7 Field Regiment, Royal Artillery

1 Suffolk, landing an hour later, were to push through the coast defences, clear the village of Colleville-sur-Orne about two and a half kilometres inland, take the battery of four guns just to the west of the village known as MORRIS, and then go on to capture the defended headquarters position just to the southwest of Colleville, on the eastern end of the Périers-sur-le-Dan feature overlooking the beaches. This position was known as HILLMAN. The Battalion had in support 'C' Squadron of the 13th/18th Royal Hussars, two batteries from 76 and 33 Field Regiments Royal Artillery, a detachment of 246 Field Company Royal Engineers, a machine-gun platoon of 2nd Battalion The Middlesex Regiment and a detachment of 8 Field Ambulance. Both MORRIS and HILLMAN were to be bombed prior to H-Hour from the air, and naval support was to be found by a 6" cruiser and a destroyer. After clearing the defended positions, the Battalion was to consolidate on the Périers-sur-le-Dan feature.

Lieutenant Colonel Sir Delaval Cotter
CO 13th/18th Royal Hussars

Les compagnies d'exploitation du 1er South Lancashire sur la droite avaient pour mission le nettoyage des villages d'Hermanville et de Lion-sur-Mer. Le 2ème East Yorkshire sur *Queen Red* devait traverser les défenses côtières, prendre le point d'appui derrière Riva-Bella et continuer pour capturer la position d'artillerie proche du château-d'eau de Ouistreham. Ensuite, ils devaient aller relever la 6ème Airborne Division sur les ponts sur l'Orne et le Canal de Caen.

Le 1er Suffolk, débarquant une heure plus tard, devait se frayer un chemin dans les défenses côtières, nettoyer le village de Colleville-sur-Orne à environ 2 km 500 à l'intérieur, s'emparer de la batterie de quatre canons située juste à l'ouest du village qui avait reçu le nom de code de MORRIS, et ensuite continuer à avancer pour se saisir des positions fortifiées du QG au sud-ouest de Colleville sur l'extrémité est des hauteurs de Périers-sur-le-Dan en surplomb des plages. Cette position avait reçu le nom de code de HILLMAN. Le Bataillon avait en soutien l'Escadron 'C' du 13ème/18ème Royal Hussars, deux batteries du 76ème et 33ème Régiments d'Artillerie de Campagne, un détachement du 246ème Genie, un peloton de mitrailleuses du 2ème Bataillon Middlesex Régiment et un détachement de la 8ème Ambulance de Campagne. MORRIS et HILLMAN devaient subir un bombardement aérien avant l'Heure H et l'appui naval devait être assuré par les canons de 6 pouces d'un croiseur et d'un destroyer. Après le nettoyage de ces positions, le Bataillon s'établirait sur la hauteur de Périers-sur-le-Dan.

THE BATTALION'S PLAN

THE BATTALION'S PLAN WAS DIVIDED INTO FIVE phases:

Phase one: Landing and move to Assembly Area approximately one kilometre inland.

Phase two: 'C' Company to move to clear Colleville from north to south, first allowing 'B' Company to have a clear run in their assault on MORRIS, and then to observe HILLMAN and support 'A' Company's assault on HILLMAN with fire.

Phase three: 'B' Company, with one breaching platoon of 'D' Company, to assault MORRIS and then to move to support 'A' Company's attack on HILLMAN.

Phase four: 'A' Company, with one breaching platoon, to assault HILLMAN.

Phase five: Consolidation on ridge south of Colleville round HILLMAN.

There were set-piece fire plans for the assaults on MORRIS and HILLMAN: five minutes HE followed by three minutes smoke from the two batteries, with the tank squadron firing by observation and the Battalion's 3" mortars filling in. The Forward Officer, Bombardment (FOB) was to bring down fire on HILLMAN as soon as he had established communication with the ships. MORRIS was to be bombed from the air during the period immediately before D-Day as well as ten minutes before and after H-Hour on D-Day itself. HILLMAN was not among the targets for bombing before D-Day but it was to be attacked from the air as near to H-Hour as possible. MORRIS was included in the targets for naval bombardment and was allotted to the cruiser ORP *Dragon* (a Polish ship) with its 6" guns for fire from civil twilight.

Information about the two main positions to be taken was fairly detailed. MORRIS consisted

LE PLAN DU BATAILLON

LE PLAN DU BATAILLON ETAIT DIVISE EN CINQ phases:

Phase un: Débarquement et avance vers un secteur de rassemblement approximativement à un kilomètre à l'intérieur.

Phase deux: Avance de la Compagnie 'C' pour nettoyer Colleville du nord au sud permettant d'abord à la Compagnie 'B' d'avoir une approche sûre pour leur assaut sur MORRIS et puis d'observer HILLMAN afin d'appuyer l'attaque de la Compagnie 'A' sur HILLMAN.

Phase trois: Attaque de MORRIS par la Compagnie 'B' avec un peloton d'assaut de la Compagnie 'D' pour l'ouverture de brèches dans les défenses, puis jonction avec la Compagnie 'A' dans son attaque sur HILLMAN.

Phase quatre: Attaque de HILLMAN par la Compagnie 'A' renforcée d'un peloton spécialisé.

Phase cinq: Etablissement de positions sur la hauteur au sud de Colleville autour de HILLMAN.

Des plans de feu pour l'artillerie avaient été établis pour l'assaut de MORRIS et HILLMAN: cinq minutes d'obus à haut pouvoir explosif suivies de trois minutes d'obus fumigènes provenant des deux batteries, alors que l'escadron de tanks tirait à vue et que les tirs de saturation étaient exécutés par les mortiers de 3 pouces du Bataillon. L'officier d'observation avancée de l'artillerie devait guider le feu sur HILLMAN dès qu'il aurait établi la liaison avec les navires. MORRIS devait subir des attaques aériennes pendant la période précédant le Jour J de même que dix minutes avant et après l'Heure H, le Jour J lui-même. HILLMAN ne figurait pas dans les cibles à bombarder avant le Jour J mais devait subir un bombardement aérien aussi proche que possible de l'Heure H. MORRIS faisait partie des cibles du bombardement naval, il fut attribué au croiseur ORP *Dragon* (navire polonais) équipé de canons de 6 pouces utilisables au lever du jour.

Les renseignements sur les deux principales positions à prendre, étaient fort bien détaillés. MORRIS

of a four 105mm-gun battery, three of which were housed in concrete emplacements; the fourth emplacement was under construction. The entire position was surrounded by two belts of wire, the outer nine feet wide, the inner three feet. Between the wires were anti-tank and anti-personnel mines. The concrete emplacements were two metres thick. There were six machine-guns and an anti-aircraft gun.

HILLMAN was described as the battle head-quarters of the right-hand coastal defence battalion. It had a strength of 80 to 100 men. There were a number of concrete emplacements with seven machine-guns and possibly two light infantry guns and an anti-tank gun manned by a platoon. Emplacements for four heavy anti-tank guns were believed not to be occupied. Trenches connected all positions. The whole area, some 600 by 400 yards, was surrounded by two belts of wire, the inner twelve feet wide, the outer eight to twelve feet wide with forty feet between them containing a minefield in four rows.

The aerial photograph taken on 30 May, 1944 (see page 114) clearly shows the village of Colleville and the two enemy positions. The map on page 40 covers the area from the landing beaches to Périers Ridge, the positions marked being based on information available at the end of April, 1944. The diagram on page 184 gives more detail of the situation at HILLMAN.

consistant d'une batterie de quatre canons de 105mm, dont trois étaient abrités dans des emplacements bétonnés; la quatrième casemate était encore en construction. La position entière était entourée de deux ceintures de barbelés, l'extérieure de trois mètres de large, l'intérieure de un mètre. Des mines anti-tanks et anti-personnelles avaient été posées entre les rangées de barbelés. Le béton des casemates faisait deux mètres d'épaisseur. Il y avait six mitrailleuses et un canon antiaérien.

HILLMAN était décrit comme étant le QG de combat du bataillon en charge de la partie droite des défenses côtières. Il comprenait de 80 à 100 hommes. Il y avait un certain nombre d'emplacements bétonnés avec sept mitrailleuses et probablement deux canons légers d'infanterie et une pièce anti-tank servie par un peloton. Les emplacements pour quatre canons lourds anti-tanks étaient supposés inoccupés. Toutes les positions étaient reliées entre elles par des tranchées. L'ensemble du secteur couvrant environ 600 mètres sur 400, était entouré de deux ceintures de barbelés, l'intérieure large de quatre mètres, l'extérieure variant de deux mètres cinquante à quatre mètres; un espace de treize mètres entre elles contenait un champ de mines sur quatre rangées.

La photographie aérienne prise le 30 mai 1944 (voir page 114) montre clairement le village de Colleville et les deux positions ennemies. La carte de la page 40 couvre le secteur depuis les plages de débarquement jusqu'aux hauteurs de Périers, les positions marquées étaient basées sur les renseignements disponibles à la fin d'avril 1944. Le schéma de la page 184 donne plus de détails sur l'emplacement de HILLMAN.

Royal Engineers

Royal Artillery

The information about the positions was reasonably accurate insofar as the strength of the garrison and weapons were concerned. There were clearly one, and possibly two, light anti-tank guns. HILLMAN was, in fact, the Regimental, not Battalion, HQ of 736 Grenadier Regiment, the right-hand regiment of 716 Infantry Division. This division, which had three regiments, was strung out along the coast in defensive positions – "like a pearl necklace", to quote General Richter, the German Divisional Commander – from Franceville, east of the River Orne, on the right, to La Rivière to the east of Courseulles, on the left, a distance of some twelve and a half miles. Adjacent to HILLMAN, at the junction of the Hermanville and Biéville roads, was the HQ of Number 1 Section of 1716 Artillery Regiment, the supporting gunner regiment for 716 Division. This section HQ had under command two batteries of 1716 Artillery Regiment east of the River Orne and two batteries west (MORRIS was one), 155 Artillery Regiment from 21 Panzer Regiment in positions at Périers-sur-le-Dan and one battery of 1260 Coast Artillery on the seafront at Ouistreham.

To the Germans, the HILLMAN strongpoint and artillery HQ complex was known as Point 61. The crucial information missing about HILLMAN was its great strength and, in particular, the construction of the machine-gun posts. Three of them were provided with heavy armoured cupolas equipped with machine-guns and set deep in concrete emplacements up to three and a half metres thick with only a small amount showing above ground. The emplacements were built with shelters dug up to twelve feet deep in the ground. The armour of the cupolas was between twelve and eighteen inches thick and the concrete emplacements were all provided with mechanical ventilation systems. There was a complex of connecting corridors, tunnels and trenches between the various underground positions which contained control headquarters, signal office, mess room and sleeping quarters. The strongpoints within the divisional area were all connected by telephone cables buried two

Les renseignements sur les positions étaient raisonnablement précis en ce que concerne les effectifs et l'équipement. Il y avait certainement un, et peut-être deux, canons légers anti-tanks. HILLMAN était, en fait, le QG du Régiment et non du Bataillon, qui était le 736ème Grenadier Régiment, constituant l'aile droite de la 716ème Division d'Infanterie. Cette Division, qui avait trois régiments, était étirée le long de la côte en positions défensives – "comme un collier de perles" pour citer le Général Richter, commandant divisionnaire allemand – depuis Franceville, à l'est de l'Orne, sur la droite, jusqu'à La Rivière, à l'est de Courseulles, sur la gauche, cela représentait une distance de près de vingt kilomètres. En bordure de HILLMAN, à la jonction des routes de Biéville et Hermanville, se trouvait le QG de la Section No. 1 du 1716ème Régiment d'Artillerie, le Régiment d'appui de la 716ème Division. Ce QG de section avait sous son commandement deux batteries du 1716ème Régiment d'artillerie à l'est de l'Orne et deux batteries à l'ouest (MORRIS était l'une d'elles), le 155ème Régiment d'artillerie du 21ème Panzer Régiment en position à Périers-sur-le-Dan plus une batterie du 1260ème d'Artillerie côtière sur le front de mer à Ouistreham.

Pour les Allemands, la forteresse HILLMAN et le complexe du QG d'artillerie étaient connus sous le nom de Point 61. L'information importante concernant la puissance de HILLMAN n'était pas connue, en particulier la construction des postes de mitrailleuses. Trois d'entre eux étaient pourvus de lourdes coupoles blindées équipées de mitrailleuses et installés profondément dans des emplacements bétonnés faisant jusqu'à 3m.50 d'épaisseur avec seulement une toute petite partie visible au-dessus du niveau du sol. Les emplacements avaient été construits avec des abris creusés jusqu'à plus de trois mètres sous terre. Le blindage des coupoles faisait entre 30cm et 45cm d'épaisseur et les emplacements bétonnés étaient tous pourvus de systèmes mécaniques de ventilation. Il y avait tout un réseau de corridors, de tunnels et de tranchées entre les différentes positions souterraines qui contenaient des postes de contrôle, des bureaux de transmission, le mess et des lieux de repos. Les points d'appui du secteur divisionnaire étaient tous reliés par des câbles téléphoniques enterrés à deux ou trois

to three metres deep. The whole position was strategically well placed not only to have an excellent view of the landing beaches to the north, but also down to St. Aubin d'Arquenay, almost directly to the east, and beyond, and to Ouistreham and the mouth of the River Orne. Fields of fire extended to 600 yards or more in most directions. HILLMAN was, in fact, a veritable fortress bearing close comparison with parts of the Maginot line.

The battery at MORRIS of four 105mm howitzers appears to have been numbered 8 of 1716 Regiment. Its guns were of a type made in 1916 for the Austro-Hungarian Army by the Skoda works at Pilsen and were part of the Czech Army artillery park when taken over by the German Army. They were basically field pieces which could be moved to open positions. They were horse-drawn.

German maps of the layout of the Division showed No. 4 Company of 736 Regiment in positions north of Colleville, occupying the two pillboxes shown on British maps and referred to in the Battalion's orders to be cleared by 'C' Company if the commandos did not do so. The only other position shown in the Battalion area was one at the farm called Beauvais, about 500 metres south of HILLMAN, with one 75mm anti-tank gun. A dummy position for four guns was shown west of MORRIS.

mètres de profondeur. L'ensemble de la position était stratégiquement bien placée non seulement pour avoir une vue excellente des plages de débarquement vers le nord, mais aussi vers St. Aubin d'Arquenay, directement plein est et même au-delà, ainsi que vers Ouistreham et l'embouchure de l'Orne. Les champs de feu s'étendaient à 600 mètres ou plus dans la plupart des directions. HILLMAN était, en fait, une véritable forteresse supportant la comparaison avec certaines parties de la ligne Maginot.

A MORRIS, la batterie de quatre obusiers de 105mm paraît avoir porté le No. 8 du 1716ème Régiment. Ses canons étaient d'un modèle fabriqué en 1916 pour l'Armée austro-hongroise par les usines Skoda à Pilsen et faisaient partie du parc d'artillerie de l'Armée tchèque dont l'Armée allemande s'empara. C'était normalement des pièces de campagne mais qui pouvaient être déplacées vers des positions fixes. Elles étaient tirées par des chevaux.

Les cartes allemandes relatives à la disposition de la Division indiquaient la 4ème Compagnie du 736ème Régiment en position au nord de Colleville, dans les deux abris bétonnés figurant sur les cartes britanniques et mentionnés dans les ordres du Bataillon comme devant être nettoyés par la Compagnie 'C', si les commandos ne l'avaient déjà fait. La seule autre position figurant dans le secteur du Bataillon se situait à la ferme de Beauvais, environ 500 mètres au sud de HILLMAN, elle comportait un canon anti-tank de 75mm. Une position factice pour quatre canons était indiquée à l'ouest de MORRIS.

THE CROSSING AND LANDING

MARSHALLING COMMENCED ON 30 MAY. THIS meant breaking the Battalion up into the various ship- and craft-loads and moving to other camps when the full, complete shiploads were assembled for embarkation at Portsmouth. On 2 June, loading of the second-tide party on a Landing Ship Tank (LST) began. This consisted of the MO's truck and the Quartermaster with an ammunition 3-tonner. (The third-tide parties, including the Carrier Platoon and MT, embarked at Tilbury and London while the first reinforcements, who were to land later in the morning, also embarked on an LCI but at Newhaven.) The next day, the main body of the Battalion embarked in two parties on the Landing Ships Infantry (LSI) allotted to the Battalion – *Empire Broadsword* and *Empire Battleaxe*. The remainder of Battalion HQ with the 2 i/c and Adjutant, were in a Landing Craft Infantry (LCI) as were those 'left out of battle' (LOB). The Anti-tank Platoon and mortars with company carriers were distributed among three Landing Crafts Tank (LCT). On the evening of 5 June, the LSIS weighed anchor and sailed slowly down the Solent. As the *Empire Broadsword* passed through the boom defence, the Padre offered up prayers over the ship's loudspeaker system.

Reveille that morning was 0330 hours and breakfast (eggs and bacon) was at 0430. The sea was still very rough. Just as it was getting light, a Norwegian escort destroyer was hit by an E-boat torpedo attack and sank almost immediately. At 0525, the LSIS reached the lowering position and anchored. The first flight included the Unit Landing Officer (ULO), Captain Nat Breach, and three other ranks who were to reconnoitre the beach exits. They were lowered away at 0550 to be followed half an hour later by the Battalion in twenty Landing Crafts Assault (LCA). These were in four columns behind the two LCIS. The Lowering Point Buoy was passed on schedule at 0700. Another hour and twenty-five minutes of uncomfortable journey with much spray coming aboard was to follow before the beach was reached.

LA TRAVERSEE ET LE DEBARQUEMENT

LA MISE EN PLACE COMMENÇA LE 30 MAI. CELA signifiait la répartition des hommes du Bataillon dans différents navires et bâtiments et leur acheminement vers d'autres camps lorsque les bateaux déjà chargés seraient prêts à Portsmouth pour qu'ils y embarquent. Le 2 juin, on commença à charger le matériel de la deuxième vague sur un transport de tanks (LST). Il comprenait le camion du Médecin-Major et le Quartier-Maître avec un camion de 3 tonnes de munitions. (Les groupes de la troisième vague, y compris le Peloton de Chenillettes avec ses véhicules, embarquèrent à Tilbury et à Londres tandis que les premiers renforts, qui devaient débarquer plus tard dans la matinée furent embarqués aussi sur des transports de troupes, mais à Newhaven. Le lendemain, le gros de l'effectif du Bataillon fut réparti en deux groupes sur des transports de troupes attribués au Bataillon, *l'Empire Broadsword* et *l'Empire Battleaxe*. Le reste du QG du Bataillon avec le commandant en second et son Adjoint étaient dans une péniche de débarquement ainsi que ceux qui ne devaient pas prendre part aux premières batailles. Les pelotons des anti-tanks et des mortiers et les chenillettes des compagnies furent répartis dans trois péniches de débarquement pour tanks. Le soir du 5 juin, les transports de troupes levaient l'ancre et descendaient lentement le Solent. Au moment où *l'Empire Broadsword* traversait les dernières lignes de défense, l'Aumônier fit des prières retransmises par le réseau de sonorisation du bateau.

Ce matin-là, le réveil fut sonné à 3h 30 et le petit déjeuner (œufs et bacon) fut servi à 4h 30. La mer était encore très forte. Au point du jour, un des destroyers d'escorte norvégien fut touché par la torpille d'un E-boat et coula presque aussitôt. A 5h 25, le bateau de transport atteignit la position de largage et jeta l'ancre. La première volée comprenait l'Officier de l'Unité de Débarquement, le Capitaine Nat Breach, qui, avec trois soldats devait reconnaître les sorties de plage. Ils furent mis à l'eau à 5h 50 et devaient être suivis un demi-heure plus tard par le Bataillon réparti dans vingt péniches d'assaut. Elles étaient sur quatre colonnes derrière les deux transports de troupes. La bouée du point de largage fut passée comme prévu à 7 heures. Une heure et vingt cinq minutes d'un inconfortable voyage, allaient encore s'écouler avant que les hommes trempés par les embruns atteignent la plage.

While the Battalion was moving towards the beaches, warships had started bombarding coastal positions, particularly the coastal batteries already identified. To this were added the guns of the divisional artillery firing from their LCTs, shortening range as they got nearer the coast, and the rockets from the LCT(R) (for 'rocket'), which had been specially fitted to fire salvos of rockets on the beach defences. These were very noisy. Meanwhile, overhead the RAF and USAAF were adding to the bombardment. Again, targets were mainly the coastal batteries. At 0711, MORRIS was the target for thirteen B17s (*Flying Fortresses*) of 447 Group 8th USAAF, each loaded with twelve 500 lb. bombs (a couple of 1,000 pounders

Tandis que le Bataillon se dirigeait vers les plages, les navires de guerre avaient ouvert le feu sur les positions côtières, en particulier sur les batteries côtières déjà identifiées. A cela s'étaient ajoutés les canons de l'artillerie de la division tirant de leurs péniches avec tir raccourci au fur et à mesure qu'ils approchaient de la côte, ainsi que les rockets lancées de péniches spécialement aménagées pour permettre de tirer des salves sur les défenses des plages. Tout cela était très bruyant. Et pendant ce temps-là, la RAF et l'USAAF passaient au-dessus des têtes pour se joindre au bombardement. De nouveau, les cibles furent principalement les batteries côtières. A 7h 11, MORRIS fut la cible de treize B17s (*Forteresses Volantes*) du 447 Groupe de la 8ème USAAF, chacun transportait douze bombes de 250 kg. (S'y ajoutaient deux

Captain H. K. Merriam
Adjutant

Major J. G. M. B. Gough
Second-in-command

Captain W. N. Breach
Unit Landing Officer

were also included). HILLMAN was the target for six B17s of 94 Group, who were based at Rougham, just outside Bury St. Edmunds. However, the planes were bombing from a height of 15 to 17,000 feet through heavy cloud and could not risk bombing our own forces. Furthermore, they had inadequate equipment for bombing blind. The result was that only six planes unloaded their bombs aimed at MORRIS – a total of seventy-two 500lb. bombs. Those planes attacking HILLMAN dropped none. Major Gough, the 2 i/c, inspected the HILLMAN site after it had been taken. He found no bomb craters inside the perimeter, though there were a number just outside the wire by the north-east corner.

bombes de 500 kg.) HILLMAN fut la cible de six B17s du 94ème Groupe, basés à Rougham, tout près de Bury St. Edmunds. Cependant, les appareils devaient bombarder d'une hauteur de plus de 5 km, à travers d'épais nuages et ne pouvaient prendre le risque de bombarder nos propres forces. De plus, ils avaient un équipement de bombardement sans visibilité inadéquat. Le résultat fut que seuls six appareils lâchèrent leurs bombes destinées à MORRIS – un total de soixante-douze bombes de 250 kg. Les bombardiers qui attaquèrent HILLMAN ne purent en lâcher aucune. Le Major Gough, Commandant en second, inspecta le site de HILLMAN après qu'il eût été pris. Il ne trouva aucun cratère de bombes à l'intérieur du périmètre, encore qu'il y en eût un certain nombre juste à l'extérieur des barbelés, à l'angle nord-est.

MORRIS had also been the target for bombing in the period immediately prior to D-Day. On 1 June, nineteen *Marauders* had attacked it with 2,000 pound bombs at about 1800 hours. On the next day, a little later in the evening, thirty-six *Marauders* from 373 Group of 9th US Air Force, armed with 1,000 pound bombs, again attacked it. Reconnaissance reports were that the results were poor to good with craters reported 500 yards north of the target. One bomb was reported close to No. 3 position and other damage included mines exploded in the minefield. It is known from those in Colleville today that one of these raids caused many casualties to the German troops, with the Headquarters of the Artillery Section being hit. Those of 1 Suffolk in the LCAS were unaware of what had happened.

NOTE: *Reports on the effect of bombing and shelling on these sorts of deep, reinforced-concrete emplacements showed that little real damage was done. The battery on the seafront at Ouistreham had nearly 700 tons of bombs dropped on it on D-Day but suffered no real damage.*

As the LCAS got near the beach, they moved into line abreast and drove on at full speed. Through the thick pall of smoke along the beach, features of houses which had been picked out as landmarks began to be recognized. Then the beach obstacles could be seen with Teller mines lashed to the top of them. The coxswains of the LCAS, who were Royal Marines, skillfully weaved their way through them and other obstacles littering the approaches, such as derelict tanks. The LCAS grounded into about eighteen inches of water and those in them waded ashore some forty yards. As they landed, though there was much noise of guns and small-arms fire, there was nothing falling on that part of the beach. Shortly afterwards, enemy guns opened up from the right front and shells whistled overhead and burst among the beached craft. The CO believed one landed on the LCA he had

MORRIS avait aussi été la cible d'un bombardement dans la période précédant immédiatement le Jour J. Le 1ᵉʳ juin, vers 18.00 heures, dix-neuf *Marauders* l'avaient attaqué avec des bombes d'une tonne. Le lendemain, un peu plus tard dans la soirée, trente-six *Marauders* du 373ᵉᵐᵉ Groupe de la 9ᵉᵐᵉ US Air Force, armés de bombes de 500 kg l'attaquèrent de nouveau. Des rapports de reconnaissance indiquèrent que les résultats étaient très moyens, des cratères étant visibles à 500 mètres au nord de la cible. Une bombe avait explosé près de la position No. 3 et les autres dommages comprenaient des mines qui avaient explosé dans le champ de mines. On sut par ceux qui étaient à Colleville qu'un de ces raids causa de nombreuses pertes aux troupes allemandes et que le QG de la section d'Artillerie fut touché. Les hommes du 1ᵉʳ Suffolk dans leurs péniches ne savaient pas ce qui s'était passé.

NOTE: *Des rapports sur les effets des bombardements aériens ou terrestres sur cette catégorie d'emplacements bétonnés profondément enterrés démontrèrent que peu de dommages réels furent causés. La batterie sur le front de mer à Ouistreham reçut près de 700 tonnes de bombes le Jour J mais ne subit aucun dommage important.*

Quand les péniches furent plus proches de la côte elles se mirent côte à côte et foncèrent à toute vitesse. Au travers de l'épais rideau de fumée tendu le long de la plage, les caractéristiques des maisons qui avaient été choisies comme points de repère commencèrent à être reconnues. Puis, on put voir les obstacles avec des mines Teller fixées dessus. Les hommes de barre, les Royal Marines, se frayèrent habilement un chemin à travers eux et d'autres obstacles jonchant les approches, tels que des tanks abandonnés. Les péniches s'échouèrent dans environ 45 centimètres d'eau et ceux qui en débarquèrent n'eurent qu'une quarantaine de mètres à parcourir dans l'eau. Pendant qu'ils débarquaient, et bien qu'il y ait eu un vacarme intense causé par les canons, les mortiers et les mitrailleuses, rien ne s'abattait encore sur cette partie de la plage. Mais peu après, les canons ennemis ouvrirent le feu à partir de la droite du front et les projectiles sifflèrent au-dessus des têtes avant d'aller exploser parmi les péniches. Le Commandant crut qu'un obus avait

just quitted while Major Boycott, commanding 'C' Company, was told his LCA had had a direct hit just as the last man left it. The crew must have gone up with it. The general impression was one of burning vehicles and landing craft and houses on fire beyond the beach, creating a general smell of explosives and burnt metal. Companies moved off to the right to find a way off the beach. The Commanding Officer met the 2 i/c of the South Lancashires who told him their Commanding Officer had been badly wounded on the beach (he was, in fact, killed). Having found prepared exits off the beaches, by now very crowded, companies moved to the Assembly Area about 800 yards inland. Bullets and shells were

touché le bâtiment qu'il venait juste de quitter, tandis que le Major Boycott, commandant la Compagnie 'C' apprit que sa péniche avait pris un coup direct juste après que le dernier des hommes l'eut quittée. L'équipage avait dû sauter avec l'embarcation. L'impression générale était que des péniches et des véhicules brûlaient et des maisons au-delà de la plage étaient en feu, créant un mélange d'odeurs de poudre et de métal calciné. Les compagnies avancèrent vers la droite pour trouver une sortie de la plage. Le Commandant rencontra le Commandant en Second des South Lancashires qui lui dit que son supérieur avait été gravement touché sur la plage (en fait, il fut tué). Ayant trouvé les sorties de plage qui avaient été préparées et qui étaient alors fort encombrées, les compagnies se hâtèrent vers le Point de Rassemblement

Major C. A. Boycott
OC 'C' Company

Major W. D. Gordon
OC 'SP' Company

Lieutenant F. M. B. Russell
16 Platoon 'D' Company

flying about in all directions but casualties were few. 'C' Company had one man slightly wounded. Sergeant Ling, from Lt. Mike Russell's platoon of 'D' Company, was badly wounded in the thigh just off the beach by a bullet which came from behind and one other soldier was killed. Most seriously, however, Captain Llewellyn, RA, the FOB, and his party were hit by a mortar bomb as they left their LCA. Captain Llewellyn was mortally wounded and Telegraphist Bean was wounded. Without the FOB it was impossible to call on the fire-support of the cruiser and destroyer for the attack on HILLMAN.

à environ 800 mètres à l'intérieur. Les balles et les obus volaient dans toutes les directions mais les pertes furent minimes. Un homme de la Compagnie 'C' fut légèrement blessé. Le Sergent Ling, du Peloton du Lieutenant Mike Russell, Compagnie 'D', fut gravement touché à la cuisse, juste à la sortie de la plage par une balle provenant de l'arrière et un autre soldat fut tué. Plus grave, cependant, le Capitaine de l'Artillerie Royale et son groupe, furent touchés par un obus de mortier en quittant leur embarcation. Le Capitaine Llewellyn fut mortellement atteint et le télégraphiste Bean fut blessé. Sans Officier d'Observation il était impossible d'obtenir le soutien des canons du croiseur et du destroyer pour l'attaque de HILLMAN.

THE MOVE INLAND

ON ARRIVAL, THE ASSEMBLY AREA WAS FOUND TO be devoid of cover. The trees which had been there had all been cut down, perhaps to make *Rommel's asparagus* – poles planted in the fields to stop gliders landing. This was not unexpected as the Battalion had been told at the last moment that photo reconnaissance had shown the clearing of the wood. (There is an aerial photograph dated 4 June, 1944 which clearly shows this.) A sniper was among the piles of brushwood left but he was either killed or made off. The CO decided to move further inland two or three hundred yards to an orchard where the Companies soon assembled.

There they were greeted by an officer and five other ranks of a Canadian parachute unit who had been dropped in the wrong area during the night. They had had an uncomfortable time earlier having been bombed by our own planes. They were glad to see the Battalion and despite their experiences were determined to go on with the battle. They joined 'D' Company for the morning.

At this stage, packs were taken off and breaching platoons from 'D' Company joined 'A' and 'B' Companies. During this time there was no trouble from the enemy, though they started mortaring the cut-down wood which had just been left. To the left, a multi-barrelled mortar was firing towards the beach. Suddenly a navy ship started firing salvo after salvo for some ten minutes into a field about 100 yards to the left where the Orders Group was gathering. At this point the LO from 'C' Squadron of the 13th/18th Royal Hussars (Captain Wardlaw) reported in his tank to say that the Squadron had got safely ashore and was on its way to join the Battalion. The Battalion was now ready to move but there was no sign of rear Battalion HQ with the Second-in-Command and Adjutant who had both travelled in an LCI. The LCI had been hit forward on the beach and both landing ramps put out of action.

L'AVANCEE VERS L'INTERIEUR

A L'ARRIVEE SUR LA ZONE DE RASSEMBLEMENT, ON s'aperçut qu'elle n'offrait aucune protection. Les arbres avaient été abattus probablement pour faire des *Asperges de Rommel*, poteaux plantés dans les champs, destinés à empêcher l'atterrissage des planeurs. Ce n'était pas une surprise car le Bataillon avait appris au dernier moment qu'une photo de reconnaissance montrait la disparition des arbres. (Une photo aérienne datée du 4 juin 1944 le montre clairement.) Un tireur était parmi les tas de broussailles mais il fut ou tué ou obligé de déguerpir. Le Commandant décida d'avancer de quelques centaines de mètres vers l'intérieur en direction d'un plant de pommiers où les Compagnies furent bientôt rassemblées.

Là ils furent accueillis par un officier et cinq soldats d'une unité parachutiste canadienne qui avaient été lâchés au mauvais endroit au cours de la nuit. Ils avaient passé un mauvais moment un peu plus tôt, pris sous les bombes de nos propres avions. Ils furent heureux de voir le Bataillon et en dépit de leurs aventures, ils étaient déterminés à poursuivre le combat. Ils accompagnèrent la Compagnie 'D' toute la matinée.

A ce stade, les sacs furent mis à terre et les pelotons d'assaut de la Compagnie 'D' se joignirent aux Compagnies 'A' et 'B'. Pendant ce temps-là, l'ennemi n'intervint pas, bien qu'il commençât à bombarder au mortier le bois que nous venions de quitter. Sur la gauche, un mortier à six tubes tirait sur les plages. Soudain, un navire se mit à tirer salve après salve pendant dix minutes dans un champ situé à 100 mètres sur la gauche où s'était rassemblé un groupe d'organisation. C'est à ce moment que l'officier de liaison de l'Escadron 'C' du 13ème/18ème Royal Hussars (Capitaine Wardlaw) annonça depuis son tank que l'Escadron avait débarqué sans encombre et faisait route pour rejoindre le Bataillon. Le Bataillon était maintenant prêt à avancer mais il n'avait aucune nouvelle de son QG du Bataillon à l'arrière, où se trouvaient le Commandant en second et son Adjoint qui avaient tous deux voyagé sur un transport de troupes. Ce bâtiment avait été touché à l'avant sur la plage et ses deux passerelles avaient été détruites. Il dut se retirer

The LCI had to pull off and those aboard transferred to other landing craft. They finally turned up about an hour later.

It was from here that Captain Harry Elliott, commanding the Anti-tank platoon, was sent on a special mission to make contact with 6th Airborne Division which had captured the bridges over the River Orne and the Caen Canal. He covered some eight to nine miles there and back, which he described as, "rather like walking across the front of the butts at Bisley during a rapid-fire practice," and successfully completed his lone mission. It is interesting to note that part of the 2nd Battalion of 192 Panzer Grenadier Regiment from 21 Panzer Division, which had been trying to retake the bridges since 0330 hours, went at 0900 hours to strengthen the Périers Ridge defences behind HILLMAN.

In the Assembly Area the CO confirmed orders and the companies moved off accordingly. 'D' Company, less the two breaching platoons, moved south to a position where they could observe and bring fire upon MORRIS. They came across minefields marked with boards painted with the skull and crossbones and the words ACHTUNG MINEN but they did not form a continuous obstacle and did not hinder progress unduly. 'C' Company moved off immediately after 'D' with a troop of tanks, going southeastwards towards Colleville, followed by the remainder of the Battalion. Those left out of battle (LOB) remained behind under Captain Coppock. Major Gordon, who should have been in command, had not yet turned up, being in the LCI with rear Battalion HQ

On the move to the village the route chosen was through orchards where cattle were grazing which meant that there were no mines. Not long after they had left the Assembly Area a multi-barrelled mortar opened up on it. The bombs could easily be seen and made the most uncanny wailing noise. Luckily, there were no casualties among the LOB. Some of the bombs failed to explode.

In Colleville, some of the commandos from 1 Special Service Brigade, who had landed

de la plage et ceux qui étaient à son bord furent transférés sur une autre péniche de débarquement. Finalement ils rejoignirent une heure plus tard.

C'est de là que le Capitaine Harry Elliott, commandant le peloton Anti-tank, fut envoyé en mission spéciale pour prendre contact avec la 6ᵉᵐᵉ Division Aéroportée qui s'était emparée des ponts sur l'Orne et sur le Canal de Caen. Il parcourut un aller et retour d'environ douze kilomètres qu'il décrivit comme un parcours semblable à une promenade à travers le champ de tir pendant un entraînement de tir rapide à Bisley, et il accomplit sa mission solitaire avec succès. Il est intéressant de noter qu'une partie du 2ᵉᵐᵉ Bataillon du 192ᵉᵐᵉ Régiment de Panzer Grenadiers de la 21ᵉᵐᵉ Panzer Division, qui essayait de reprendre les ponts depuis 3h 30 du matin fut envoyée à 9 heures pour renforcer les défenses des Hauteurs de Périers à l'arrière de HILLMAN.

Dans le secteur de rassemblement, le Commandant confirma les ordres et les compagnies avancèrent vers leurs objectifs. La Compagnie 'D', moins les deux pelotons d'assaut, se dirigèrent vers le sud sur une position d'où ils pouvaient observer et diriger le feu sur MORRIS. Ils traversèrent des champs de mines signalés par des pancartes sur lesquelles étaient peints une tête de mort et les mots ACHTUNG MINEN mais ils ne formaient pas un obstacle continu et ne retardèrent pas trop la progression. La Compagnie 'C' se mit en marche immédiatement derrière la Compagnie 'D' avec un peloton de chars, se dirigeant au sud-est vers Colleville, suivi par le reste du Bataillon. Ceux qui ne devaient pas prendre part à la bataille restèrent à l'arrière sous le commandement du Capitaine Coppock. Le Major Gordon, qui aurait dû en assumer le commandement, n'était pas encore arrivé puisqu'il se trouvait sur le transport de troupes avec le QG arrière du Bataillon.

La route choisie pour aller vers le village traversait des plants de pommiers où le bétail était en train de paître, ce qui signifiait qu'il n'y avait pas de mines. Peu après qu'ils eurent quitté le secteur de rassemblement, un mortier multiple ouvrit le feu sur cet endroit. On pouvait voir les bombes qui produisaient un gémissement très inquiétant. Heureusement, elles ne causèrent pas de pertes parmi ceux qui étaient restés à l'arrière. Quelques-unes d'entre elles n'explosèrent pas.

A Colleville, une partie des commandos du 1ᵉʳ Special Service Brigade, qui avaient débarqué vingt

twenty minutes after the Battalion, were met. They were from No. 6 Commando and had just cleared the two pillboxes north of Colleville. They had two or three frightened-looking prisoners who were interrogated but produced little of any value; one was a Pole. The commandos were wearing their green bérets. They said they wanted to go and deal with the multi-barrelled mortar. They were lent a couple of the 13th/18th tanks with the Battalion and moved off to do the settling but the mortar disappeared. The time would have been about 1030 hours. About this time the CO met Lord Lovat, the Commander of 1 SS Brigade, at the northern end of Colleville. He was described as looking as if he were out for a country walk. Colonel (then Major) Gough, writing only last year, related how he watched in amazement as Lovat strode along at the head of his commandos, marching through the village in threes as if on a route march, headed by Bill Millin, his personal piper, playing his favourite tunes. (See page 120.) They left for the Orne and Canal bridges by way of St. Aubin d'Arquenay. After clearing scattered opposition on the way, they got to the bridges at about 1330 hours.

Captain H. C. Elliott
OC Anti-tank Platoon

Captain J. S. Coppock
Second-in-command 'C' Company

minutes après le Bataillon, furent rejoints. Ils appartenaient au No. 6 Commando et venaient juste de nettoyer les deux fortins au nord de Colleville. Ils avaient capturé deux ou trois prisonniers qui avaient l'air effrayé; ils furent interrogés mais le peu de renseignements qu'ils donnèrent furent sans valeur. L'un d'eux était Polonais. Les commandos étaient coiffés du béret vert. Ils firent savoir qu'ils voulaient s'occuper du mortier multiple. Deux tanks du 13ème/18ème qui se trouvaient avec le Bataillon leur furent prêtés et partirent pour lui régler son compte mais le mortier avait disparu. Il devait être à peu près 10h 30. C'est vers cette heure-là que le Commandant du Bataillon rencontra Lord Lovat, le Commandant de la 1ère SS Brigade, à l'entrée nord de Colleville. On l'a dépeint comme quelqu'un donnant l'impression de se promener à la campagne. Le Colonel Gough (Major à l'époque) dans un récit de l'an dernier, raconte sa stupeur à la vue de Lovat; il avançait à grandes foulées en tête de ses commandos défilant trois par trois dans le village comme à l'entraînement, emmenés par Bill Millin, son cornemuseur personnel, sur ses airs préférés. (Voir page 120.) Ils gagnèrent les ponts sur l'Orne et le Canal par St. Aubin d'Arquenay. Après avoir nettoyé une opposition dispersée en chemin, ils atteignirent les ponts vers 13h 30.

THE CLEARING OF COLLEVILLE

BEFORE THEN, 'C' COMPANY HAD STARTED ON THE clearing of the village assisted by a troop of 'C' Squadron 13th/18th Royal Hussars.

Colleville stretched for well over a kilometre along its main road with a parallel road or track on each side. (See aerial photograph on page 114.) There were probably nearly a hundred separate buildings. Maps showed some fieldworks in the area of the village with some motor transport bays marked near the church at the north end and some more possible works, with wire, at the south-east corner. Otherwise there was no information about whether it was defended. It is known now that Germans did occupy houses in the village, one as a mess for the officers of HILLMAN and one as the HQ and mess for the Artillery HQ at Point 61, as well as having individuals billeted in various houses.

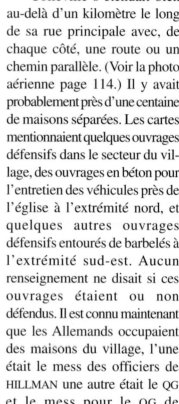

Lance Sergeant Fred Ashby
'C' Company

'C' Company, under Major Charles Boycott, a clear-thinking, brave leader, later wounded, did its work of ensuring that the village was cleared quickly and efficiently. It was plain that they knew what had to be done and were well trained for it. They found no Germans and therefore had no problems as they worked through the village. In fact, they appeared to have missed a couple because next day some shots were fired from the church tower. By this time there were a great number of different units around the north end of the village. There was an immediate response from the gunners and tanks in the vicinity. A tank gun put a round through the tower and two Germans, covered with dust, gave themselves up shortly afterwards. (See page 119.)

LE NETTOYAGE DE COLLEVILLE

AVANT CELA, LA COMPAGNIE 'C' AVAIT COMMENCE le nettoyage du village aidée par une section de chars de l'Escadron 'C' du 13ᵉᵐᵉ/18ᵉᵐᵉ Royal Hussars.

Colleville s'étendait bien au-delà d'un kilomètre le long de sa rue principale avec, de chaque côté, une route ou un chemin parallèle. (Voir la photo aérienne page 114.) Il y avait probablement près d'une centaine de maisons séparées. Les cartes mentionnaient quelques ouvrages défensifs dans le secteur du village, des ouvrages en béton pour l'entretien des véhicules près de l'église à l'extrémité nord, et quelques autres ouvrages défensifs entourés de barbelés à l'extrémité sud-est. Aucun renseignement ne disait si ces ouvrages étaient ou non défendus. Il est connu maintenant que les Allemands occupaient des maisons du village, l'une était le mess des officiers de HILLMAN une autre était le QG et le mess pour le QG de l'artillerie du Point 61, de même que d'autres Allemands logeaient dans d'autres maisons.

La Compagnie 'C', commandée par le Major Boycott, chef lucide et courageux, blessé plus tard, remplit sa tâche qui consistait à assurer le nettoyage prompt et complet du village. Il est clair que ses hommes en savaient la nécessité; ils étaient bien entraînés pour cela. Ils ne trouvèrent aucun Allemand et ainsi n'eurent pas de problèmes pour traverser le village. En fait, il semblerait qu'ils en aient oublié deux car le lendemain quelques tirs furent effectués du clocher de l'église. A ce moment-là, il y avait à l'entrée nord de Colleville, un grand nombre d'unités. La réponse des artilleurs et des tanks du voisinage fut immédiate. Un tank tira une salve dans le clocher et aussitôt après, deux soldats allemands, couverts de poussière, en sortirent et se rendirent. (Voir page 119.)

Lance-Sergeant Fred Ashby of 'C' Company has described how, as part of the point section, he went along the street of the village past the church to the *Mairie*. (See page 142.) There the section established a defensive position on the first floor overlooking the street. Shortly after, *Monsieur le Maire* emerged from his shelter and joined them. So at 1000 hours on the morning of D-Day he found himself sharing a bottle of Calvados and information concerning German dispositions with Monsieur Lenauld, the Mayor. Contrary to what has been stated in more than one publication and has been depicted in the film, *The Longest Day*, the Mayor of Colleville-sur-Orne did not move away from his village to the beach and appear there wearing a brass fireman's helmet. That person undoubtedly existed but he was not the Mayor of Colleville.

Le Lance-Sergent Fred Ashby de la Compagnie 'C' a décrit comment, avec la section de pointe, il suivit la rue du village et au-delà de l'église arriva à la Mairie. (Voir page 142.) La section y prit une position défensive au premier étage donnant sur la rue. Peu après, Monsieur le Maire émergea de son abri et se joignit à eux. C'est ainsi qu'à 10 heures du matin le Jour J il se trouva à partager une bouteille de Calvados et des renseignements concernant les dispositions allemandes avec le Maire, Monsieur Lénauld. Contrairement à ce qui a été écrit dans nombre de publications et montré dans le film, *Le Jour le Plus Long*, le Maire de Colleville-sur-Orne ne quitta pas son village pour se rendre sur la plage et y apparaître coiffé d'un casque en cuivre de pompier. Cette personne a sans aucun doute existé mais ce n'était pas le Maire de Colleville.

THE CAPTURE OF MORRIS

LA PRISE DE MORRIS

MEANWHILE, MAJOR PAPILLON, AN IMPERTURBABLE commander who inspired confidence (unfortunately, he was later killed at Chateau de La Londe), had reported from his position with 'C' Company on the right that 'C' Squadron of the 13th/18th Royal Hussars was in position on his right and was exchanging shots with HILLMAN. He also reported that there appeared to be no activity at MORRIS. As 'C' Company was meeting no resistance in clearing the village, the CO sent for Major McCaffrey, commanding 'B' Company, and told him that it was possible that the enemy had already deserted the battery position. He was instructed to be prepared to put in his attack as arranged in case it was a trick. Major McCaffrey ordered his Company quickly up into the village behind 'C' Company and, directly he had elbow room, he moved

PENDANT CE TEMPS-LA, LE MAJOR PAPILLON, commandant imperturbable qui inspirait confiance (il fut malheureusement tué peu de temps après au Château de la Londe), avait transmis, de la position occupée par la Compagnie 'C', sur la droite, que l'Escadron 'C' du 13ème/18ème Royal Hussars avait pris position sur sa droite et échangeait des tirs avec HILLMAN. Il informa également qu'il paraissait n'y avoir aucune activité à MORRIS. Comme la Compagnie 'C' ne rencontrait aucune opposition dans le nettoyage du village, le Chef du Bataillon appela le Major McCaffrey, commandant la Compagnie 'B', pour lui dire qu'il était possible que l'ennemi ait déjà déserté la position de la batterie. Il reçut l'instruction de se tenir prêt à lancer son attaque comme prévu au cas où ce serait un piège. Le Major McCaffrey donna ordre à sa Compagnie de se rassembler rapidement en haut du village derrière la Compagnie 'C' et, dès qu'il disposa d'assez

Major P. W. G. Papillon
OC 'D' Company

179

towards the battery. (Major McCaffrey, who had been born and bred in the Regiment, was serving on the North-West Frontier of India on the outbreak of war. He came home on commissioning and had been with the Battalion for a year. He was a thoroughly professional soldier demanding high standards.)

'B' Company started preparing for its assault on MORRIS and the guns of the supporting battery started to register on their target. In view of the lack of fight shown so far, Major McCaffrey decided to quicken the procedure by blowing the outer wire before calling for his artillery concentration. However, just as the Bangalore torpedos were being placed for this task, the white flag was put up and the garrison emerged from their concrete emplacements with their hands up. There were sixty-seven in all. They were brought back into the village by four highly delighted soldiers who moved them along the street at a smart pace. They were not in good shape. They had

Major D. W. McCaffrey
OC 'B' Company

suffered some heavy air raids on 1st and 2nd June, one of which we now know caused a lot of casualties.

That morning, they had again been attacked by the USAAF though there had been no direct hits. The Royal Navy had then started their bombardment with the 6" guns of ORP *Dragon,* a Polish cruiser, and the guns of the destroyer HMS *Kelvin.* Their fire was to be controlled by a naval air spotter but they reported that there was difficulty in communications with the spotting aircraft. *Dragon,* therefore, was unable to engage MORRIS except by blind fire. Later it was found that the guns of MORRIS were still serviceable. A photograph taken a fortnight later showed one of the guns apparently intact except for a small jagged hole in the shield, presumably from a shell or bomb splinter. The strong, two-metres-thick

d'espace, avança vers la batterie. (Le Major McCaffrey, qui naquit et grandit dans le Régiment, servait aux frontières Nord-Ouest de l'Inde à la déclaration de guerre. Il revint au pays après avoir obtenu son commandement et il était avec le Bataillon depuis un an. C'était un véritable soldat professionnel exigeant beaucoup de ses hommes.)

La Compagnie 'B' se prépara pour son assaut sur MORRIS et les canons de la batterie d'appui commencèrent les tirs de réglage sur leurs cibles.

Vu l'absence d'engagement jusque là, le Major McCaffrey décida d'accélérer la procédure en faisant sauter la rangée extérieure de barbelés avant de demander un tir de concentration de son artillerie. Cependant, juste comme les 'Bangalores' étaient mises en place pour ce faire, le drapeau blanc fut hissé et la garnison émergea de ses emplacements bétonnés avec les mains en l'air. Ils étaient soixante-sept en tout. Ils furent ramenés au pas redoublé dans le village par quatre soldats on ne peut plus ravis. Ils n'avaient pas l'air en forme. Ils avaient subi quelques raids aériens le 1er et le 2 juin, dont l'un nous le savons maintenant, causa un nombre important de pertes.

Ce matin, ils avaient été à nouveau attaqués par l'aviation US mais il n'y eut pas de coups directs. La Royal Navy avait alors commencé son bombardement avec les pièces de 6 pouces de l'ORP *Dragon*, un croiseur polonais, et les canons du destroyer HMS *Kelvin.* Leur tir aurait dû être controlé par un observateur aérien de la marine mais les conditions de communication avec l'appareil de réglage de tir étaient très mauvaises. De ce fait, le *Dragon* ne put engager MORRIS que par des tirs aveugles. On découvrit plus tard que les canons de MORRIS étaient encore utilisables. Une photographie prise une quinzaine plus tard montre l'un des canons apparemment intact, si ce n'est le pare-éclats perforé, probablement par un éclat d'obus ou de bombe. Les puissantes positions en béton de deux mètres d'épaisseur

concrete positions can be seen today in very much the same state they were in in 1944 with no apparent damage from all the explosives hurled at them. However, the tonnage of bombs was enough to make the garrison give up without a fight.

So, at midday, the Battalion reported that MORRIS had been cleared. Ten minutes after 'B' Company had satisfied themselves that there were no enemy left, the position was shelled by guns firing from the southwest (perhaps from the battery just north of Périers-sur-le-Dan or from the self-propelled 150mm battery of 1716 Regiment at Plumetot), but there were no casualties as our men were secure in the concrete defences they had just taken or were some distance away from the position.

'B' Company then moved on to take up positions to support 'A' Company in its attack on HILLMAN.

sont encore visibles aujourd'hui pratiquement dans le même état où elles se trouvaient en 1944, sans présenter de dommage visible causé par tous les explosifs qui furent déversés sur eux. Cependant, le tonnage de bombes fut suffisant pour inciter la garnison à se rendre sans combattre.

Ainsi, à midi, le Bataillon informait que MORRIS avait été nettoyé. Dix minutes après que la Compagnie 'B' se fut assurée qu'il ne restait aucun ennemi, la position fut bombardée par des canons tirant du sud-ouest (peut être de la batterie juste au nord de Périers-sur-le-Dan ou depuis la batterie de 150mm auto-propulsée du 1716ème Régiment à Plumetot), mais il n'y eut aucune perte car nos hommes étaient en sécurité dans les ouvrages en béton ou se trouvaient à l'écart de la position.

La Compagnie 'B' fit ensuite mouvement pour prendre position afin d'appuyer la Compagnie 'A' dans son attaque sur HILLMAN.

. . . showed one of the guns [of MORRIS] apparently intact except for a small jagged hole in the shield . . .

. . . montre l'un des canons [de MORRIS] apparemment intact, si ce n'est le pare-éclats perforé . . .

I. W. M. No. B5877

FIRST ATTACK ON HILLMAN

THE ENEMY SHIFTED HIS SHELLING OF MORRIS TO the south of the village. 'A' Company had followed a course on the east side of the village away from the enemy positions so as to be in a position to attack HILLMAN. Unfortunately, they suffered some casualties from this shelling. One section of 9 Platoon was nearly wiped out with seven casualties from one shell, including a regimental signaller, Peter Monk, who was killed. About 100 yards clear of the village another Canadian parachute officer met the CO. He also had been dropped in the wrong place and was accompanied by a sergeant who had broken his arm in the drop. The sergeant was fixed up at the RAP. The officer took the CO to a position from where HILLMAN could be seen. Peering over the standing corn

Private Peter Monk
9 Platoon 'A' Company

– then about 18 inches high – it was possible to see the outer wire some 150 yards away. It was difficult to see much detail because of the corn, but one steel cupola was visible. Meanwhile, 'C' Company sent one platoon forward to protect 'A' Company and another platoon was directed through the orchards so that they could see the open country. It was in this way that 'C' Company formed a defensive flank for the next stage.

'D' Company, with the breaching platoon of 'B' Company, waited in reserve at the top of the village. Thus, the tactical disposition at this stage was: 'A' Company with the breaching platoon from 'D' Company waiting to attack; 'B' Company on the right prepared to support 'A' Company, with 'C' Company on the left and forward and 'D' Company close by in the village. It was in mutual support of this kind that the Battalion had been constantly trained.

LA PREMIERE ATTAQUE SUR HILLMAN

L'ENNEMI AVAIT DEPLACE SON BOMBARDEMENT DE MORRIS vers le sud du village. La Compagnie 'A' avait avancé sur le côté est du village, assez loin des positions de l'ennemi pour être en mesure d'attaquer HILLMAN. Malheureusement, elle subit quelques pertes de ce bombardement. Une section du 9ᵉᵐᵉ Peloton fut presque anéantie; un obus élimina sept hommes, dont le radio du régiment, Pete Monk, qui fut tué. Environ 100 mètres au-delà du village, un autre officier canadien parachutiste se présenta au Commandant. Lui aussi avait été parachuté au mauvais endroit, et il était accompagné d'un sergent qui s'était cassé le bras en touchant terre. On lui mit une attelle au Poste de Secours du Régiment. L'officier emmena le Commandant à un endroit d'où on pouvait observer HILLMAN. Regardant à travers les épis de blé – déjà haut de plus de cinquante centimètres – on pouvait voir la couronne extérieure de barbelés à quelques 150 mètres de là. Il était difficile d'apercevoir beaucoup de détails, à cause du blé; seule une coupole était visible. Dans le même temps, la Compagnie 'C' détacha un peloton à l'avant pour protéger la Compagnie 'A' et un autre peloton reçut l'ordre de traverser les vergers de façon à voir au-delà des cultures. C'est ainsi que la Compagnie 'C' forma un flanc défensif pour la prochaine étape.

La Compagnie 'D' avec le peloton d'assaut de la Compagnie 'B' attendait en réserve en haut du village. Ainsi, la disposition tactique s'établissait comme suit: la Compagnie 'A' avec le peloton d'assaut de la Compagnie 'D' attendant pour attaquer; la Compagnie 'B' sur la droite prête à aider la Compagnie 'A' avec la Compagnie 'C' sur l'avant gauche et la Compagnie 'D' tout près dans le village. C'est à un mutuel soutien de ce genre que le Bataillon s'était constamment entraîné.

Major 'Jockey' Waring, the cool-headed and brave battery commander from 76 Field Regiment, much admired by all, was in the meantime registering his guns on the position. The Battalion's own 3" mortars, which had by then come into position, were doing the same.

There was some difficulty over the artillery registration as the 18 set which was the only means Major Waring had of communicating with his guns was not working well. This problem of communicating with the smaller sets was a common one throughout the day. It was partly due to the very great number of sets working in a fairly small area but also because they had been netted several days previously, before embarkation, and some sets had gone slightly off net.

Major J. A. Waring, RA

Captain Ryley, a schoolmaster in civilian life, afraid of nothing, set off on his reconnaissance just about 1130 hours. Though he had no illusions about the task to be done, he must have begun to realize what his Company had to take on. Not only had there been no bombing of the position, though there were some bomb craters close to the wire, but he was also deprived of the use of the naval guns. In addition, there were the steel cupolas of which he had had no warning and which were obviously well sited and built into concrete emplacements.

Oberst Krug, the Commanding Officer of 736 Regiment, had been alerted very early in the morning. At twenty minutes to one he had told his Divisional Commander about the airborne landings. Throughout the small hours of the morning he would have been aware of the attempts to retake the bridges at Bénouville and to push back 6 Airborne Division. At first light, he and his men would have seen the great armada out at sea and have observed and heard

Captain R. G. Ryley
OC 'A' Company

Le Major 'Jockey' Waring, de tempérament calme et courageux, commandant de batterie au 76ème Régiment de campagne, très admiré par tous, effectuait pendant ce temps, les tirs de réglage de ses canons sur la position. Les mortiers de 3 pouces du Bataillon qui avaient été mis en place, faisaient de même.

Il y eut quelque difficulté pour le réglage de l'artillerie car le SCR 18 qui était le seul moyen de communication avec les canons dont disposait le Major Waring ne marchait pas bien. Ce problème de communication avec les plus petits appareils radio se produisit toute la journée; c'était en partie dû au très grand nombre d'appareils radio fonctionnant dans un très petit secteur et aussi au fait qu'on les avait réglés plusieurs jours avant l'embarquement; certains appareils avaient glissé en fréquence.

Le Capitaine Ryley, maître d'école dans le civil et qui n'avait peur de rien, partit en reconnaissance aux environs de 11h 30. Bien qu'il n'eût aucune illusion sur la tâche à remplir, il dut se rendre à l'évidence de ce qui attendait sa Compagnie. Non seulement il n'y avait eu aucun bombardement de la position, à part quelques trous de bombes près des barbelés, mais aussi il devrait se passer de l'artillerie navale. De plus, il découvrait les coupoles en acier dont il n'avait pas eu connaissance et qui étaient parfaitement bien situées dans des emplacements bétonnés.

Le Colonel Krug, commandant le Régiment 736, avait été alerté très tôt. A une heure moins vingt, il avait informé son Commandant de Division de l'atterrissage de troupes aéroportées. Dès les premières heures, il était au courant des tentatives faites pour reprendre les ponts à Bénouville et pour repousser la 6ème Airborne à la mer. Aux premières heures de l'aube, lui et ses hommes pouvaient voir au large sur la mer, la grande armada, observer et entendre l'assaut des

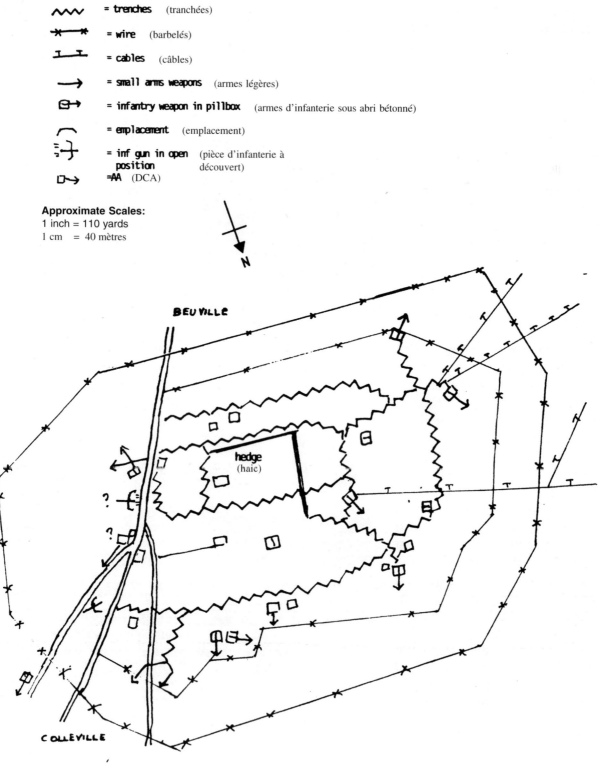

Approximate Scales:
1 inch = 110 yards
1 cm = 40 mètres

= trenches   (tranchées)

= wire   (barbelés)

= cables   (câbles)

= small arms weapons   (armes légères)

= infantry weapon in pillbox   (armes d'infanterie sous abri bétonné)

= emplacement   (emplacement)

= inf gun in open position   (pièce d'infanterie à découvert)

=AA   (DCA)

N

BEUVILLE

hedge
(haie)

COLLEVILLE

Diagram showing HILLMAN according to information known before 6th June 1944.

(Plan de HILLMAN établi selon les renseignements recueillis avant le 6 juin 1944.)

the assault on the beaches and the progress inland. There could have been no surprising the garrison at HILLMAN that morning.

At 1310 hours the guns began their five minutes of shelling together with the tanks of 'C' Squadron and the 3" mortars. The 'D' Company breaching platoon under Lieutenant Russell crept forward to the outer wire to carry out their allotted task. Their approach, to be followed by 'A' Company, was by way of a sunken path (not apparent on the air photographs and which is not readily identifiable today) to within a fairly short distance of the wire. They were also hidden from sight to some extent because of the ground vegetation that had sprung up in the undergrowth itself. Platoons of 'A' Company were deployed on either side to provide protection for the breaching party, The Bangalore torpedos were pushed under the twelve feet of outer wire and blown. The mine-clearance, sheep-tracking party, with sapper help, then started on the clearing of a three-foot wide lane through the minefield marked by white tape. When the inner wire was reached, the second Bangalore torpedo section came up and placed their torpedos under the wire. Lieutenant Mike Russell then found himself in a tricky position as the initiating device of the torpedos failed to go off. He had to go through the minefield to obtain and set off another one which, this time, was successful His platoon carried out their task extremely well, working as if on training within fifty yards of the enemy. Lieutenant Russell's bravery and coolness were recognized by the award of the *Croix de Guerre.*

Lieutenant Russell has pointed out that the use of phosphorus smoke grenades thrown by the covering party to hide the breaching party probably served instead to draw the attention of the Germans to their activities. Once the machine-gun in the cupola, only thirty yards

Oberst Krug
CO 736 Regiment

plages et les progrès à l'intérieur. Il ne pouvait y avoir aucune surprise pour la garnison de HILLMAN ce matin-là.

A 13h 10 les canons commemèrent leurs cinq minutes de bombardement, rejoints par les mortiers de 3 pouces et les canons des tanks de l'Escadron 'C'. Le peloton d'assaut de la Compagnie 'D' sous le commandement du Lieutenant Russell avança en rampant vers la ceinture extérieure de barbelés pour accomplir la tâche qui lui était allouée. Suivis par la Compagnie 'A', ils s'approchèrent en utilisant un chemin creux (non apparent sur les photographies aériennes et qui n'est pas facile à situer aujourd'hui) jusqu'à une très faible distance des barbelés. Ils étaient aussi dissimulés à la vue par la végétation qui avait poussé dans les broussailles. Les pelotons de la Compagnie 'A' furent déployés de chaque côté pour assurer la protection du groupe d'assaut. Les torpilles Bangalore furent poussées sous les quatre mètres de barbelés et mises à feu. Les démineurs, aidés par les sapeurs, se suivant comme des moutons, commencèrent alors le nettoyage d'un passage d'un mètre de large dans le champs de mines, marqué de rubans blancs. Lorsque les rouleaux de barbelés intérieurs furent atteints, la seconde section chargée des torpilles Bangalore avança et plaça ses engins sous les barbelés. Le Lieutenant Mike Russell se trouva en mauvaise posture quand les détonateurs ne fonctionnèrent pas. Il dut traverser le champ de mines pour en obtenir d'autres, les remettre en place et les actionner, cette fois-ci avec succès. Son peloton remplit sa tâche parfaitement bien, travaillant comme à l'entraînement à environ cinquante mètres de l'ennemi. La bravoure et le sang-froid du Lieutenant Russell furent reconnus par l'attribution de la Croix de Guerre.

Le Lieutenant Russell remarqua que l'utilisation de grenades fumigènes au phosphore lancées par le groupe de couverture dans le but de dissimuler le groupe d'assaut, servit plutôt à attirer l'attention des Allemands sur leurs activités. Dès lors que la mitrailleuse de la coupole, à seulement trente

away, had located the breach, any activity there drew a wicked hail of bullets.

The first assault platoon, No. 9, under Lieutenant Sandy Powell, moved forward through the breach, crawling all the way from the narrow sunken lane. The platoon got through the gap with No. 8 Section under Corporal Jones in the lead. They immediately came under heavy machine-gun fire and Corporal Jones was killed. Lieutenant Powell then came forward with a PIAT team (the infantry rifle company's anti-tank weapon). Three shots were fired at a cupola which was causing most of the trouble. They had no effect. The platoon had advanced into the trenches in the position but this did little good as the enemy merely withdrew into their concrete shelters and opened up with machine-guns at any attempt to move against them. A message was sent back to say the platoon was held up but the runner was killed on the way back and a second runner had to be sent.

Under cover of a further concentration of fire (HE and smoke), the second platoon under Lieutenant Tooley then went in, led by the Company Commander. Once again machine-gun fire opened up and only four men, Captain Ryley, Lieutenant Tooley, Lieutenant Powell and Corporal Stares, managed to get through. They went forward for over 150 yards and took a few prisoners. As they were unable to continue without further assistance, Lieutenant Powell went back while the others waited for assistance. Lieutenant Powell then came back with Sergeant Lankester and two men but found that Lieutenant Tooley and Corporal Stares had both been badly wounded. (Both later died.) Captain Ryley was killed shortly afterwards when returning for assistance. Other wounded men from the vicinity

Lieutenant T. J. F. Tooley
8 Platoon 'A' Company

Sergeant J. Lankester
8 Platoon 'A' Company

mètres de là, eut localisé la brèche, toute activité y attira une méchante grêle de balles.

Le premier peloton d'assaut, No. 9, commandé par le Lieutenant Sandy Powell, s'engagea dans la trouée en rampant sans arrêt à partir du chemin creux. Le peloton franchit la trouée, emmené par la 8ème Section du Caporal Jones. Elle fut immédiatement prise sous un violent feu de mitrailleuse qui tua le Caporal Jones. Le Lieutenant Powell s'avança alors avec une équipe de PIAT (Projectile d'Infanterie Anti-Tank). Trois projectiles furent tirés sur la coupole qui causait le plus d'ennuis. Ils n'eurent aucun effet. Le peloton avait avancé dans les tranchées de la position mais cela n'apporta rien de bon car l'ennemi se retirait seulement dans ses casemates et ouvrait le feu à la mitrailleuse pour s'opposer à toute tentative d'assaut contre lui. Un message fut envoyé pour dire que le peloton était stoppé mais le messager fut tué en chemin et un second dût être envoyé à sa place.

Sous la couverture d'une autre concentration d'artillerie (obus à haut pouvoir explosif et fumigènes), le second peloton du Lieutenant Tooley s'engagea alors, conduit par le Commandant de Compagnie. Une fois encore les mitrailleuses ouvrirent le feu et seulement quatre hommes, le Capitaine Ryley, le Lieutenant Tooley, le Lieutenant Powell et le Caporal Stares réussirent à passer. Ils avancèrent de plus de 150 mètres et firent quelques prisonniers. Comme ils étaient incapables de continuer sans aide, le Lieutenant Powell revint vers l'arrière tandis que les autres attendaient les renforts. Quand le Lieutenant Powell revint avec le Sergent Lankester et deux hommes ils découvrirent que le Lieutenant Tooley et le Caporal Stares avaient tous les deux été grièvement blessés. (Ils décédèrent par la suite.) Le Capitaine Ryley fut tué à son tour en

of the gap were dragged back through the corn to the sunken lane from where stretcher-bearers carried them back to the RAP. Throughout this period, Lieutenant Powell displayed great leadership and courage. He was awarded the Military Cross but was killed at Tinchebray shortly after the award was announced.

SECOND ATTACK ON HILLMAN

BY THIS TIME, THE CO'S CARRIER AND THE BATTERY commander's tank had arrived. This gave the CO a link with the tank squadron net through the 19 set in the carrier, while the battery commander had his proper communications to his guns. Before that, communication had been possible to the squadron through the Liaison Officer's tank, but the CO's carrier was able to come right up to his position whereas the LO's tank could not.

As there appeared to be no anti-tank guns left in action in the enemy position, the CO ordered the tanks up to the outer wire in order to give the troops close support. This move did not materially improve the situation as the tank guns were unable to penetrate the emplacements and the enemy were still able to prevent any movement through the breach and inside the perimeter. The steel cupola causing most of the trouble was not even penetrated by 17-pounder armour-piercing shot, causing only severe gouging in the metal. The situation was stalemated. The CO appreciated that it would not be possible to capture the position unless the tanks went through the wire, thus enabling the infantry to move up with them close to the emplacements and destroy or capture the enemy. He decided to have a vehicle gap made and then to lay on a fresh attack with a repeat bombardment. Colonel Alan Sperling's recollection of this period is of the utter coolness of the CO's planning and orders while under continuous fire.

(There was certainly one, and perhaps two, small-calibre anti-tank guns on HILLMAN.

allant chercher de nouveaux renforts. D'autres blessés dans le voisinage de la brèche furent traînés à travers le blé jusqu'au chemin creux d'où les brancardiers les transportèrent au Poste de Secours. Pendant cette période, le Lieutenant Powell fit preuve de courage et de ses grandes qualités de chef. La Military Cross lui fut attribuée mais il fut tué à Tinchebray peu de temps après que l'attribution lui eût été faite.

DEUXIEME ATTAQUE SUR HILLMAN

C'EST A CE MOMENT-LA, QU'ARRIVERENT LA chenillette du Commandant de Bataillon et le tank du commandant de batterie. Ceci permit au Commandant d'être en contact avec le réseau de l'escadron de tanks par le SCR 19 de la chenillette, tandis que le commandant de batterie communiquait directement avec ses canons. Auparavant, il était possible de communiquer avec l'Escadron grâce au tank de l'Officier de Liaison, mais dans le cas présent la chenillette du Commandant pouvait atteindre sa position alors que le tank de l'Officier de Liaison ne le pouvait pas.

Comme il paraissait ne plus y avoir de canons anti-tanks en état de servir dans la position, le Commandant donna l'ordre aux tanks d'avancer jusqu'à la ceinture extérieure de barbelés afin d'appuyer les soldats de plus près. Ce mouvement n'améliora pas sensiblement la situation car les canons des tanks étaient incapables de pénétrer les emplacements et l'ennemi pouvait encore s'opposer à tout mouvement dans la brèche et à l'intérieur du périmètre. La coupole d'acier qui causait le plus d'ennuis ne fut même pas entamée par des tirs d'obus perforants de 17-livres qui lui faisaient seulement des égratignures. La situation était dans l'impasse. Le Commandant se rendit compte qu'il ne serait possible de s'emparer de la position que si les tanks dépassaient les barbelés, permettant à l'infanterie d'avancer avec eux près des emplacements pour détruire ou capturer l'ennemi. Il décida d'élargir la brèche pour laisser passer les véhicules et ensuite de porter une nouvelle attaque après un nouveau bombardement. Le Colonel Alan Sperling garde de ce moment-là le souvenir du Commandant qui avait son plan et donnait ses ordres avec un parfait sang-froid sous un feu continu.

(Il y avait certainement un, et peut-être deux, canons anti-tanks de petit calibre sur HILLMAN. Un

One tank was hit without damage when firing on the position from the north and when 4 Troop of 'C' Squadron moved off to the left in the open country between HILLMAN and St. Aubin d'Arquenay two tanks were hit, resulting in casualties in each, though only one tank was completely knocked out. Later in the afternoon, the FOO's tank from 7 Field Regiment supporting the 1 Royal Norfolks was also hit but only lost its radio. 4 Troop had the satisfaction of shooting up an anti-tank gun in the open, catching its crew turning the gun round.)

The CO then ordered Lieutenant Perry, who had taken command of 'A' Company, to withdraw his men from the position so as to get them clear for the bombardment and to rest them in the sunken lane. He sent for Lieutenant Arthur Heal, the Royal Engineers officer, and told him the gap had to be widened to nine feet. Heal told the CO that the quickest way was to use flails, tanks with long chains attached to a revolving drum at the front which detonated the mines in their path. He went off to reconnoitre. He and Lance Corporal Boulton and a sapper from his detachment crawled flat on their bellies to find out more about the minefield. It was thought possible it might be a dummy one. However, Arthur Heal found a mine and started examining it carefully. He had made himself familiar with all types of German mines likely to be found but here was one he could not identify. With some trepidation, he pulled it out and examined it more closely. He was relieved to find it was an obsolete British Mk.III mine captured at Dunkirk. He found the mines were in four rows at about five-yard intervals. He returned to the CO to report his findings. He was asked how long it would take to make a proper gap. Heal said about an hour, but suggested he could do a quicker job using gelignite charges

Lieutenant Arthur Heal, RE
246 Field Company

tank fut touché sans gravité alors qu'il tirait sur la position à partir du nord. Deux tanks furent également touchés lorsque le 4ème Peloton de l'Escadron 'C' fit mouvement sur la gauche à découvert entre HILLMAN et St. Aubin d'Arquenay; il y eut des blessés dans chaque tank mais un seul fut complètement détruit. Plus tard dans l'après-midi, le tank de l'Officier d'Observation du 7ème Régiment d'artillerie de campagne appuyant le 1er Royal Norfolk, fut aussi touché mais ne perdit que sa radio. Le 4ème Peloton eut la satisfaction de détruire un canon anti-tank à découvert, surprenant son équipage alors qu'il faisait effectuer demi-tour à son canon.)

Le Commandant donna ensuite l'ordre au Lieutenant Perry, qui avait pris le commandement de la Compagnie 'A', de retirer ses hommes de la position afin qu'ils soient à l'abri du bombardement et puissent se reposer dans le chemin creux. Il envoya chercher le Lieutenant Arthur Heal, l'officier du Genie, et lui dit que la brèche devait être agrandie à environ trois mètres. Heal répondit au Commandant que le moyen le plus rapide était d'utiliser les fléaux, tanks avec de longues chaînes fixées à un tambour tournant à l'avant, qui faisait exploser les mines sur son passage. Il partit en reconnaissance. Lui, le Caporal Boulton et un sapeur de son détachement rampèrent à plat-ventre pour en apprendre plus sur le champ de mines. Il était possible qu'il soit factice. Cependant, Arthur Heal trouva une mine et commença à l'examiner avec précaution. Il s'était familiarisé avec tous les types de mines allemandes pouvant être rencontrées, mais celle-ci il n'arrivait pas à l'identifier. En tremblant, il la sortit pour l'examiner de plus près. Il fut rassuré de voir que c'était une vieille Mk.III anglaise, récupérée à Dunkerque. Il découvrit que les mines étaient disposées en quatre rangées espacées de cinq mètres. Il revint vers le Commandant pour lui rendre compte de sa découverte. Il lui demanda combien il faudrait de temps pour effectuer une brèche convenable. Heal répondit environ une heure, mais il suggéra qu'il pouvait agir plus rapidement en utilisant des charges de gélignite pour faire sauter un rang de

to blow a row of mines, thus providing a gap of five yards. The tank commander was agreeable to this so Heal set off once again with his Lance Corporal, working flat on the ground under fire to clear sufficient mines for a tank gap. Covering fire was provided by Mike Russell's platoon and one of the tanks.

The situation about this time has been painted graphically by Lieutenant Colonel Nigel Tapp (later Major-General Sir Nigel Tapp) who was commanding 7 Field Regiment supporting 185 Brigade. He arrived at Colleville at about 1400 hours to find a scene of great confusion. Two tanks which had advanced up to the track to HILLMAN had blown themselves up on mines, thus blocking the track. There were dead men and burning motorcycles in the street. 1 Royal Norfolk, part of 185 Brigade, were in the orchards and gardens by the side of the road waiting for HILLMAN to be cleared. 2 Royal

Captain K.G. Mayhew
Carrier Platoon 'SP' Company

Warwicks, also from 185 Brigade, were close behind them and the roads leading to the village were blocked by tanks and vehicles of 8 Brigade Group. Major Dunn, the battery commander with 1 Royal Norfolk, has described how the FOO from 76 Field Regiment had gone off in his tank as he thought he could deal with the German machine gun holding up 'A' Company. Shortly afterwards there was a loud explosion and he came back to say his tank had gone up on a mine. Colonel Dick Goodwin has also related this story but added that the squadron LO went off with the battery commander and that it was his tank that went up. The CO described the tank as being a complete write-off, one track being blown off and the tank burnt out. The LO came back to say he had a slight headache!

The Divisional Commander, Major General Rennie, came up at this time to the CO's OP and asked how the Battalion was getting on. When he was told the situation he said, "Well, you must get HILLMAN before dark and in time to allow you to dig in as the enemy

mines, ce qui donnerait ainsi une brèche de cinq mètres. Le commandant des tanks donna son accord, et Arthur Heal partit de nouveau avec son caporal travailler à plat sur le sol, sous le feu, enlever suffisamment de mines pour le passage des tanks. Le feu de couverture était assuré par le peloton de Mike Russell et l'un des tanks.

La situation du moment a été décrite par le Lieutenant Colonel Nigel Tapp (plus tard Major Général Sir Nigel Tapp). Il commandait le 7ème Régiment de campagne qui appuyait la 185ème Brigade. Il arriva à Colleville vers 14 H 00 pour y trouver une scène de grande confusion. Deux tanks qui avaient avancé dans le chemin vers HILLMAN avaient sauté sur des mines et bloquaient le passage. Il y avait des morts et des motocyclettes qui brûlaient dans la rue. Le 1er Royal Norfolk de la 185ème Brigade était dans les vergers et les jardins sur le côté de la route attendant qu'HILLMAN soit nettoyé. Le 2ème Royal Warwicks, également de la 185ème Brigade était tout près derrière eux et les routes menant au village étaient bloquées par les tanks et les véhicules du 8ème Brigade Group. Le Major Dunn, commandant de batterie détaché au 1 Royal Norfolk, a décrit la façon dont l'Observateur du 76ème Régiment de campagne était parti dans son tank car il pensait pouvoir s'occuper des mitrailleuses allemandes qui arrêtaient la Compagnie 'A'. Peu après, il y eut une formidable explosion et il revint dire que son tank avait sauté sur une mine. Le Colonel Dick Goodwin a aussi relaté cette histoire en ajoutant que l'Officier de Liaison de l'escadron partit avec le commandant de batterie et que c'était son tank qui avait sauté. Le commandant décrivit le tank comme étant complètement hors-service, une chenille arrachée et le tank complètement incendié. L'Officier de Liaison revint en disant qu'il avait un léger mal de tête!

Le Commandant de la Division, le Major Général Rennie arriva au même moment au Poste d'Observation du Commandant et demanda comment se comportait le Bataillon. Lorsqu'il fut mis au courant de la situation, il dit, «Bon, alors, vous devez prendre HILLMAN avant la nuit et à temps pour être en mesure de

armour is about and they will probably counter-attack about first light." The CO assured him that 1 Suffolk would succeed. General Rennie left with a cheery "Good luck." A few days later he was wounded and then, in the following year, he was killed at the Rhine crossing.

Shortly after Rennie's visit, the Brigade Commander, Brigadier E. E. E. Cass, arrived. The CO asked him for two flails to speed up the process of mine clearance and for additional tanks. This he arranged to do and shortly afterwards the CO was informed on the radio that two flails were coming up. 'A' Squadron Staffordshire Yeomanry, in reserve not far away, were also ordered to come forward and assist. The flails eventually turned up well after the gap had been cleared sufficiently to let the tanks in. The Squadron Commander of 'A' Squadron Staffordshire Yeomanry had started to report to Lieutenant-Colonel Dick Goodwin when he received urgent priority orders to meet a threatened tank attack by 21 Panzer Division. Not much later the Squadron knocked out three enemy tanks from positions to the west of Biéville.

Before this, 1 Royal Norfolk tried to bypass HILLMAN in two groups. Two companies, led by the second-in-command, followed the line of a track leading southeast from Colleville. They had strict orders not to become involved in the HILLMAN battle. Their information was that the village of St. Aubin d'Arquenay, earlier cleared by the Commandos, was still held by the enemy. This was unfortunate because the approach taken was dominated by part of HILLMAN, as anyone can see today. Both the leading and the following company got involved in a firefight and both suffered a number of casualties. In all, they probably had over forty casualties, including their 'A' Company Commander, who was wounded. Too late did they learn that St. Aubin was clear; this was the route followed by the rest of the Battalion.

By this time it was late afternoon. (The Staffordshire Yeomanry tanks had been recalled at 1615 hours.) Arthur Heal and his sappers, under fire, had cleared a gap through the minefield sufficiently wide for tanks. Their

creuser vos tranchées car les blindés allemands sont dans les alentours et ils contre-attaqueront probablement à l'aube.» Le Commandant l'assura que le 1er Suffolk réussirait. Le Général Rennie partit en leur souhaitant un chaleureux «Bonne chance.» Quelques jours plus tard, il fut blessé et l'année suivante il fut tué lors de la traversée du Rhin.

Peu après la visite de Rennie, le Commandant de la Brigade, Brigadier E. E. E. Cass, arriva. Le Commandant lui demanda deux fléaux pour accélérer le processus de déminage et quelques tanks supplémentaires. Il donna des ordres en ce sens et peu après le Commandant fut informé par radio que les deux fléaux étaient en route. Le Commandant de l'Escadron 'A' du Staffordshire Yeomanry, en réserve non loin de là, reçut aussi l'ordre de se porter à la rescousse. En fait, les fléaux arrivèrent bien après que la brèche eût été agrandie suffisamment pour le passage des tanks. Le Commandant de l'Escadron 'A' du Staffordshire Yeomanry avait commencé à rendre compte au Lieutenant-Colonel Dick Goodwin lorsqu'il reçut des ordres urgents et prioritaires pour faire face à une dangereuse attaque des tanks de la 21ème Panzer Division. Peu de temps après, l'Escadron détruisait trois tanks ennemis à partir de positions à l'ouest de Biéville.

Avant cela, le 1er Royal Norfolk essaya de contourner HILLMAN en deux groupes. Deux compagnies, commandées par le commandant en second, suivirent le chemin partant de Colleville vers le sud-est. Ils avaient l'ordre strict de ne pas intervenir dans la bataille pour HILLMAN. D'après leurs renseignements, le village de St. Aubin d'Arquenay, nettoyé plus tôt par les Commandos, était encore aux mains de l'ennemi. Ce fut malheureux car leur approche était visible d'une partie de HILLMAN, comme on peut le voir aujourd'hui. Les deux compagnies de tête furent prises sous un feu violent qui leur causa beaucoup de pertes. En tout, ils perdirent une quarantaine d'hommes, y compris leur Commandant de Compagnie 'A', qui fut blessé. Il était trop tard lorsqu'ils apprirent que St. Aubin était dégagé; ce fut la route suivie par le reste du Bataillon.

A ce moment-là, l'après-midi était avancée. (Les tanks du Staffordshire Yeomanry avaient été rappelés à 16h 15.) Arthur Heal et ses sapeurs, sous le feu, avaient dégagé une brèche dans le champ de mines assez large pour le passage des tanks. Leur excellent travail,

excellent work under daunting conditions so close to active enemy positions (one sapper was wounded) was recognized by the award of the Military Medal to Lance-Corporal Boulton and the *Croix de Guerre* to Lieutenant Heal. The CO then called for a repeat bombardment from the artillery of five minutes HE. When this lifted, the tanks began to go through the gap safely. The leading tank, however, baulked at driving over the dead body of a British soldier still obstructing the path ahead. The section commander, Corporal Lawson, had no intention of losing any more lives and told the tank commander, in no uncertain manner, to proceed. The troops followed the tank through the gap and fanned out in either direction, using cover from shell holes beyond the perimeter wire. The tank guns were still unable to penetrate the cupola from which machine-gun fire continued to be directed at any movement.

Corporal Lawson and Private James 'Tich' Hunter of 8 Platoon found themselves within twenty yards of the cupola. Suddenly a lone German came running towards them, hands raised in surrender. A shot rang out and he was killed. The tension had been too much for one soldier. Soon afterwards, Hunter emerged from his shelter in a bomb hole and slowly and determinedly walked towards the cupola, firing his Bren gun from the hip. This had the required effect as no further resistance came from this direction and the mopping up began. Hunter was deservedly awarded the Distinguished Conduct Medal for his bravery.

A little later, Hunter received a slight wound. The network of trenches was found to be deserted except for one dead German. Hunter jumped down and was looking at the body when Corporal Lawson, glancing to the right, saw a lone German rifle raised. Lawson shouted a warning and the bullet just grazed Hunter's forehead. The German disappeared round the corner of the trench which led into one of the heavily

Private James 'Tich' Hunter, DCM
8 Platoon 'A' Company

accompli dans des conditions effroyables si près des positions d'un ennemi actif, (un sapeur fut blessé) fut récompensé par l'octroi de la Médaille Militaire au Caporal Boulton et la Croix de Guerre au Lieutenant Heal. Le Commandant demanda alors la reprise du bombardement d'artillerie pendant cinq minutes avec des obus à haut pouvoir explosif. Lorsqu'il prit fin, les tanks commencèrent à franchir la brèche en sécurité. Cependant, le char de tête hésita à passer sur le corps d'un soldat britannique qui obstruait le passage. Le chef de section, le Caporal Lawson, n'avait pas l'intention de perdre davantage de vies et d'un ton péremptoire ordonna au chef de tank d'avancer. Les soldats suivirent le tank dans la brèche et foncèrent dans chaque direction, utilisant pour s'abriter les trous d'obus au-delà du périmètre des barbelés. Les canons des tanks étaient toujours incapables de perforer la coupole d'où provenait le feu de la mitrailleuse qui continuait à être dirigé sur tout ce qui bougeait.

Le Caporal Lawson et le soldat James 'Tich' Hunter du 8ᵉᵐᵉ Peloton se trouvaient à moins de vingt mètres de la coupole. Soudain un Allemand s'approcha d'eux en courant, les mains levées pour se rendre. Un coup de feu claqua et il fut tué. La tension avait été trop forte pour un soldat! Peu après, Hunter émergea soudain du trou de bombe lui servant d'abri; avec détermination il marcha en direction de la coupole tirant des rafales de son FM à la hanche. Cela produisit l'effet attendu car il n'y eut plus de résistance venant de cette direction et le nettoyage commença. Hunter reçut la Médaille pour Conduite Distinguée, bien méritée pour sa bravoure.

Un peu plus tard, Hunter fut légèrement blessé. Le réseau de tranchées fut trouvé désert à l'exception d'un Allemand mort. Hunter sauta dans la tranchée pour examiner le corps, lorsque le Caporal Lawson, jetant un coup d'œil à droite, vit un Allemand solitaire, fusil levé. Lawson cria un avertissement et la balle érafla le front de Hunter. L'Allemand disparut au tournant de la tranchée qui conduisait dans un des emplacements bétonnés. Des

concreted emplacements. Bombs were dropped down the ventilation shafts which had some effect as the occupants started to come out with hands up in surrender.

'A' Company, with platoons from 'C' and 'D' Companies, carried out the mopping-up with the support of the tanks. Some of these raced ahead on their own and had to be recalled. The process was a long and tedious one as the Germans were safely ensconced in their concrete and steel bunkers and the area was a large one. The Pioneers were called in to use their beehive charges to blow in some of the emplacements. Eventually all firing ceased at about 2000 hours and the position captured with no further resistance. In addition to the casualties inflicted on the garrison, some fifty prisoners were taken.

The CO had ordered 'B' and 'D' Companies forward to their consolidation areas as soon as he saw the position was nearly cleared. 'A' and 'C' followed so that the whole Battalion was firmly positioned and dug in before dark. The mortar platoon and the anti-tank platoon were also dug in. However, the anti-tank platoon suffered one casualty. The gun being towed by its carrier was to be sited at the far corner of the enemy position but, as it was going through the gap in the minefield through which a squadron of tanks had just passed without any difficulty, the carrier was blown up on a mine. The carrier and the gun were a write-off but there were only minor injuries to the two men in the front of the carrier, the remainder of the crew being on foot. During the day, an 'A' Company carrier had also gone up on a mine.

The Squadron from the 13th/18th Royal Hussars also withdrew about 1930 hours to forward rally near Battalion HQ where they replenished ammunition. Apart from the losses to tanks already described, the Squadron Commander, Major Sir Delaval Cotter, to his great annoyance, had the misfortune to lose his own tank through falling into the officers' lavatory on HILLMAN where it broke a track. The Hussars were later to take up positions below Périers Ridge against a possible attack by 21 Panzer Division tanks.

Just after the troops had left HILLMAN, the

bombes furent lâchées par les orifices de ventilation, ce qui produisit quelque effet car les occupants commencèrent à sortir les bras levés pour se rendre.

La Compagnie 'A', avec des pelotons de 'C' et 'D', poursuivirent le nettoyage avec l'appui des tanks. Certains d'entre eux foncèrent vers l'avant sans protection et ils durent être rappelés. Ce fut un travail long et fastidieux car les Allemands étaient cachés en sécurité dans leurs bunkers en ciment armé et le secteur était important. Les Pionniers furent appelés, ils utilisèrent leurs charges explosives pour faire sauter quelques emplacements. En fin de compte, tout combat cessa vers 20h 00 et la position fut capturée sans plus de résistance. En plus des pertes infligées à la garnison, une cinquantaine de prisonniers furent pris.

Le Commandant donna ordre aux Compagnies 'B' et 'D' d'avancer vers leurs secteurs de consolidation dès qu'il vit que la position était presque nettoyée. Les Compagnies 'A' et 'C' suivirent, si bien que le Bataillon au complet était fermement positionné et enterré avant la nuit. Les pelotons de mortiers et anti-tanks étaient également enterrés. Cependant, le peloton anti-tank subit un perte. Le canon remorqué par sa chenillette devait être mis en batterie de l'autre côté de la position ennemie, mais en franchissant la brèche dans le champ de mines que l'escadron de tanks venait juste de traverser sans difficulté, la chenillette sauta sur une mine. La chenillette et le canon furent complètement détruits, mais les deux hommes qui occupaient les places avant ne furent que légèrement blessés; le reste de l'équipage avança à pied. Dans la journée, une autre chenillette de la Compagnie 'A' avait aussi sauté sur une mine.

L'Escadron du 13ᵉᵐᵉ/18ᵉᵐᵉ Royal Hussars se retira aussi vers 19h 30, vers un point de ralliement proche du QG du Bataillon pour refaire le plein de munitions. A part les pertes des tanks déjà mentionnées, le chef d'Escadron, Major Sir Delaval Cotter, à son grand déplaisir, eut la malchance de perdre son tank qui tomba dans les toilettes des officiers sur HILLMAN où il cassa une chenille. Les Hussars devaient ensuite prendre position au bas des Hauteurs de Périers en prévision d'une possible attaque des tanks de la 21ᵉᵐᵉ Panzer Division.

Dès que les soldats eurent quitté HILLMAN,

enemy opened up with artillery and mortars but the shells fell beyond Battalion HQ except for one mortar bomb which hit the office truck, setting it on fire and causing three casualties.

In the 'D' Company consolidation area was the farm called Beauvais. As they approached it, two snipers were met in the corn and were dealt with. CSM Franklin said he could see movement through a window of the farm about 250 yards away. He fired a round and saw someone fall down. 17 Platoon under Lieutenant Johnny Vaughan, later badly wounded at Tinchebray on 13 August, was given the task of clearing the buildings. They approached by a line of trees but then had about 100 yards of open space to dash across. No sign of life was to be seen. The Bren guns were positioned to cover the farm from the right flank and the platoon prepared to dash across. With a burst from the Brens, the platoon was off, but they immediately saw, on the left, troops climbing out of slit trenches with their hands in the air, shouting *Kamerad*. All surrendered, two officers and forty-eight men in total. They left behind four machine-guns and their rifles, together with a great many stick grenades. Their packs and parcels were all neatly laid out in threes, ready for surrender, when the farm was reached. The Company Commander, Major Papillon, decided to stand back about 250 yards from the position to dig in. This was a wise decision as the enemy position was mortared off and on for about an hour with no casualties to 'D' Company.

It was at this stage of consolidation that the Air Landing Brigade of 6th Airborne Division appeared. This was a magnificently heart-warming sight as the enormous swarm of *Dakotas* towing gliders flew over in perfect formation to land away on the Battalion's left beyond St. Aubin d'Arquenay, followed by a large number

Lieutenant J. A. Vaughan
17 Platoon 'D' Company

Lieutenant Alan Sperling
Signals Officer

l'ennemi ouvrit le feu avec artillerie et mortiers mais les projectiles tombèrent au-delà du Bataillon sauf un obus de mortier qui toucha le camion-bureau, le mit en feu et fit trois blessés.

Dans le secteur de consolidation de la Compagnie 'D' se trouvait la ferme de Beauvais. En s'en approchant, deux tireurs furent aperçus dans le blé et leur sort fut vite réglé. Le Sergent-Major de Compagnie Franklin affirma qu'il voyait bouger derrière une fenêtre de la ferme à environ 250 mètres de là. Il tira une salve et vit quelqu'un tomber à terre. Le 17ᵉᵐᵉ Peloton commandé par le Lieutenant Johnny Vaughan, qui fut grièvement blessé plus tard à Tinchebray le 13 août, reçut pour tâche de nettoyer les bâtiments. Ils s'approchèrent le long d'une ligne d'arbres mais ensuite ils devaient franchir d'un bond, un espace découvert d'environ cent mètres. Aucun signe de vie ne fut perçu. Les fusils-mitrailleurs furent mis en position pour couvrir la ferme depuis le flanc droit et le peloton s'apprêta à bondir. Couvert par des rafales de Brens, le peloton partit à l'assaut, mais aussitôt sur la gauche, les soldats ennemis sortirent de leurs tranchées, mains levées au cri de *Kamerad.* Tous se rendirent, deux officiers et quarante-huit hommes en tout. Ils abandonnèrent quatre mitrailleuses et leurs fusils, de même qu'une grande quantité de grenades. Leurs paquetages étaient tous correctement alignés par trois, prêts pour la reddition quand la ferme fut atteinte. Le Commandant de Compagnie, Major Papillon, décida de se tenir à 250 mètres en arrière de la position et de s'y enterrer. Ce fut une sage décision car la position ennemie fut sous le feu des mortiers pendant une heure mais sans causer aucune perte à la Compagnie 'D'.

C'est à ce stade de la consolidation que la Brigade Aéroportée de la 6ᵉᵐᵉ Airborne Division se présenta. Cette vision magnifique réchauffa le cœur de tous lorsque apparut l'énorme essaim de *Dakotas* remorquant des planeurs volant en parfaite formation. Ils allèrent se poser sur la gauche du Bataillon au-delà de St. Aubin d'Arquenay et furent suivis d'un grand

of *Stirlings* dropping coloured parachutes with containers of equipment. Others have written of the dramatic effect that this display of Allied airpower gave to our troops and the corresponding depressing effect on the Germans.

The Battalion stood to that evening from 2230 to 2330 hours, and then started patrolling. It had been a long day and an eventful one. It had started at 0330 hours that morning and had included an uncomfortable trip through rough seas in small landing craft. It had ended with all the objectives of the Battalion taken at the cost of seven killed and twenty-five wounded. About 200 prisoners had been taken and losses inflicted on the enemy.

There were other losses to the supporting troops. 'C' Squadron of the 13th/18th Royal Hussars had one man die of wounds and seven others wounded. The detachment from 246 Company RE had one man wounded, and the platoon of 2 Middlesex had one man killed and six wounded in Colleville by a mortar bomb.

On the face of it, all was quiet on HILLMAN as the Battalion occupied positions all around and on top of it. But there was some activity underground. General Richter, Commander of 716 Division, writing in a report dated 23 June, 1944, stated that Strongpoint 61 had maintained itself and remained in unbroken communication with divisional headquarters. He did not record the incident recounted by Oberst Kurt Meyer of 12 SS Panzer Division when he walked into Richter's underground headquarters just outside Caen at midnight. Richter told him he had no news. None of his positions was reporting. No despatch riders had been able to get through. The situation was entirely confused. Then the telephone rang. It was Oberst Krug, Commander of 736 Grenadier Regiment deep below in his bunker in HILLMAN. He is reported to have said: "The enemy are on top of my bunker. I have no means of resisting them and no means of communicating with them. What shall I do?" Richter's reply was, "I can give you no more orders. You must make your own decision now. Goodbye."

At 0645 hours next morning, Oberst Krug, immaculately turned out with highly polished

nombre de *Stirlings* lâchant des parachutes multicolores et leurs conteneurs de matériel. D'autres ont écrit sur cette démonstration de force aérienne alliée qui renforçait le courage des nos soldats et sapait le moral des Allemands.

Le Bataillon resta en alerte ce soir-là depuis 22h 30 jusqu'à 23h 30, puis commencèrent les patrouilles. La journée avait été longue et riche en événements. Elle avait commencé à 3h 30 du matin par un inconfortable voyage sur une mer agitée pour de petites péniches de débarquement. Elle se terminait avec la prise de tous les objectifs assignés au Bataillon, au coût de sept hommes tués et vingt-cinq blessés. Environ 200 prisonniers avaient été capturés et des pertes avaient été infligées à l'ennemi.

Il y eut d'autres pertes pour les troupes d'appui. L'Escadron 'C' du 13ème/18ème Royal Hussars eut un homme mortellement atteint et sept autres blessés. Le détachement du Génie de la 246ème Compagnie eut un blessé, et le peloton du 2ème Middlesex eut un tué et six blessés atteints par une bombe de mortier dans Colleville.

En face de cela, tout était calme à HILLMAN, alors que le Bataillon occupait ses positions autour et sur HILLMAN. Mais il y avait quelque activité souterraine. Le Général Richter, commandant la 716ème Division, dans un rapport daté du 23 juin 1944, exposait que le Point fortifié 61 se maintint et resta en communication sans interruption avec le QG de sa division. Il ne rapporte pas l'incident raconté par le Colonel Kurt Meyer de la 12ème SS Panzer Division lorsqu'il pénétra à minuit dans le QG souterrain de Richter juste à l'extérieur de Caen. Richter lui dit qu'il n'avait aucune nouvelle. Aucune de ses positions n'avait transmis de rapport. Aucune estafette n'avait réussi à passer. La situation était tout à fait confuse. Puis, le téléphone sonna. C'était le Colonel Krug du 736ème Régiment de Grenadiers qui appelait du fond de son bunker à HILLMAN. Il aurait dit: «L'ennemi est sur mon bunker, je n'ai aucun moyen de lui résister et aucun moyen de communiquer avec lui. Que dois-je faire? » La réponse de Richter fut: « Je n'ai plus d'ordre à vous donner. C'est à vous de décider maintenant. Adieu. »

A 6h 45 le lendemain matin, le Colonel Krug en grande tenue, ses bottes parfaitement lustrées, sortit

boots, came out of his underground headquarters with his batman with two packed suitcases. Two other officers and seventy other ranks surrendered with him. The second-in-command checked these prisoners before they were escorted to the beach. From Oberst Krug he took his briefcase which contained maps and documents. The latter he passed on to HQ, the briefcase he retained and still had it in 1988. The place where the surrendering party emerged was close to the bunker on which the Memorial to those who fell on D-Day is now erected. Close by was a hut containing a great number of bottles including champagne and Vichy water. There too was found a motorcycle later used by Lieutenant David Stebbings from the anti-tank platoon. Other accounts of Oberst Krug refer to much heel-clicking going on in the village as he said farewell to his men before they moved on. Oberst Krug was a Prussian of the old school, described as 'sensible'. A medical orderly, who had been tending the wounded, when told that Krug had surrendered, burst into tears, not because he felt sorry for him but because he had gone on trying although he felt the futility of it all. Was the medical orderly the same person who had helped in the Regimental Aid Post after he had been captured?

THE NEXT DAY

THE BATTALION HAD A QUIET DAY. AT MIDDAY, 'C' Company went to relieve a company of the 2 Royal Warwicks at the Bénouville bridges. They did not return to the Battalion until the day after. The first reinforcements came up from their assembly area near the beach and provided replacements for casualties from their ranks. The remainder moved back to the Battalion rear area with the Quarter Master. After midnight, the Battalion, less 'C' Company, moved out of Colleville across Périers Ridge through the village of Périers and ended up in the twin villages of Cazelle and Mathieu, where they dug in.

de son QG souterrain suivi de son ordonnance portant deux valises. Deux autres officiers et soixante-dix hommes se rendirent avec lui. Le commandant-en-second vérifia ces prisonniers avant qu'ils soient escortés vers la plage. Il confisqua la serviette du Colonel Krug qui contenait des cartes et des documents. Ces derniers furent transmis au QG, quant à la serviette il la garda et l'avait encore en 1988. L'endroit où le groupe émergea pour se rendre est tout prêt du bunker sur lequel est érigé maintenant le Mémorial à ceux qui tombèrent le Jour J. Non loin de là, se trouvait une cabane contenant un grand nombre de bouteilles de Champagne et de Vichy. Une motocyclette y fut également trouvée qui fut par la suite utilisée par le Lieutenant David Stebbings du peloton anti-tank. D'autres récits sur le Colonel Krug mentionnent de nombreux claquements de bottes dans le village lorsque le Colonel fit ses adieux à ses hommes avant qu'ils partent. Le Colonel Krug était un Prussien de la vieille école, décrit comme étant 'raisonnable'. Un infirmier qui avait soigné les blessés, à la nouvelle de la reddition de Krug, éclata en sanglots, non pas parce qu'il éprouvait de la peine pour lui, mais parce qu'il ne s'était pas résigné malgré le sentiment que tout cela ne servait à rien. L'infirmier était-il la même personne qui avait apporté son aide au Poste de Secours du Régiment après qu'il eût été capturé?

LE LENDEMAIN

LE BATAILLON PASSA UNE JOURNEE CALME. A MIDI, la Compagnie 'C' alla relever une compagnie du 2ᵉᵐᵉ Royal Warwicks aux ponts de Bénouville. Ils ne revinrent au Bataillon que le lendemain. Les premiers renforts montèrent de leur secteur de rassemblement proche de la plage et fournirent des remplaçants pour les pertes subies dans les rangs. Le reste redescendit vers le secteur arrière du Bataillon avec le Quartier-maître. Après minuit, le Bataillon, moins la Compagnie 'C', quitta Colleville par la côte de Périers et traversa le hameau de Périers pour finir dans les villages jumeaux de Cazelle et Mathieu où ils s'enterrèrent.

VIEWS ON THE CAPTURE OF HILLMAN

IN AN ACCOUNT OF THIS KIND, THERE IS NO PLACE for writing up what was achieved by the Battalion with its supporting troops, but it is worth recording what individuals, who may be considered good judges, thought.

In the first edition of his book, *The Struggle for Europe*, Chester Wilmot was a severe critic of 3 Division and the performance of 8 Brigade and its Commander. In the revised edition he added a footnote giving Brigadier Cass's view, which ends: *The capture of this strong position with so few casualties was a fine tribute to the skill and training of the 1 Suffolk fighting their first action, and was generally recognised as such at the time.*

Carlo D'Este, the American Colonel who wrote *Decision in Normandy*, stressed the point about the misappreciation by the planners of the strength of HILLMAN and had this to say in 1987: *There is no doubt that HILLMAN was the most formidable obstacle in the 3 Division area and, I suspect, in the whole 2nd Army area.*

Major-General Rennie, the Commander of 3 British Infantry Division, wrote on 19 December, 1944, to Lieutenant-Colonel Goodwin (as he then was), back in command of 1 Suffolk after being severely wounded: *Please thank [everyone in your Battalion] for their wonderful performance on D-Day which contributed so largely to the success of that operation.*

Hugh Gunning, who was the official Officer Observer at 3 Division HQ in 1944 and 1945, wrote in the Church of England newspaper on 25 January 1952: *I happened to be near the Suffolks on the afternoon of D-Day and I have since inspected the position they captured so brilliantly with so few casualties.*

More recently, Lieutenant-Colonel 'Kit' Gough wrote: *I think it was recognised, long after the event, that the capture of HILLMAN was possibly*

VUES SUR LA PRISE DE HILLMAN

DANS UN RECIT DE CE GENRE, IL N'Y A PAS DE PLACE pour écrire ce qui fut accompli par le Bataillon avec ses troupes d'appui, mais cela vaut la peine de rapporter ce que pensent des individus qui peuvent être considérés comme de bons juges.

Dans la première édition de son livre, *La Lutte pour l'Europe*, Chester Wilmot fut un critique sévère pour la 3ème Division et la tâche accomplie par la 8ème Brigade et son Commandant. Dans l'édition révisée, il a ajouté une note en bas de page donnant l'avis du Brigadier Cass qui se termine ainsi: *La prise de cette forte position avec si peu de pertes était un hommage rendu à l'habileté et à l'entraînement du 1ᵉʳ Suffolk livrant son premier combat et fut généralement reconnu comme tel à cette époque.*

Carlo d'Este, Colonel américain qui a écrit *Décision en Normandie*, mit l'accent sur la mauvaise appréciation par ceux qui établirent les plans de la puissance de HILLMAN et poursuivit en 1987: *Il ne fait aucun doute que HILLMAN était l'obstacle le plus redoutable dans le secteur de la 3ème Division et, je suppose, dans l'ensemble du secteur de la 2ème Armée.*

Le Major-Général Rennie, Commandant de la 3ème Division d'Infanterie britannique, écrivait le 19 décembre 1944, au Lieutenant-Colonel Goodwin (à l'époque) qui avait repris le commandement du 1ᵉʳ Suffolk après avoir été sérieusement blessé: *Je vous prie de remercier [chacun dans votre Bataillon] pour son merveilleux exploit du Jour J qui contribua tant au succès de cette opération.*

Hugh Gunning, qui était l'Observateur officiel auprès du QG de la 3ème Division en 1944 et 1945, écrivait dans le Journal de l'Eglise d'Angleterre du 25 janvier 1952: *Je me trouvais par hasard près des Suffolks dans l'après-midi du Jour J et depuis j'ai inspecté la position qu'ils capturèrent si brillamment avec si peu de pertes.*

Plus récemment, le Lieutenant-Colonel 'Kit' Gough écrivait: *On a reconnu, je crois, bien après l'événement, que la prise de HILLMAN fut peut-être le*

the outstanding success of D-Day . . .

Major-General Nigel Tapp, who commanded 7 Field Regiment on D-Day, wrote in 1988 to Lieutenant-General Sir Ian Harris, who commanded 2 Royal Ulster Rifles in 9 Brigade on D-Day, before the opening of the 3 Division Memorial in Caen: *I do not think the infantry got nearly enough credit for their terrific effort on D-Day. Considering that they had had a very uncomfortable twenty-four to forty-eight hours or longer aboard HM ships and a very rough crossing and a landing on a hostile shore, they did marvels. [For example], the Suffolks, after breaking through the beach defences – dealing with gun positions – came up against HILLMAN some 3,500 yards from the beaches. HILLMAN was far stronger than intelligence reports had indicated yet they cleared it by 1800 hours.*

In 1984, he conducted a tour of the Royal Artillery Historical Society round the D-Day beach head. He had this to say about the task of 1 Suffolk: *The Suffolks were engaged in a difficult task and it needed a very good battalion to accomplish what they did.*

The citation to the award of the DSO to Lieutenant-Colonel Goodwin for his actions on 6 June, 1944, pays tribute to his careful planning and clear appreciation, resulting in a completely successful operation. It ends with commending his calm bearing and fine example of courage and determination which inspired all his Battalion.

Lieutenant-Colonel Goodwin's conclusion at the end of his report of D-Day provides perhaps the most fitting summing up with which to end this account: *Throughout the previous year of training, great emphasis had been laid on having a solid basis of good discipline and esprit de corps. The highest standard of close-order drill, turn-out and saluting had been insisted upon. As a result the men took a tremendous pride in the Battalion and considered that only their best was good enough for it.*

succès le plus marquant du Jour J . . .

Avant l'inauguration du Mémorial à la 3ᵉᵐᵉ Division à Caen, Le Major-Général Nigel Tapp, qui commandait le 7ᵉᵐᵉ Régiment de campagne le Jour J, écrivait au Lieutenant-Général Sir Ian Harris, à la tête du 2ᵉᵐᵉ Royal Ulster Rifles de la 9ᵉᵐᵉ Brigade le Jour J: *Je ne crois pas qu'on ait suffisamment reconnu les mérites de l'infanterie pour l'énorme effort qu'elle fournit le Jour J. Considérant qu'elle dut passer de vingt-quatre à quarante-huit heures ou plus pour une très inconfortable traversée à bord des bateaux et débarquer sur un rivage hostile, ils accomplirent des merveilles. [Par exemple], les Suffolks après avoir franchi les défenses de plage, puis les positions d'artillerie, se heurtèrent à HILLMAN à environ 3.500 mètres des plages. HILLMAN était beaucoup plus fort que les rapports des renseignements l'avaient indiqué, cependant ils le liquidèrent vers 18h 00.*

En 1984, il emmena la Société Historique de l'Artillerie Royale en voyage guidé à la tête de pont du Jour J. Il se fit un devoir de déclarer ceci au sujet de la tâche du 1ᵉʳ Suffolk: *Les Suffolks furent engagés dans une tâche difficile et il fallait un très bon bataillon pour accomplir ce qu'ils ont fait.*

La citation de l'attribution de la DSO au Lieutenant-Colonel Goodwin pour ses actions le 6 juin 1944, rend hommage à sa préparation sérieuse et à sa juste appréciation, d'où résulta le succès complet de l'opération. Il termina en louant son attitude calme et son bel exemple de courage et de détermination qui inspira tout son Bataillon.

Le Lieutenant-Colonel Goodwin termine son rapport sur le Jour J par une conclusion qui fournit peut-être le résumé le mieux approprié pour terminer ce récit: *Tout pendant l'entrainement de l'année précédente, l'accent fut mis continuellement sur l'acquisition d'une solide base de bonne discipline et d'esprit de corps. On insista sur un strict exercice de haute qualité, sur la tenue et le salut. Il en résulta que les hommes furent très fiers de leur Bataillon et considéraient que seul le meilleur d'eux-mêmes était assez bon pour lui.*

EPILOGUE

THE HILLMAN MEMORIAL

IN FEBRUARY, 1989, THE SUFFOLK REGIMENT Association became the owner of a plot of land which formed part of HILLMAN and contains a large concrete bunker. This transaction became possible through the generosity of the owner, Madame Suzanne Lenauld, who was brought up in Colleville-sur-Orne (now Colleville-Montgomery) and spent most of the 1939–45 war there. Her father-in-law was the Mayor of Colleville at the time of the invasion.

EPILOGUE

LE MEMORIAL A HILLMAN

EN FEVRIER 1989, L'ASSOCIATION DU SUFFOLK Regiment est devenue propriétaire d'un coin de terre qui formait une partie de HILLMAN et comprend un grand bunker de béton. Cette transaction a pu s'effectuer grâce à la générosité de la propriétaire, Madame Suzanne Lénauld, qui fut elevée à Colleville-sur-Orne (maintenant Colleville-Montgomery) et y passa la plus grande partie de la guerre 1939–45. Son beau-père était le Maire de Colleville au moment du débarquement.

Dedication of the Hillman Memorial, 7 June, 1989, by the Reverend T. B. F. Hiney, MC, CF.

Consécration du Mémorial à Hillman, le 7 juin 1989, par le Révérend T. B. F. Hiney, MC, CF.

On the bunker there are placed two plaques which were jointly unveiled by Lady Anthea Goodwin (widow of Lieutenant General Sir Richard Goodwin) and Madame Lenauld in a dedication ceremony on 7 June, 1989. One plaque, displaying the badge of The Suffolk Regiment, marks the bunker as a memorial. The other plaque describes briefly the nature of HILLMAN, how it was captured and the units that took part, with a diagram showing the layout of the whole position. The wordings are in English and French. The texts are given on the next page.

Sur le bunker sont placées deux plaques qui furent dévoilées conjointement par Lady Anthea Goodwin (veuve du Lieutenant-Général Sir Richard Goodwin) et par Madame Lénauld au cours d'une cérémonie de consécration le 7 juin 1989. Une plaque portant le badge du Suffolk Regiment marque le bunker comme mémorial. L'autre plaque décrit brièvement la nature de HILLMAN, comment il fut capturé, quelles unités prirent part à sa capture, et un diagramme indique le tracé de l'ensemble de la position. Le texte en français et en anglais est reproduit à la page suivante.

THE MEMORIAL PLAQUE

IN MEMORY OF THOSE WHO FELL ON 6 JUNE 1944, IN THE LIBERATION OF COLLEVILLE SUR ORNE, THE CAPTURE OF HILLMAN AND LATER DURING THE FIGHTING IN NORMANDY AND NORTH WEST EUROPE. THANKS TO THE GENEROSITY OF A COLLEVILLE FAMILY THIS SITE RECORDS FOR FUTURE GENERATIONS THE BRAVERY AND SACRIFICE OF THESE SOLDIERS.

LA PLAQUE DU MEMORIAL

A LA MEMOIRE DE CEUX QUI TOMBERENT LE 6 JUIN 1944 POUR LA LIBERATION DE COLLEVILLE SUR ORNE, POUR LA PRISE DE HILLMAN ET ENSUITE AU COURS DE LA BATAILLE DE NORMANDIE ET DANS LE NORD OUEST DE L'EUROPE. GRACE A LA GENEROSITE D'UNE FAMILLE DE COLLEVILLE, CET ENDROIT RAPPELLERA AUX GENERATIONS FUTURES LA BRAVOURE ET LE SACRIFICE DE CES SOLDATS.

Memorial plaque

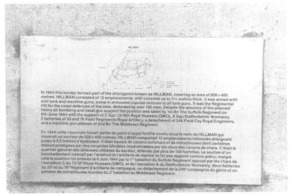
Descriptive plaque

THE DESCRIPTIVE PLAQUE

In 1944 this bunker formed part of the strong point known as HILLMAN, covering an area of 600 x 400 metres. HILLMAN consisted of 12 emplacements, with concrete up to 3 1/2 metres thick. It was armed with anti-tank and machine guns, some in armoured cupolas immune to all tank guns. It was the Regimental HQ for the coast defences of the area, defended by over 150 men. Despite the absence of the planned heavy air bombing and naval gun support the position was taken by 1st Bn The Suffolk Regiment on 6th June 1944 with the support of C Sqn 13th/18th Royal Hussars (QMO), A Sqn Staffordshire Yeomanry, 2 batteries of 33 and 76 Field Regiments Royal Artillery, a detachment of 246 Field Coy Royal Engineers, and a machine gun platoon of 2nd Bn The Middlesex Regiment.

LA PLAQUE DESCRIPTIVE

En 1944 cette casemate faisait partie du point d'appui fortifié connu sous le nom de HILLMAN qui couvrait un secteur de 600 x 400 mètres. HILLMAN comportait 12 emplacements bétonnés atteignant jusqu'à 3,5 mètres d'épaisseur. Il était équipé de canons antichars et de mitrailleuses dont certaines étaient protégées par des coupoles blindées impénétrables par les obus des canons de chars. C'était le quartier général des défenses côtières du secteur, défendu par plus de 150 hommes. Le soutien d'un bombardement intensif par l'aviation et l'artillerie de marine ne fut pas apporté comme prévu; malgré cela la position fut enlevée le 6 juin 1944 par le 1er bataillon du Suffolk Régiment appuyé par les chars de l'escadron C du 13/18ème Royal Hussars (QMO), et de l'escadron A du Staffordshire Yeomanry, deux batteries du 33ème et du 76ème Régiment d'artillerie de campagne, un détachement de la 246ème compagnie du génie et un peloton de mitrailleuses du 2ème bataillon du Middlesex Régiment.

Trumpeters of the 1st Battalion The Royal Anglian Regiment at the dedication ceremony.

Les trompettes du 1er Bataillon The Royal Anglian Regiment à la cérémonie de consécration.

HILLMAN TODAY

SINCE THE ORIGINAL PLAQUES WERE UNVEILED IN 1989, there have been further improvements to the site. Roses and other flowering plants in the Regimental colours of red and yellow, and a hedge round the property, have been planted. Steps leading up the side of the bunker have been built for easy access to the top of the bunker. A panoramic table has been installed there to show the extent of the HILLMAN defences, and to indicate directions and distances to the various points of interest mentioned in this account. A flag pole has been raised from which the Regimental Flag flies on important occasions. The road leading to the Memorial has been named *Rue du Suffolk Regiment*, with a sign showing the badge of the Regiment as it was in 1944, together with the 3rd Divisional sign. *Les Amis du Suffolk Regiment* of Colleville-Montgomery have, with great effort, dug out one of the larger concrete positions and equipped it with artificial lighting. There are plans to simulate the cast-steel cupola of the emplacement, removed many years ago, with a replica in concrete, and to put up signs to show the way to the emplacement and other parts of the HILLMAN complex.

HILLMAN AUJOURD'HUI

DEPUIS QUE LES PLAQUES FURENT DEVOILEES EN 1989, plusieurs améliorations ont été apportées au site. Des roses et d'autres fleurs, aux couleurs du Régiment, rouge et jaune, et une haie entourant la propriété ont été plantées. Sur le côté, un escalier conduisant sur le dessus du bunker a été construit pour en faciliter l'accès. Une table d'orientation y a été installée pour montrer l'étendue des défenses de HILLMAN et indiquer la direction et les distances des différents points intéressants mentionnés dans ce récit. Un mât a été planté sur lequel flotte, dans les grandes occasions, le Drapeau du Régiment. La route conduisant au Mémorial a reçu le nom de *Rue du Suffolk Regiment*; la signalisation comporte l'emblème du Régiment tel qu'il était en 1944, ainsi que celui de la 3ᵉᵐᵉ Division. Les Amis du Suffolk Regiment de Colleville-Montgomery, au prix de grands efforts, ont dégagé l'une des plus importantes positions bétonnées et l'ont équipée d'un éclairage électrique. Il existe des plans pour reproduire la coupole d' acier fondu, enlevée, il y a bien des années, et remplacée par une réplique de béton; il est aussi prévu de flécher le chemin des emplacements et autres parties du complexe HILLMAN.

At the annual commemorative service held on top of HILLMAN on June 6, 1996, after the dedication of the Monty statue. (See page 155.)

Au service commémoratif annuel sur le dessus de HILLMAN le 6 juin 1996, après la consécration de la statue de Monty. (Voir page 155.)

From left to right / De gauche à droite:
M. Michel Schubnel (Deputy Mayor / adjoint), M. Guy Legrand (Mayor / Mairie), Mme. Colette Muller (Deputy Mayor / adjointe), Mme. Suzanne Lénauld, Adjutant-Chef Philippe Chatal (Commandant de la Brigade de Gendarmerie de Ouistreham), Major Hugh Merriam, MC, Captain Frank Matthews.

Since the unveiling of the Memorial on the bunker in 1989, the links between The Suffolk Regiment and the people of Colleville-Montgomery, represented by *Les Amis du Suffolk Regiment*, have become increasingly close. Veterans of the Regiment, with wives and friends, have made several visits to the site and been welcomed with great hospitality and friendship. Return visits to Bury St. Edmunds, the home of the Regiment, have been made by *Les Amis* who have attended the Annual Regimental Reunion held to celebrate the Battle of Minden (1759) when roses are worn in memory of that battle. On those occasions, the guests from Colleville-Montgomery are entertained at the Officers' Dinner.

Depuis l'inauguration du Mémorial sur le bunker en 1989, les liens entre le Suffolk Regiment et les habitants de Colleville-Montgomery, représentés par *Les Amis du Suffolk Regiment,* se sont resserrés. Les Vétérans du Regiment, avec femmes et amis, ont effectué plusieurs visites sur le site et ont été accueillis avec grande hospitalité et amitié. Des visites de retour à Bury St. Edmunds, patrie du Régiment, ont été rendues par *Les Amis* pour assister à la Réunion annuelle du Régiment qui célèbre la Bataille de Minden (1759), au cours de laquelle on porte des roses en souvenir de cette bataille. A cette occasion, les invités de Colleville-Montgomery sont reçus au Diner des Officiers.

Veterans of The 1 Suffolk Regiment marching through Colleville-Montgomery.

Les Vétérans du 1er Suffolk Regiment défilent dans Colleville-Montgomery.